苏格兰词曲作家、诗人、记者查尔斯·麦基最为人所知的是他写的回忆录《大癫狂：非同寻常的大众幻想与群众性癫狂》。该书于1841年首次出版，至今仍在印刷中

图片来源：维基共享资源

扬·博克尔松是一位小镇镇长的私生子，他的魅力和戏剧表演技巧促使他领导了1534—1535年灾难性的明斯特末日时代叛乱

图片来源：明斯特国家博物馆

曾经折磨过博克尔松和他的副手的钳子（左图），以及将他们的尸体吊在教堂塔楼上的笼子（右图）。笼子至今仍然可见

图片来源：明斯特国家博物馆

这幅 1720 年的漫画把约翰·劳描绘成堂吉诃德

图片来源：哈佛大学贝克图书馆

爱德华·马修·沃德 1847 年的画作《南海泡沫，1720 年交易巷中的场景》

图片来源：© 伦敦泰特美术馆

心理学家彼得·沃森于 20 世纪 50 年代的实验中确立了如今被广泛引用的"确认偏见"概念

图片来源：阿默尔和萨拉·沃森

19 世纪 40 年代不屈不挠的铁路大亨乔治·哈德森同时毁掉了数千投资者，并为英格兰资助了世界上第一个高速运输网络

图片来源：维基共享资源

威廉·米勒早期的不可知论被强烈的宗教信仰和对末日迫在眉睫的执着取代

图片来源：基督复临安息日会数字图书馆

约书亚·海姆斯的财富、社会关系和组织能力将米勒的神学推进成一场强大的群众运动

图片来源：基督复临安息日会数字图书馆

《午夜呼声》的头版图片，从1844年10月19日开始，也就是"世界末日"的三天前

图片来源：基督复临安息日会数字图书馆

1842—1844年，威廉·米勒的末日追随者组织了125次"野营集会"，多达数千名信徒参加。铁路公司经常修建专门的车站来接待与会者，传教士免费乘坐铁路

图片来源：基督复临安息日会数字图书馆

20世纪60年代和70年代,打破传统的经济学家海曼·明斯基描述了建立在金融杠杆基础上的现代经济体系固有的不稳定性

图片来源:贝林格-德拉奇/巴德学院利维经济研究所

在20世纪20年代,"阳光查理"米切尔向纽约城市银行(花旗银行前身)的毫无戒心的客户出售了数十亿美元的不可靠股票和债券

图片来源:维基共享资源

费迪南·佩科拉是一位经验丰富的检察官,他的质询如此巧妙地让查理·米切尔入罪,以至于他在美国参议院银行和货币委员会首席法律顾问的任期内领衔的委员会被称为"佩科拉委员会"

图片来源:维基共享资源

英国突击队员奥德·温盖特深刻吸收了他家族的时代论末世神学,并指导了以色列军队高层的许多人,包括摩西·达扬

图片来源:维基共享资源

1948年，以色列耶路撒冷前线指挥官摩西·达扬（右侧握手者），与他的对手阿卜杜拉·塔勒（左侧握手者）乘车前往安曼与约旦国王会谈

图片来源：维基共享资源

1967年6月，占领旧城后，狂热的以色列军队首席拉比洛莫·戈伦立即在西墙吹响了仪式性的羊角号。后来，他试图说服乌兹·纳尔基斯炸毁岩石圆顶清真寺，但没有成功

图片来源：维基共享资源

以色列当地指挥官乌兹·纳尔基斯（左）、国防部长摩西·达扬（中）和参谋长伊扎克·拉宾（右）大步走进这座古城，1967年6月7日

图片来源：以色列国家图片收藏

维克多·豪迪夫是基督复临安息日会的推销员，只受过小学三年级教育，他确信只有他自己才能正确解释《启示录》的末日顺序

图片来源：维基共享资源

1993年4月19日，迦密山大卫教建筑群起火，76人死亡。蒂莫西·麦克维目睹了这场大火，为了报复，他于韦科袭击两周年之际，在俄克拉何马市实施了爆炸，造成168名无辜者死亡

图片来源：维基共享资源

罗纳德·里根是时代论神学的狂热信徒，他可以与最知名的领袖，如道德多数派创始人杰瑞·法威尔进行畅所欲言的讨论。白宫/罗纳德·里根总统图书馆

图片来源：维基共享资源

弗农·豪厄尔是一个14岁未婚女孩的儿子，他的童年生活混乱。洛伊丝·罗登死后，他改名为大卫·考雷什（分别以犹太大卫和波斯国王居鲁士的名字命名），并于1993年4月19日在得克萨斯州韦科领导该教派走向末日

图片来源：维基共享资源

该教派最终在豪迪夫一名副手的遗孀洛伊丝·罗登的领导下结束

图片来源：维基共享资源

1984—1993 年，伊利诺伊州比尔兹敦镇女士投资俱乐部报告了计算错误的回报，这些回报似乎超过了市场平均水平，使其中年会员成为媒体明星

图片来源：生活图片集，盖蒂图片社

圣殿山的岩石圆顶清真寺是伊斯兰教最神圣的地点之一，一些犹太人认为它是所罗门第一座圣殿的所在地

图片来源：简·A. 吉格莱尔

巴勒斯坦人穆罕默德·迈格迪西（右）深受朱海曼·乌特比的生活和著作的影响，他反过来又激发了大量伊斯兰极端分子，最著名的是嗜血成性的阿布·穆萨布·扎卡维，他于 2006 年在美国的一次空袭中被炸死。迈格迪西放弃了他的末日信仰，今天和平地生活在约旦

图片来源：盖蒂图片新闻网

沙特前国民警卫队下士朱海曼·乌特比期待着末日的到来和先知的回归，在伊斯兰教最神圣的圣地麦加大清真寺发动了自杀式袭击。这张照片是在他和几十名同伴被处决前不久拍摄的

图片来源：维基共享资源

也门裔美国人安瓦尔·奥拉基发布的充斥着末日论的互联网内容在美国引发了多次恐怖袭击，其中最著名的恐怖分子是"内裤炸弹手"奥马尔·法鲁克·阿卜杜勒穆塔拉布和胡德堡案枪手、美国陆军精神科医生纳达尔·马利克·哈桑。即使在他 2011 年死于无人机袭击后，他的视频仍继续引发致命的袭击

图片来源：维基共享资源

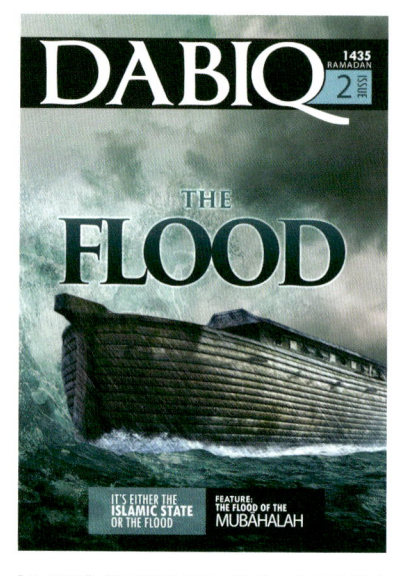

《达比克》第二期的封面，这是一本极具影响力的伊斯兰国出版物，以 1516 年与基督教拜占庭帝国的一场著名战役的遗址命名。这一期是在 2014 年 6 月 29 日哈里发宣布成立后不久出版的

图片来源：*Dabiq*, Issue 2, Ramadan 1435 AH（June–July 2014）

来自同一期的《达比克》，这是一个庆祝拆除伊拉克南部的艾哈迈德·里法伊神庙的活动，该神庙以苏非派创始人的名字命名，苏非派是一个被伊斯兰国视为异端的教派

图片来源：*Dabiq*, Issue 2, Ramadan 1435 AH（June–July 2014）

群体的疯狂

人类3000年
极端信仰与资本泡沫狂热史

THE
DELUSIONS
OF
CROWDS

Why
People Go Mad
in Groups

[美] 威廉·伯恩斯坦(William J. Bernstein)_著　　王兴华_译

图书在版编目（CIP）数据

群体的疯狂 /（美）威廉·伯恩斯坦著；王兴华译. —北京：中信出版社，2022.11（2024.1 重印）

书名原文：The Delusions of Crowds: Why People Go Mad in Groups

ISBN 978–7–5217–4316–6

I. ①群⋯ II. ①威⋯ ②王⋯ III. ①社会心理－通俗读物 IV. ① C912.6–49

中国版本图书馆 CIP 数据核字（2022）第 070253 号

The Delusions of Crowds by William J. Bernstein
Copyright © 2021 William J. Bernstein
Copyright licensed by Grove/Atlantic, Inc,
arranged with Andrew Nurnberg Associates International Limited
Simplified Chinese translation copyright © 2022 by CITIC Press Corporation
ALL RIGHTS RESERVED
本书仅限中国大陆地区发行销售

群体的疯狂

著者： [美]威廉·伯恩斯坦
译者： 王兴华
出版发行：中信出版集团股份有限公司
（北京市朝阳区东三环北路 27 号嘉铭中心　邮编　100020）
承印者： 北京通州皇家印刷厂

开本：787mm×1092mm 1/16　　印张：31
插页：4　　字数：402 千字
版次：2022 年 11 月第 1 版　　印次：2024 年 1 月第 3 次印刷
京权图字：01–2021–4109　　审图号：GS（2022）4296 号
书号：ISBN 978–7–5217–4316–6

定价：98.00 元

版权所有·侵权必究
如有印刷、装订问题，本公司负责调换。
服务热线：400–600–8099
投稿邮箱：author@citicpub.com

目 录

前 言　1

1 末日论的起源
约阿希姆的子民们
001

2 滥用末日叙事的悲剧
信徒与无赖
033

3 短暂的致富
密西西比泡沫与南海泡沫
063

4 资本主义的英雄
英国铁路泡沫
093

5 米勒运动的"大失望"
数秘主义与确认偏见
119

6 弹性货币政策的灾难
泡沫与崩溃的四个前提
153

I

7
致富空想的破灭
1929年大萧条
175

8
天启之牛
时代论如何兴起
199

9
圣殿山的争夺
末日叙事如何影响犹太人建国
221

10
《启示录》的开创者
畅销书与美国核武政策
251

11
时代论的灾难
大卫教派的悲剧
287

12
"被提"类小说
末日文学为何畅销
311

13
资本主义的慈善家
从环球电讯、安然公司到互联网泡沫
325

14
数字时代暴富梦的推手
投资分析师、大众、媒体与政治家
349

15
伊斯兰国的兴衰
马赫迪与哈里发
377

后 记 420
致 谢 427
注 释 430

前言

近两个世纪之前,一位年轻的名叫查尔斯·麦基的苏格兰人,以令人难忘的方式同时攻击上帝和玛门①。他出生于1814年,是一名颇受欢迎的诗人、民谣作家,还担任过美国内战记者和英国报纸的编辑,在文学生涯中享有杰出的声誉。但后人对他最深刻的印象,是他在1841年撰写了《异常流行幻象与群众疯狂》(Memoirs of Extraordinary Popular Delusions)一书,当时他才27岁。该书讲述了多个历史性群体狂热事件,其中一些与宗教和货币有关。1 从那以后,这本书为读者不断加印。

麦基记录了公元1000年前笼罩在欧洲的末日幻想,以及十字军东征时期惊人的宗教疯狂。不过,这本书最著名的内容是17世纪30年代荷兰郁金香投机,以及1719—1720年巴黎和伦敦双股市泡沫中的群体性金融狂热。这些情节使这本书一直享有盛誉②。在它出版之后,接连发生的金融狂热的频繁性、规律性及其造成的全球性影响,

---

① 在《圣经》中,玛门(Mammon)是指金钱、利益、财富。——译者注
② 这本书后来改名为《大癫狂:非同寻常的大众幻想与群众性癫狂》,此后简称为《非同寻常的大众幻想》。

使得即使在写成近两个世纪之后,这本书依然是金融专业人士的必读经典。²

麦基并不是第一个认识到人类的非理性具有传染性的人。例如,希罗多德写过这样一段话:

> (大流士)担任波斯国王的时候,他召见了统治下的一些希腊人,问付给他们多少钱他们才愿意吃掉自己父亲的遗体。他们回答说,无论给多少钱都不可能做这种事情。然后,当着希腊人的面,大流士又把印度卡拉提亚人(他们愿意吃掉自己双亲的遗体)召来,借助翻译问,付给他们多少钱他们才愿意焚烧自己父母的遗体。这些印度人惊恐地大叫起来,不允许大流士提这么可怕的事情。这个故事显示出习俗的意义。在我看来,诗人品达说得对:习俗乃是"万事之主"。³

希腊人毕竟是古代的智者,大流士一定忍不住想要教育他们。他想传递给希腊人未言明的信息:你们也许是人类中最博学的人,但你们和我们一样具有非理性;你们只是更善于进行合理化解释而已,善于解释尽管有各种反面证据,但你们依然是对的。

虽然古人和麦基非常熟悉人类的非理性和流行性狂热,但无法得知其中精确的生物学、进化论和社会心理原因。例如,麦基一定问过自己,为什么一群人会时不时地去追逐某种价格高得离谱的投资?

今天,我们对此有了更好的理解。首先,金融经济学家发现,人类会本能地追求回报非常高但是发生概率非常小的结果。比如彩票,平均来说是赔钱的,但用巨额财富幻觉吸引了买家。此外,在过去几十年里,神经系统科学家已经揭示了贪婪和恐惧背后基本的解剖学和心理学机制——"大脑边缘系统",其位于大脑左右半球中间的垂直面附近，具有对称分布的结构，包括一对伏隔核（大约位于每只眼睛的后面）和一对杏仁核（位于太阳穴下方）。

研究人员使用功能性磁共振成像技术后发现，伏隔核不仅会因奖励而被激发，而且会因为对奖励的预期而被激发得更加强烈，无论这种预期是关于烹饪、性、社交还是金融；相反，杏仁核会因厌恶、恐惧和退缩而被激发。例如，如果你喜欢芙洛阿姨的烤宽面条，那么在你去往她家的路上，你的一对伏隔核及两核之间的连接会更快地被激发，并且很可能在你闻到菜肴香味时达到激发率的顶峰。但是，一旦你品尝到第一口，伏隔核的激发率就会下降，如果芙洛阿姨在你到达时告诉你她刚刚烤煳了这道菜，你的伏隔核就不再被激发。[4]

这种活跃的预期传导有很明显的好处：大自然偏爱那些怀有预期并为之努力奋斗的人，而预期一旦被满足，就几乎没什么进化优势了。周围的人毫不费力地变得富有，这会大大刺激我们的伏隔核，正如经济历史学家查尔斯·金德尔伯格观察到的那样，"没有什么比看到朋友发财更干扰一个人的幸福感和判断力的了"[5]。

几个世纪以来，小说家和历史学家都知道，人类并没有运用强大的智力冷静分析世界，而是对事实进行合理化，使其符合情感上的预期。记者戴维·哈伯斯塔姆的权威著作《出类拔萃之辈》①，使用反讽方式说明了美国"最杰出"的决策者如何在军事介入越南事件中自欺欺人，对事实进行合理化的倾向明显；而我们最近在国外的军事行动也表明我们还没有吸取教训。[6]

在过去几十年里，心理学家积累了很多实验数据，分析人类对"合理化"胜于"合理性"的偏好。当面对的事实和数据与我们根深蒂固的信仰相矛盾的时候，我们通常不会重新考虑并适当改变这些信

---

① 这本书的英文名为 The Best and the Brightest，其也可以直译为"最好和最聪明的人"。——译者注

仰，而往往会回避这些事实和数据。而当无法回避时，我们有时会更加强硬地继续进行错误评估。令人惊讶的是，我们甚至可能会教化、改变、使其归附或说服对方。简言之，人类的"理性"构成了一个脆弱的盖子，在麦基所说明的自欺欺人的沸腾的大锅上危险地保持平衡。

麦基本人的行为表明，即使是最理性、信息最灵通的人也容易受到金融狂热的影响。1841年，他出版《非同寻常的大众幻想》一书后不久，英国经历了一场金融狂热，其围绕当时伟大的高科技产业——铁路，甚至比1719—1720年席卷巴黎和伦敦的双股市泡沫还要严重。投资者们贪婪地购买铁路股票，为英格兰的铁路里程从1843年的2 000英里[①]增加到1848年的5 000英里提供了资金支持；股市最终崩盘时，还有数千英里的铁路已在计划中但从未建成。如果说应该有人预见到这次崩盘，这个人就是麦基。

但狂热事件发生时，麦基正担任《格拉斯哥的阿格斯》报纸的编辑，他报道了正在进行的铁路建设，却明显缺乏怀疑态度。1852年，他出版了《非同寻常的大众幻想》第二版，对此只做了一个简短的脚注。

金融狂热可以被看作一场像《哈姆雷特》或《麦克白》一样的悲剧，有着界定清晰的人物、熟悉的叙事和精心排练的台词。四个戏剧人物控制了故事的叙述：有才华但不择手段的项目发起人，轻信并购买股票的公众，大肆渲染的媒体，以及把手伸进钱柜并无视腐败之火的政客。

发起人走上了一条经典的莎士比亚悲剧式道路，成为最引人入胜的演员。他们大多数一开始都是才华横溢、努力工作而又有远见卓识

[①] 1英里 ≈ 1.61千米。——编者注

的人，凭直觉比别人更早地知道某项新技术将给社会带来财富。在实现愿景的过程中，他们变得富有和强大，在一个以财富判断人的资本社会中，他们成为国家的雄狮。当投机活动走到尽头、泡沫破裂时，他们最终落得不光彩和破产的下场，但通常（并不总是）能够侥幸逃脱牢狱之灾。

事实证明，公众很容易被那些英雄般的、魅力四射的发起人用花言巧语说服。要想胜任投资工作，必须具备一系列能力，包括数学能力、技术专长以及最关键的经济历史类应用知识。唉，比起数据和事实，人们更喜欢故事；当面对复杂的投资任务时，人类默认进入叙事模式，也许最令人愉快的就是那些通过购买新技术不费吹灰之力获得财富的故事。

媒体和公众一样成为发起人的受害人。写杰出商人的改革性经营事迹，能非常轻易地损害新闻界的名誉。这些发起人以惊人的频率出现在各大杂志封面上，先是被称作英雄，后来又成为被控重罪者。

最后，金融狂热席卷了相关政客，他们的声誉和人气曾经因过度投机带来的经济短暂繁荣而得到提升，但最后经常因为把手伸进钱柜而被抓。

各种金融狂热故事的情节变化不大。大多数投机性事件包含两个因素：预示共同富裕的激动人心的新技术，以及宽松的信贷。在今天的美国，只有大约10%的货币供应由实际流通的纸币和硬币组成；其余部分以信贷形式存在。银行系统可以在一定程度内随意创造信贷，信贷的规模取决于银行、抵押贷款公司和其他贷款人对得到偿还的乐观程度。这个过程是如此违反常理和令人震惊，因此值得我们重复这个概念：银行印钞。事实上，银行与其所服务的公众一样容易狂躁或抑郁，当沉浸在泡沫里极度兴奋时，它们放纵的"赚钱"行为通常更能煽动起投机之火，这在2007—2009年金融危机爆发前最为显著。

泡沫伴随着四个特征。首先，最重要的是，金融投机开始主导除了最普通的社会互动之外的一切；无论何时何地，人们见面时谈论的不是天气、家庭或运动，而是股票或房地产。其次，原本在其他领域很理智的专业人士，却放弃了可靠、高薪的工作，去参与上述资产的投机。再次，对投机持怀疑态度的人往往会遭到激烈的反对；虽然总有一些年纪够大、记忆够长、以前看过这出戏的人知道它的结局，但他们的警告遭到了鄙视和嘲笑，并在过去几十年里通常被冠以五个字："你就是不懂"。最后，平时稳重的观察家们也开始做出荒诞的金融预测，他们预计资产价格一年内的上涨幅度，不仅仅是 10%、20% 或 30%，而是一倍、两倍或末尾增加一个零。

除了关于金融狂热的前三章之外，《非同寻常的大众幻想》还包含三章篇幅较长的关于宗教狂热的内容：分别讲述《圣经》预言、十字军东征和猎杀女巫。虽然宗教狂热和金融狂热看上去没有什么共同点，但它们发生的潜在力量是相同的：希望改善自己今生或来世的福祉。而放大金融和宗教群体幻想传染性的因素也很相似：人类固有的模仿、编造和接受引人入胜的叙事以及追求地位的倾向。

宗教狂热似乎是人类历史不变的特征，最近的一个例子就是太阳圣殿悲剧。1994 年 10 月 4 日晚，瑞士切伊里村的居民被镇上一座农舍冒出的火焰吓了一跳，消防队员在那里看到了一幅奇异、可怕的景象：22 具尸体，其多数身穿红色、黑色或白色斗篷，还有几个妇女穿着金色斗篷。除了其中 3 名受害者以外，其他人都是被枪杀的。此外，还有 10 名受害者头上蒙着塑料袋。被发现时，大多数人躺成一个圈，头朝外；弹壳和空香槟酒瓶散落在地板上。

这仅仅是开始；接下来的两年半时间里，瑞士和加拿大又发现了 74 名被谋杀或自杀的受害者，其全部为教派成员或者他们的孩子；所有的死亡事件都发生在春分或秋分、夏至或冬至的前后几天内。

该教派由两个男子领导：一个叫吕克·茹雷，他是神秘、英俊、有吸引力的 46 岁比利时医生，1993 年受到共谋和武器指控，但从加拿大逃脱；还有一个叫约瑟夫·迪·马布罗，是70岁的法裔加拿大人。最终的受害者里包括法国滑雪名将让·维亚尔内的妻子和儿子。维亚尔内是1960年奥运会滑雪金牌获得者，后来他将自己的名字授权给一家国际太阳镜制造商，此后他的名字成为一个著名的商标。在维亚尔内去世之前，小维亚尔内曾经告诉记者："从生到死这段路程的主题一次又一次地被提到。茹雷解释说没什么可怕的——但恰恰相反，我开始觉得自己快要殉道了。"[7]

1997年3月24日，最后一批圣殿教受害者被发现；两天后，在美国圣迭戈附近的兰乔圣菲小镇，警察发现了另一个末日组织——天堂之门的39名成员的尸体，他们也死在那个春分前后。他们相信自己死后将被隐藏在海尔-波普彗星尾部的宇宙飞船里运出地球。[8]

太阳圣殿和天堂之门只是一系列著名末日组织中的两个例子：1978年，吉姆·琼斯领导的人民圣殿教在圭亚那的集体自杀及谋杀事件夺走了918条人命；1993年，大卫支教在得克萨斯州韦科镇与愚蠢的联邦当局对峙，导致86名教徒被杀；残忍的日本奥姆真理教制造了1995年东京地铁神经麻痹毒气袭击。令人震惊的是，这些组织中的许多成员，如茹雷和维亚尔内，都是受过高等教育、有一定成就的人。

末日论的群体幻想不是现代世界特有的；中世纪的欧洲就有大量精彩故事——如果我们对它们印象不深刻的话，就可以称之为插曲。现代神经心理学研究揭示了为什么一群神志正常、聪明、能很好适应社会的人，会自欺欺人地认为世界将以一种特定的方式终结，而且往往在某个特定的日期终结。人类是通过叙事来理解世界的：无论我们如何吹捧自己的个人理性，一个好的故事，即使分析起来很有欠缺，也会萦绕在我们的脑海中，使我们在情感上产生共鸣，并且比最具决定权的事实或数据更有说服力。

最近，心理学家开始意识到，这些引人入胜的叙事是多么有效地腐蚀了我们的分析能力。也许所有故事中最引人入胜的就是末日论的叙事；如果认识到自己存在于叙事中，那么我们都想知道叙事的结局。末日论故事深嵌于世界上的许多宗教中，尤其是亚伯拉罕诸教①，它如此普遍以至于几乎不被看见，但它潜伏在每天的头条新闻和推特背后，它如此古老以至于至少可以追溯到人类文明的起源。

想要了解"故事的剩余部分"的渴望深深地侵蚀着我们的意识。此外，末日论故事还有另一种不可抗拒的吸引力：它承诺将使人类摆脱一个被托马斯·霍布斯称为"孤独、贫穷、肮脏、野蛮、短见"，充斥着以牺牲正义为代价而偏袒富人和权贵的腐败的人类存在。很少有故事能像承诺救世主的回归那样让人感到欣慰。救世主会扭转局面，拨乱反正。这种对人类新开端的渴望深深地内嵌在《圣经》中，尤其是《以西结书》、《但以理书》和《启示录》。这些书为几次血腥的末日运动提供了蓝图。

演化心理学的新兴领域为解释群体狂热的传播提供了令人信服的机制。冰河时期末期，第一批部落从西伯利亚进入北美，之后的大约一万年时间里，人类的足迹从亚北极地区到北美大平原，再到热带亚马孙河流域。人类在如此多变的环境中需要掌握生存所需的各项专门技能，生物本来不可能进化得这么快：比如，要进化出一种会在亚北极海岸制造皮艇的基因天赋，还要进化出在北美大平原上猎杀水牛的天赋，然后是进化出在亚马孙地区制造毒气喷枪的天赋，这些进化需要很长时间。（据估计，北欧成年人的乳糖耐受性和吐蕃人的高海拔耐受性的进化用了 3 000～10 000 年，这是已知人类适应性进化最快的时间。）[9]

但人类做到了。在进化过程中，人类并没有将制造皮艇、猎杀水

---

① 亚伯拉罕诸教一般是指天启宗教，包括犹太教、基督教、伊斯兰教。——译者注

牛或制造毒气喷枪的独特能力硬连接到基因中,而是编码了一项通用技能——模仿能力。例如,当有足够多的人和足够多的试错时,最终会有人想出如何建造一艘可使用的皮艇,而其他人可以准确地模仿这一过程。[10]

人类比其他物种更喜欢模仿;一旦有人有所创新,其他人很快就会采纳。然而,我们的模仿倾向也增强了适应不良性行为,其中最主要是幻想性信仰。诚然,在现代后工业社会中,模仿能力确实促进了经济发展,但它对人类生存的促进作用远不及前现代时期在亚北极、大平原或亚马孙流域所起的作用。因此,在现代世界,适应性行为和适应不良性行为之间的权衡使得模仿能力对于人类已不如过去那么有利,我们现在陷入晚更新世时期的模仿倾向中,这一倾向在现代时期的成本越来越高,其中最昂贵和最危险的代价就是对世界末日即将到来这一信仰的传播。

人类不仅对叙事的反应比对事实和数据的反应更加强烈,而且初步研究表明,越引人入胜的故事越能侵蚀人们的批判性思维能力。[11] 此外,研究还表明,叙事的提供者和消费者之间是存在内在利益冲突的:前者希望使消费者信服,并设计出最引人入胜的叙事,而后者如果是理性的,就应有意避开这些叙事,并仅仅依赖数据、事实以及分析的方法。

人类偏好于引人入胜的叙事,与之密切相关的是,人类还具有自欺欺人的倾向。人类本来很善于发现他人撒谎的真相,但是人类用欺骗自己的能力消除了这些真相,这使人类成为更好的骗子。[12] 纵观历史,在各种宗教性群体幻想的主角中,作为局外人的骗子相对较少,更多的是一些被自己的幻想欺骗的受害者。

大约从 150 年前开始,基督教新教发展出一种信仰,其专业名称为"时代论前千禧年论"(简称"时代论"),其现代倡导者将其打磨成世界上最引人入胜的末日叙事。尽管其确切的内容因不同的神学风格而异,但基本叙事都是预测犹太人将返回以色列、重建耶路撒冷圣殿，并在那里恢复祭祀。然后，罗马帝国以十国联盟的形式重新组合起来，由一个有魅力、才华横溢、英俊潇洒的人领导，这个人是反基督者，是魔鬼在人间的化身，他与犹太人结成了一个七年联盟，但三年半后，这个反基督者背叛了犹太人，从而促成了外国军人对以色列的入侵。入侵者不仅包括俄国人，还包括穿越喜马拉雅山到达那里的2亿中国人。

一场灾难性的核战争接踵而至：大决战和其他恐怖事件，统称为大灾难。七年大灾难的最后，耶稣复临，击败反基督者，建立千禧年国家。在这个过程中，数十亿人死亡。信仰耶稣的基督教徒被顺利地从大决战和大灾难中提到天堂——这就是"被提"。犹太人的结局差一些：1/3 的犹太人改信了基督教，并规劝其他人也改信，从而在大灾难中幸存下来。另外 2/3 的犹太人就倒霉了。

不了解上述时代论叙事，就无法充分理解当前美国社会的两极分化现状。大多数受过良好教育、非宗教取向的公民都认为这是极其怪诞的，但是，对相当一部分美国人来说，这一系列的预言事件就像《罗密欧与朱丽叶》或《教父》一样耳熟能详，像杰瑞·法威尔、金·贝克和吉米·斯瓦加特这样的电视福音布道者，他们对公众的吸引力也完全依赖于他们的时代论资质。

几个原因决定了对时代论叙事的普遍关注。以色列，尤其是重建圣殿在这一信仰体系中的中心地位，深刻地影响了美国的中东政策。美国对以色列扩大在约旦河西岸定居点的不加批判的支持和对巴以"两国方案"的明显放弃①，可以直接追溯到福音派，也就是所谓的基

---

① 根据1947年的联合国分治决议，耶路撒冷属于国际共管。但从事实层面上看，东耶路撒冷在行政上基本受以色列管辖。东耶巴勒斯坦社区内部和约旦河西岸，一样有犹太人的定居点。此处的"两国方案"是指巴勒斯坦和以色列分别建国，两国和平共存的方案。——译者注

督教犹太复国主义者的鼓吹，他们现在的影响力远远超过犹太复国主义①者。事实上，2018年5月美国驻耶路撒冷新大使馆落成典礼的开幕式和闭幕式是由两位时代论牧师主持的。其中一位是罗伯特·杰夫里斯，曾经声称希特勒帮助过犹太人返回以色列；另一位是约翰·哈吉，他认为卡特里娜飓风是上帝对新奥尔良罪恶②的惩罚。[13]

在核时代，即使是轻微的"世界末日不可避免"的宿命论也是危险的。2010年美国皮尤基金会的一项民意调查发现，超过1/3的美国人相信耶稣会在他们的有生之年回来，而且大多数人相信"被提"。[14]其中一个有此信仰的美国人就是罗纳德·里根③。他可以和杰瑞·法威尔这样的人畅所欲言地谈论时代论神学。福音派占据美国军队的近1/4，其中大部分是时代论者；他们的影响在空军学院尤为突出，所服务的部门控制了美国的大部分核武器。[15] 1964年，丹尼尔·埃尔斯伯格和他的兰德公司老板审查完美国的核指挥系统后，放映了电影《奇爱博士》，并评论说这部电影很可能成为一部纪实节目。影片中，一位患精神病的美国空军基地指挥官奇爱博士关注于饮用水的氟化④——即使到今天仍然有部分时代论者被饮用水氟化问题困扰——影片中这位指挥官触发了第三次世界大战。[16]

历史上，基督教徒一直给犹太人贴上反基督的标签，这一概念本身就容易引起暴动。即使在今天，对一些极端福音派教徒来说，把这个标签贴在某人或任何团体身上，都可以为他们的谋杀辩护。

---

① 犹太复国主义：又称锡安主义、犹太圣会主义，是犹太人发起的一种民族主义政治运动。而基督教犹太复国主义则是部分外邦基督徒（尤其是美国人）对犹太人的犹太复国主义的支持。——译者注
② 新奥尔良罪恶：每年8月，美国新奥尔良市都会举办全世界最盛大的同性恋狂欢活动。此处，新奥尔良罪恶实际上指的是同性恋罪恶。——译者注
③ 罗纳德·里根：1981—1989年担任第40任美国总统。——译者注
④ 在讽刺影片《奇爱博士》(*Dr.Strangelove*)中，奇爱博士认为氟化饮用水是苏联人的阴谋，因此决定向苏联投放核弹。——译者注

最后，单是时代论这一信仰就能够而且确实已经引发大规模死亡。1993年，在得克萨斯州的韦科镇，痴迷于《启示录》的大卫·考雷什①领导的大卫支教与不理解其信仰体系的联邦官员发生了冲突。

启示性末日论的起源在《新约》和《旧约》中都有，并且可能更早地起源于肥沃新月地带的多神教，因此，以色列犹太人中的极端主义者和伊斯兰教国家的末日剧本，都与基督教时代论者的末日剧本有很多的相似之处，这不足为奇。它们的不同之处在于谁扮演英雄，谁扮演反派人物。今天的穆斯林末日论者几乎一致认为犹太人是反基督者，而"伊斯兰国"之所以能够从世界各地招募新兵到叙利亚和伊拉克这片杀戮之地，很大程度上依赖于从圣训中直接引用的末日论叙事。

要想理解金融泡沫和暴力性的末日疯狂等社会潮流是如何产生和传播的，可以先理解它们在什么情况下不会发生，这同样具有指导意义。我们对群体决策智慧的现代理解开始于1906年秋天，当时的先驱博学家弗朗西斯·高尔顿（他是查尔斯·达尔文的表弟）参加了在普利茅斯举行的一年一度的英格兰西部肥畜和家禽展览。在那里，他进行了一次群体理性实验。大约800名参赛者以每个人6便士②的价格购买一张"公牛体重竞猜"的票，对公牛净重（即屠宰后去掉头和内脏）猜得最准的人将获得奖品。令人惊讶的是，所有猜测值的中位数为1 207磅③，与实际体重1 198磅相差不到1%。所有猜测值的平均数为1 197磅，几乎准确，尽管高尔顿在他发表在《自然》（*Nature*）上的第一篇文章中没有提到平均值这个数字，因为他认为中位数，也就是（按顺序排列后）所有数据中居于中间位置的数，在理论上比平均数更具有吸引力。[17]

---

① 大卫·考雷什（David Koresh），原名弗农·豪厄尔，美国邪教组织大卫支教领袖，1993年参与韦科惨案，于事件中身亡。——编者注
② 1便士=0.01英镑。——编者注
③ 1磅≈0.45千克。——编者注

高尔顿关于集体决策准确性的结论已经被反复证实。[18]最近，《纽约客》专栏作家詹姆斯·索罗维基在他的畅销书《群体的智慧》中总结了这一概念，他在书中提出，有效的群体智慧有三个要求：个体分析的独立性，个体经验和技能的多样性，以及收集个体意见的有效方式。[19]

那么，就我们的目的而言，什么才是"群体"——是弗朗西斯·高尔顿和詹姆斯·索罗维基提到的那些理性的人，还是吕克·茹雷、约瑟夫·迪·马布罗和大卫·考雷什这些不理性的人？

妄想性群体与智者群体之间的区别在于其成员之间的互动程度。高尔顿的约800名参赛者中的所有人，甚至大部分人，是否真的聚集成一个集体，这是值得怀疑的。他的实验有一个关键的、通常被忽略的细节，那就是它涉及牛的净重。在牛被屠宰前，没有人知道结果，参赛者必须在参赛卡上填写自己的地址，这样获胜者才能接到通知，且参赛者为了让自己的预测结果不对外泄露，在填写卡片之前并没有聚集在一起。

几年前，金融专家乔尔·格林布拉特对高尔顿实验进行了巧妙的改变，他向哈勒姆地区的一个小学生班级展示了一个装有1 776颗果冻糖豆的罐子。和之前的实验一样，学生们独立提交的索引卡上所显示的平均估计值非常准确：1 771颗果冻糖豆。然后格林布拉特让每个学生当众说出他们的估计值①，这破坏了他们总体判断的准确性——新的"开放式"估计结果平均只有850颗果冻糖豆。[20]

因此，一组人的互动越多，其行为就越像一个真正的群体的行为，评估结果就越不准确。有时候，群体互动变得如此紧密、频繁，就产生了疯狂。用弗里德里希·尼采最简洁的话说，"在个体中，疯

---

① 这相当于取消了实验中的个体独立性条件。——译者注

狂是罕见的；但在群体、政党、民族以及时代中，疯狂是司空见惯的"[21]。麦基也意识到了这一点；也许他的《非同寻常的大众幻想》中最有名的那一句话就是，"据说，人以群体为单位思考；我们可以看到，他们成群结队地发疯，但非常缓慢地逐个恢复意识"[22]。

因此，实现一组人整体判断的准确性，要求参与者不能像群体那样行动。此外，正如索罗维基所指出的，这还要求这组人中个体的多样性：一组人对于某项估计的观点越多，该估计就越准确。

观点的多样性也有利于个体；正如弗朗西斯·斯科特·菲茨杰拉德所言："检验一流智力的标准，就是在头脑中同时存在两种相反的想法但仍保持行动能力。"[23] 在过去30年中，心理学家菲利普·泰洛克检验了数百位著名专家预测的准确性；他发现，那些综合考虑各种往往相互矛盾的观点的人比那些从单一理论视角看待世界的人表现得更好。[24] 简单一句话：无论是在政治、宗教还是金融领域，都要提防空想家和真信徒。

索罗维基的书描述了群体决策是如何成功的，而我的书将描述群体决策是如何失败的，以及群体决策失败时会发生什么。在最极端的情况下，不仅群体会疯狂，而且正如20世纪发生的几次事件那样，整个国家都会疯狂。

麦基做得并不完美，他的很多编写内容甚至都不是原创的；他可能从当时四年前出版的一本理查德·达文波特的书《了解假冒、欺骗和轻信》（*Sketches of Imposture, Deception, and Credulity*）中获得了灵感甚至摘录了部分内容。达文波特的书涵盖了许多相同领域的内容，但没有那么多细节。[25] 另外，麦基对郁金香事件进行了耸人听闻的描述，并将"郁金香狂热"这个术语引入现代词典，也为现代评论家们所不屑，他们认为麦基描述的并不是一个全社会范围的现象。[26]

此外，麦基的章节、主题和时间顺序是混乱的；关于群体行为的章节（如金融泡沫、十字军东征）中穿插着关于时尚（头发长度、胡须和决斗)、健康和科学困境(磁化、炼金术)的章节。[27]

也就是说,麦基意识到了,我们的社会特性会如此频繁地干扰我们的理性。在这一事实面前,麦基(以及那个时代的任何其他观察者)的错误、混乱和可能缺乏独创性的问题,都可以忽略。

我第一次阅读《非同寻常的大众幻想》是在25年前,尽管前三章所描述的金融狂热吸引了我,但我当时认为这种狂热与20世纪90年代初期表现相对良好的资本市场是没有关联的。我错了。让我惊讶的是,在接下来的几年里,随着互联网泡沫的发展,麦基描述的金融狂热景象在现实生活中出现。

20年后,伊斯兰国及其前身格外擅长向世界各地的信徒传教,其吸引了数千人从安全、繁荣的西方国家到伊拉克和叙利亚的杀戮战场。在很大程度上,其这样做相当于兜售了一种末日叙事,这种叙事与大量基督教徒所信仰的末日叙事非常相似。麦基对这一主题也进行了一些详细的论述。

对深受《非同寻常的大众幻想》这本书影响的人来说,伊斯兰国的崛起敲响了响亮而清晰的警钟。如果说宗教狂热的现代表现是存在的,那么这就是随着神经科学最近取得的快速发展,审视从中世纪至今的群体幻想的时机已经成熟。

在本书中,我忽略了几个麦基详细阐述的事件,例如时尚和健康狂热;而且,我并不直接报道政治事件。可能一些读者有疑问,在当今紧张的、两极分化的政治氛围中,我为什么选择这么做。我将这本书局限在金融和宗教群体狂热这两个领域,是为了使本书的主要内容保持在可控篇幅之内,也是因为我个人对金融和宗教群体狂热的共鸣。但是,读者会发现,这本书接下来所描述的事件及其心理学基础,可以与所有种类的狂热相联系,尤其是与20世纪的极权主义和21世纪的病毒阴谋论相联系,这不会有太大困难。

很显然,21世纪最重要的地缘政治事件是2001年9月11日世贸双子塔和五角大楼的遇袭,这场灾难增强了一种已经确立的现代伊斯兰教末日主义,后者被西方政治和文化的主导地位以及1979年苏联入侵阿富汗重新唤醒。可以说,20世纪美国文化和政治生活中最重要的转变是基督新教福音主义的兴起,这给美国的中东政策以及战略武器的指挥和控制带来了巨大的风险。伊斯兰原教旨主义和基督新教福音主义的兴起,都可以很容易地通过以往的宗教狂热来理解。

更笼统地说,本书将提供一个心理学框架,用来解释为什么人类有时候会出现各种类型的群体性疯狂。显然,人类是一种会模仿、会讲故事、会寻求地位、会道德性谴责他人、会怀念过去美好时光的猿类,所有这些都意味着,人类的未来必将充满宗教和金融群体狂热。

任何一个写群体幻想的作者都很快会遇到一个非常不方便的社会学事实。就像大流士故事中的希腊人和印度卡拉提亚人一样,我们每个人都是社会规范的产物,有时,一个社会的圣礼是另一个社会的亵渎。例如,世界上有许多神学(如果不是大多数的话)倾向于将他人的信仰体系视为异端,这甚至会发生在密切相关的教派中,也就是弗洛伊德著名的"微小差异的自恋"[1]。正如那个古老的笑话,几百人共有的幻想被称为"邪教",而数百万人共有的幻想被称为"宗教"。

相当一部分美国人相信《启示录》的字面真理:世界将很快遭受一场末日大灾难。非原教旨主义基督徒和非基督徒可能会认为,末日叙事只是一种幻想,这种群体性幻想对信徒或世界上的其他人极少产生强烈危害。但是事实恰恰相反,所有成功的群体都在一定程度上依赖于共有的幻想。无论美国社会存在什么缺陷,我们最大的力量在于

---

[1] 弗洛伊德的"微小差异的自恋"是指为了确证自我,两者的实际差异越小,在他们的想象中就会显得越大,通过寻找彼此差异的方式,以自恋式的解读夸大差别,以打击他人,说明自己的独特。由此构成一种心理学现象,这种现象被后来的研究者引申到不同的种族、民族、宗教群体和社会群体的分析中。观察发现,共同点最多的群体更容易陷入冲突,因为他们对微小差异过度敏感。——译者注

我们信仰法治和法律面前的平等;同样,我们的经济运行良好,是因为几乎所有人都相信,纸币和更为缥缈的电子交易货币代表着真实的资产和债务。但归根结底,这些有益的共同信仰只不过是全社会的骗局:只有在大多数人都相信的情况下,它们才是正确的——这就是所谓的"仙子效应"①。因此,我选择将注意力集中在那些变坏的群体幻想上,如果你愿意的话,那么也可以将其理解为"极其有害的大众幻想和群体疯狂"。

本书的讲述基本按照年代顺序,从麦基没有提到过的中世纪末日狂热事件开始,到近期末日狂热最壮观的例子——中东伊斯兰国的崛起。在这两者之间,我按照发生顺序向读者介绍过去这段时间里所发生的各种金融和宗教狂热事件,以及相关的神经科学发展历程。

我们首先从人类群体幻想的黑暗中心——中世纪的欧洲开始。在那里,一位名不见经传的西多会②修道士受《圣经》启示类书卷的启发,发展了一种神学,引发了一系列可怕的新教末日叛乱。

---

① 文学作品《彼得·潘》中的人物说:"唯有孩子们相信仙子存在,仙子才会存在。"——译者注
② 西多会:成立于1098年,系本笃会分支,其教义更严格。——编者注

末日论的起源
约阿希姆的子民们

老虎去打猎了,

鸟儿开始飞翔;

男人坐下来想,"为什么,为什么,为什么?"

老虎睡着了,

鸟儿降落了;

男人不得不告诉自己他明白。

——库尔特·冯内古特[1]

12世纪末,欧洲的国王和王后们踏上了艰苦的旅程,来到遥远的卡拉布里亚山上的一座修道院,沐浴在一位几乎被遗忘的西多会修道院院长——菲奥雷的约阿希姆①的传奇智慧中。在1190—1191年第三次十字军东征途中,狮心王理查②也经过这里,寻找自己的未

---

① 菲奥雷的约阿希姆:意大利神学家。——编者注
② 即理查一世(1157年9月8日—1199年4月6日),金雀花王朝的第二位英格兰国王,第三次十字军东征的将领,因骁勇善战而被称为"狮心王"。——译者注

来景象。²

　　这位沉默寡言而又有智慧的修道院院长喜欢数字和历史类比，他将人类历史分为三个时代，并预言一个即将到来的黄金时代。这正是欧洲统治者被吸引到修道院的原因。不幸的是，约阿希姆无意中点燃了预言的导火索。他的未来景象对饱受蹂躏的穷人来说是一种雄辩的诉说，在他们心中激起了革命。在接下来的几个世纪里，他最初的和平模式演变成一种血腥的末日神学，席卷欧洲大片土地。

　　要想理解这是如何发生的，需要援引《圣经》的三大末日叙事：《旧约》中的《以西结书》和《但以理书》，以及《新约》的最后一本书《启示录》。虽然这三本书对现代非宗教读者来说可能显得晦涩难懂，但它们有助于解释基督教福音派教徒与其他美国人之间的文化分化，这种分化在过去几个选举周期中变得非常明显。基督教福音派教徒对这三本书的内容像对美国独立战争故事和内战故事一样熟悉，但其他美国人并不太了解这些书。此外，即使是福音派教徒也常常不知道这三本书中故事背后的古代近东①历史，特别是埃及人、非利士人、亚述人、巴比伦人、波斯人，以及以色列王国和犹大王国这两个犹太王国之间的复杂关系。

　　《以西结书》《但以理书》和《启示录》为一系列宗教群体的末日幻想提供了背景，这些幻想在许多方面与瑞士切伊里村的悲剧相似。幻想是亚伯拉罕宗教②自诞生以来一直具有的特征，最突出的体现包括16世纪的德国明斯特镇，19世纪中期的美国米勒运动，以及随着现代以色列国家的建立、对即将到来的末日进行的各种反复和广泛的预测。

　　宗教狂热往往发生在最糟糕的年代。在这样的年代，人类希望

---

① 近东：早期近代西方地理学者以"近东"指邻近欧洲的"东方"。第二次世界大战后，此称渐被"中东"取代。——编者注
② 亚伯拉罕宗教：指犹太教、基督教、伊斯兰教这三个世界性宗教。——编者注

摆脱困境，回到美好的旧时代，回到一个神话般和平、和谐和繁荣的时代。现存最早的希腊诗歌之一，约公元前700年赫西俄德①的《工作与时日》很好地表达了这一点。当时的希腊极度贫困，作者在雅典西北部维奥蒂亚的一个农场艰难度日，他把这个农场描述为"冬天不好，夏天闷热，任何时候都不好"³。赫西俄德想象着，这些事情在过去的年代里肯定会好一些。在他所讲述的神话中，首先出现的是奥林匹斯山上的众神，他们创造了一个"人类的黄金种族"，这个种族：

> 像诸神一样生活，没有内心的悲痛，没有劳累和忧愁。他们不会悲惨地衰老，四肢永远有力；除了远离所有的不幸，他们还享受筵宴的快乐。他们的死亡就像熟睡一样安详，他们拥有一切美好的东西。肥沃的土地自动慷慨地产出丰盛又足量的果实。他们和平轻松地生活在富有的土地上，羊群随处可见，诸神眷爱着他们。⁴

然后是第二代种族，"用白银打造的，到目前为止还不那么高贵"。他们仍然受到祝福，但他们犯了罪而且没有向神献祭。随后是第三代种族，他们的盔甲、房屋和工具都是由青铜打造的。出于某种原因，诸神给了第四代种族比第三代种族更好的平局：一半死于战斗，另一半以半神的身份生活。赫西俄德的第五代种族是"一个铁族，人们白天不停地感到劳累和悲伤，夜晚接二连三地死去，诸神给他们设置了很多麻烦"。赫西俄德预言，他们的孩子会更差——唯利是图，口出恶言，最糟糕的是，他们不愿意赡养年迈的父母。⁵生活确实是孤独、贫穷、肮脏、野蛮和短暂的——赫西俄德的描述比托

---

① 赫西俄德：古希腊诗人。——编者注

马斯·霍布斯在《利维坦》中的描述早了2 000多年。

赫西俄德时代的苦难生活尽管凄凉，但至少是当地土地和文化的固有特征——土地的贫瘠、人的贪婪和邻近城邦的侵略。但毕竟，敌对邦邻的人和他们有着相同的宗教和文化，尽管战胜方经常奴役战败的邻居，但在伯罗奔尼撒战争①之前，通常不会取战败方的性命。

犹太人是怎样来到圣地定居的，这仍然是一个谜，因为历史学家质疑摩西和《出埃及记》的真实性。毋庸置疑的是，后来以色列人征服了迦南人，比征服随后凶猛的"海上民族"更容易。迦南人是巴勒斯坦地区文化上更先进但侵略性更弱的原住民，而"海上民族"是一个神秘的种族，不仅侵犯了埃及，可能还消灭了包括迈锡尼在内的几个地中海西岸文明。在所谓的"犹太人逃离埃及"后不久，当地的"海上民族"——非利士人在现代加沙地带和特拉维夫之间建立了一个滩头阵地，并开始向内陆推进。

非利士人的威胁促进了以色列各个部落的联合。扫罗最终被选为以色列的领袖，并开启了希伯来人联盟的时期。扫罗曾经是非利士人的雇佣兵，他击败了以前的雇主。公元前1000年之后，扫罗的副官大卫在扫罗死后接替了他的职位。大卫也曾是非利士人的雇佣兵，是一位更具军事天赋和魅力的领袖，在他的领导下，他们不仅占领了北部的以色列地区和南部的犹大地区，还占领了一座由迦南人控制的、设有重防的城镇耶路撒冷，其作为大卫的私人领地。

大卫领导下的犹太人地理版图达到最大，向北延伸到大马士革。但我们今天所说的"大卫王国"并不是一个统一的国家，而是由三个独立的部分组成的：犹大王国、以色列王国和耶路撒冷。其中犹大王国和以色列王国具有独立的王权（见图1-1），由大卫分别占有，而耶

---

① 伯罗奔尼撒战争：公元前431年—前404年，古希腊世界内部发生的一场大规模的城邦战争。——译者注

路撒冷是大卫的私人财产。

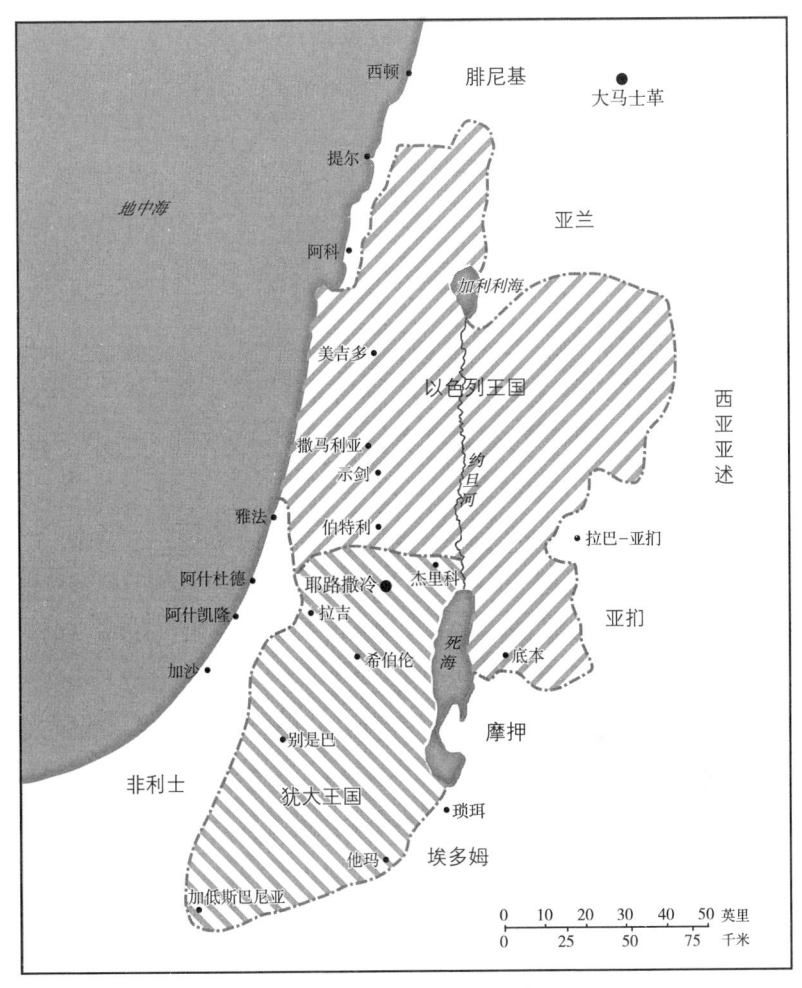

图 1-1 大卫王国的犹大王国和以色列王国

注：书中地图系原文插附地图。

他的儿子所罗门统一了这个联盟。所罗门像一名雄心勃勃的建筑师，他修建了一系列宫殿、堡垒和朝圣场所，其中最著名的是耶路撒冷第一圣殿。他还积极开展婚姻外交：娶了一位法老的女儿为妻，根据《列王纪上》①，他至少拥有 700 个妻子和 300 个妃嫔。他在美吉多②建立的一个堡垒后来因其希腊名称而更为人所知：哈米吉多顿③。

所罗门的建筑计划不仅耗费巨资，而且需要众多的劳役，使民生怨愤。公元前 931 年，所罗门去世，他的儿子罗波安拒绝北上到以色列首都示剑城参加加冕典礼，至此以色列王国退出联邦④。⁶

当亚述人成为强大的"军事机器"时，南北分裂对犹太人的独立是致命的。公元前 9 世纪，北方的以色列王国开始向亚述人进贡。公元前 745 年，提格拉·帕拉萨三世夺取了亚述王位，他挥师西进开始分割以色列王国。公元前 721 年，他的继任者撒缦以色五世和萨尔贡二世（又译撒珥根二世）征服了以色列王国，萨尔贡二世的史册记录："我带走了住在这里的 27 290 人，并挑选了 50 辆战车给我的皇家军队……我修复了那座城市，使它比以前更加伟大；把被我手征服的土地上的人，迁到这里住。"⁷

萨尔贡将以色列王国中的精英们（包括贵族、富豪、能工巧匠等）驱逐到底格里斯河和幼发拉底河沿岸；他们逐渐消失在历史的迷雾中，很可能是同化融合到当地的美索不达米亚人中了，从而出现了 10 个"消失的部落"。亚述人随后将目光转向了南部的犹大王国，并在公元前 701 年发动了一次进攻，但失败了。此后一个世纪，不知何

---

① 《列王纪上》是《圣经》的第 11 卷，记载以色列自大卫去世之后的一段历史。——译者注
② 美吉多（Megiddo）：位于今以色列耶路撒冷北方 50 英里处。——译者注
③ 哈米吉多顿（Armageddon）是《圣经》中所述世界末日之时兽国发起的列国混战的最终战场。现在，哈米吉多顿已被引申出"伤亡惨重的战役""毁灭世界的大灾难""世界末日"等意思。——译者注
④ 所罗门一死，北方 10 个部落发动起义，拥立耶罗波安为王，续用以色列王国名称，先后定都示剑、毗努伊勒、得撒和撒马利亚。南方两个部落犹大和便雅悯支派继续效忠于所罗门的儿子罗波安，首都继续在耶路撒冷，自称犹大王国，南、北方从此分裂，不再是一个统一的整体。——译者注

故，亚述人没有再进犯犹大国，也许是想把该地区作为他们和埃及人之间的缓冲区。这拯救了犹大国和犹太人民，使他们免遭北部以色列王国那样湮灭消失的厄运。

公元前605年左右，亚述被巴比伦人攻陷，犹太人面临着一股更可怕的征服力量。公元前597年，尼布甲尼撒二世带领巴比伦人攻占了耶路撒冷。据《列王纪下》记载：

>……犹大王约雅斤和他母亲、臣仆、首领、太监一同出城，投降巴比伦王，巴比伦王便拿住他。那时，是巴比伦王第八年。
>
>巴比伦王将耶和华殿和王宫里的宝物都拿去了，将以色列王所罗门所造耶和华殿里的金器都毁坏了，正如耶和华所说的。
>
>又将耶路撒冷的众民和众首领，并所有大能的勇士共一万人，连一切木匠、铁匠都掳了去。除了国中极贫穷的人以外，没有剩下的。⁸

更可怕的事情还在后面。大约公元前587年，巴比伦人在犹大国扶持的傀儡西底家反叛，作为回应，巴比伦人攻破耶路撒冷的城墙，蜂拥而入。国王逃跑，但在杰里科附近被捉，巴比伦人"在西底家眼前杀了他的众子，然后剜了他的眼睛，用铜镣铐把他绑起来，将他掳到巴比伦去"⁹。

鉴于北方邻国"消失"的经历，犹地亚人①非常清楚，尼布甲尼撒二世正以灭绝的方式威胁着他们的文化甚至是生存，因此他们寻找一种极端的解决方式：一场奇迹般的大灾难，将他们从即将被湮灭中

---

① 犹地亚人，古巴勒斯坦南部地区的人民，此处指被灭国的犹大国人民。——译者注

解救出来。——这是同时期的希腊诗人赫西俄德所不需要的,因为他的文化并没有受到这种被灭亡的威胁。

公元前 597 年,与约雅斤一起被掳到幼发拉底河沿岸的流亡者中,有一位受过圣殿教育的祭司,名叫以西结。《以西结书》是他本人或他人以他的名义写的,书中记录的内容开始于五年后,也就是公元前 592 年。随着天堂的幻象向他打开,一辆载着上帝的战车出现了,这辆战车有四个幻影般的有翅膀的活物,每个活物都有四张脸:人脸、狮脸、牛脸和鹰脸。

《以西结书》是《圣经》中第一本重要的末日启示类书籍,不管它的作者是谁①,写作时间一定是在圣地环境恶化的那几十年里。正如《列王纪下》中所描述的,巴比伦人放逐了犹大王国的王室成员、祭司和富人,留下了大量的下层阶级。起初,被掳往巴比伦的这些贵族乐观地认为他们很快就会回到耶路撒冷,但公元前 587 年,耶路撒冷和第一圣殿被摧毁,这使他们的叙事文学朝着启示末日的方向演变。

《以西结书》的作者讲述的故事从被征服的原因(即犹大的不敬),转向上帝的回归和犹太国家的重建。他转向了一个在接下来的几千年中越来越引起共鸣的叙事:人类的堕落,上帝的愤怒,他的回归,以及后来他儿子重建王国,并将不虔诚的人罚入地狱。

《以西结书》依次包括三个部分:第一,以西结被任命为先知(传达上帝讯息的人);第二,重建大卫王国,并摧毁现实中的敌人,以及摧毁神话中的敌人——可怕的玛各和统治者歌革;第三,新圣殿的辉煌,以及一个复兴并扩大的犹太国家的辉煌。(《圣经》后来的

---

① 有的学者认为,《以西结书》结尾的一段神谕的文字表达方式与开首的神谕及中间论述事件发展的文字表达方式有所不同,怀疑是后人在事件发生之后,按照以西结原来的书写风格而续写。——译者注

书卷混淆了歌革和玛各，因为两者都可以解释为人或地区。）

以西结还描述了大卫王国重建之后，以色列人将如何遭受这个神话中的掠夺者的入侵，然后击败他。这是《圣经》中首次实际性地提到歌革这个人物，他最终将演变成《新约》中的反基督者，是现代新教徒启示性末日预言中的主要人物之一。[10] 以上三个部分的预言应验过程中包括许多奇妙而可怕的幻象，战胜邪恶力量，以及新世界的荣耀，这些成为随后许多末日叙事的基础。

《圣经》中的第二本重要的末日启示类书籍是《但以理书》，据说写作时代与《以西结书》相同。它的开篇是征服耶路撒冷，流放巴比伦，以及尼布甲尼撒二世提拔四个聪明的希伯来人沙得拉、米煞、亚伯尼歌和但以理，"国王向他们咨询所有智慧和领悟方面的问题，发现他们比王国里所有术士和占卜师好10倍"[11]。

尼布甲尼撒做了一个几乎记不清楚的梦。他只知道这是一个重大预兆，但不知道其他方面的细节。当宫廷占卜师说他们没有能力把梦的细节和梦的讲解告诉他时，尼布甲尼撒下令，不仅要杀死这些占卜师，还要杀死王国里的所有智者，包括四个希伯来人。

幸运的是，上帝向但以理展示了国王梦的内容：一个可怕的幽灵，有着金色的头、银色的胸膛和手臂、青铜的腰腹和臀股、铁的腿，以及半铁半泥的脚（因此出现了现代短语"泥足"）。一块石头打碎这个野兽的脚；然后石头变得越来越大，先是变成一座山，然后充满整个天下。[12]

但以理所描述的野兽的金、银、铜、铁恰好与赫西俄德所讲述的时代相匹配；这可能不是巧合，因为同一时期的波斯文本中也描述过根据这四种金属命名的四个历史时代。[13]

上帝给但以理讲解了这个梦，但以理将解梦转述给尼布甲尼撒二世：野兽的头是尼布甲尼撒本人，银和铜部分代表未来较小的王国，铁和泥足是一个伟大的联合帝国，但由于铁和泥两种元素不相合，联合帝国很容易破裂。最后，上帝接管了统治权："当那列王在位的时候,天上的神必另立一国,永不败坏,也不归别国的人,却要打碎灭绝那一切国,这国必存到永远。"[14]

很多学者根据书中的内容推测,《但以理书》的写作时间并不是巴比伦流亡时期,而是在公元前2世纪。如果这个推测正确的话,那么从尼布甲尼撒二世到这本书的实际写作之间的3个多世纪里,发生了很多事情:居鲁士国王征服了巴比伦人,允许犹太人返回巴勒斯坦地区并建造第二圣殿;但是,公元前332年,巴勒斯坦又被亚历山大占领。在被希腊统治期间,任何一个有文化的犹地亚人①都知道叙事中的预言是什么:尼布甲尼撒二世梦中野兽的半铁半泥脚代表了希腊托勒密帝国和塞琉西帝国②——亚历山大大帝征服地区的继承国——的衰弱及其最终的毁灭。《但以理书》的作者很可能想让书看起来比实际写得早3个世纪,以增强其预言的可信度。

希腊人给犹太人带来了另一个生存威胁。公元前167年,位于黎凡特地区的希腊塞琉西帝国统治者安条克四世任命墨涅拉俄斯为犹太大祭司。后者主张对宗教习俗进行彻底改革,其计划包括废除祭祀和摩西律法等。安条克四世还将第二圣殿改造成世俗空间,并用宙斯雕像③亵渎它。

改革派祭司、传统犹太人和安条克之间的冲突逐渐失控;公元前167—前164年,安条克的军队抢劫了圣殿,摧毁了神圣的卷轴,并将任何遵守安息日、割礼和献祭仪式的人处以死刑。他还洗劫了耶路撒冷;杀害、奴役和驱逐成千上万的居民;拆毁了耶路撒冷城墙;在城里驻扎希腊军队。

这还不是全部:犹太人被要求在圣殿敬拜宙斯雕像,并献祭猪。

---

① 犹地亚人:如前所述,指原犹大王国人,此处可以理解为犹太人。——译者注
② 亚历山大在公元前323年去世之后,亚历山大手下的将领包括安提柯、托勒密、塞琉西、利西马科斯、卡山得等瓜分了他的国土。——译者注
③ 宙斯是古希腊神话中的第三代神王。安条克四世是一个狂热的希腊文化推行者,企图把犹太人也希腊化。——译者注

最终在公元前164年，传统主义者马卡比兄弟领导的起义爆发，他们首先消除了这些可憎的行为，之后建立了一个独立的犹太国家，该国家一直持续到公元前63年被罗马征服。

《但以理书》的上半部分结束时，男主角（指但以理）被送到狮穴敬拜上帝，并在上帝的保护下奇迹般地幸存下来。在书的后半部分，但以理本人梦见了异象，他自称不理解这些异象，但实际上这些异象只是尼布甲尼撒的梦的一个变体。四头幻影般的野兽依次从海里出来，每一头都比上一头更令人敬畏：一头被拔出翅膀的狮子；一头牙齿间咬着肋骨的熊；一头有四头和四翅的豹子；最后一头挑战动物学分类，"可怕又狰狞"，有着铁牙和铁角，在但以理的注视下，铁牙和铁角的数量不断增加，其中一个角长着眼睛和嘴巴，能说"夸大的话"[①]。上帝出现了，宝座上发出火焰，他征服了第四只野兽。就像尼布甲尼撒的梦一样，这只野兽代表塞琉西帝国。在接下来的居鲁士及其接替者大流士和伯沙撒统治期间[②]，但以理又看到了异象，异象以寓言的形式讲述了波斯帝国被亚历山大征服以及波斯帝国的最终解体。这本书的最后一章描述了一个神圣的审判，在这个审判中，死者被复活，一些人享受"永生"，而另一些人在上帝的永久统治下被判"耻辱和永远的蔑视"。[15]

《圣经》中的第三本末日启示类书籍是《启示录》，95年左右由书中被称为"约翰"的人写作，他是上帝讯息的一个谦卑的接收者。作者很有可能不是当时大约90岁的使徒约翰，而是生活在小亚细亚的帕特莫斯岛上的一名囚犯，是一位更为平庸的先知。这部作品最终被大多数基督教教派编纂成《圣经》的最后一本书。

大多数现代读者，即使有深厚的宗教背景，也会发现《启示录》

---

① "夸大的话"：攻击神的话。——译者注
② 《但以理书》中对于居鲁士、大流士和伯沙撒这三者的关系和时间顺序的表述与历史不符。——译者注

是一卷难以理解的、晦涩难懂的书。历史学家R.H.查尔斯说：

> 从最早的教会时代开始，人们就普遍承认《启示录》是整套《圣经》中最难读的一卷。不仅略读，即使认真研读，读者也依然会觉得困惑。这从《启示录》的解读史中也可以体现出来。[16]

《启示录》读起来像是一堆杂乱无章的图像，甚至比《但以理书》中的异象更梦幻。它与《但以理书》的异象有很多相似之处，这可能并非巧合。

因此，对这本书的解读，需要具备东罗马帝国以及马卡比时期的专业历史知识。查尔斯对这本书进行了细致的文学分析，他认为帕特莫斯岛上的约翰很可能在完成这本书之前就去世了，后人对他未完成的原稿进行了不适当的编辑，造成了这本书的难懂。学识渊博的学者们几乎完全缺乏对该书叙事结构的共识。在过去几个世纪，这种解读困难造成了无穷无尽的伤害和混乱。[17]

《启示录》由22章组成；前三章是约翰写给罗马帝国东部七教堂的信。接下来两章描述了主的宝座，被24位长老和4只可敬的野兽围绕着；出现了用7个封印封严的书卷，只有犹太大卫国王的后裔才能打开；一只被杀过的七角七眼的羔羊（圣经学者认为羔羊代表耶稣）正符合要求，这只羔羊一个接一个地揭开了封印。

第六章到第八章描述了接下来会发生什么：前四印打开后出现了四匹颜色分别为白色、红色、黑色和灰色的马，分别象征着战争、国际冲突、饥荒和瘟疫。第五印打开后出现了祭坛下的殉道者，象征着迫害；第六印是地震。接下来是一段插曲，144 000名犹太人被"封印"（额上有上帝的印记；12个部落各12 000人）。第七印，也是最后一个封印，是由8位天使带来的；前面7位吹号，第8位摧毁世界。

接下来的三章出现了同样令人困惑的画面：天使们吹响了七个号角，带来类似于七印那样的灾难。中间有个插曲，约翰被一位天使命令吃一本小书，然后天使指示他设计新的耶路撒冷和圣殿。

书的后半部分描述了一条巨大的红龙，有7个头、7顶王冠和10个角。这条龙被认定为撒旦，他试图吞食一个新生儿，但没有成功。那个新生儿是上帝的儿子，因为寓言中的玛丽即将生下他。①

接着是更多的幻象：第二只7头、10角、戴着10顶王冠的野兽，制造出寻常的混乱；第三只有两个角的复合兽，也在制造混乱；"羔羊"（耶稣）归来，指挥144 000名原住犹太人；7个碗（或小瓶，取决于解释版本）倾倒在地上，带来类似于封印和号角的灾难；最后，一个可怕的女性形象，巴比伦的大淫妇出现了，被学者解释为罗马帝国或是耶路撒冷的背叛者。

在第十九章和第二十章中，一位天使将龙/撒旦抛入火湖1 000年，殉道者复活。1 000年后，撒旦归来，征募了一支庞大的军队，"人数之多犹如大海之沙"，包括来自玛各的歌革，进行最后的战斗，最后撒旦被永远地扔回火湖。最后的审判将正义者与邪恶者分开，后者将和撒旦一起被封进火湖，连同"死亡与地狱"。最后两章描述了规模宏大的新耶路撒冷城的荣耀，"……12 000弗隆②。长度、宽度和高度都相等"，并且基督应许说他很快就会回来。18

《启示录》的基本叙事是耶稣回到地球与邪恶做斗争，并最终将邪恶抛入火热的永恒，将正义之人提入天堂，宣判其他人，并毁灭世界。至于确切的细节如何，就只是一个解释方面的问题了。此外，几乎可以肯定的是，它与《旧约》的末日叙事有着共同的起源，特别是与它非常相似的《但以理书》。事实上，《但以理书》和《启示录》的

---

① 另一种解释是，母亲玛丽代表犹太人，婴儿代表新生的基督教群体。
② 1弗隆＝0.201 168千米，12 000弗隆约为2 414千米。——译者注

结构和内容并非基督教和犹太教所独有；哲学家、神学历史学家米尔恰·伊利亚德的研究显示，世界各地、不同时期的宗教有许多共同的主题；其中最持久的主题是赦免正义的世界末日之火，他推测这起源于波斯教/琐罗亚斯德教①。[19]

《启示录》中那些极端的模棱两可的内容，可以有无限的解释。最突出的是，如果人类历史上存在千禧年，那么应该如何理解"1 000年"，以及为什么末日发生的时间如此精确。在神学术语中，对这些问题的研究被称为"末日论"：末日时代人类的最终结局。

模棱两可和难解性更扩大了《启示录》的影响力，因为这为世界何时结束以及与之相关的各种解释性寓言开辟了道路。用宗教历史学家罗伯特·赖特的话说：

> 模棱两可、选择性保留和误导性的释义结合在一起，使信徒可以对宗教教义产生重大影响。因为他们只需要巧妙地运用隐喻和寓言，便可抹去文本的字面意思，并用完全不同的东西取代它。而如果原始文本的语义非常清晰，那么无论用什么工具都无法达到这种效果。[20]

根据2010年的一项国际调查，有35%的现代美国人相信《圣经》代表了上帝的字面意思，同样有35%的人认为耶稣会在他们的有生之年回到地球。[21] 我们似乎有理由认为，信仰的回溯时间越久，这种信仰就越普遍。

从基督教早期开始，神学家们就假定了耶稣回归的三种不同的年表。第一种是教会已经建立了千禧年，耶稣将在千禧年结束时回归。

---

① 琐罗亚斯德教是基督教诞生之前对中东最有影响的宗教，是古代波斯帝国的国教，也是中亚等地的宗教；是摩尼教之源，在中国被称为"祆（xiān）教"。——译者注

这种时间序列在神学术语上被称为"后千禧年主义",包括现在或未来的1 000年时期,然后是最后审判和耶稣回归。第二种是前千禧年主义,意思是耶稣在千禧年之前回来,然后是最后的审判;换句话说,耶稣回归、最后的审判,以及千禧年本身都在未来。最后一种是所谓的"非千禧年主义",即千禧年只是一个寓言性的概念,在现实中并不存在。22 在这三种解释中,前千禧年主义的叙事最引人注目。几乎从《启示录》写完那一刻开始,书中模棱两可的语言以及人类对故事结局的渴望就催生了各种源源不断的前千禧年主义末日故事。

罗马帝国晚期最著名的基督教神学家,希波的奥古斯丁,抵制住了这种诱惑,发誓不去尝试计算末日时间,"真理之口告诉我们,这件事不是我们应该知道的,因此,我们试图预计并设定这个世界的剩余时间是徒劳的",更通俗地说,"放松你的手指,让它们休息一下"。23 之后一段时间里,在教会的末日论立场中,奥古斯丁的这种不干预态度一直占据主导地位,直到约阿希姆的神学继承人登上历史舞台。他们迫不及待地期望末日时代的到来。

人类在很大程度上是通过叙事来理解世界的,虽然末日预言可能是有史以来最引人注目的,但它的预测屡屡失败。预测研究表明,人类在预测未来方面的能力很差。实际上,只要观察历史上预测事件的正确概率,就会比基于叙事的推理更好地预测未来,而显然,到目前为止,对末日时间预测正确的概率一直是零。

既然末日预测的准确性为零,为什么我们会被这些叙事影响?更一般地说,为什么基于叙事的推理如此站不住脚?心理学家已经证明,人们是"认知吝啬鬼"①,他们不愿意进行严格的分析,而是倾向

---

① 基思·斯坦诺维奇认为人人都是"认知吝啬鬼",因为进化使大脑对认知资源的分配和使用极为吝啬,基本遵循的原则是"不该动不动,该动也不动,能不动就不动"。——译者注

于启发法——一种简单的心理捷径。而一个令人信服的叙事就是最有力的启发法。①

20世纪,神经科学家发现人类有两种不同类型的认知过程:第一种是快速的情绪反应,位于我们大脑深处进化古老的边缘系统,即所谓的"爬虫脑",第二种是一种缓慢得多的有意识推理,产生于进化上比较新的大脑皮质,位于大脑边缘系统的上方。2000年,心理学家基思·斯坦诺维奇和理查德·韦斯特将这两种大脑系统分别标注为系统1和系统2,自此我们就一直沿用这种最普通的分类方法。[24]

从进化的角度来看,系统1比系统2更占支配地位是有道理的;数亿年来,早在人类进化出系统2之前,快速反应的系统1就驱动着动物们对危险信号做出行为反应,例如蛇的嘶嘶声或捕食性动物的脚步声。而反应速度较慢的系统2,可能进化时间还不到十万年,因此只能在更古老的系统1的束缚下运作。更简单地说,我们更快的情感机器引领着我们,而我们较慢的"理性"跟随着我们。在自然界中,系统1的优势是显而易见的,它使我们甚至能够在危险的感官信息进入意识之前就做出反应;但在一个相对安全、危险持续时间更长的后工业世界,系统1的优势往往会带来巨大的成本。

因此,我们越多地依赖叙事,越少地依赖硬数据,就越远离现实世界。你是否曾在一本小说中深深迷失自己,以至于忘记了周围的世界?你有没有听过一个令人着迷的电台广播,以至于你停在车道上10分钟,这样就不会错过结尾?在心理学界,这被称为"运送"。心理学家理查德·格里格将叙事定义为一种装置,其可以暂时在精神上将听众或读者从他们周围的环境中"运送"出去;当"运送"结束时,他

---

① 严格地说,启发法是一个我们告诉自己的故事,这个故事成为一条可以绕过严格分析的心理捷径;而别人告诉我们的故事往往旨在改变我们自己的启发法。

们会回到原来的环境中,但此时环境在"运送时有所改变"。[25]

换句话说,一部小说或非小说、电影、舞台表演或绘画作品能够暂时将读者、观众或听众从现实世界中"运送"出去,当他们回来时,现实世界已经有了一点儿改变。正如艾米莉·狄金森[①]所说:

> 没有一艘战舰能像一本书一样,
> 带着我们在天地之外翱翔,
> 也没有任何一匹骏马能像一页诗篇欢腾奔跳。
> 最贫穷的人也能从这里通过,
> 没有强迫缴费,
> 这是多么廉价的马车,
> 它承载着人类的全部灵魂。[26]

在过去几十年里,研究人员已经证明,人们所掌握的事实很容易受到虚构数据的侵蚀,即使这些数据被清楚地标记为虚构。保罗·罗津和他的同事在宾夕法尼亚大学进行了一项经典实验,他们向受试者展示了两个新买的、相同的玻璃瓶,里面装有蔗糖,并且告诉受试者,这两个瓶子都是首次使用;然后向受试者展示了这两个瓶子上贴的新标签,一个写着"蔗糖",另一个写着"氰化物";他们坚定地告诉受试者:"记住,两个瓶子里装的都是糖。"

然后,他们将两个瓶子里的糖分别搅拌到一些盛水的杯子里;要求受试者说出想从每种杯子中喝多少水,然后受试者从两种杯子里分别喝一小口水。最终 50 名受试者中的 41 人选择的是那些蔗糖来自标有"蔗糖"的玻璃瓶的杯子。即使让受试者自己贴上标签,

---

① 美国传奇诗人。——编者注

实验效果仍然存在。[27]

这项研究以及其他类似的研究表明,人类无法将虚构世界和真实世界分开,换句话说,他们无法在文学世界和现实世界之间进行清晰的"切换"。1975年,电影《大白鲨》上映。《时代》杂志报道了那个夏天:

> 从前那些勇敢的游泳者,现在只敢挤在离岸几码①处游泳,被太阳几乎晒晕的他们紧张地踌躇在水边,出现一点点背鳍靠近海滩的迹象就会让他们很紧张。在加利福尼亚州圣莫尼卡市的冲浪场上,一个孩子对另一个孩子喊道:"你想被吃掉吗?"即使是一条卑微的被称为"海洋猎犬"的狗鲨,由于它是鲨鱼,也被怀疑有杀人意图。"杀了它,杀了它,"一位纽约长岛垂钓者对他的同伴说,"在它长大杀死我们所有人之前,"而他同伴的钓竿上挂着一条仅仅两英尺②长、几乎没有牙齿的鱼。[28]

这种效果是故意的:电影制片人故意将影片上映时间推迟到夏季。正如其中一个制片人所说:"一个游泳者,如果他看过或听说过这部电影,那么当他把脚趾伸进海里时,一定会联想到一条大白鲨。"[29]

20世纪70年代,心理学家克莱顿·刘易斯和约翰·安德森研究了可识别的错误描述对核对确凿事实的影响。在一个简单的例子中,受试者被告知了一些历史上关于乔治·华盛顿的真实描述,他是美国第一任总统,他横渡了特拉华河,他戴着假发。再把一些虚假描述提供给受试者,诸如华盛顿是《汤姆·索亚历险记》的作者,他至今仍

---

① 1码 = 0.914 4米。——编者注
② 1英尺 = 0.304 8米。——编者注

活着,等等。这时,受试者核对真实描述所需要的时间更长,而且每增加一个虚假描述,受试者核对时所犯的错误就越多。[30]

格里格也进行了一些细致而又专业的实验,他的实验表明,小说内容越遵循历史事实,读者接下来就越难将虚构叙事和真实事件区分开。他举的其中一个例子是《夏洛克·福尔摩斯之谜》,这本书中的历史和地理背景通常是真实的。虽然作者阿瑟·柯南·道尔的读者一开始能清晰区分虚构的19世纪伦敦与真实历史上的伦敦,但格里格发现,道尔对19世纪伦敦的描绘是如此逼真,以至于其虚构部分也侵入读者对于这个现实城市的心理图像中。[31]

换句话说,文学作品、电影和艺术可以使人们难以区分事实和虚构。正如格里格所说:"沉浸在叙事文学中,会导致与事实和现实世界的隔离。"[32]

其他研究人员进一步发现,引人入胜的虚构叙事能够侵蚀人类的分析过程。俄亥俄州立大学的两位心理学家,梅拉妮·格林和蒂莫西·布罗克,扩展了格里格的研究。他们通过观察首次发现,叙事很明显比辞藻华丽的争辩更能引起公众关注:

> 小说、电影、肥皂剧、音乐歌词,以及报纸、杂志、电视和广播中的故事远比广告、布道、社论、广告牌等更能引起人们的注意。叙事改变信仰的力量从来没有被怀疑过,也一直令人恐惧。[33]

格林和布罗克根据以下几个指标对"运送"进行了量化:读者构思叙事场景并将自身置于其中的能力、心理和情感的参与程度、对相关叙事的感知、想要知道结局的渴望,以及"叙事中的事件改变了我的生活"的感觉,这些能提高"运送分数"。反之,意识到正在发生的事情,注意力的分散,以及叙事随后被遗忘的容易程度,将降低

"运送分数"。

他们让受试者阅读了一个令人伤心的真实故事，故事里一个名叫凯蒂的小女孩被精神病患者刺死。他们将这个"商场刺杀案"故事以两种形式分别呈现给受试者。第一种是两栏的"非虚构"版本，小字体，看起来像报纸上的报道；第二种是类似于文学杂志的"虚构"版本，以粗体警示文字为标题，"商场刺杀事件是一个短篇故事，发表在1993年12月俄亥俄州小说杂志《阿克伦最佳小说》的专题上，其中与真实人物和地点的相似性当然只是巧合。"

然后，根据上面讨论的"运送分数"，格林和布罗克将受试者分成两组，低分组和高分组，并询问他们对故事的看法。实验结果是，高分组受试者比低分组受试者更有可能同情故事中的小女孩凯蒂，并认为世界是不公正的，那种商场袭击是常见的，以及精神病患者的自由应该受到限制。值得注意的是，明确地将这个故事标记为虚构并没有减少故事对受试者态度的影响：对于非虚构和虚构两种形式，"运送"影响是相同的。

接下来，他们要求受试者对一些文本内容进行初步分析，例如，识别有关"匹诺曹"以及有关"四年级练习题"的文本。在测试中，他们要求受试者圈出那些不符合"匹诺曹"内容的文本，或圈出那些四年级学生不理解的单词和短语。结果同样引人注目：两种情况下，高分组识别的内容比低分组的一半还要少。这些实验结果与假设一致，用作者的话来说，"被'运送'的个体更少地倾向于怀疑、质疑或不信任。'运送'使人更加倾向于将信息识别为真实。"[34] 换句话说，高度的叙事性运送损害了一个人的关键能力。

格林和布罗克注意到，将叙事明确标注为真实或虚构，对它们"运送"读者的程度没有影响，他们评论道：

> 一旦读者开始阅读一篇引人入胜的叙事，那么叙事来

源（真实或者虚构）的影响力就会减弱。这样一来，不管故事是不是真实的，读者都可能会采纳故事所体现的信仰。因此，当信息的来源可信度较低或者演讲者缺乏有力论据的时候，叙事的这种优势都可以被利用。[35]

因此，读者或听众越深入了解一个故事，他们就越会停止怀疑，也就越不关注故事的真实性或虚构性。虽然反向因果关系可能是分析能力较低的人更容易被"运送"，但"运送"会减弱分析能力这个逻辑更有意义，而且叙事越有说服力，其读者就越忘乎所以。

换句话说，一个好故事通常能胜过最铁的事实。2015年9月16日的共和党初选辩论就是一个很好的例子。当被问及疫苗的安全性时，参选者之一、著名神经外科医生本·卡森简要总结了大量存在的数据，证明疫苗接种与孤独症之间缺乏相关性。而唐纳德·特朗普却回应说"孤独症已经成为一种流行病"，然后讲述了一个被他称为"漂亮的孩子"的雇员接种疫苗后患上孤独症的故事。大多数旁听者在这次辩论中支持特朗普；一位记者写道："特朗普知道他在做什么，因为他讲的故事比仅仅陈述事实更具感染力和说服力。"[36] 如果你想说服某人，就用叙事的方式以其大脑系统1为攻击目标，而不是用事实和数据以大脑系统2为攻击目标。

音乐比叙事更能刺激系统1。听觉信息通过内耳的毛细胞传递到听神经，然后从下脑干传递到上脑干，再从上脑干传递到丘脑，丘脑将有关声音的信息发送给系统1和系统2（见图1-2）。

一对丘脑位于脑干顶部；它们被认为是大脑接收来自下面的感官信息的主要中继站。丘脑直接与系统1相连，特别是伏隔核和杏仁核，它们分别介导愉悦和厌恶。[37] 丘脑还向系统2的听觉部分发送声音信息，这些听觉部分包括一部分被称为赫氏回（也称颞横回）的大脑颞叶，及其以外的大脑皮质联合区，它们负责解释声音并使我们有

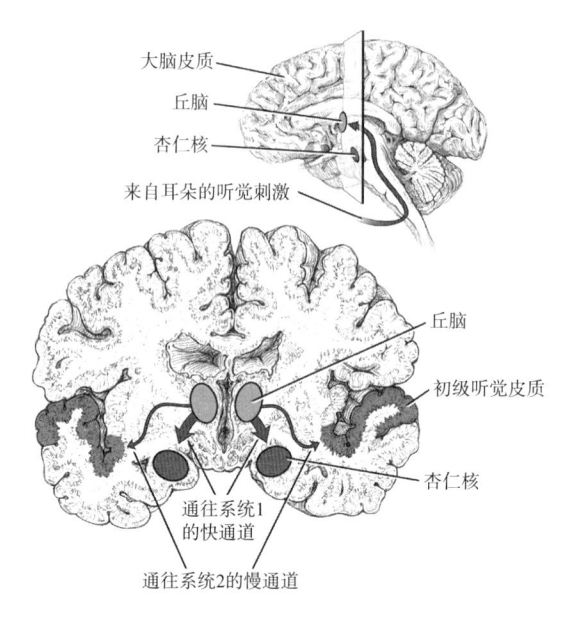

图 1-2 听觉信息至系统 1 和系统 2 的传递示意图

意识地感受到声音。关键在于，听觉与系统 2 的连接更为间接，因此与系统 1 相比连接更慢。

从丘脑到系统 1 的传导更直接，这意味着，一首令人兴奋的曲调通过系统 2 到达我们的意识之前，它可以先通过激活伏隔核使我们产生快感；相反，当我们听到电影中的反派或英雄即将到来的厄运所伴随的黑暗小调时，我们的杏仁核几乎立刻燃烧起来。

因此，音乐可以看作通往人类情绪的一条进化久远的高速公路。由于音乐可以如此有效地绕过我们的系统 2 而直接作用于系统 1，它的说服力自古以来就得到了充分的体现：旋律很可能在句法上早于复杂的人类语言，母亲们会自发地为婴儿唱歌，世界各地几乎所有的宗教仪式和爱国事件都涉及音乐。

乔治·奥威尔描述了当猪少校用一首《英格兰牲畜之歌》劝诫其追随者反抗农场主琼斯时，音乐对动物农场中的非理性动物的吸引力：

唱这首歌使动物们激动不已。少校还没唱完，它们就开始自己唱了。即使是最愚笨的动物也已经学会了曲调和一些单词，至于聪明的动物，比如猪和狗，它们在几分钟内就把整首歌记下来了。几次试唱之后，整个农场惊人地爆发出《英格兰牲畜之歌》。牛哞哞地唱，狗哀叫着唱，羊咩咩地唱，马呜呜地唱，鸭子嘎嘎地唱。它们非常喜欢这首歌，连续唱了5遍，如果没有被打断，那么它们可能整晚都在唱。³⁸①

现实世界中，也许最著名的具有音乐说服力的例子就是莱尼·里芬斯塔尔执导的纪录片《意志的胜利》，影片记录了1934年的纽伦堡国社党代表大会。这部电影巧妙地将理查德·瓦格纳和纳粹作曲家赫伯特·温特的音乐编排到电影中，除了希特勒和其他纳粹领导人的演讲片段外，没有任何其他口头叙述。《意志的胜利》给好莱坞电影制作人留下了深刻的印象。后来，当美国加入二战时，弗兰克·卡普拉在拍摄《我们为何而战》系列电影时进行了模仿。

到20世纪80年代中期，音乐开始成为一种政治工具。当时美国的政治竞选广告中开始频繁采用旋律：广告中出现候选人时就在主调上采用欢快振奋的曲调，而出现竞争对手时就采用不祥的黑暗小调（或偶尔采用马戏团小丑即兴表演所用的小调）。

这类题材的经典之作是2004年乔治·W.布什命名为《狼》的总统竞选广告，伴随着黑暗和沉思的音乐，视频中一群狼蜷缩在草地上，一段旁白开始指责国会民主党人在一个危险的世界里反恐行动不力。音乐学家和传播学学者保罗·克里斯蒂安森评论道：

---

① 出自乔治·奥威尔的《动物农场》。这本书是一部反乌托邦主义的经典著作。——译者注

虽然图像和旁白增添了广告意义，但它们只是音乐的侍女，音乐传达了大部分情感。这不是普通的音乐，是一种人们在恐怖电影里可以找到的音乐：低沉的嗡嗡声、原始鼓声、刺耳的不和谐和弦声、奇怪的音色，以及别的。[39]

末日叙事引人入胜的另一个原因是，人类热衷于悲剧。路肩上多辆救护车聚集在一辆被撞得变形的汽车周围，这会引起围观并影响交通；而同样位置上一辆完好的废弃汽车则不会。"数十名矿工在爆炸中丧生"这样的标题会使报纸畅销，而"情况逐渐好转"这样的标题则不会。正如托尔斯泰在《安娜·卡列尼娜》的开头所说，"所有幸福的家庭都是相似的，而每个不幸的家庭则各有各的不幸"[40]，很少有小说是通过描写幸福的婚姻和和睦的兄弟姐妹而成功的。

人类更多地关注坏消息，而不是好消息。这似乎是人性的一个明显特征，因此心理学家们进行了很多实验，以验证我们对悲剧和厄运的关注。在一项研究中，受试者对一场足球比赛下注，一周后返回，结清赌注并与研究人员一起回顾比赛。那些输了赌注的人比赢了赌注的人讨论比赛时所花费的时间要长得多。[41] 人类对坏消息的关注如此普遍，以至于"坏消息比好消息强大"已成为实验心理学的基本准则之一；从进化的角度，关注负面结果会使人类更加关注环境风险，从而带来遗传优势。[42]

和许多生物进化所驱动的心理现象一样，坏消息更加受到关注，这证明了数字时代的功能失调。例如，一项研究发现，那些恐怖、耸人听闻的假新闻报道被转发的可能性比真实新闻高70%。研究人员指出，Bots（自动运行木马病毒）并没有加速虚假新闻的传播，而操作键盘和手机的人类却做到了。YouTube（视频共享网站）上的"三度亚历克斯·琼斯"现象已经成为媒体学者们之间的一个冷笑话：只需点击三下，就可以将一个更换割草机火花塞的视频，切换成琼斯先生愤怒地诉说桑迪·胡克学校大屠杀是一场"恶作剧"的视频。[43]

鉴于负面新闻对人类的吸引力,《启示录》能够具有持久的影响力也就不足为奇了。

菲奥雷的约阿希姆是最早构建末日之路的基督教神学家之一。他于1135年出生在意大利的脚趾地区卡拉布里亚①,和他的父亲一样,接受过教育并担任公证人。之后,他在快30岁的时候去圣地朝圣,在那里经历了神灵启示。从圣地回到西西里岛后,他作为隐士在埃特纳火山上生活了一阵子,然后重新穿越墨西拿海峡,在卡拉布里亚地区做了一名漫游布道士。有段时间,他静下心来研究《圣经》,并在科拉佐的一所本笃会②修道院担任职位。他一定是个政治老手,因为他得到了教皇路爵三世③的鼓励和支持,成为修道院的院长,并成功地将修道院转为西多会。[44]随后,他与另外两位教皇进行了商谈,并获得了他们在思想体系上的认可。

他被数字迷住了,尤其是7和12:圣奥古斯丁的七国时期,创世的7天,以及《启示录》里的7个封印和7个碗;以色列的十二使徒和十二部落。更妙的是,12可以分为7和5,代表小亚细亚的7个教会和5种感官。他认为,如此强大的数字命理学无疑可以应用于《圣经》解读,不仅可以用来揭示历史或伦理,还可以用来预测未来。

他也喜欢数字3。他认为,圣三位一体④是关键:它将历史分为三个时代:圣父时代,从亚伯拉罕到基督诞生;圣子时代,从基督诞生到约阿希姆时代;最后一个是包括了现在和未来的圣灵时代,这个时代将由一位手持宝剑的天使引领。

---

① 从地图上看,卡拉布里亚在意大利那个"靴子"上的脚趾部分。——译者注
② 本笃会(Benedictine),是天主教的一个隐修会,又译为本尼狄克派。——译者注
③ 路爵三世(Lucius III),又译为卢西乌斯三世、卢修斯三世等。——译者注
④ 圣三位一体:基督教教义,谓上帝只有一个,包括圣父、圣子耶稣基督和圣灵三个位格。——译者注

偏好数学的约阿希姆还将经文组织成几何图式，他在图式中将历史排列成各种形状，其中包括与历史"侧枝"相连的圆圈和树木。他在《图像书》(*Book of Figures*) 中对此进行了描述。[45]

现代读者可能会嘲笑这种不科学的数字命理——也就是数学家埃里克·坦普尔·贝尔所称的"数秘主义"——但中世纪的神学家有一个借口：希腊数学家毕达哥拉斯就是从纯数学中推导出自然界的规律的，其卓越成就在几千年的历史中熠熠生辉，他应该说过"万物皆数字"这样一句话。在弗朗西斯·培根提出以观察为基础的科学方法之前，数字在自然哲学中占据着重要地位，不仅在科学中是这样，在神学中也是。[46]

用心理学术语来说，我们都是寻求"模式"的灵长类动物。这并不是一个新概念：1620年左右，培根观察到人类"具有自己的本性，倾向于假设世界上存在更多的秩序和规律"[47]也就是说，我们天生就想寻找各种往往不存在的关联。这种倾向被科学作家迈克尔·舍默称为"模式化"。约阿希姆富有幻想的数字图式就符合人类的这一倾向。[48]

人类为什么倾向于幻觉模式呢？进化论中的物竞天择提供了现成的解释。在遥远的人类历史中，如果人类错过了危险来临的线索，例如模糊的嘶嘶声或周边视线中黄黑色相间的条纹动物，付出的代价就会非常高昂，而如果出现幻觉，到处都听到蛇或看到老虎，那么人类也需要付出一定的代价，但这种代价与被蛇咬死或被老虎吃掉的代价相比并不高。因此，不仅在人类身上，而且在任何具有正常神经系统的生物体上，进化论都支持过度解释数据。[49]

《圣经》的内容很多，大概有 783 000 个单词，标准印刷版有 2 000 多页，描述了无数的参与者及其活动事件，为那些寻求模式和关联的人提供了一个宝库，特别是偏爱数学的约阿希姆，他的历史图式结束在欢乐、自由和丰富的第三时代（即圣灵时代），在这个时代，所有信徒都可以直接获得上帝的真理，而不需要以教会为媒介，这种幸福状态将一直持续到最后的审判。[50]

约阿希姆不会用上帝的信息煽动群众,因此他并不是一个革命性的或号召性的先知,而是一个令人困惑的圣经解释者。他认为第三时代(圣灵时代)中具有完善的人性和原始共产主义,能够战胜人类的一切恶习,特别是拥有物质财富的欲望,但他不愿意提供有关第三时代的细节信息。他的预言显得有些笼统:"每个人都将以这样一种方式被给予:别人所得会比自己所得更令他高兴;比起自己所拥有的,他更在意自己能够给予别人什么"[51]。约阿希姆描述的景象会在地球上逐渐显现,中间不需要插入《启示录》中可怕的异象,因此三任教皇都支持他。约阿希姆认为未来的第三时代最终将修正当前第二时代的缺陷,但是,受第二时代封建社会压迫的群众没有约阿希姆那样的耐心。他们想要采取更积极主动的方式推动第三时代的早日到来。

约阿希姆的数学既具有公众吸引力,又能够运用于各种圣经派别和数秘主义,因此能够以这样或那样的形式一直持续到今天。例如,在他的继承者中,新近崛起了一个方济各会的属灵派,其被日益成功的教会物质主义排斥。对他们来说,数学很简单:《马太福音》1:17①清楚地指出,亚伯拉罕和大卫之间隔了14代人,大卫和巴比伦囚禁之间隔了14代人,巴比伦囚禁与基督诞生之间隔了14代人。因此,第一时代持续了42代,每代持续30年,总共1 260年。当前的第二时代同样持续1 260年,因此将在公元1 260年结束,那时将开始出现持续1 000多年的第三时代。

随着中世纪的发展,衰落的封建主义、逐渐兴起的贸易和货币经济带来了经济的增长,但经济增长又导致了极端的收入不平等。这

---

① 1:17是指第1章第17节。下文同。——译者注

时产生了大量恶毒的反犹主义末日叙事，其中一个就是与马丁·路德①的宗教异端几乎同时出现的德语版本《百章全书》(*The Book of a Hundred Chapters*)。

这本书的开始是天使长米迦勒向匿名作者转达来自上帝的讯息：人类激怒了全能者②，他即将带来可怕的毁灭，但他决定暂缓；上帝希望作者聚集信徒，等待"黑森林皇帝"的到来；"黑森林皇帝"将带来血腥的启示录式的末日时代，以及丰富的食物和酒。信徒大部分来自受苦受难的穷人，他们参与了一系列广泛的谋杀，尤其对贵族和神职人员。这本书的弥赛亚并没有容忍，而是规定在4年半的时间里每天要谋杀2 300名神职人员。[52]

教会的腐败早就引起了人们的厌恶：早在马丁·路德和约阿希姆之前，神职人员，尤其是教皇的肆意挥霍和肉欲之罪早已震惊了基督教世界。路德只是在正确的时间、正确的地点成了正确的人。谷登堡大约在70年前发明的印刷机，将复印小册子或书籍的成本降低至原来的约1/30，而维滕贝格③的印刷机处于新技术的前沿，不仅可以打印拉丁字母，还可以打印希腊和希伯来字母。

路德需要贵族支持他的宗教改革，因此他将宗教分歧严格限制在神学上而避开政治。这位伟大的改革者从《罗马书》和《彼得前书》中得到忠告，恺撒的法律仍然必须遵守："看在主的分儿上，你们要服从人类的每一条法律。"[53]

虽然路德反对那些寻求社会改革的人，但那些人确实运用了路德的方法。路德不仅摧毁了教会对《圣经》解释权的强大垄断，而且还

---

① 马丁·路德（Martin Luther）：德国神学家、牧师、作家、赞美诗作者。——编者注
② 全能者（the Almighty）：基督教中，耶稣、基督、神、上帝、弥赛亚、救世主等的另一个称谓。——译者注
③ 维滕贝格：全称为路德城维滕贝格（Lutherstadt Wittenberg），德国东部城市。——译者注

向所有人展示了印刷机的强大力量。当被质疑布道很少的时候,他回答:"我们用我们的(印刷)书来做(布道)。"54

16世纪初,歉收的庄稼、贪婪的贵族和狂热的路德教徒共同点燃了血腥的民众起义。据说,1523年6月23日,在路德将他的《九十五条论纲》钉在维滕贝格城堡教堂的门上6年后,在德国施瓦本地区,位于现代瑞士中部的北方,女伯爵卢芬斯特林根命令1 200名农民为她收集蜗牛壳,她可能有大量的线需要蜗牛壳做线轴。而这时农民正忙于农收,女伯爵为了蜗牛壳而进行的逼迫激怒了他们,引发了一场席卷欧洲大部分德语区、持续两年的农民起义。55

1524—1525年,农民军队与当地贵族的雇佣兵展开了一系列战争,其统称为德意志农民战争(俗称蜗牛战争),这些缺乏训练和武器的农民叛军遭到大规模屠杀,最终大约有10万农民被杀戮。

在整个起义过程中,德意志农民叛军主要关注的是社会问题而非宗教问题,而这场起义的血腥结局却与宗教有关,主要发起者是一位名叫托马斯·闵采尔的千禧年传教士以及被他迷惑的疯狂的追随者。

1525年3月,叛军在施瓦本的梅明根镇上集会,提出了12条要求,也就是《十二条款》,并印刷了至少2.5万份副本。只有第一条要求是明显关于神学的:每个城市都可以选出自己的传教士,他们将"简单地宣讲福音",这大概是为了排除拉丁天主教的弥撒仪式。接下来的十条要求更是关于经济而非宗教的:包括如何支付传教士的报酬,废除农奴制,降低地租,狩猎和捕鱼的权利,以及归还最近私有化的公共土地等。最后一条要求谦恭地指出,如果上述十一条要求中的任何一条后来被证明与圣经背道而驰,那么它们都是无效的。56

但是,起义后期,闵采尔成了农民军领导人。闵采尔至少阅读并解释过约阿希姆的一篇著作,但人们对他的出身知之甚少。最可接受的猜测是，他生于德意志亚琛城外的施托尔贝格镇，其位于现代比利时、德国和荷兰的交会地带；他是工匠家庭出身，教育背景也很模糊，几乎没有留下学业记录，有人说他父亲就死在一个腐败贵族的绞刑架上，因此他具有反独裁的末日倾向。唯一可以确认的信息是他大约于1514年被任命为农民军领导人，虽然这种任命不需要大学教育背景，但他的文笔表明他接受过先进的学业教育。

三年后，路德的宗教改革运动在维滕贝格爆发，闵采尔前往那里，在革命的激情中畅饮。他可能见过路德，甚至在他的讲坛上讲过道；他当然遇到过路德的杰出同事菲利普·梅兰希顿。起初，闵采尔与路德派并肩作战，对抗教皇的支持者；1520年，路德推荐他接替约翰内斯·西尔维于斯·伊格拉努斯做茨维考的传教士。当时伊格拉努斯要去进修，和鹿特丹的伊拉斯谟等人文主义学者一起学习。

在茨维考，闵采尔充分表现出他在神学上偏执的冲动和对建立"千年王国"的狂热。和路德一样，他将天主教神父和修道士称为"庞大的怪物"和"撕裂肉体的女妖"，并开始鼓吹，通过与上帝直接沟通也可以实现救赎，而与圣经无关。[57]这种说法对路德和伊格拉努斯来说都太过分了。伊格拉努斯当时已返回茨维考，并将闵采尔降职到该镇一个较小的教堂。在那里，闵采尔可能受到了茨维考"先知"的影响，这些先知分享给他一些神秘的信仰，包括理想的重要性，以及救赎与圣经的无关性。

闵采尔进行了煽动性的布道并分发小册子，这导致他被驱逐，先是从茨维考被驱逐，然后是从布拉格和其他多个城市；最后，他落脚在萨克森人居住的阿尔施泰特镇上。在被驱逐的路上，他发展了自己的天启末日主题。1524年，他对萨克森州的约翰公爵进行了一次著名的布道，其主要围绕《但以理书》中的尼布甲尼撒之梦；公爵不可能不理解这个典故，但是他回应说，罗马教堂和那些支持它的贵族已经取代了但以理的希腊塞琉西帝国；闵采尔更加清楚地向公爵指出，有理想的先知们，通常是那些没有受过正规宗教教育的平教徒①，但是他们在解释《圣经》方面起到了主要作用，他们现在都生活在末日前最后的日子中。最令人震惊的是，闵采尔宣称自己是新的但以理，他的追随者是"被选者"，他们理解末日的紧迫性，他们的出现不仅是为了观察，而且是为了积极实现它。

闵采尔布道后，公爵愤而不发地离去。闵采尔继续出版了更多的反教权主义小册子，这进一步恶化了他和公爵之间脆弱的关系。最终，公爵受够了，他强制关闭了闵采尔的印刷机，并将闵采尔传唤到他在魏玛的城堡里，使其接受审讯。由于担心自己会被杀，闵采尔离开了阿尔施泰特镇，又在几个动荡的地方逗留后，他成为农民战争的高潮——弗兰肯豪森战役——的叛军领导人之一。

至此，闵采尔已经说服了自己以及许多追随者，他们相信上帝让闵采尔开启末日。他不仅用自己的"千年王国"理想来说服民众，还引用了多段圣经经文来支持自己。他似乎对《马太福音》第24章印象深刻，这一章讲述了耶稣预言圣殿将被摧毁，随后发生饥荒、瘟疫、战争、地震等全球性灾难。上帝还用基甸之剑武装闵采尔，让他和他的军队战胜处于优势地位的贵族军队，据一位观察者说，他"用他的外套袖子抓住了敌人的所有子弹"[58]。

受此鼓励，1525年5月14日，农民叛军冲向贵族雇佣军（见图1-3）。但雇佣军仅以6人的伤亡为代价，屠杀了90%的叛军部队，约6 000人被杀。[59]闵采尔仓皇逃离战场，但很快被抓获并被带到贵族面前，经过长时间的审讯后，他被斩首。[60]

---

① 平教徒：指没有教会职位的普通教徒。——译者注

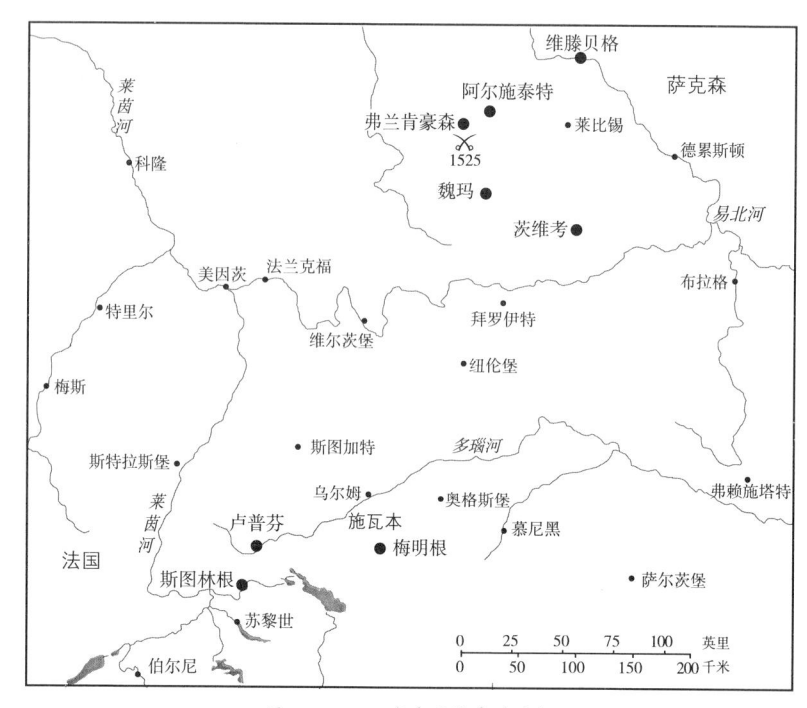

图 1-3 1525 年农民战争的地标

闵采尔及其追随者的悲惨死亡,只是拉开了这场血腥的世界末日论的序幕而已。在繁荣的波罗的海海上贸易航线上,末日论将在接下来的 10 年里席卷欧洲西北部。

滥用末日叙事的悲剧
信徒与无赖

1534年2月,威斯特法伦州的明斯特城的气氛狂热,居民们报告说,看见天空中出现了三个太阳,这在那个时代很容易被认为与尤利乌斯·恺撒死后出现的预兆相同,预示着将出现像屋大维、马克·安东尼和雷必达那样的后三头同盟①。

这一愿景尤其激励了一个被称为再洗礼派的新教教派,该教派反对天主教传统的婴儿洗礼做法,而是对新皈依者施行成年再洗礼。有一位名叫赫尔曼·冯·克森布罗克的天主教徒,他小时候目睹了1534年事件,后来他记录到:"天空似乎张开了嘴,出现长长的裂缝,可怕的火焰从裂缝中闪烁……(农民们)看到这座城市似乎着火了,但当他们赶来调查时,发现火焰不仅没有伤害城市,而且完全消失了。"[1]

年轻的冯·克森布罗克对街头的疯狂事件感到惊讶,并将再洗礼派描述为:

---

① 罗马三巨头,分为前三头同盟(恺撒、庞培、克拉苏)和后三头同盟(马克·安东尼、屋大维、雷必达)。——译者注

……如此错乱，如此失常，如此被疯狂驱使，他们超越了诗歌中描述的愤怒。他们没廉耻地在市场上跑来跑去，有的头发蓬乱，有的衣服松散，有的头巾在风中飞舞。有些人跳起疯狂的舞蹈，仿佛要在狂躁中飞翔。有些人脸朝下趴在地上，伸出手臂，身体摆成十字架的形状……有些人躺在松软的泥浆里，一遍又一遍地翻滚。有些人跪下来大声喊叫。有些人睁着闪光的眼睛号叫。有些人口吐白沫。有些人摇头咬牙地做出威胁的表情，有些人捶胸顿足、招摇过市。有人哭，有人笑。从另一个角度看，与其说我们嘲笑他们的疯狂，不如说是为他们而悲伤。²

托马斯·闵采尔短暂、血腥、笨拙的起义后不到10年，约阿希姆的另一批能力更强的子民在明斯特城企图实现他们狂热的末日愿景，这被称为再洗礼派的疯狂。1533—1535年，他们一度控制了市政当局，后来又在后者的最后攻击下失败。

德意志农民战争惨败之后，群体疯狂的中心逐渐向北移动，到了今天的德国西部和荷兰所在地（见图2-1）。几十年来，这个地区在汉萨同盟①的推动下出现日益繁荣的局面。汉萨同盟是一个松散的贸易联盟，沿波罗的海和北海延伸，大致从今天的爱沙尼亚共和国到比利时的佛兰德。上一章所提到的德意志农民战争主要源于对社会的不满，但这一场德国和荷兰的民间叛乱是由一种新的宗教教义——再

---

① 汉萨同盟是德意志北部城市之间形成的商业、政治联盟。汉萨（Hanse）一词，德语意为"公所"或者"会馆"。13世纪逐渐形成，14世纪达到兴盛，加盟城市最多达到160个。1367年，其成立以吕贝克城为首的领导机构，有汉堡、科隆、不来梅等大城市的富商、贵族参加，拥有武装和金库。1370年，其战胜丹麦，订立《施特拉尔松德条约》。同盟垄断波罗的海地区贸易，并在西起伦敦、东至诺夫哥罗德的沿海地区建立商站，实力雄厚。15世纪转衰，1669年解体。——译者注

图 2-1 再洗礼派疯狂事件的地标

洗礼主义——所驱动的。

8世纪末,查理曼①已经占领了明斯特城,该地区位于今荷兰东

---

① 查理曼(Charlemagne):查理大帝,"曼"即大帝之意。——译者注

部、德国埃姆登城南部。他派了一位名叫卢德格尔的传教士去改变该地区的宗教信仰,并强迫当地居民皈依基督教。卢德格尔在当地某处河岸上建造了一座修道院,该城由此得名①。随着明斯特在汉萨同盟经济中日益繁荣,该地区富丽堂皇的主教堂和众多的礼拜教堂使城市景象更加繁荣。

明斯特城基督教会的繁荣是有代价的:用于支持教会的沉重的什一税落在教徒身上,而神职人员却不需要纳税;修道士们耕种土地,修女们在织布机上工作,他们与当地农民和布料生产商产生了竞争。如此贪婪的教会并不是明斯特城所独有的:在整个欧洲,教会行为点燃了宗教冲突和公众愤怒的火焰。3

再洗礼派本身起源于10年前在瑞士苏黎世开展的一系列晦涩难懂的神学讨论。1519年,一位名叫乌尔里希·茨温利②的天主教牧师建立了一座改革宗教堂。茨温利参加了一系列由市议会发起的正式教义辩论,被宣布为获胜者。他们在市议会面前辩论的议题之一就是洗礼时间。从逻辑上讲,只有成年人才能按照自己的自由意志行事,才能有意义地服从于基督,《新约》中的福音书也是这样描述的。但是,婴儿洗礼是从3世纪就已经确立了的,到马丁·路德和茨温利时期,几乎已经是一种普遍的、毫无疑问的教会做法。

茨温利在这次辩论中的反对者之一,一位名叫康拉德·格列伯的商人,反对婴儿洗礼——"洗孩子",因为这些神学后裔长大后可能会轻视它。辩论之后,格列伯为他的一个朋友乔治·布劳罗克施行了再洗礼,然后他们两人开始为其他成年人施行再洗礼。

当时,这并没有引起什么。茨温利本人也评论说,他和格列伯之间只有很少的神学时间,只讨论了一些"不重要的周围事件,比如应

---

① 修道院的拉丁文是 Monasterium,谐音明斯特。——译者注
② 茨温利(Zwingli):又译作慈运理。——译者注

该对婴儿还是成人进行洗礼,基督徒是否可以担任地方法官"[4]。

但再洗礼派的导火索已经点燃,或者更准确地说,是两条导火索:一条穿过波罗的海和低地国家(今荷兰、比利时,以及莱茵河、埃姆斯河、斯海尔德河和默兹河的河口),另一条穿过明斯特。这两条导火索分别燃烧,直到1534年,在明斯特合并,点燃了历史上最混乱的群体幻想之一。

梅尔基奥·霍夫曼是一位德国毛皮贸易商,经常来往于汉萨同盟的城市间(可以带来丰厚利润),他点燃了波罗的海和低地国家的导火索。他比路德小10岁,在1523年左右获得维滕贝格大学的教授职称,并在来往行程中传播主张改革的异端教义。几年后,他对《启示录》念念不忘,开始背离路德的教义,宣扬一场即将来临的末日式善恶大战。

和之前以及之后的启示性末日论者一样,他热衷于应用自造的末日数学。霍夫曼计算出,基督死于33年,使徒时期[①]持续了100年,直到133年。他认为,由于犹太人的罪行,人类受到了三年半的惩罚;由于巴比伦时期的邪恶,惩罚时间增加了20倍;由于教会对耶稣的疏离堕落,惩罚时间又增加了20倍,总共增加了1 400年。因此,世界末日将发生在1533年,这一预言在波罗的海的多个贸易城市引发了暴动和混乱,包括吕贝克、斯德哥尔摩和一些丹麦港口。由于制造了这一系列混乱,霍夫曼被逐出这些城市。[5]

就其性质而言,再洗礼主义是一种有吸引力但组织分散的神学,其信徒仅仅因为相信成人洗礼而被统一。最终,再洗礼派在整个西欧,尤其是汉萨同盟贸易路线上蓬勃兴起。霍夫曼的启示性再洗礼在低地国家取得了最大的成功,尤其是在东弗里西亚最大的城市埃姆登,其位于德国沿海地区,今荷兰边境以东。

---

① 使徒时期(Apostolic Period),又称使徒时代,是指耶稣升天后,使徒开始传教,一直到最后一个使徒死亡的这段时期。——译者注

15 世纪末,哈布斯堡人接替勃艮第人开始统治低地国家。此时,这些城市已成为欧洲大陆最繁荣的城市。在路德摧毁教会对《圣经》解释的垄断权以及谷登堡发明的印刷机的支持下,当地居民在一种被称为"秘密集会"的小型非官方组织下聚集。这种"秘密集会"是各种宗教派别的温床。

1530 年左右,霍夫曼经过当时宗教改革活动的密集之地——斯特拉斯堡,这座城市是再洗礼派中比较温和的瑞士版本的发源地,他将其嫁接到他的末日信条中。1531 年,与《启示录》相呼应,他将斯特拉斯堡定为《启示录》提到的 144 000 名神圣信使聚集的地方,并将在该城战胜邪恶势力的大规模围困。他向斯特拉斯堡市议会请愿建立自己的教堂,但这再一次导致他被驱逐,于是他回到了低地国家,对大量成年人进行再洗礼,仅在埃姆登主教堂的一次就有 300 人。[6]

1531 年 12 月,神圣罗马帝国当局——低地国家实际上的统治者,抓获了扬·沃克茨,他是霍夫曼的一个门徒,曾在阿姆斯特丹对 50 名皈依者施行了再洗礼。他们邀请他逃跑,但他选择了殉道,并与 9 名追随者一起被斩首。为了保护教徒,霍夫曼把宗派的教义改为禁止成人洗礼。[7] 1533 年,霍夫曼返回斯特拉斯堡,这很不明智。在那里,教会判定他犯有异端罪,罪行相对次要,并将他囚禁在一些条件恶劣的牢房中。他平静地接受了阴冷的新环境,因为他认为世界末日即将来临,自己不会在那里待太久。但是,这个很乐观的推测被证明是错误的。他在狱中度过了 10 年,其间,下面街道的市民偶尔会听到他轻轻地吟唱圣歌,并不断重复:"你们斯特拉斯堡的不敬上帝的经书家们有祸了!"[8]

霍夫曼入狱后,他的追随者,一位名叫扬·马提斯的面包师来到阿姆斯特丹,宣称自己是先知以诺。令信徒们高兴的是,他又开始了成人洗礼。以诺是《旧约》中在生前就被上帝带到天堂的仅有的两个人物之一,另一个是以利亚,而霍夫曼在此之前已经盗用了以利亚的身份。此外,一些再洗礼派成员以《启示录》11:3~11:12 的内容作为证据，证明以诺和以利亚是两个未言明的"被提"见证人。随着时间从1533年进入1534年，世界末日并没有到来，低地国家的信徒被迫将末日时间推迟到1535年，并将地点从斯特拉斯堡北移到宗教上更具宽容性的明斯特。

1534年3月，至少3 000名阿姆斯特丹的再洗礼派教徒试图穿越须得海①去往明斯特。哈布斯堡军队阻止了他们，并处决了大约100名异教徒，其余的被当作无辜受骗者放走。在那个时代，哈布斯堡军队的这种做法被认为是温和的。第二天，几个"使徒"激动地挥舞着刀，在阿姆斯特丹的街道上游行，警告说最后的审判将会在复活节前到来；他们被抓住并被杀死。那一年，（荷兰）海牙的哈布斯堡当局已经部署了"飞行纵队"，围捕这些低地国家的再洗礼者，对抓捕到的信徒施行酷刑，让他们在认罪和被处决之间做出选择。9

1535年2月的一个寒冷夜晚，一群再洗礼者赤身裸体地跑过阿姆斯特丹高呼："对神不敬者有祸了！"公开裸体象征着在上帝面前忠贞不渝，在明斯特也很常见。最后，拒绝穿衣服的男人被处死，拒绝穿衣服的女人被淹死。（刀和裸行者在荷兰语中留下了两个新词：zwaardlopers和naaklopers。）

荷兰的许多其他城市也出现了再洗礼派暴动，这导致了更多的处决。到1535年中，多达20%的阿姆斯特丹人可能经历过成人洗礼，许多受洗礼者（如果不是大部分）都是无辜的局外人，他们是不断升级的镇压和抵抗（包括几场大规模的激战）下的难民。5月11日，携带武器的再洗礼者占据了该市的一个主要集市，在失败被捕之前，他们大声喊道："爱上帝的人，加入我们吧！" 3天后，当局挖掉了11名头目的心脏。当年夏天，当局割断了一位再洗礼派领袖的舌头，因为他用舌头来布道；然后，

---

① 须得海：艾瑟尔湖的旧称。——编者注

当局砍掉了他的右手，因为他用右手洗礼；最后，当局砍了他的头。[10]

即使对于那个时代，这场对再洗礼者的镇压也显得很残酷，肯定比路德和茨温利的追随者遭受的镇压要残酷。路德和茨温利废除了教会对《圣经》解释权的垄断，这已经够糟糕的了，但至少他们尊重私有财产，尊重世俗化的政府权威。而在大多数情况下，再洗礼派却主张没收集中的财富，特别是集中在教会手中的财富，并否认现有政府的合法性。再洗礼者还在煽动性的言论中掺入了即将来临的末日这种信念；很多时候，行动会加速灭亡。

尽管荷兰的再洗礼者众多，但由于哈布斯堡家族对荷兰控制得过于严格，他们无法成功；他们需要更温和的政治土壤，这意味着，一个事实上不受哈布斯堡家族控制的城市。他们发现了明斯特，并在那里点燃了再洗礼派疯狂的第二条导火索。

许多汉萨同盟的城镇，如但泽和吕贝克，都是所谓的"自由城市"，基本上独立于遥远而日益衰落的神圣罗马帝国皇帝，只在名义上效忠。这些几乎独立的城镇大多由当地贵族统治，例如明斯特由一位"亲王主教"统治。被选为"亲王主教"的代价通常非常昂贵，其需要由当地大教堂挑选并必须经过教皇确认，他们更多的是以封建主的身份进行统治，而不是政教合一的身份。

1525年，明斯特的亲王主教弗雷德里克·冯·维德由于害怕农民战争，将权力下放给一个由24名成员组成的委员会，其中包括两名共同市长。与低地国家政府不同，该委员会基本不受哈布斯堡的影响。近10年后，该委员会将成为再洗礼派实施疯狂暴力破坏的楔子。[11]

再洗礼派将滩头阵地定在明斯特，大多数历史学家将这归因于贝尔纳德·罗特曼。他于1495年左右出生在一个铁匠家里，与他的祖先一起被指控犯有巫术罪。小罗特曼被描述为具有"变化无常的、小丑的气质"。由于太穷，他没有上学。他叔叔在明斯特圣莫里斯教堂担任教区牧师，在叔叔的指导下，他成为唱诗班男童，后来以唱歌谋生。到青春期结束声乐生涯时,他已经赚得了在美因茨市学习所需要的钱,并在那里获得了硕士学位。1529年,他回到了圣莫里斯教堂。[12]

1530年左右,罗特曼已经成为一名有说服力的传教士,得到了富有布商贝尔纳德·克尼佩尔多林的资助。克尼佩尔多林还担任协会会长、市议会议员,首先皈依了路德教,后来在罗特曼的影响下成为一名秘密的再洗礼派教徒。克尼佩尔多林印刷了罗特曼的小册子。不仅在明斯特,而且在低地国家,这些作品都点燃了再洗礼的火焰。

现代社会对疯狂的再洗礼派的了解在很大程度上归功于两位观察者,一位是前面提到的赫尔曼·冯·克森布罗克,另一位是海因里希·格雷斯贝克。后者是一位皈依再洗礼派的木匠,参与了整个过程,并在最后扮演了一个小而关键的角色。冯·克森布罗克和格雷斯贝克都留下了详细的书面记录,他们在记录中所体现出的个人偏见表明,这些记录看上去是可信的。[13]

根据冯·克森布罗克的描述,最初罗特曼忠实地传授天主教教义,但后来:

> 渐渐地,他开始将那些看上去与天主教教条背道而驰的教义融入他的布道中。他开始煽动平民对神职人员的愤怒,这吸引了一些渴望新奇事物的市民。[14]

他在圣莫里斯教堂的上级决定保护他们的信众不受日益激进的观点的影响,因此借给他20个金弗罗林①供他去科隆深造学习。他既没有去也没偿还借款;相反,他直接前往了维滕贝格。路德和梅兰希顿的家就在那里。

---

① 金弗罗林:指弗罗林金币,1252年前后开始在欧洲一些国家流通的货币。——译者注

1531年，这位年轻的牧师回到了圣莫里斯教堂。他作为一位坚定的路德宗教徒，陶醉于作为煽动者的快乐之中，非常善于吸引人群到城墙外的小教堂里。根据冯·克森布罗克的记录：

> 许多人，特别是那些被债务压得喘不过气来的人，像尊敬上帝一样尊敬他，听信他说的每一句话，并深信他的行为都是奉上帝之灵。即使官方明令禁止，他们还是成群结队地从城里跟着他，因为他们渴望听到他讲话，他们的渴望如此强烈，以至于他们认为除了他之外没有其他传教士了，他们蔑视、谴责和诅咒其他人以及所有的神职人员。[15]

作为一名忠诚的天主教徒，冯·克森布罗克对罗特曼的布道不屑一顾，"与其说是有确凿的论据，不如说是拙劣的诽谤"。然而，无知的平民们无法区分什么是雄辩，什么是夸夸其谈，他们认为他说得很好。[16]

此时，罗特曼已被圣莫里斯教堂免去牧师职务，他带领一伙暴徒来到教堂，砸碎了神像，推倒了祭坛，砸碎了一个银杯，焚烧了圣母玛利亚的画像。当局再次驱逐了他，他又一次到了维滕贝格，在那里，他给路德和梅兰希顿留下了深刻的印象，据说他们俩很有先见之明地评论道："罗特曼要么非常好，要么非常坏。"[17]

1532年，罗特曼再次回到明斯特，他开始公开支持再洗礼派的观点。这是一把双刃剑。成人洗礼不仅获得了听众的认可，也得到了教会的许可。到那时，对于曾经把再洗礼者绑在木桩上焚烧，以及曾经将石头绑在再洗礼者的脖子上并将他们抛入水中，教会已经表现出一丝内疚。用再洗礼主义学者克里斯托弗·麦基的话说，"有点儿像一个神学笑话"[18]。

此时，亲王主教冯·维德仍然控制着这座城市，并强迫罗特曼停止亵渎神明的行为。罗特曼遵从了几个星期,但随后又不顾一切地给冯·维德写信说:"我问心无愧,因此我毫不怀疑我可以依靠上帝的怜悯。他会保护我,把我从危险中解救出来。"[19]

1532年2月,罗特曼在该市的一个主要教堂——圣兰伯特教堂的院子里布道,公众被他动摇了,自发地选择以他作为自己的牧师。更重要的是,他在市议会中赢得了足够的支持,他不会再被驱逐。明斯特的宗教热情不仅限于再洗礼;全城的教堂中都有激进的路德派传教士,除罗特曼以外,他们都来自其他城市。

在使城市皈依方面,罗特曼的成功与低地国家的霍夫曼和马提斯不相上下。罗特曼在圣兰伯特教堂的布道结束后不久,冯·维德在失意中辞职,他的继任者在被祝圣①之前就去世了;6月,没有多少基督教会背景的一位伯爵的儿子,弗朗西斯·冯·瓦尔德克,升任亲王主教。下半年,他封锁了这座城市,而作为回应,再洗礼派成功地突袭了城墙外冯·瓦尔德克的总部,这样明斯特就完全处于叛逆的再洗礼者的控制之下了。1533年2月,他们达成了一项妥协:教区教堂可以实行路德教,而大教堂将保持天主教。[20]

尽管达成了妥协,但明斯特的天主教徒和路德教徒的时间已经不多了。罗特曼的小册子,由富有的布商克尼佩尔多林承销,已经渗透到了低地国家。这些小册子将私有财产列为邪恶的根源:"上帝所造的万物都是共有的,就像今天仍然可以共同享受空气、火、雨和太阳一样,任何东西都不能让某些偷窃者抓在他们自己手里。"罗特曼将明斯特描绘成一座富足的城市,它张开双臂欢迎信徒,数百名来自低地国家的可怜人南行至明斯特——再洗礼者口中所谓的新耶路撒冷城——去朝圣。

---

① 祝圣(Consecration):天主教教会内施行的一种礼仪行为,借着这一行为,某个人或某种物件最终服务于天主或被用于对天主的敬礼。——译者注

1533年初,天主教徒、传统的路德派教徒和再洗礼派教徒不稳定地混杂在这座城市,其中的再洗礼派不想遵守与亲王主教之间的协议。与此同时,从低地国家涌入很多再洗礼者,引发了3月份的特别委员会选举,选举结果是激进的路德派占多数,相当多的再洗礼者占少数,没有天主教徒。[21] 市议会对那些在基督大教堂给婴儿洗礼的家庭处以罚款,标志着新的统治开始。

与此同时,在低地国家,扬·马提斯为一个来自莱顿市的名叫扬·博克尔松①的人施行再洗礼。和霍夫曼一样,马提斯是一个冲动、暴躁的传教士,而扬·博克尔松则利用自己的戏剧表演技巧和精于算计的能力塑造出一股强大的政治力量。

作为一名镇长和一名农奴妇女的私生子,博克尔松一出生就面临着痛苦和失望,父母安排他接受了初级教育,并让他在裁缝店做学徒,但他并不擅长于此。他的一些其他天赋,很快就在明斯特显现出来:金发碧眼的英俊外表,优雅、狡黠、富有演讲造诣和表演天赋。用千禧年学者诺曼·科恩的话说,他利用这些天赋"将现实生活塑造成一部戏剧,以自己为主角,以整个欧洲为观众"[22]。

1533年末,马提斯派了几名使者前往明斯特,他们于次年1月抵达。其中包括博克尔松,他在前一年夏天来过这座城市。一到那里,他们就发现罗特曼及其追随者已经为城里的大概1/5的成年人施行了再洗礼,该城有多达1/3的人相信世界末日即将来临。马提斯本人于1534年2月9日来到这里。[23] 马提斯和博克尔松的到来标志着两位再洗礼者融合在一起:罗特曼具有说服力的土生土长的明斯特再洗礼主义,以及梅尔基奥·霍夫曼从低地地区衍生的催眠般的末日幻觉。对双方来说,他们抵达明斯特的意义非常明确。用学者拉尔

---

① 博克尔松又被称为"莱顿的约翰"。——译者注

夫·克勒策尔的话说：

> 先知派遣使者施洗被解读为上帝正在准备世界末日。在此背景下，战争、瘟疫和通货膨胀，以及帝国的改革，突然成为末日的预兆。[24]

事情从这里开始发展迅速。再洗礼派让使者到邻近的城市传达信息：到1534年复活节，上帝会回来惩罚恶人，很少有人能活下来；只有在新耶路撒冷城明斯特才能获得平安和救赎。世界末日即将来临。

1534年2月6日，罗特曼为河对岸女修道院的修女们表演了一场滑稽戏剧：

> 他发表了一场赞美婚姻的布道，并用他演讲中神奇的击槌声打开了修女们童贞的营房。他似乎在敦促修女们去繁殖人类，而修女们对此并不十分反感。接下来，为了让修女们进一步从愚蠢过渡到彻底疯狂，他告诉她们修道院的塔楼及房屋结构将在第二天午夜倒塌，连同所有住在里面的人。他的神谕带给修女们的与其说是痛苦，不如说是欢乐，因为她们的灵魂充满了欲望，憎恨修女的生活。[25]

这些年轻的修女无处可去，她们认为罗特曼是上帝派来的人，于是带着自己的财产跑去了他的家。整个城市的市民都无眠，迎接末日的到来。

但是末日没有到来，为了挽回面子，罗特曼利用了一个正符合时机的圣经例子——约拿的故事，约拿错误地预言了亚述首都尼尼微的沦陷，全能者出于怜悯而没有责罚他。两个早晨后，再洗礼派的其他成员担心罗特曼的预测能力会使教派受损，于是滑稽地冲过街道，用"可怕的喊叫和疯狂的怒吼"大声宣讲,让不信教的人忏悔,试图以此来维护他们的信誉。那天下午,扬·博克尔松和克尼佩尔多林也加入了进来,一次又一次地大喊:"忏悔!忏悔!忏悔!"他们的疯狂感染了其他人,所有人一起以各种各样的姿态跳上跳下,摇着头,还有的扑通一声倒在泥里。一位再洗礼者骑马疾驰而过,宣布结束,并告诉所有人,他看见了成千上万的天使,所有人都将听到天使们的声音。[26]

这种疯狂激励了再洗礼者,当天晚些时候,500名再洗礼教徒占领了城市市场,后来被主流路德派教徒阻止。但路德教的阻止是短暂的;在2月23日的选举中,再洗礼派最终完全控制了市议会。2月底,武装的再洗礼派向非教徒发出最后通牒:选择接受再洗礼或被驱逐,"从这里滚开,你们这些不虔诚的人!上帝会惩罚你们!"[27]

再洗礼派摧毁了教堂的祭坛,并花费数天时间掠夺教堂里的金银,还焚烧雕像。他们还收取刻有"DWWF"的铜币,以允许行人通过戒备森严的城门。到了月底,亲王主教的军队开始围攻明斯特城,博克尔松告诉信徒,圣经要求,当末日来临时,上帝准许基督徒不再容忍,并准许他们全副武装去防御。

第一批被驱逐的天主教徒被允许带走他们的财产,但短缺的食物除外;最后一批离开的人只能带衣服,但衣服上的纽扣和金钩都被没收了。[28]再洗礼派教徒对政变中路德教对他们的反击记忆犹新,他们把愤怒集中在男人身上。而路德教徒和天主教男子预测亲王主教能够夺回这座城市,因此留下他们的女人来守卫他们的房屋和财产。这造成城墙内女人数量过多,很快将产生可怕的后果。[29]

1月,再洗礼者自愿捐出所有的物质财产——因为世界将会在复活节终结,但是到了3月,市议会开始禁止私人持有财产;罗特曼和博克尔松要求所有的金银和纸币都要上交到市政厅。为了鼓励捐赠,博克尔松宣扬,信徒有三种分类:完全放弃自我的好基督徒;保留部分财产的人,他们需要向上帝祈祷,但是上帝会心存报复;只为了方便而受洗的人,他们什么也指望不上,在末日将会被烧死。

马提斯和博克尔松把镇上所有人都聚集在大教堂广场上,向他们大声喊道,仁慈之门已经关上,上帝很生气。那些已经受洗的人被聚拢在一边,剩余的人,总共大约300人,被解除武器,被迫俯伏在地,祈求怜悯一个小时,这期间随时都可能被杀死。然后,他们被带进大教堂,被迫跪祈上帝3个多小时。最后,教堂门外的博克尔松戏剧性地打开门宣布:"亲爱的兄弟们,看在上帝的分儿上,我要告诉你们,你们得到了上帝的怜悯,你们将与我们同在,成为圣人。"第二天,他对镇上2 000名未受洗礼的妇女重复了这个过程。[30]

到3月底,这座城市已经经历完一次宗教清洗;大约有2 000名天主教徒和未受洗礼的路德教徒被驱逐,人数与从荷兰和东弗里西亚迁移来的再洗礼者人数大致相等,因此人口基本保持不变,约为9 000。但是,该镇的宗教结构以及心理结构已经发生变化。不易受到他人影响的天主教徒被更易受到影响的再洗礼者取代,这加剧了已经变得明显的群体幻想行为。此外,对不敬虔者的驱逐和信徒的迁移只会加强"新先知"罗特曼、马提斯和博克尔松所说的"大灾难"的确定性,即末日真的要来了。

再洗礼者不仅要拥抱未来,还要毁灭过去,因此他们下令销毁所有市政记录,特别是债务分类账簿。狂热者们焚烧路德和阿奎那①的书籍;一些家庭和教堂里只剩下《圣经》。最终,博克尔松还对城市的门和街道进行一般性重命名,例如,圣路德门被简称为南门,他还按照字母顺序指派姓名给新生儿。[31]

这些"新先知"开始残酷地惩罚持不同政见者。一位名叫胡贝特·吕舍的铁匠,在2月份的选举中失去了议会席位,还对市政记录

---

① 托马斯·阿奎那(Thomas Aquinas,约1225年—1274年3月7日),中世纪时期的哲学家、神学家。——译者注

被毁感到不满。于是他被带到博克尔松面前,先是戏剧性地被赦免,然后戏剧性地被释放,他哭着求饶,但是被一把戟刺中背部。这位身体强壮、肌肉结实的铁匠还没有死,于是博克尔松朝他的背部开了一枪;吕舍被痛苦折磨了8天才死去。[32]

复活节前不久,马提斯参加了一些朋友的婚礼;他预言了自己的死亡,格雷斯贝克对此做了记录:

> 他在那里坐了一个小时,拍打着双手,上下点着头,沉重地叹着气,就好像快要死了。最后,他又醒了过来,叹了口气说:"哦,亲爱的父亲,不要照我的意思,只要照你的意思。"他站起来,把一只手伸向每一个人,并亲吻他们的嘴唇。他说:"上帝的平安与你们同在。"然后他和妻子一起走了。(那时,再洗礼者还没有很多妻子。)[33]

1534年,复活节在4月5日到来,但耶稣没有出现,世界也没有结束。那天,马提斯和十几名追随者离开城门,骑着马走向亲王主教的雇佣兵,后者开始屠杀他们。格雷斯贝克记录说,围城者将马提斯的尸体切成100块,玩耍似的用血淋淋的碎片相互撞击,并用一根长矛挑着他的头,然后向城内喊话:居民们应该找回他们的市长。[34]马提斯可能是想吸引耶稣回来,或者,为了完成《启示录》11章中的一段话,即以诺(他自己)和以利亚(霍夫曼,仍被扔在斯特拉斯堡监狱中)的死亡将标志着耶稣的回归。

博克尔松在乡村传教多年,还在上一年夏天到过明斯特,传教经历磨炼了他戏剧般的间谍技巧。在附近的舍平根镇,据说他通过洗礼治愈了一个生病的女孩,到1534年初他再回到明斯特时,已经很有名气了。他很可能一直在为这一时刻做准备。在此之前,他在明斯特一直保持着相对低调的姿态,马提斯去世后,他站在教堂的上层窗户处俯瞰人群,身穿白色长袍,沐浴在烛光中,右边是克尼佩尔多林,左边是迪沃——马提斯美丽而神秘的妻子,历史只记载了她的教名。

博克尔松告诉群众,马提斯应该被处死,因为他虚荣并贪婪,这让群众大为震惊。博克尔松指了指克尼佩尔多林,并告诉人们,当他住在克尼佩尔多林家时,看到了马提斯血淋淋地剖开了一名雇佣兵的肠子。这名雇佣兵告诉博克尔松不要害怕:马提斯将受到上帝的审判,而他,博克尔松,必须迎娶他的遗孀迪沃。之后,博克尔松再次指向克尼佩尔多林,让他证明雇佣兵说这话的时候他也在场。人群对这一神圣景象感到兴奋,不少人脱下衣服跳舞,所有人都知道了,博克尔松继承了马提斯的职位。[35]

马提斯和罗特曼还遗留了一个问题,那就是为什么耶稣又一次没有出现,博克尔松必须向信徒解释这个问题。他预言,耶稣现在不会回来,直到新耶路撒冷城清除所有不洁的元素。

博克尔松不仅是一位杰出的煽动家,而且还是一位有能力的军事指挥官。他加强了该市本就很强大的防御警戒线,包括双墙、护城河和石制圆形大门。9 000名公民面对的是数量大致相等的雇佣兵,因此不允许有累赘:妇女不仅在火药厂协助男子,而且还将亚麻花环浸入沸腾的沥青和生石灰锅中,从城墙上扔到突袭的雇佣兵身上。晚上,博克尔松的人溜进雇佣兵帐篷,割断他们的喉咙,并给幸存者留下纸条,鼓励他们皈依再洗礼派。

5月25日,博克尔松的部队轻松击退了亲王主教军队的进攻,其中许多人投奔进城(尽管其中6人不久就因酗酒闹事而被处死)。[36]这场胜利极大地鼓舞了再洗礼者;当然,上帝是站在他们这一边的,亲王主教军队的失败巩固了再洗礼者对城市的控制。

7月,博克尔松宣布所有以前的婚姻无效,并命令所有成年人再婚。此时,路德教和天主教留下的女性加剧了男女比例失调,女性的数量几乎是男性的三倍。因此再洗礼派鼓励一夫多妻制。起初,再洗礼派中那些富有攻击性的男性疯狂地在城市里四处寻找年轻女性和童女，他们基于一个理论，用格雷斯贝克的话说，"拥有的妻子越多，这样的基督徒就越好。"很快，领导层意识到，由此产生的自由放任的雄性激素已经破坏了城市的稳定。为了遏制这些疯狂男性的行为，他们规定，新娶必须经过主妻的同意，并允许各方当事人都可以提出离婚。但即便如此，第一任妻子也对他们新扩大的家庭感到不满，这是可以理解的，她们经常虐待这些新添的妻子。为了鼓励人们遵守一夫多妻制，领导层将最顽固的妻子监禁起来，并斩首了不少人。[37]

婚姻法引发了一场暴动。大约120名男人抓获了博克尔松和克尼佩尔多林，并指认他们为刽子手，但是一场反击战将这二人又营救了出来。大多数叛乱者都祈求到了宽恕，但博克尔松枪杀、斩首了47名叛乱者，还有少数叛乱者被砍死。除此之外，博克尔松还处决了更多抵制一夫多妻婚姻的妇女。

8月，亲王主教又进行了一次袭击，他们几乎冲破了内墙，但最终被击退。袭击者遭受了可怕的损失，因为当他们爬向城墙抬起头的时候，发现迎接他们的死亡形式是煮沸的大锅、木柱和树木，一旦木桩和树木掉落，会立即将他们其中的几个人从爬梯上带下。他们中的幸运儿从破裂的外墙逃了回来。之后，亲王主教的军队几乎解散。[38]

这场胜利鼓舞了博克尔松的精神和气势；他认为自己是大卫王转世，也是这个星球唯一合法的统治者。他还英明地推断，这样一个惊人的说法最好是出自他人之口。那年夏初，一位名叫扬·杜森舒尔的跛行金匠从附近一个小镇来到明斯特，他自称拥有预言能力。果然不出所料，在亲王主教第二次袭击失败后，他宣布上帝已为博克尔松施了涂油礼，任命他为国王。[39]

作为君主，博克尔松宣布明斯特的旧宪法不适合新的神圣秩序，废除了市议会和两个市长职位，并以皇家法庭取而代之。"新耶路撒冷"被重新命名为"上帝的子民"。

在击退亲王主教的第二次进攻后，邻近的亲王加强了封锁，并任命了一名新指挥官。因此，食物和供应品很难偷运到市里；这位新国王的臣民们衣衫褴褛，慢慢被饿死。博克尔松却一点儿也不担心，他对戏剧和戏服的热情开始高涨。格雷斯贝克这样描述博克尔松：

> 他为自己做了一件天鹅绒外套，用华丽的丝织布制作成华丽的紧身裤和紧身短上衣，还有华丽的金帽子、一顶带天鹅绒细绳的皇冠、一把配有金鞘的刀、一把配有金鞘的匕首、戴在脖子上的许多金项链……他把世界挂在链子上，就像在他的盾形纹章上挂着的那个金色圆球一样。这像他的盾形纹章一样闪烁着蓝色斑点。[40]

博克尔松的奢华感还延伸到为他的骑兵装备华丽的衣服，用华丽的丝绸，"制作成半身服装，一只手臂没有袖子，胸部镂空，因此他们在马背上能给人留下深刻印象"，并为他的家仆穿上红色外套，配上灰色或金色戒指，以戒指大小显示仆人等级。[41]

10月，杜森舒尔将预言中博克尔松的统治权扩展到整个地球，并宣布上帝将吹响三次号角，这标志着该城通往上帝应许之地的旅程开始。1534年10月31日日出前，瘸腿金匠杜森舒尔爬上圣兰伯特教堂的塔楼，吹响了牛角。然后他下楼，继续在街上吹喇叭，其他人则吹奏其他乐器。成千上万的居民费力地走向大教堂广场，男人们扛着武器，女人们抱着小孩和她们最珍贵的财产。更多的号角吹响了，博克尔松骑着一匹白色的种马，全身行头，在20个护卫的簇拥下来到这里；后面跟着的是坐在马车里的迪沃王后，她由仆人侍奉着，还有他的另外15位妻子。

此时，博克尔松已经把没有到来的末日提升到了高级剧场。他命令一位受尊敬的贵族，格拉赫·冯·武伦，带领自杀式冲锋队冲向围攻部队。然后，这位国王让冯·武伦宣布，这只是一次旨在测试他们意志的演练，他很高兴地通知他们，他们已经通过了。博克尔松脱下他的猩红色长袍，摘下王冠，放下君主权杖，和他的"长老们"一起为饥饿的群众提供了一场盛宴。除了给他们供应食物，博克尔松和长老们还与男人们开了一个轻松的玩笑——谈论他们妻子的数量。格雷斯贝克写道：

> 只有一位妻子的市民羞愧地坐着。这样的人还不算信徒，不算一个真正的基督徒……他们坐着吃喝，兴高采烈。在大教堂广场上，这些人看上去并不像马上要死的人，每个兄弟都坐在妻子们旁边，到晚上可以选一位他渴求的人和他一起上床睡觉。[42]

市民们饱足后，博克尔松站起身来，声泪俱下地宣称，他辜负了人民的期望，将退位。博克尔松刚说完，杜森舒尔就转达了上帝那里传来的消息：上帝命令他和其他26个人一起前往附近的4个城镇传播消息，以加速末日的到来。

此外，杜森舒尔透露，博克尔松应该恢复其国王的职责，其中最主要的职责就是惩罚明斯特城中的不虔诚行为。然后，这位金匠把王冠重新戴在国王的头上，并把他的猩红色长袍和君主权杖还给了他。

这戏剧性的一幕也许就是博克尔松本人的杰作；他在27名信使及其134位妻子面前，一举提升了自己的权威，摆脱了潜在的竞争对手。然后，国王和他的妻子以及宫廷人员，吃了一顿丰盛的晚餐；每上一道菜前，他的仆人都会大吹大擂。晚餐结束时，博克尔松沉默地坐了一会儿，然后告诉在场的人，他从上帝那里得到了启示，上帝命令他把刀和一个被俘的雇佣兵带来。他命令俘虏坐下，被拒绝后，他威胁俘虏说要把其腰斩，而不仅仅是斩首，俘虏未反抗。完成了上帝的旨意后，博克尔松结束了这顿饭。[43]

27名信使离开了；然后26名信使被抓获并被雇佣兵处决了，除了一个名叫海因里希·格拉斯的人，他因会说拉丁语而没有被杀。这也引起了亲王主教的注意，使格拉斯有机会叛变。[44]

格拉斯回到明斯特，讲述了他戏剧性地从亵渎上帝的人手中逃脱的故事，然后离开了这座城市，将无价的情报送给了亲王主教：食物和武器已经短缺，这座城市已经分裂，一边是曾经忠诚但现在饥肠辘辘、士气低落的民众，另一边是再洗礼派的精英们，他们的特权使他们能够保持精气和幻想。

格拉斯离开这座城市之前给镇上的人留下一封谴责信："现在明斯特正在进行的行为都是一场骗局，因此，我谦卑地祈祷你们最终睁开眼睛——是时候了！注意你们的行为，你们显然违背了上帝和他神圣的话语。"[45]尽管信使们已经被杀，但博克尔松安慰信徒们，信使死亡是上帝的意愿，他派遣了更多的信使到更远的低地国家去招募新的再洗礼者来守卫城镇。为了迎接增援部队的到来，他下令制造装甲车，以穿越封锁线回到城镇。

但增援没有到来，第二批信使也杳无音信。这些持续出现的不幸事件，再加上邻近亲王向亲王主教支援了更多的雇佣兵，使他们没有机会再取得军事胜利。罗特曼告诉市民，虽然他们不能依靠外部世界，但上帝会拯救他们。随着食物和资源的日益匮乏，博克尔松削减了军队，转而专注于神学研究。

1535年1月1日，博克尔松发表了一份宣言，其中规定，"只有那些以上帝的话语为导向的政府才能得到保护"，"做出法律决定是国王、他的摄政者以及法官的特权"，"一个不受非基督胁迫的政府不应该受到干涉，即使它还没有接受信徒的洗礼"[46]。

一群年仅10岁的儿童因偷窃食物或涉嫌叛国而被处决。一位名叫图尔班·比尔的丹麦贵族离城后不久被发现是间谍，三个知情妇女在大教堂广场被斩首。其中一个是克尼佩尔多林的情妇，她没有被纳为妻子，因为她是妓女。被带到断头台上时，她公然谴责克尼佩尔多林的背叛行为；愤怒的克尼佩尔多林抓起一把刀砍了她的头。[47]

到了复活节，低地国家的救援部队还没有出现，博克尔松宣称，他一直以来都是从精神意义而不是军事意义上定义"胜利"的。当镇上的流浪猫狗都已经被吃掉的时候，饥饿的市民们才被允许离城。

博克尔松给予民众三四天的离城期限。离城民众的衣服被交换为破布；那些在期限之外离开明斯特的人被抓获并被处以绞刑。还有少数按照期限离城的民众被城外的雇佣兵屠杀，他们的头被挂在木桩上。格雷斯贝克将此解释为"霍布森选择"①："他们仍然选择从城市叛逃，因为他们在城市里遭受了如此巨大的饥饿。他们宁愿被杀，也不愿在巨大的饥饿中受苦。"[48]

几周后，为了节省食物，博克尔松允许男人与他们的某些次要妻子以及孩子断绝关系，这样他们就可以离开；博克尔松也和他的妻子以及孩子断绝了关系。格雷斯贝克观察到，"如果有人出一块面包，那么肯定有一些再洗礼者愿意用一位妻子换回一块面包。当没有面包的时候，法庭就没什么存在意义"[49]。

这时，雇佣军每天都要将50名男性逃犯斩首，让逃犯中的妇女和儿童挤在围墙外的一块几百码宽、周长4英里的地狱般的土地上，其在一个多月的时间里都没有食物和住所。后来雇佣军允许其中的外国妇女和儿童回家，明斯特当地人被拘留，一直到城市沦陷。[50]

大约5月23日，格雷斯贝克和其他几个人也逃离了这座城市。和以前大多数逃离者一样，他们被抓获了，但幸运的是没有被杀；就

---

① 霍布森选择，是指一种无选择余地的所谓"选择"。1631年，英国剑桥商人霍布森贩马时，把马匹放出来供顾客挑选，但附加了一个条件，即只许挑最靠近门边的那匹马。显然，加上这个条件之后，实际上就等于不让他人挑选。——译者注

格雷斯贝克而言,由于他年轻、个性讨人喜欢以及抓获他的雇佣兵心地善良,他只是被判入狱。[51] 他的成功逃离鼓励了数百人逃离明斯特,但最后几乎所有人都被杀了。

格雷斯贝克在牢房的泥土地上为雇佣兵画了一张地图,勾画出军队应该如何进入城市。6月22日晚,一位名叫"朗斯特里特的小汉斯"的人(曾是围攻者,后来叛变到明斯特,然后又和格雷斯贝克一起逃离明斯特)和格雷斯贝克通过一个小型浮动桥游到一个能够穿过护城河的地方,35名雇佣兵从那里迅速穿过护城河,杀死了熟睡的哨兵,用小汉斯的钥匙打开了大门。在防御者最终关闭城门之前,至少还有300多名雇佣兵沿着又短又细的堤道进入(比起格雷斯贝克,围攻者们更信任小汉斯,也许是因为小汉斯最初是他们中的一员,所以小汉斯带领他们进攻,格雷斯贝克则留在桥上)。重新关闭城门后,困在城墙内的入侵者本来几乎就要被博克尔松的部队消灭了,但他们狡猾的指挥官威廉·施特丁用假谈判拖延了一段时间,直到后来亲王主教的主力兵团涌入该城,并在残酷的肉搏战中扫荡剩余的再洗礼者。[52]

雇佣兵屠杀了600名居民,当他们发现每个人分到的战利品份额为50荷兰盾(相当于今天的1 600美元)时,可能存在的任何罪恶感都消失了。再洗礼派护城河首领克里斯蒂安·克尔克林克很快被处决,一起被处决的可能还有迪沃王后。但博克尔松、克尼佩尔多林和另一名副手布伦德·克雷切丁克因各种神学犯罪、盗窃和谋杀的罪名而被慢慢审讯。博克尔松被捕几天后,亲王主教悲伤地问道:"你是国王吗?"博克尔松傲慢地回答:"你是主教吗?"[53] 上层领导中可能只有罗特曼逃脱了,而且人们再也没有听说过他的消息。

1536年1月22日是对博克尔松行刑的日子。按照帝国新刑法规定的程序,两名刽子手用一根木桩附着一个铁圈,圈住博克尔松的脖子使他不能动弹,并用灼热的钳子把他的肉撕下来。根据冯·克森布罗克的记录，"当被灼热的钳子触碰时，肌肉会发出明显的火焰，并因此散发出强烈的恶臭，使旁边的人感到恶心"[54]。

看到这一幕，克尼佩尔多林试图用脖子上的项圈让自己窒息，但刽子手们用绳子把他张大的嘴牢牢地固定住，并把他捆在木桩上，然后又回到博克尔松身边继续钳肉，博克尔松默默地经受着这种折磨。之后克尼佩尔多林和布伦德·克雷切丁克也经历了这种折磨。然后刽子手用刀划开三个人的喉咙，最后刺中心脏。刽子手把他们直立的尸体塞进铁笼里，然后把铁笼挂在圣兰伯特教堂的塔楼上，让所有人都能看到。[55] 他们的骨头在那里保存了50年，街上仍然有这三个笼子①。

明斯特再洗礼派的继承者从他们的经历中吸取了教训；今天，成人洗礼的教义主要存在于阿米什和门诺派中，它们既安静又和平。

第三个大规模的中世纪末日事件发生在17世纪中期的英格兰，当时整个英格兰都处于混乱之中。17世纪早期，议会与斯图亚特国王之间存在冲突，后者继续宣称国王的神圣权利；而议会不满于查理一世对安立甘宗②的支持，其更亲近天主教。

不过，他们的冲突主要围绕财政问题。查理一世由于无法筹集到必要的资金支持他的军事行动，试图用一些非法手段结束议会的财政权力，尤其是筹集"船款"的权利。这是一项古老的皇家税，只在战时适用，而且只适用于沿海城镇。查理一世在和平时期收取议会外税收，并将其推广到内陆社区，引发了三场独立的冲突，其统称为英国内战，最终国王于1649年被斩首。奥利弗·克伦威尔建立了短暂的

---

① 教堂的塔楼后来被更换了；19世纪80年代，生锈的笼子被翻新，1944年被炸弹破坏后，笼子再一次被翻新。
② 安立甘宗（Anglicanism）：在英国被称为国教，在有的国家或地区被称为圣公会。——译者注

联邦和保护国制。克伦威尔的统治,以及他能力较弱、参与政治较少的儿子理查德的继任,被证明是灾难性的,使查理二世的君主制统治又在1660年得以恢复。

动荡催生了两大派别:一个是平等派,主张法治、民主改革和宗教宽容;另一个是第五君主国派,是一个千禧年主义团体,其末日论支持"圣徒"统治,自认为是正义的骨干,但是和明斯特的再洗礼派一样,一点儿也不民主、不宽容甚至不谦逊。第五君主国派统治英国后,正义者将无法得到休息,因为它颁布了一项神圣法令,授权随后征服欧洲大陆。尽管这两个派别都没有完整地幸存下来,但第五君主国派在1653年短暂存在的"贝尔朋议会"(以一名成员的名字命名)中几乎掌握了政府大权。"贝尔朋议会"是克伦威尔令人眼花缭乱的一系列议会之一。[56]

自约阿希姆以来,困难时期就会产生大量的数秘主义和末日论算术。英国外交官约翰·佩尔在1655年写道:

> 有些人认为,395年是异教终结的时代,因为当时罗马帝国中不存在任何一座异教徒圣殿。在此年上加上著名的数字1 260,也就是1655年,是末日的新纪元。另一些人则认为是1656年,因为他们将《创世记》第五章中先辈们的生活时间进行加总,发现从创世到洪水一共经历了1 656年,并由此推断,耶稣一定和挪亚一样,在第二年到来。还有一些人认为应该再等三四年,认为1 260这个数字必须从狄奥多西死后、他的儿子们分裂罗马帝国时开始算起。甚至还有一些人认为需要再等11年,我们不必惊讶,这是由数字666推算出来的。(也就是说,末日时间将在1666年。)[57]

第五君主国派中一个叫阿里塞·埃文斯的人轻易地做出了最愚蠢的估计。《但以理书》中的"小号角"在书中代表希腊塞琉西帝国统治者安条克四世,那么它在当前时期又代表了谁,这是第五君主国派末日论中的关键要素之一。大多数信徒认为当前的小号角是国王查理一世,这让埃文斯很生气,因为他是已故国王及其大主教威廉·劳德的坚定支持者。对埃文斯来说,大主教的名字正标注着世界末日的时间:VVILLIaM LaVD 中的罗马数字加起来是 1667 年①。

在另一领域,物理学家艾萨克·牛顿写了大量文章解释《启示录》经文(在他死后,其结集成一本《对但以理预言和圣约翰启示录的考察》),但是他很明智,并没有预测耶稣复临的日期。58

也许最有影响力的末日推算,当属一位名叫亨利·阿彻的传教士了。他在 1642 年出版了《基督亲临统治全地》,一部仅 58 页的著作,将但以理梦中被石头打碎的野兽重新解释为四个君主国:亚述/巴比伦、地中海/波斯、希腊和罗马。他认为即将到来的第五个君主国将由耶稣亲临统治,第五君主国派的名称由此而来。阿彻的计算表明,耶稣将会在 1666 年或 1700 年复临。这种模式完全属于新教神学范畴。路德认为第四君主国和野兽都是教皇制的隐喻。59

许多第五君主国派成员都是英国内战以及克伦威尔议会和护国政体的主要参与者,他们认为自己是即将到来的基督复临和最后审判事件的被动观察者。在英国内战期间,该派别中最杰出的人物是托马斯·哈里森,他官至少将,表现出极大的勇气和极强的能力。他还担任议会议员,主张进行改革。

---

① 大主教姓名中的小写字母 a 没有对应的罗马数字,可以看作零。(传说)当时的王室具有一项难以理解的能力,即(能通过摸触仪式)治疗淋巴结核;斯图亚特王朝复辟后,查理二世抚摸了埃文斯痛苦的鼻子,以回报埃文斯的忠诚。

大多数第五君主国教徒都主张通过法律手段寻求变革,例如哈里森。但是也有少数人并不认同,特别是一位名叫克里斯托弗·费克的煽动性传教士,他敦促公众进行一场暴力革命,去迎接一个由"圣徒"——也就是他们这些虔诚的精英——组成的千禧年神权政体。[60]

第五君主国教徒一开始很顺利,他们(包括哈里森)都参加了战争并在新模范军中担任高级职位,也是1648年克伦威尔清除"长期议会"事件的参与者。但随着时间的推移,克伦威尔要么不愿意,要么无法接受第五君主国教徒的政治和神学要求,他们之间的联盟开始破裂。1653年,第五君主国派在贝尔朋议会中达到了权力的顶峰,但维持时间不长,随着议会的解散和随后独裁护国政体的建立,克伦威尔和第五君主国派之间的关系恶化。克伦威尔断断续续地拘留了包括哈里森在内的许多第五君主国派成员,但他通常会谨慎对待这些老盟友,没有因为他们的千禧年信仰而处决他们。例如,1654年,那时的哈里森可能已被多达8个不同选区选中进入新议会,他提交了一份请愿书,敦促恢复"一个完全自由的国家"。克伦威尔发表了反对意见,拘留了哈里森,然后"温和"警告了他;几天后,又释放了他。[61]

用历史学家罗杰斯的话说,克伦威尔对待第五君主国派成员"就像对待自己顽皮的、被误导的孩子一样,虽然他们违背了他的意愿,但他不希望他们被监禁的天数太多,哪怕多一天也不行"。[62]

随着1660年4月查理二世复辟,第五君主国派的幸运终于耗尽。新国王对这群人怀有偏见和仇视。哈里森不仅曾经是查理一世被监禁时的看守,而且在判处查理一世死刑的司法程序中也扮演了重要角色,因此他尤其受到查理二世的仇视。6个月后,国王审判哈里森和他的同僚们(弑君者),其中有一些是第五君主国派的成员。大多数人都被判有罪,而哈里森发现自己是第一个被判有罪的人,并被告知:

在囚车上被拖到行刑地点；在那里，你将被吊起来，活人剖腹，你的内脏将在活着的你面前燃烧，然后你的头将被砍掉，身体将被肢解为4块，由国王陛下随意处置。[63]

曾经目睹过查理一世被斩首的日记作者塞缪尔·佩皮斯，记载了10月13日对哈里森的行刑：

我到查令十字街，去看哈里森少将被拖行、绞死并被肢解为4块；就在那里，观看的人都很高兴。他很快就被砍成块，头和心被展示给人群，这时人群发出巨大的欢呼声。[64]

在这次事件中，哈里森的头和4块身体在城里被四处展示，这令国王很高兴。两天后，佩皮斯又目睹了另一位著名的第五君主国派弑君者约翰·卡鲁的死刑执行仪式，他"在查令十字街被绞死并被肢解为4块，但是，幸运的是，他的身体各块没有被吊起来展示"[65]。①

第五君主国派中的一个小派系，其领导者是一位名叫托马斯·文纳的制桶工匠。他们一直幻想自己的民众支持率很高，足以通过武装暴动实现耶稣复临。尽管第五君主国派的其他一些更清醒的成员，如哈里森等人认为他们是鲁莽的，但文纳还是在1657年4月策划了一场暴动，不过暴动还没开始，就被揭发了，这证明他确实鲁莽。

奥利弗·克伦威尔对文纳及其同伙非常宽容，只是将他们囚禁在伦敦塔；克伦威尔死后，他的儿子理查德释放了这些无能的策划者，

---

① 在17世纪之前的英国，最严厉的惩罚是活人阉割和开膛取内脏，这适用于弑君者，也适用于其他人。到18世纪中期，这种做法得以缓和，死刑者在被剖腹取出内脏之前会先被绞死。但这种活人剖腹直到1814年才被正式废除。到那时，肢解已经被废弃，但直到1870年才被明确宣布为非法。

他们只被监禁了不到两年。随着查理二世的复辟以及哈里森和其他参与弑君的第五君主国派成员的死亡，刚刚获释的文纳团队感到绝望，决定采取行动。1660年12月，文纳的一个喝醉的同伙向一个名叫霍尔的人吹嘘他即将参加一个"光荣的事业"。霍尔问是什么，他回答："我们会把查理从王位上拉下来。因为国家应该由圣徒来统治。"霍尔迅速向当局报告了谈话内容，然后被带到国王面前，国王下令逮捕第五君主国派中的其他不满者。

文纳和他的大约50个同伙没有被逮捕，因此他们继续执行他们的计划。1661年1月6日晚上（选择这个日期是因为他们认为第十二夜狂欢结束时城市的看守人都会喝醉），他们闯入圣保罗大教堂，并在教堂外面派了一个守卫，结果这个卫兵很快开枪打死了一位路人，因为当被问及忠于谁的时候，这位路人宣称自己忠于国王。密谋就这样暴露了，文纳那支可怜的小部队在伦敦的街道上被不断壮大的"火车队"追赶，这些"火车队"由城市民兵构成，后来国王的军队也来增援。在接下来的三天里，文纳的士兵从人数上远逊于对方，他们进行了一系列越来越绝望的殊死反抗。

塞缪尔·佩皮斯在1月10日的日记中，简洁地描述了这群人：

> 这些狂热分子击溃了他们遇到的所有火车队，把国王的近卫兵赶跑，杀死了大约20人，两次闯入城门；而这一切发生在白天，当全城武装起来的时候，他们总共不超过31人。然而我们却认为他们至少有500人（因为他们几乎在全城的每个地方都出现过，而且他们在海格特地区还待了两三天，还在其他几个地方待过）。闻所未闻，如此少的人竟敢做如此多的坏事。他们的口号是"耶稣国王和城门上的头颅"。最终，他们中很少有人会被分尸，因为他们在暴力中很难活下来：期待耶稣降临这里，并在此刻统治世界吧。[66]

最后，文纳的追随者中大约有一半死在追杀中，其余大部分后来被绞死，但国王对文纳和他的副手执行了全套的半活剖腹刑，就像对之前的哈里森和卡鲁那样。[67]

16世纪和17世纪，北欧人通过引人入胜的末日叙事，寻求逃离这个世界的苦难，去往一个美好的舒适世界。在施瓦本农民战争中，托马斯·闵采尔只是把末日神学附加在世俗平民起义的基础上，造成了灾难性的后果；而在疯狂的再洗礼派和第五君主国派的暴动中，从一开始到悲惨结束，都是一场末日事件。

从18世纪开始，随着一系列金融群体幻觉席卷欧洲，整个国家不再寻求上帝的援助，而是开始寻求玛门的援助。从表面上看，宗教和金融事件似乎属于不同现象，但它们是由相同的社会和心理机制驱动的：叙事的诱人力量；人类倾向于幻想本不存在的"模式"；领袖和追随者的过于自负和过度自信；而且最重要的是，人类有一种压倒性的倾向，即模仿周围人的行为，尽管这种行为毫无根据或是一种自我毁灭。

3

短暂的致富
密西西比泡沫与南海泡沫

> 在这片广阔的土地上,人们的思想都集中于同一个主题。这一主题吞并了政党政治:辉格党和托利党停止了争吵,雅各布斯派也停止了阴谋。在全国各地的每一家旅店、每一条道路上,谈论的内容都是一样的。在阿伯里斯特维斯,在特威德河畔贝里克,在布里斯托尔和圣戴维斯,在哈里奇和朴次茅斯,在切斯特和约克,在埃克塞特和特鲁罗,几乎在陆地的尽头,人们谈论的只是南海公司的股票——只谈论南海公司的股票!
>
> ——威廉·哈里森·安斯沃思,1868[1]

18世纪初,聪明的苏格兰金融家约翰·劳留下了一条可怕的金融混乱足迹,这对20世纪90年代那些在互联网泡沫破裂中幸存的人来说非常熟悉。互联网股票只会伤害数百万投资者;但劳损害了整个法国对银行业的信心,这是更严重的打击。

劳是苏格兰人,出生于一个有着数百年历史的著名的爱丁堡金匠世家,他的父亲、叔叔和三个兄弟都是金匠。到他1671年出生时,古老的"金匠"职业已经演变并伪装成了一个完全不同的东西：银行业。

劳的直系祖先生活在苏格兰岛，但当时的苏格兰与未来那个雄伟、贸易自由的不列颠岛完全不同（当时，苏格兰仍然独立于英格兰）。17世纪初，英国人口仅为法国的1/3，比1348—1349年黑死病暴发前的人口还要少。劳时代的英格兰弱小、不发达，当时还卷入了一场弑君性国内战争。当时英格兰在公海上的业务不仅涉及商业，还涉及海盗和走私。随着1600年左右大型贸易组织的建立，大规模国际贸易开始缓慢出现，其中最著名的是东印度公司的贸易。

当东印度公司的船只拉着从新兴香料贸易中赚得的金银驶入伦敦时，商人们遇到了一个后勤问题：英国没有银行系统，因此没有可靠的地方存放财富。金匠们的职业就是对客户的贵重物品进行安全储存，他们提供了最合理的替代物，即证书。商人们将贵重物品交给金匠后，会收到金匠的证书。关键是这张纸质证书可以用来交换商品和服务，换句话说，它起着货币的作用。此外，金匠们意识到，他们可以创造出超过他们所持有金银（铸币）数量的纸币。

也就是说，金匠可以印钞。

只有最虚伪、目光最短浅的金匠才会只制作和颁发证书给储户；大部分金匠都制作纸质证书并以高利率借出。即使是借给信用最好的人，借款年利率也常常会超过10%（尤其当英国处于战争状态时），在那10年里，借出证书比发放证书给储户更赚钱，而且只要金匠仍有偿付能力，这种情况就会一直存在。

只有在证书持有者没有一次性全部赎回的情况下，这条菊花链才能正常运转。假设金匠的保险箱里有10 000英镑的金币，他发行了价值30 000英镑的证书，1/3的证书颁发给金币的主人，2/3的证书颁发给借款人。如果持有证书的人要求取出价值10 001英镑的黄金或白银，那么不管他们是借款人还是最初的储户，金匠都可能被毁掉。更糟糕的是，如果证书持有者怀疑会发生这种情况，那么金匠办公室不断壮大的队伍将足以引发挤兑，从而推翻整个纸牌屋。在本例中，证书与铸币的比率为3∶1；该比率越高，运行崩溃的可能性就越大。即使是最谨慎的金匠/银行家也可能陷入崩溃；1674—1688年，发生了四次有记录的"金匠挤兑"；1677—1694年英格兰银行成立期间，伦敦金匠/银行家的数量从44人下降到12人左右。

实践当中，金匠/银行家们发现2∶1的比率——每接收1英镑存款，向借款人发放1英镑贷款——是相当安全的。这一体系的重要性不容低估，因为它预示着弹性货币供应的诞生，而弹性货币供应量可以根据借款人对贷款的渴望和债权人的放贷意愿进行调整。当借贷双方情绪高涨时，货币供应量就会扩大；当他们感到恐惧时，货币供应量就会收缩。这种纸币数量扩张的现代金融术语是"杠杆"，即纸质资产总额与硬资产的比率。[2]

银行的杠杆推动了现代金融狂热。在欧洲，它产生于17世纪，导致各种过山车般的泡沫和泡沫的破灭。在接下来的4个世纪里，金融创新产生了各种令人眼花缭乱的投资工具，每一种都只是在稍微不同的伪装下进行杠杆操作，并成为接连出现的各种过度投机的导火线。

作为英国金匠的继承者，约翰·劳从小生活在一种英国式的银行体系中，纸张可以像稀有铸币一样发挥货币的作用。但即使在今天，许多人仍然抵制纸币的概念；在17世纪之交，纸币让很多普通人觉得可笑。

到了1694年，年轻的劳厌倦了肮脏、贫穷、处于中世纪晚期的爱丁堡，来到伦敦。他改名为博·劳，在城市里尤其是经常在赌桌上游荡。他与一位名叫博·威尔逊的人为了一个他们都感兴趣的年轻女人而展开决斗，最终他杀死了博·威尔逊。经过审判，劳被判绞刑，然后获得缓刑，然后再次被判绞刑后，逃跑了。1695年初的《伦敦

公报》写道:

> 约翰·劳上尉,苏格兰人,王座法庭囚犯,最近犯有谋杀罪,26岁,瘦高个,皮肤黝黑,身材匀称,身高6英尺以上,脸上长着麻子,大鼻子,声若洪钟,从上述监狱逃跑。无论是谁能够控制并将他送回上述监狱,都将立即获得由王座法庭支付的50英镑。[3]

17世纪末,囚犯们比今天更容易"逃跑",而劳的朋友,可能是得到了国王威廉三世的默许,安排了他的逃跑。[4] 上述身体特征描述属于故意误导,因为劳的鼻子并不大,肤色白皙。

最初,他去了法国,在那里,他的数学能力震惊了周围的人,在赌桌上受到欢迎。但是,把劳称为赌徒,对他的能力来说并不公正。即使在今天,定量能力和专注能力在二十一点的牌桌上也很有用。300年前的赌场的效率较低,冷静计算的回报更为丰厚。这吸引了一些欧洲最聪明的数学家参加这种机会主义游戏,其中最著名的是亚伯拉罕·棣莫弗,他的机会学说构成了现代统计学的重要基础。[5] 一位熟悉劳的人写道:

> 如果你问我劳的消息,那么我只能说他从早到晚只和玩纸牌的人在一起。他赌博时总是很开心,每天都会提议不同的游戏。他向所有能连续投6个6的人出价10 000块亮片,但如果他们投不到,那么他们每次都要给他一块亮片。[6]

由于连续投6个6的概率是$1/46\,656$($1/6^6$),劳的出价一定会获胜(在第10 000轮6次投球之前,他输球或付款的概率为19%)。此外,只要有机会,劳都会充当纸牌的"银行家",他可以扮演赌场而不是客户的角色,无论什么样的特定游戏规则,他都能利用一点儿统计方面的优势。[7]

据经济历史学家安托因·墨菲估计,当劳离开法国时,他从赌场赢来的钱总计几十万英镑,这在当时是一笔巨大的财富。[8] 然后他去往荷兰,在那里,他研究了阿姆斯特丹银行和该城市新证券交易所的尖端业务。他还访问了热那亚和威尼斯,熟悉了那里具有数百年历史的银行体系。

那个时代的法国人不信任国家管理机构,因此法国几乎不存在银行体系。攒下来的里弗尔(法国古代货币)放在床垫下或袜子里,而不是放在银行里,经济急缺资金。[9] 劳赞叹于意大利和荷兰的先进金融体系,并努力使之为法国带来好处;在大约10年的欧洲大陆游历中,劳将自己从职业赌徒转变为经济学家。尽管当时经济学家这一术语还没有出现。

劳直观地认识到以稀缺金银为基础的货币供应不足是如何扼杀欧洲经济的,而充足的货币供应又是如何刺激欧洲经济的。他早已熟悉私人发行纸币的概念,但以他在荷兰银行业的经验,他认为由中央国家银行发行纸币才能解决货币基础不足的问题。

劳的这种充足的纸币供应能够刺激经济的直觉,可以通过3个世纪后华盛顿特区出现的婴儿合作社的著名故事(至少在经济学家中非常著名)来理解。这种合作社涉及婴儿保育服务的交易。最流行的方案之一是使用"代金券":一种票证,每张代表半小时的婴儿照顾时间;因此,一对想要看三个小时电影的夫妇需要使用六张票证。

此类代金券/票证方案的成功在很大程度上依赖于流通中票证的精确数量。20世纪70年代早期,华盛顿特区有一家这样的合作社,由于它印制的票证数量不多,因此家长们就把它们收藏起来。许多人愿意照看孩子以赚取票证,但愿意花票证请人照顾自己孩子的人很少,因此每个人晚上出去的时间都比自己原本想要的少。

在华盛顿特区，许多父母都是律师，正如律师们惯常做的那样，为了解决问题，他们通过立法强制要求个人花这些票证。但在经济领域，通过立法解决问题往往会失败，本案也是这样。于是一对经济学家夫妇说服合作社印刷并分发更多的票证。家长们有了充足的票证，所以晚上会出去玩儿更长时间。[10]

同样，劳的金匠/银行业背景和经验告诉他，欧洲经济停滞的原因是铸币短缺，除了其他措施，印刷纸币可以弥补铸币的短缺。劳并不是第一个意识到这一点的人；几乎从17世纪初金匠/银行家发明弹性信贷开始，他们中的一些人就认识到，扩张纸币可以刺激经济。1650年，也就是在约翰·梅纳德·凯恩斯将以黄金为基础的货币体系称为"野蛮遗迹"的3个世纪之前，王室官员威廉·波特就指出，流通中有限的铸币数量意味着：

> 尽管世界上的仓库从来没有像现在这样装满商品，但是你将会看到，由于支付能力不足，商人们进货的速度慢于他们为商品找到销路的速度，而接下来，如果人们由于极度贫困而无法从商人手中买走商品，那么贸易的大门将会关上，其结果就是财富的大门会关上……反之，如果所有人手中的货币（或者类似货币的东西）增加，那么（商人们就不需要囤积货币，只要一有货币，他们就会买进商品，并将其摆在货架上），随着货币供应量的增加，人们手中的钱越多，商品贸易就越多；而这种贸易的增加将增加财富……因此，财富的关键在于增加货币，或者类似货币的东西，而不是囤积货币。[11]

法国以及劳的祖国苏格兰的银行体系远比荷兰和意大利更为原始，因此，法国和苏格兰的经济运行不佳。罗讷河谷纺织业的恶劣状况给劳留下了特别深刻的印象,他制订了一项通过发行纸币为工厂、托儿所、面包房和作坊融资的计划。1703年底,他认识的一位法国驻都灵大使,将他的建议转述给法国财政大臣沙米亚尔侯爵,但后者婉拒了他。

新年前后的某个时间,劳回到了苏格兰,那里的情况更加变化无常。早些时候,在1695年,苏格兰议会将该国的远洋贸易垄断权授予苏格兰非洲和东西印度群岛贸易公司(更广为人知的名字是"达里恩公司")。公司计划在巴拿马地峡的达里恩建立一个贸易前哨站,以缩短从欧洲到亚洲的贸易路线。该公司向达里恩派出了两支探险队,第一支探险队由于计划和供应不善而遭遇失败,而第二支探险队的成员则被西班牙人屠杀。

1699年,该哨站落入西班牙人手中,苏格兰银行不得不暂停营业。银行的经营困难使劳感到悲痛,他进一步完善了他的经济思想,写成了两本作品:《土地银行》和《论货币和贸易》。前者提出发行以土地为担保的纸币;后者是一本详细而精辟的书,为亚当·斯密的《国富论》一书中的许多概念埋下了70年的伏笔。

劳开始以一种非常现代的方式深入思考货币的本质。他认为,真正的货币应该有7个基本特征:价值的稳定性、同质性(也就是说,它可以以固定单位交易)、易于运输性、各地统一性、易储存而不损失价值性、可分割成更小或组合成更大的货币量,以及拥有一个关于其价值的印章或标识。[12]

劳认为土地正符合这些标准,与土地挂钩的纸币将优于锚定白银的传统货币。在今天看来,这种以土地为单位的货币概念似乎很奇怪,但在18世纪早期,它是有道理的。大约从1550年开始,白银从秘鲁和墨西哥的巨大矿场涌入欧洲,这导致其价值贬值。相反,表示一块土地的证书可以根据其未来粮食、水果或动物产量的总和进行估价。此外,白银只有少数几个限定用途:货币、珠宝和器皿或工业用途。相比之下，土地在支持纸币的同时，还有各种广泛的农业用途。[13]正如劳所写，"土地产生了一切，但白银只是产品。土地的数量不会增加或减少，白银或其他任何产品的数量可以增加或减少。因此，土地的价值比白银或其他任何产品更为确定"[14]。

劳逐渐将他的货币概念扩展到了土地之外，包括了那个时代最伟大公司的股票，特别是英国和荷兰东印度公司以及英格兰银行，他认为，这些公司的利润应该比白银更稳定。这是一个合理的假设；但劳没有预见到的是，他的体系本身会给那些价格带来致命的不稳定性。

作为卡尔·马克思的先驱，劳提出了社会发展的三个阶段。在第一个阶段，货币是不存在的，易货是交换的主要形式，这时，大规模的生产制造几乎是不可能的，因为那需要前期大量的货币开支。用劳的话说，"这种易货状态下几乎没有贸易，也很少有手工生产者"。［劳的"贸易"一词具有现代 GDP（国内生产总值）的意义：指消费的商品和服务总量。我们现在认为，劳认为货币时代之前是易货阶段，这种说法是不正确的，因为在原始社会，交换是通过互相赠送和积攒记号来完成的，这些做法的经济效率比易货更低。］[15]

在第二个阶段，经济在金属货币的基础上运行，但金属货币太少。虽然从理论上讲，如果货币短缺，人们就可以在较低的工资下工作，但这会妨碍制造业发展：

> 人们会问，如果各国的管理良好，那么为什么它们不自己加工羊毛和其他原材料？是因为在货币短缺的地方，工人的工资很低吗？答案是，没有货币就没有人愿意工作；而且，在货币很少的地方，其几乎不能满足国家的其他需要，因为人们不能同时在不同的地方使用同一枚铸币。[16]

在第三个阶段，当货币和信贷充裕时，国家繁荣。英国就是一个典型的例子,它在 10 年前刚刚成立了英格兰银行,以发行钞票。①银行周期性地增加和减少钞票供应;劳观察到,"随着英国货币的增加,(国民收入的)年均值也增加了;随着货币的减少,年均值也随之减少"¹⁷。

劳首次描述了一个被称为"循环流动"模型的经济概念(他的理论核心),这在他的《论货币和贸易》中有数页解释。该模型可以想象为两个同心圆,货币从一个所有者向另一个所有者以顺时针方向流动,而商品和服务则逆时针流动。

劳设想了一个孤岛,它由一位领主拥有,该领主将自己的土地出租给 1 000 名农民,这些农民种植农作物并饲养动物,其产出占岛上产出的 100%。但制成品不能在当地生产,而是通过出口多余的谷物以换取制造品进口。

此外,岛上还有 300 名没有工作的贫民,他们靠上帝和农民的施舍生存。为解决这种悲哀状况,劳让领主印刷足够多的货币,用于建立工厂并雇用 300 名贫民,工人的工资将用于购买农民的粮食。这将增加农民交给领主的租金,领主可以继续用租金支付工人工资。

正如现代任何一个凯恩斯主义者都会做的那样,劳将他的例子做了概括:

> 贸易(也就是现代术语中的 GDP)和货币相互依赖:当贸易衰退时,货币减少;而当货币减少时,贸易就会衰退。权力和财富依赖于人的数量以及国内外商品的储存数量;而这些又依赖于贸易,贸易又依赖于货币。因此,贸易和货币两者之间会产生直接和必然的影响;损害其中任

---

① 英格兰银行成立于 1694 年。——编者注

何一方都将损害双方，权力和财富都将是不稳定的。[18]

劳提出一个由苏格兰银行发行纸币的方案，但这个方案被苏格兰议会于1705年投票否决了。两年后，苏格兰通过了《联合法案》，根据该法案，苏格兰与英格兰合并，这样劳在苏格兰就面临着生命危险，因为他本应在伦敦被监禁和处决。劳请求安妮女王的赦免，但被拒绝，于是他逃回了欧洲大陆，在荷兰、意大利和法国之间辗转10年，然后于1715年在巴黎定居。[19]

那时，他又一次被法国财政大臣沙米亚尔拒绝，他的另一个在都灵开设银行的计划也被萨伏依公爵否决。接下来，他大胆地寻求路易十四的支持。到1715年夏天，路易十四已经统治法国72年，这是欧洲君主至今的最高纪录（伊丽莎白女王必须活到98岁，也就是2024年，才能超过路易十四的在位时间）。路易十四正打算批准劳的建议时却患上了坏疽，他明确地告诉摄政王奥尔良公爵："我的侄子，我让你成为王国的摄政王。你将目睹一个国王在坟墓里，而另一个在摇篮中；你要永远记住前者的记忆和后者的利益。"[20]英俊、迷人和富有的劳获得了摄政王的支持，并最终说服摄政王进行了一次大规模的金融尝试。

1715年9月路易十四去世时，法国已经因参与西班牙王位继承战争而濒临破产。劳曾试图组建一家大型国有银行，但受到摄政王的限制。1716年，他成立了"私人通用银行"，正如其名所示，这是一家私人企业，总部设在劳的家里，劳成为一位新加入的法国公民。

当时，只有5个国家——瑞典、热那亚、威尼斯、荷兰和英格兰——发行了纸币，但其不能用于日常小规模交易，因此法国人对私人通用银行的纸币持怀疑态度。[21]新银行成立之初，劳就立即规定，新纸币可以与流通中的黄金和/或白银一对一兑换。由于当时的法国长期资不抵债，经常发行不足值的金属铸币，因此新纸币的价值比当时流通中的金属铸币要高。为了吸引富有的客户并增强信心，他将存款准备金率保持在较低水平，并开展了一些"亏损业务"，包括免费兑换外币和按银行纸币面值兑换铸币业务，而不是按低得多的（高折扣的）普通的政府纸币价格进行兑换。[22]

由于票面价值得到了保证，劳的银行纸币和服务所具有的优势引起了人们的注意。正如劳预测的那样，纸币供应的增加提振了王国经济。

劳的下一个目标是密西西比公司。该公司最初于1684年获得特许经营权，后来通过与其他公司合并而获得法属美洲的贸易垄断权，但由于未能成功利用这些垄断权，其经营者安托万·克罗扎于1717年将特许经营权交还给了国王。现在，由于私人通用银行的成功，劳声名鹊起，他承诺通过让密西西比公司买断王室的巨额债务来拯救国家财政。在这个过程中，劳通过投机买卖公司股票，本已惊人的赌博财富更是成倍增加。

为了使密西西比公司承担起王室的债务，他让王室扩大他的垄断权，垄断与中国、东印度群岛和"南海"（赤道以南的所有海域）的贸易。但几乎所有的相关贸易路线都已在英国、西班牙、葡萄牙的控制之下。[23]因此，密西西比公司对于这些新大陆贸易的"垄断"毫无价值。但是，这一点儿也没有减少劳的新金融体系的魅力。

密西西比公司承担了王室的巨额债务，主要是以公民国库券的形式，国库券当时的利率为4%。由于王国的财政状况很脆弱，国库券的交易价格大大低于其面值；劳承诺，他的计划将使国库券的交易价格达到面值，这对王室来说是一个不可抗拒的诱惑。1718年12月，劳成功地使他的私人通用银行升级为国家银行，即"皇家银行"，该银行完成了货币流转链条：新银行将发行纸币，以支付密西西比公司的股票；纸币将用于购买国库券，从而减轻国王的战争债务。难以理解的是，国库券也可以直接用于购买公司股票；由于国库券是债务，公民用国库券购买股票意味着国库券的消失，这进一步改善了王室的财政状况。[24]

劳的权力使他沉溺于与银币的斗争，他将银币视为国家的经济锁链。硬币被抛弃，纸币被引进。早在私人通用银行存续期内，政府就已经允许公众用私人银行发行的纸币支付税款。1719年初，皇家银行在法国各大城市设立分行，在这些城市，高于600里弗尔的白银交易必须用银行纸币或黄金进行；禁止使用银币支付。到1719年底，皇家银行已经买进了大部分的国库券，国家债务的消失进一步鼓舞了这个国家的动物精神。

随着密西西比公司股价的上涨，银行印制了更多的纸币以满足对股票的需求，这进一步推高了股票价格，从而导致更多的纸币发行。很快，第一个记载翔实的全国性股市泡沫正在形成。冒失的货币扩张并不完全是劳一个人的作品，也受到了摄政王的影响。劳理解螺旋型通货膨胀的特点，但摄政王并不理解这一风险，他只是被该计划的成功鼓舞。

以所谓的"永久资本"运营的现代公司，这只是一种花哨的说法，实际上就是，如果某个项目需要10亿美元，那么将通过销售股票来筹集大部分资金；如果费用预测准确，那么该项目将随后完成。

密西西比公司的股票并非如此。该公司的股票不需要以全价直接购买，而是以认购的方式，以现金支付10%的股价。也就是说，为了获得股份，购买者只需支付10%的股价和20个月的分期付款（或"催缴股款"，每笔5%）中的第一笔，即只需要支付股价的15%。催缴机制是金融杠杆的一种早期形式，如果价格上涨15%，投资者的首期付款价值就翻了一番，它会放大收益和损失；如果价格下跌15%，那么投资者将被清出市场。因此，催缴机制可以被认为是保证金债务的祖先，而保证金债务是随后出现许多金融崩溃的原因，最明显的一次是在1929年。[25]

为了满足对公司股票的需求,劳的银行发行了更多的股票;查尔斯·麦基描述了接下来发生的事情:

> 至少有 30 万人申购这 5 万份新股,劳在坎康普瓦大街的住宅从早到晚都挤满了热切的申购者。由于不可能满足所有的申请人,新股东名单只能在几周后才公布,在此期间,公众的焦急情绪达到了疯狂的程度。公爵、侯爵、伯爵以及他们的夫人每天都要在劳家门前的街道上等待数小时,以了解结果。最后,成千上万的人挤满了整条大街。为了避免平民人群的推挤,贵族们在邻近的房子里租了公寓,这样他们就可以一直住在这位新财神爷散播财富的神庙附近(见图 3–1)。[26]

人们很少谈论其他事情,几乎所有有幸拥有股票的贵族都忙于买卖股票。坎康普瓦大街的租金上涨了 15 倍。

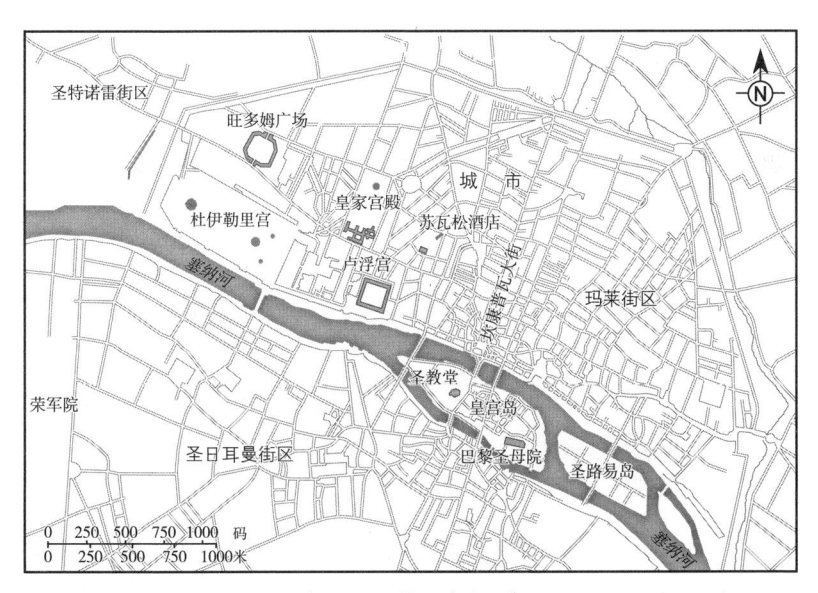

图 3–1　约翰·劳的巴黎

劳对拥挤的人群感到厌倦，于是逃到他在旺多姆更宽敞的住所，但那里也很快挤满了人。这引起了议长的愤怒，因为议长的法庭就在旺多姆广场上。最后，劳搬到了苏瓦松酒店，那里有一个足够大的花园，花园可以容纳几百个帐篷；拥有该房产的幸运贵族以每月500里弗尔的价格出租每一个帐篷。

麦基回忆说："如果在某次会面中，摄政王让贵族们等了半个小时，那么他们会被激怒，但他们愿意等6个小时得到一次与劳见面的机会。"[27]一位女士巧妙地利用了劳对女士的殷勤，她故意让马车在劳面前翻车，劳不出所料地过来救助；她很快就承认了这是她的小伎俩，劳被她逗笑，于是给她签发了股票。拘谨的麦基提到了另外一个会让读者"微笑或脸红"的情节，但没有描述它，只是害羞地提到了一封奥尔良公爵夫人写的信：

> 劳太忙了，日夜不得休息。一位公爵夫人在众人面前吻了他的手；如果公爵夫人吻了他的手，那么其他女士会如何？[28]

其他观察者也证实了麦基的描述。1719年9月，英国大使馆的一名办事员向伦敦报告说：

> 坎康普瓦大街是他们的交易场所，从清晨到深夜，这里挤满了亲王和王妃，公爵、贵族和他们的夫人等，总之，这里在法国非常有名。他们出售房地产、典当珠宝，以购买密西西比公司的股票。

一周后，这名办事员又写道："这个镇上的所有新闻都是关于股票买卖的。目前，法国人的脑子不会转向任何其他事情。"[29]巴黎成为一个繁荣的城市。泡沫期间，人口膨胀，城市不可避免地受到食品、服务和房地产价格飙升的负面影响。这种气氛高涨的环境下产生了"百万富翁"一词，其被普遍用来形容幸运的股东。[30] 另一份大使馆报告写道："昨天有人告诉我，一家商店在不到3周的时间里出售了80万里弗尔的蕾丝和亚麻布，主要是卖给一些以前从未穿过蕾丝的人；诸如此类的报道每天都如此令人意想不到，其他国家的人根本就难以相信。"[31]

泡沫通常结束于看似很小的扰动，然后迅速崩塌。震动发生在1720年初，当时孔蒂亲王因没有买到足够多的公司股票而被激怒，为此，他派出了三辆马车，去皇家银行（卖出纸币）换取铸币，这些铸币本应是银行发行新纸币的基础。劳当时担任法国财政部长，不能在公众面前拒绝这一糟糕的请求，因此他做了次好选择：他向摄政王抱怨，摄政王强迫孔蒂撤销这一要求。敏锐的投资者意识到亲王所提要求和摄政王默许拒绝背后的含义：银行发行的纸币数量大大超过了其黄金和白银储备。随后发生了对该银行的全面挤兑。

劳现在面临着一个危急的选择。他可以通过减少印刷纸币来保护货币币值，但这将损害股价；或者他可以通过印制更多的纸币来保护股价，而这将加剧本已猖獗的通胀。前一种做法将保护法国；后一种做法将保护贵族投资者。

起初，劳选择保护货币，从而保护国家，或者他认为是这样。1720年2月底，陷入绝望的劳和摄政王开始禁止使用铸币进行交易，并将私人拥有的铸币限制在500里弗尔以内；此外，还禁止囤积银制器皿和珠宝，并招募告密者和经纪人来强制执行这些可恶的新规定。随着仆人背叛主人，父亲背叛儿子，国家的社会关系网开始瓦解。

由于社会如此混乱，两周后，劳转而保护股价，从而保护富人，他提出每股出价9 000里弗尔，这意味着需要印刷更多的银行纸币。到那时，里弗尔贬值带来的通货膨胀已经非常明显，到5月份，他通过两个步骤让里弗尔贬值了50%。1720年后期，为了控制通货膨胀，他宣布大面额纸币价值为零，抹去了国家的大部分财富；经济历史学家安托因·墨菲估计，包括密西西比公司股票和纸币在内的整个系统经通胀调整后的价值下降了约87%。对纸币和密西西比公司股票的最后一击是在那年秋天，瘟疫肆虐马赛，并威胁到巴黎，这进一步动摇了金融信心（见图3-2）。[32]

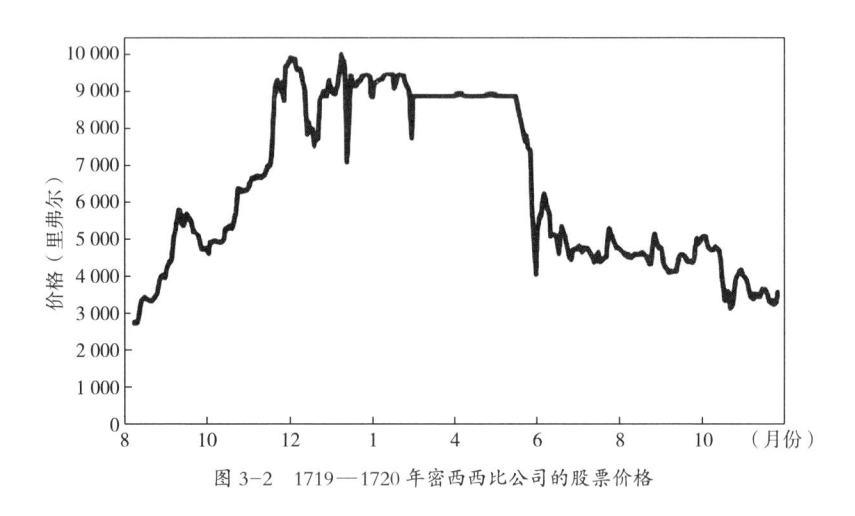

图3-2　1719—1720年密西西比公司的股票价格

至此，劳不仅耗尽了银行资本，也耗尽了他的政治资本。为了避免进一步的尴尬，摄政王允许他体面地离开巴黎，即先去巴黎郊区，然后出国。此时，他谋杀博·威尔逊的罪名已经获得王室的赦免。生命的最后几年里，劳在英格兰和欧洲大陆四处奔波，逃避债权人，其中最著名的债权人是伦敦德里勋爵。1719年9月，劳与伦敦德里勋爵下注，他认为密西西比公司将损害英格兰东印度公司股票的价值，因此承诺未来将向伦敦德里交付大量EIC（东印度公司）股票，这有效地"做空"了EIC的股票（"做空"就是押注股价下跌）。但是，南海泡沫（密西西比泡沫的伦敦孪生兄弟）期间，EIC的股价飙升，同时劳的体系又使法国货币相对于英国货币大幅贬值，这个赌注对劳来

说成为一个灾难性的赌注。³³

尽管劳已经成为奥尔良公爵的政治负担,但这位摄政王仍然珍视他的才华,如果摄政王没有在1723年去世的话,那么可能会将劳重新召回巴黎。最终,劳于1729年在他深爱的威尼斯病逝,遗留下的主要财产是大量艺术收藏品,几乎没有其他东西。但总的来说,他是幸运的;而未来的泡沫主角往往会有更悲惨的结局。³⁴

密西西比公司确实拥有过一片美洲土地,就是后来的路易斯安那州。但在18世纪早期,该地区人口不足,而且流行疟疾病。为了给这片领土招募定居者,为公司的新大陆经营做准备,劳制作了欺骗性的小册子,将该地区描述为人间天堂。广告宣传失败后,劳又开始征募数千名男女白人囚犯以及非洲奴隶。

> 违反纪律的士兵、名门中的害群之马、乞丐、妓女以及任何毫无戒心误入巴黎的农民都被强行运到了墨西哥湾沿岸。那些自愿去的人可以得到免费的土地、饮食和前往新领土的免费交通。³⁵

路易斯安那州所谓的"首府",在现代的比洛克西和莫比尔①之间交替,不过是一处仅有几百名定居者的恶臭营地,他们中的大多数人在1721年公司倒闭后逃往新首府新奥尔良。³⁶

两个世纪以来,劳一直被描绘成一个无赖。最典型的是丹尼尔·笛福②(以"迷雾先生"的笔名写作)写给那些希望获得巨大财

---

① 比洛克西(Biloxi):美国密西西比州东南部商港;莫比尔(Mobile):位于美国亚拉巴马州莫比尔县莫比尔湾西北沿岸。——译者注
② 丹尼尔·笛福(Daniel Defoe):英国18世纪最有名的作家之一,长篇小说《鲁滨孙漂流记》的作者。——译者注

富的人的建议:

> 迷雾先生说,如果你已经下定决心了,除了这样做,没有什么别的办法,那么你必须做什么?很简单,你必须佩剑,杀一两个花花公子,被关进纽盖特监狱,被判绞刑,然后越狱,假如你能做到的话,记住,顺便去一个陌生的国家,转做股票经纪人,发行一支密西西比公司的股票,搅动一个国家的泡沫,那么你可能很快就会成为一个伟人;如果你有好运气,那么根据一句古老的英国格言——一旦你敢做一个记录在案的流氓,你可能很快就有希望成为一个贵族。[37]

经济史学家们对他更为宽容。在劳的时代,经济运行中的货币不以黄金和白银为基础,这种想法在当时似乎是革命性的,甚至是可笑的。但今天的绝大多数经济学家认为,将货币供应量建立在矿山或珠宝盒中的金属量的基础上更加愚蠢。例如,金本位制的权威经济历史学家巴里·埃森格林发现,各国从大萧条中复苏的顺序与它们放弃硬通货(指金属硬币)的顺序恰好一致。[38]从本质上说,我们生活在一个叮当仙子①的经济中,因为每个人都相信纸币幻觉,所以它运转良好。就像穿越海格力斯之柱②航行、死于地中海之外的远古水手一样,劳的体系——一种群体幻想——由于缺乏经验而走向了失败,但也照亮了未来的路。

---

① 叮当仙子:和前文的"仙子效应"出处相同,指信即为真。——译者注
② 海格力斯之柱:对古代居民来说,在已经发现的陆地和海洋范围之内活动相对安全,因为另一端的未知世界"为黑暗所笼罩"。海格力斯之柱指的是一个边界,一个任何人都不应冒险穿越的地方。——译者注

密西西比泡沫传染了整个欧洲大陆。狂热时期,顽固的威尼斯人不再反对合股公司①;有一些合股公司开始热情地发行股票,但后来随着巴黎灾难的消息南下而消失。荷兰也不愿落后于法国,紧随其后,进行了44次股票发行,其中有30次的价格几乎立即翻了一番。在稍欠发达的欧洲地区,贸易公司像野花一样遍地开花,然后迅速消失;18世纪欧洲股票发行中有整整40%的比重发行于1720年。[39]

法国泡沫在伦敦最响亮的共鸣来自约翰·布朗特爵士,他出生在正确的时代。1689年,他25岁,英国在这一年继1688年光荣革命之后确立了君主立宪制。这一年,荷兰政权持有者威廉三世应英格兰新教势力的邀请进入英格兰,并以国王的身份登上王位,结束了英格兰斯图亚特君主制时代。

在此之前,英格兰没有"国家债务",只有国王及其家人的私人债务。1685年查理二世去世时,他和他的兄弟以及侄子欠了伦敦银行家约100万英镑,没有偿还一分钱的利息或本金。[40]由于王室不偿还贷款的风险一直存在,银行家们就理所当然地收取高利率,这压制了英国经济的发展。光荣革命之后,君主立宪制建立,国王放弃了原有的神圣权利,权利不受限制的问题得以解决,这立即使政府债务对银行家来说更具有吸引力。这反过来又更普遍地降低了利率;由于相对安全的债券不能获得高回报,投资者寻找风险更大的投资机会。这引发了未来10年合股公司的繁荣。

布朗特是一位浸信会鞋匠的儿子,曾当过撰稿人(也就是从事法律和金融文件的写作,是一个传授房地产和金融活动内幕知识的职业)。借着这个职业,他进入一家小型商业企业集团,该集团包括一

---

① 合股公司:近代欧洲一种企业的组织形式,是以联合在一起的资本进行贸易,各股东对利润或损失按照股份分摊。这种公司的组织形式和现在的上市股份制公司非常接近。——译者注

家亚麻布企业和一家伦敦供水公司。随后,他又受雇于一家最具野心的新合股公司——剑锋公司。

起初,该公司生产先进的法式剑杆,但很快就将业务扩展到土地投机和政府债务交易。(商业模式的彻底改变,是与泡沫有关的金融诈骗的一个特征;近3个世纪后,安然公司也从一家枯燥沉闷的管道公司和发电厂蜕变为一家期货交易巨头,直至风险暴露。)

1710年,布朗特的商业头脑引起了英国财政部长罗伯特·哈雷的注意,他请布朗特帮助解决国家巨额债务问题。与法国一样,英国的巨额债务也是从西班牙王位继承战争中遗留下来的。布朗特确实有那么一两个办法。他对债务的解决方案就是利用人们的投机心理,这也将成为他的招牌方法:政府将发行利率为6%的传统债券,债券中含有彩票,奖金从20英镑到高达12 000英镑不等。债券的发行非常成功,这推动了一项更具吸引力的计划——"200万人的冒险":一种复杂的分层彩票,起价100英镑,连续五次抽奖,最高奖金不断增加,分别为1 000英镑、3 000英镑、4 000英镑、5 000英镑,最后是20 000英镑;每次抽奖,都有可能实现更大的回报,以此让输家留在游戏中。

这些投机项目的成功使哈雷更加大胆,他于1711年成立了南海公司,目的是接管英格兰的所有巨额债务,他本人担任董事,董事会中有很多剑锋公司的人,包括布朗特。[41] 作为承担政府债务的交换条件,南海公司与密西西比公司一样,获得了南美洲贸易的垄断权,但事实上当时西班牙和葡萄牙已经控制了南美洲,而且该公司董事会中没有一个人有与西属美洲贸易的经验。作为获得这项"垄断"权的部分交换条件,该公司承担了1 000万英镑的政府债务。

具有讽刺意味的是,英国南海泡沫正是在对法国体系的恐惧和嫉妒中产生的,它与巴黎泡沫几乎同时发生。但1717年密西西比公司承担法国国债,这种做法实际上是学习了此前南海公司对英国国债的承担。自1711年南海公司获得经营权的8年里，用承担政府债务换取新大陆贸易的"垄断"权，这种交换规模一直很小；但到了1720年，飞速发展的法国密西西比公司以及数千人涌入的坎康普瓦大街，让英国人羡慕不已。当年法国泡沫吹得最大时，丹尼尔·笛福在巴黎街头写道：

> 你们，英格兰的迷雾先生们，在伦敦的你们是一群迟钝、冷漠的家伙；而在巴黎的我们喝着勃艮第酒和冒泡的香槟。你们连巴黎人民的一半聪明都没有。我们这里有清新的空气与柔和的火焰。100可以积累到2 000，现在的股息为40%。[42]

由于担心英格兰会被法国波旁家族所设计的金融永动机压倒，南海公司和议会设计了一个类似的体系，由南海公司承担更多的国家债务（约3 100万英镑），这些债务的主要形式是年金。有人提议，这些债务的持有人，即年金受益人，应该自愿将这些政府债券转换为公司股票。

当然，年金主要持有人是英国公民，他们从中获得收入。年金持有人必须得到一个有吸引力的报价才肯卖出，而最简单的方法就是刺激他们的大脑边缘系统，让他们相信公司的股票价格会上涨。

南海公司出售了各种形式的股票。最典型的一种，是卖出一份票面价值（签发时的价格）为100英镑的股票，从年金持有者那里换取100英镑的年金。股票价格越高，公司越受益，因为这使公司能够为自己保留更多的股票。例如，如果股票价格上涨至200英镑，公司就只需卖出比100英镑价格时少一半的股票，并保留剩余的一半股票；如果价格上涨到1 000英镑，公司就将保留90%的股票。随着股价的上涨，股票更受欢迎，这是一个正反馈循环，是所有泡沫的核心特征。

现在，差不多3个世纪后，布朗特和哈雷对心理学的掌控的本质变得更加清晰。他们偶然发现了一种强大的方法，利用了非常古老的人类现象：人类偏好于"正偏态结果"——概率很低但是回报丰厚，即使所有回报的均值为负。例如，任何一个理性的人都不会买一张价值 2 美元的彩票，这张彩票的结果是 50% 的概率获得 3 美元，50% 的概率什么都得不到，即它会产生 1.5 美元（0 美元和 3 美元的平均数）的回报，平均损失率为 25%。然而，许多人会买另一张价值 2 美元的彩票，它有 1/2 000 000 的机会获得 3 000 000 美元，这意味着平均赔付额也是 1.5 美元（3 000 000/2 000 000），平均损失率也是 25%。[43]

换句话说，哈雷和布朗特找到了一条通往人类贪婪之地的道路：大脑边缘系统强大的奖励预期电路。这是一种本能，这种本能曾经让远古狩猎者获利，但在金融领域是有害的。

正如我们所知，在南海的垄断权几乎没有价值，但这并不妨碍该公司散布最捕风捉影的谣言。麦基写道：

> 他们提到了英国和西班牙之间的条约，根据这些条约，所有西属殖民地可以自由贸易；从波托西－拉巴斯[①]矿中开采的丰富的白银将被运到英国，英国的白银将几乎与铁一样充足……与南海进行贸易的商业公司将成为有史以来最富有的公司，每投资 100 英镑，将为股东带来每年数百英镑的收入。[44]

为了确保议会同意该计划，南海公司向议员们贿赂股票，该计划通过后，这些股票大幅升值。1720 年 4 月 14 日，首次允许以现金形式出售股票；两周后，首次允许公众用年金换取股票；此时股价已从年初的 120 英镑上涨至约 300 英镑；到了 6 月，达到 1 000 英镑以上的峰值。布朗特设计了极其复杂的细节，将这场 200 万人参加的冒险

---

① 波托西位于玻利维亚西南部，曾经有世界上最著名的银矿。拉巴斯是西班牙人在印加村落的基础上于 1548 年建立的，当时是给从波托西银矿到秘鲁利马的车队提供歇脚之处。——译者注

活动提升到了一个新的水平：公司部署了不同级别的股票连续认购，旨在吸引公众的注意力。最后，如前所述，股价越高，公司买进政府债务时向持有人提供的股票数量就越少，从而更多股票掌握在布朗特及其同僚们手中。[45]

与法国泡沫相比，英国泡沫有四个特征。首先，法国泡沫几乎完全围绕一家公司的股票，但英国泡沫中，受当时普遍的乐观情绪所鼓励，还存在很多其他企业的上市股票。麦基列出了不少于86家被称为"泡沫公司"的英国企业，而随后的历史学家们确定的数量更是翻了一番。虽然大多数企业筹资都是为了实体经济，例如修建公路、房屋以及建立进口商品贸易，但也有很多计划是不切实际的："头发贸易"、"永远转动的车轮"、"热风烘干麦芽"以及"将水银转化为可锻性精炼金属"。当代现存的一些资料列出了各种各样的筹资项目，其中有许多可能是虚构的，比如一个"大脑的空气泵"，或者"抽干红海的水，找到犹太人离开后遗弃在埃及的宝藏"，或者，最著名的是"为了一项大有裨益的事业；但没人知道这项事业是什么"。[46]

南海泡沫的第二个显著特征是英国泡沫公司的杠杆程度极高。与密西西比公司股票需要15%的首付类似，南海公司股票的首期付款仅为10%~20%，其余部分将在后续催缴中缴纳。而泡沫公司的杠杆率则高于南海公司，也就是说，它们的初始认购价格较低；有时，一先令①可以认购一股价值1 000英镑的股票（占规定购买价格的0.005%）。因此，泡沫公司的资金非常匮乏，经常会快速破产。但是，仍有少数公司资本充足，管理良好，得以生存，其中包括两家保险公司：伦敦保险公司和皇家交易所。

股东们的财富疯狂增加，对公众产生了诱惑。麦基写道："公众

---

① 1先令=0.05英镑。——译者注

的思想处于一种不健康的发酵状态。人们不再满足于谨慎而具有可靠利润的行业，因为这些行业赚钱缓慢。明天将拥有无限财富的希望，使人们今天的行为无所顾忌，挥霍无度。"⁴⁷

18世纪早期的伦敦可以看作两个独立的部分：西面是威斯敏斯特区，是政府所在地，有议会大厦、圣詹姆斯宫和为白金汉公爵新建的白金汉宫；东部是商业中心，即"伦敦金融城"，其就是皇家交易所，首都的商业精英们也在这里从事各种形式的国内外商业活动：交易羊毛、木材、谷物和无数其他商品（见图3-3）。

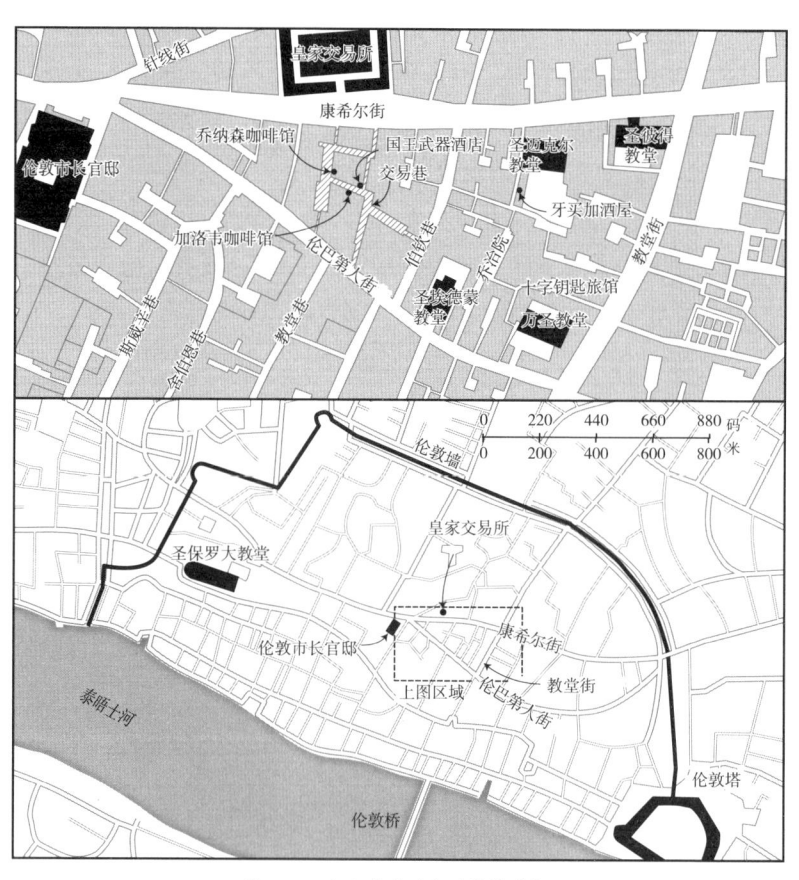

图3-3 南海泡沫时期的伦敦地标

股票经纪人受到商业人士的鄙视，在皇家交易所大厅里不受欢迎，被赶到一条聚集了很多咖啡馆的狭窄小巷，这条小巷夹在伦巴第街和康希尔街形成的锐角中，被称为"交易巷"。

通常情况下，"金融家"们在咖啡馆兜售股票，投机者在那里排队。股票的认购价格通常非常低，然后，买到股票的投机者匆忙来到附近的"交易巷"，通过股票经纪人的斡旋，他们把股票卖给更大的傻瓜。1720年春夏之交，这里的景象和巴黎坎康普瓦大街一样疯狂：哈克尼出租车供不应求，人们即使打到了车，也可能被堵在狭窄的街道上。卖咖啡的商人挤在像乔纳森、加洛韦和山姆这样的咖啡馆，小偷们也很猖獗；在巷子里比在王宫里更容易找到国王和他的宫廷人员。一位律师将此过程描述为"更像是所有疯子同时从疯人院逃了出来"[48]。

和巴黎一样，投机助长了普遍的价格膨胀。乔治一世国王举办了全国有史以来最奢华的生日聚会，公司的董事们拆除了豪宅以建造更大的豪宅。在现代金融史的大部分时间里，房地产价格都是年租金的5~20倍；而1720年，伦敦房地产的出售价格是年租金的45倍，这一比例和21世纪初的房地产泡沫期间的比例接近。[49] 南海的热情也见证了泡沫的另一个特征的诞生：证券投机成为一种时尚。在投机活动达到高潮时，伦敦的社交场合从圣詹姆斯宫和威斯敏斯特宫（即议会大厦）向东转移到伦敦金融城；在那里，一群贵族女士在"交易巷"附近租了一家商店，"闲暇时间里，当经纪人外出时，她们追捧中国瓷器"[50]。这种兴奋也不仅仅限于贵族：

> 还有德鲁里巷的年轻妓女，
> 她们通过在豪华马车里的交易，
> 通过放荡，
> 骗走他们赚得的金子。[51]

这种氛围不利于理性决策。投机在贵族中最为热烈；6月，接近顶峰时，忧心忡忡的财政大臣约翰·艾斯拉比建议乔治国王将价值8.8万英镑的公司股票兑现为现金，这位粗鲁的国王将艾斯拉比称为懦夫，但艾斯拉比坚持己见，最终国王将其持有的约40%的股票转换为安全资产。[52]

南海泡沫的第三个显著特征是肇事者越来越狂妄；密西西比事件中的肇事者约翰·劳一直保持着他与生俱来的礼节，但他的英国同行不是这样。虽然我们可以将布朗特或艾斯拉比形容为轻信的或虚伪的人，但这只是一个起点。从一开始，商业社会便将财富等同于智慧和正直；拥有财富的人喜欢听到别人说他们具有卓越的智力和道德品质。伴随着在金融领域内的成功，他们获得的财富和奉承不可避免地让他们产生一种侵蚀自我意识的自负。更糟糕的是，巨额财富往往更多地来源于欺诈，而不是智慧和实体经济。在这种情况下，奉承会腐蚀灵魂，正如布朗特身上所发生的那样，他这时已经演变为现代狂妄自大CEO（首席执行官）的原型。有一本作者不详的小册子，可能是作者在布朗特倒台后不久写的，描述了南海公司崩溃前不久，布朗特去往时尚度假胜地坦布里奇韦尔斯：布朗特去往坦布里奇韦尔斯的装备多么华丽，那里对他有多么尊重，他在那里表现得有多么傲慢，他和他的家人在谈到这个项目时怎样称之为"我们的项目"[53]。小册子的作者描绘了一幅经典画面：

> （布朗特）在他任期的前几个月里，除了他自己，从未允许任何人就（公司交易）做出提议；法庭记录中也没有任何与此有关的会议记录，而只有他口述的内容。他明显地塑造了一个先知的形象，用一种强调和异常激烈的语气说话；他习惯于摆出威严的姿态，斥责那些对他所说的任何话有一点点反对的人，并竭力教导人们。他所说的好像

都是出于心血来潮,说的话类似于:"先生们,不要惊慌,你们必须坚定、果断、勇敢地行动。我告诉你们,在你们面前的不是一件普通的事情。世界上最伟大的事情和你们有关。欧洲所有的钱都将集中在你们这里。世界上所有的国家都要向你们缴纳贡金。"[54]

正如历史学家爱德华·钱塞勒所指出的,从南海泡沫到互联网泡沫,都常常会唤醒其主要人物的狂妄自大:

> 伟大金融家所做的计划可能会成为投机狂热的催化剂,金融家自己也会受到影响。其野心变得无限大。一方面,其获得大众面前的成功和普遍的奉承;另一方面,私人事务管理越来越混乱甚至出现欺诈;这两者之间出现鸿沟。[55]

布朗特策划了对南海公司股票的操纵,包括从认购金中借出部分资金以购买股票。他不仅通过在价格上涨到接近最高值时卖出股票而获利,而且还秘密地向自己、朋友和许多议员增发股票,其中一些是欺诈性的。

正如通常发生的那样,一个意想不到的事件引发了结局。1720年6月,密西西比公司股价暴跌,布朗特害怕英国其他泡沫公司会抢占南海公司的资金,于是在南海股价达到峰值时推动议会通过了《泡沫法案》。该法案要求新企业必须经过议会批准才能成立,并将新企业的股东数量限制为5名;布朗特还让法院起诉了3家现存的泡沫公司,因为它们违反了公司章程。

就像在巴黎一样,布朗特的狂妄也蔓延至其他人。如麦基所写的,一位导演,"十分骄傲的无知富人,曾说过要用金子喂他的马"[56]。普通民众也是这样:"通过成功的赌博而暴富的无知的人,他们傲慢专横,让真正有教养和思想的人尴尬,黄金竟然有能力在社会中提拔不值得被提拔的人。"[57]布朗特对其他竞争性泡沫公司采取的行动,使自己反受其害,不仅刺破了泡沫公司,还刺破了南海公司;截至10月底,其股价已从峰值1 000英镑跌至210英镑,到1721年底,跌至150英镑以下(见图3-4)。[58]

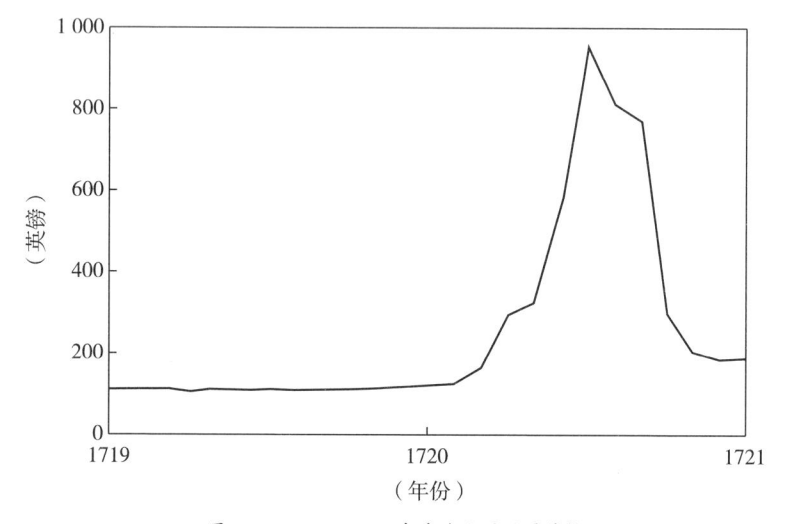

图3-4 1719—1721年南海公司股票价格

第四个特征,也是最后一个特征,就是南海和密西西比泡沫的区别在于它们的格局和范围。约翰·劳不是禁欲主义者,但他并没有只关注自己的私利;他真正希望通过革命性的信贷扩张刺激和推动法国经济的发展。但是,布朗特的计划很狭隘,他想通过南海公司把信贷塞进自己的口袋;当信贷扩张从南海公司扩展到其他企业时,他开始努力限制信贷,目标达到了,但这不仅摧毁了其他企业,也摧毁了南海。但从国家的角度看,布朗特计划的狭隘性使金融部门受到的损害相对短暂,这也成为南海泡沫仅有的优势,区别于法国那样灾难性的银行业崩溃、全国性的通货膨胀以及随后长期持续的对银行的恐惧。[59]

此外，与密西西比公司不同，南海公司并没有给出一个完全空洞的承诺。即使在18世纪早期，其内在价值也可以做出合理估计。首先，它持有年金受益人（现在是公司股东）提供给它的年金，这些资产的价值大约为每股100英镑，也大约是泡沫破裂后的结算值。

南海公司的另一个特点是，它继承了1707年西班牙授予安妮女王的西属殖民地（《阿西恩托[①]条约》）奴隶贸易垄断权，这在其假定的业务量中占据了最大份额，而根据与西班牙的条约，授权仅限于一艘装有500吨货物的"年度船舶"，这实际上排除了新大陆产品贸易。然而，新大陆产品贸易几乎对南海公司没有意义，因为公司专门从事于金融，而不是国际商业；可恶的是，其中一名董事为了自己的利益，私自使用公司500吨年限额中的60吨，被当场抓获。到了1714年，也就是泡沫破灭的6年前，由于实际贸易业务没有利润，因此公司退出贸易业务；40年后，该公司以仅仅100 000英镑的价格出售了其《阿西恩托条约》的权利。[60] 最后，公司的新大陆投资价值已经无关紧要，因为投机者关心的不是奴隶贸易或糖贸易中的利润，而是那些股票买卖的利润，这些股票的价格似乎涨到了天价。

一位名叫阿奇博尔德·哈奇森的律师兼议员进行了当时最复杂的股价计算，他发表了一系列关于该公司股票的报告。幸运的是，其中一个报告写于1720年6月，正好在繁荣达到顶峰之前；报告建议，股票市值应该是该公司年金资产价值的两倍，也就是200英镑。而当时，股价已经是740英镑；他预言"现在就应该停止当前的这种疯狂"。结果，疯狂又持续了几个月；7月，股价已经达到每股1 000英镑，哈奇森以这个价格估算出该公司的总价值几乎已经是英格兰所

---

① 阿西恩托（Asiento）：西班牙历史上与外国政府或外国商人所签订的关于经营自非洲贩运奴隶至西属美洲殖民地特权的协定的名称。——译者注

有土地价值的两倍。[61]（20 世纪 80 年代的东京房地产泡沫也是如此，当时东京皇宫的泡沫价格能买下整个美国加州的土地。）[62]

第二年，在受害选民以及被骗议员的推动下，议会开始调查股价崩溃以及布朗特、他的同僚和政府内部人员积累的巨额财富。财政大臣艾斯拉比成为替罪羊，他被迫辞职，被关进伦敦塔，还有另外 6 名议员被驱逐。南海公司一直运作到 1853 年，不是作为贸易公司，只是作为政府债务的持有人。国王成为人们嘲笑的对象，但是没有被制裁。①

一些人提出要监禁甚至绞死南海公司的董事，但董事们在被短暂监禁后勉强避免了这种命运。议会没收了他们的财产，用以补偿项目受害者；布朗特保留了他 18.7 万英镑资产中的 5 000 英镑，悄悄地退休并到了巴斯②，在那里建立起一个杰出的后代宗系，其产生了包括主教和维多利亚女王的牧师在内的很多虔诚的后裔。[63]

《泡沫法案》是在狂热达到顶峰时通过的，该法案不仅阻止了其他公司的进一步投机，而且也无意中导致了南海公司的沉没。该法案存在了一个多世纪。但未来，对狂热及其崩溃的记忆将不可避免地逐渐消失，在激动人心的新技术和宽松信贷的鼓舞下，在发起人、公众、媒体和政客的推动下，市场的动物精神将再次崛起，从而再次产生一波狂热，使这场 18 世纪初的狂热也相形见绌。

---

① 乔治一世是偶然当上的国王；1714 年，他的二表妹安妮女王去世，他在继承权中的排名不到第 50 名，但 1701 年的《定居法案》禁止天主教徒成为英国君主，因此排在他前面的所有其他继承人都被取消资格，他登上了王位。他登上王位后，首相成为国家事实上的领导人。
② 巴斯（Bath）：英格兰萨默塞特郡下辖市。——译者注

资本主义的英雄
英国铁路泡沫

20世纪50年代初,斯沃斯莫尔学院的一位社会心理学家所罗门·阿希进行了一系列开创性的实验,对中世纪群体末日幻想和18世纪金融狂热的传染性进行了研究。

阿希让大约6个男性参与者围坐在一张长方形的桌子旁,他们正在接受视觉感知测试。他给所有人看了一张卡片,上面有一条固定长度的直线,比如说3¾英寸①。然后他给他们看了第二张卡片,上面有三条线,其中一条线的长度也是3¾英寸,另外两条线的长度稍有不同,比如3英寸和4¼英寸(见图4-1)。参与者被要求在第二张卡片上选出与第一张卡片上长度相同的线条。这项任务需要一定的专注力,但也很容易,正常情况下受试者选错的概率是1%,连续参加12组配对实验全部正确的概率是95%。

许多(如果不是大多数的话)心理学实验都需要对受试者撒个小谎。这项测试根本不是关于视觉感知的,每组只包含一个真实的受试者。其他参与者实际上是阿希博士的助手;真正的受试者坐在桌子中

---

① 1英寸=2.54厘米。——编者注

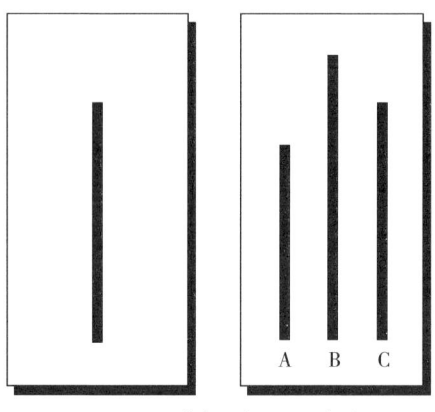

图 4-1 阿希实验中所用的卡片

间附近，这样尽量缩短他与陪试者们的平均距离。

测试中这个真正的受试者要么最后一个回答，要么倒数第二个回答，因此在回答问题之前，他已经听到来自陪试者们的多个答案。当陪试者们答案正确时，受试者的表现与单独参加测试时相似，所有12组卡片的正确率为95%。但是，当陪试者们故意回答错误时，受试者的表现结果会急剧变差。他们中只有25%的人在12组配对中选择正确，令人难以置信的是，5%的人在12组卡片配对中全部错误。[1]

此外，受试者在各组实验中表现一致：如果一个受试者在前6组实验中深受陪试者错误的影响，那么他在后6组实验中也将受到类似的影响。也就是说，其中一些受试者确实比其他人更容易受到影响。

实验结束后，阿希博士采访了这些受试者，他们的回答发人深省。容易被影响的人担心他们的视力或心理处理能力正在衰退；其中一个受试者说："我知道这群人不会错。"[2] 即使是那些不易被影响的人也对自己与大多数人的分歧感到不安，并感觉到可能别人是对的，其中很少有人能对自己的答案完全确定。

引人瞩目的社会科学实验往往会成为街谈巷议的话题，阿希博士的例子就是如此。在他的实验之后的几十年里，其结论越来越多地出现在大众媒体、教科书甚至学术文献中，这也恰恰表明了大多数人的随波逐流。[3]

实际上，这些数据也呈现出一些细微差别。在存在误导性陪试者的情况下，超过一半的受试者的答案是正确的，即非一致性。此外，即使只存在一个答案正确的陪试者，也能显著降低受试者的错误率。对阿希实验的更精准的总结是，一些人比其他人更容易被影响，但25%的受试者没有受到任何影响。那么，很容易想到的是，阿希已经找出了那些最容易受到金融泡沫或世界末日信条影响的人。

阿希博士的结果尤其显著，因为估计线长这种实验几乎不会受到情感因素的影响。打哈欠也是这样，人们对这种话题往往没有什么情感驱动的想法。当然，正如我们大多数人知道的，并且已经被实验证明，打哈欠是有传染性的。在正常、完全清醒的受试者中，传染性打哈欠不仅可以通过其他人的哈欠诱发，还可以通过打哈欠的视频诱发，即使打哈欠的人的嘴巴已经被遮住。奇怪的是，只显示嘴巴的视频并不能引起打哈欠。[4]

在情绪饱满的时候，人们的从众性会提高。查尔斯·金德尔伯格发出了一个警告，即目睹别人的变富会产生有害影响，这一警告也适用于阿希博士的实验：在实验室里成功地抵抗了社会压力的人，在现实中却可能无法抵抗充满情绪的群体幻想。

模仿不仅仅是一种最真诚的恭维，它对我们的生存也至关重要。在人类进化过程中，我们的物种必须要适应各种各样的环境。这种适应有两种形式。第一种是身体上的，一个明显的例子是非洲人的皮肤比北欧人更黑，因为深色皮肤可以保护底层组织免受热带阳光的伤害；相反，浅色皮肤可以在阳光较少的北纬度地区更有效地生成维生素D。

第二种适应是文化和心理上的，正如进化心理学的先驱罗伯

特·博伊德和彼得·理查森指出的那样,在亚马孙河雨林生存所需的技能与在北极生活的人所需的技能大不相同,他们:

> 必须知道如何制作几十种基本的工具——皮艇、保暖衣、倒钩鱼叉、油灯、用皮毛和雪搭建的住所、防止雪盲症的护目镜、狗拉雪橇以及制作这些工具的工具……虽然我们是相当聪明的动物,但我们做不到这一点,因为我们还不够聪明。皮艇是一种由各种不同部分组成的高度复杂的物体,设计一艘好的皮艇,意味着需要找到一种极为罕见的各部分组合。[5]

换句话说,如果你以前从未见过北极人用当地存在的原材料制作皮艇,那么你几乎不可能会制作皮艇。亚马孙本地人所需要的各种其他技能也都是如此。人类从白令海峡迁移到亚马孙河只用了不到1万年的时间,这意味着我们在此之前一定进化出了准确模仿的能力。用博伊德和理查森的话说,能够在如此不同的环境中生存,意味着人类不得不:

> 进化(文化上)对当地环境的适应能力——北极的皮艇和亚马孙河流域的喷枪——这是一种适应更新世时期的混乱、快速变化世界的高超能力。然而,创造这种好处的心理机制必然伴随着内在成本。为了获得社会学习的好处,人类必须是轻信的……我们以低廉的价格获得了橡皮艇和喷枪这样奇妙的改编作品。问题在于,对这种容易适应的传统的贪婪,很容易导致不适应的情况以某种方式出现。[6]

在过去的大概5万年里,人类物种已经从非洲诞生地传播到地球的几乎每一个角落，从北极海岸到热带，再到广阔太平洋中的各个孤岛。晚更新世时期，人类物种从北极之地向麦哲伦海峡迁徙，在这期间能够适应如此多样的环境，这依赖于人类精确模仿的能力。但是，人类在石器时代的许多适应性已经不适合于现代世界，一个经典的例子就是富含能量的脂肪和糖对我们的吸引力，在我们的进化史上，脂肪和糖曾经是稀缺的，可以帮我们维持生命，但现在作为廉价垃圾食品存在，并威胁人类健康。同样地，我们某些古老的模仿倾向也常常不适合于现代，用麦基的名言来说，会给现代社会带来"非同寻常的大众幻想与群众性癫狂"。

群体幻想的传播还助长了另一种古老的心理冲动，即人类具有压制与日常信仰相矛盾的事实和数据的倾向。1946年，心理学家弗里茨·海德提出了所谓的"平衡状态"范式，以解释人们在日常生活中如何处理大量复杂且往往相互矛盾的数据。想象一下，你认识一个叫鲍勃的人，你和他都对某种能带来一定情感分量的物品有自己的看法，比如说安卓手机与苹果手机相比，哪一款更加高级。

如果你很欣赏鲍勃，并且你俩都认为苹果手机更好，那么你就会感到很舒服；你现在就处于海德所说的"平衡状态"。类似地，如果你认为苹果手机更好，但是鲍勃喜欢他的安卓手机，并且你认为鲍勃是个无知的浑蛋，那么你也处于"平衡状态"，因为你对鲍勃的负面评价能够使你驳斥他的相反观点。[7]但是，如果你欣赏鲍勃但在手机问题上不同意他的观点，那么你就处于一种让自己不舒服的"不平衡状态"。

如果你对鲍勃的欣赏只有一点点，或者如果你对手机不太在乎，那么你可以忽略自己的不适。但如果鲍勃是你最亲密的朋友，而你在一些更具情感分量的事情上（比如特朗普的总统任期问题）与他存在强烈分歧，那么你就必须采取行动解决欣赏鲍勃和政治分歧之间的不平衡。神经科学家最近发现，这种不平衡状态会增加背内侧前额叶的活跃性。背内侧前额叶是位于额头中部上方两个脑半球的大脑区域。此外,这种活跃性预示着人们对鲍勃或唐纳德·特朗普的看法将发生变化。换句话说,如果你想让你的背内侧前额叶停止烦扰你,你就必须改变对其中一个人的看法。[8]与此相反,当受试者得知专家同意他的观点,即达到平衡状态时,大脑的另一个部分,腹侧纹状体,位于两个脑半球深处的成对结构,就会被激活。[9]这一区域能接收多巴胺神经元的密集性输入,而多巴胺是一种让我们感到快乐的神经递质。

在《非同寻常的大众幻想》1841年的初始版本中,麦基写到了南海泡沫:

> 企业,像伊卡洛斯一样,飞得太高,融化了翅膀上的蜡;和伊卡洛斯一样,她也掉进了海里,当她在海浪中挣扎时,她认识到她最适合的地方是坚实的地面。从那以后,她没再尝试过这么高的飞行。[10]

但写下这些话后的几年内,金融市场证明麦基是错的,因为投机的伊卡洛斯将再次飙升,这一次将围绕第一条蒸汽铁路的兴奋和混乱,相应的金融狂热将使1719—1720年的南海泡沫也相形见绌。很少有作家能比历史学家斯蒂芬·安布罗斯更好地描述蒸汽机爆发前的人类状况:

> 1801年,一个关键事实是,世界上没有什么能比马的速度更快。没有任何人、制造品、蒲式耳小麦、大块牛肉、信件、信息,以及任何形式的想法、订单或指示能够移动得更快。没有什么能够比马更快了,就杰斐逊①的同时代人

---

① 托马斯·杰斐逊(Thomas Jefferson),美利坚合众国第三任总统(1801—1809年)。——译者注

所知，没有什么将会比马更快。[11]

1851年，英国历史学家约翰·弗朗西斯的经典记录见证了英国的铁路网建设。他将近代交通状况描述如下：

> 用来运送农产品的机器，结构粗陋，既沉重又笨拙。即使道路状况还可以，移动（这些机器）也很困难。如果道路状况不好，那么它们要么被沼泽吞没，要么掉进堤坝中；有时，它们陷入泥泞的道路中太深了，根本无法逃脱，必须要等到温暖的天气和炙热的太阳到来才可以。几个月以来，产品都无法进入市场，水果在产地腐烂，而在几英里之外的市场上却远远供不应求……人们发现，出口到国外要比把农产品从英格兰北部运到南部的成本更低。将商品从伦敦运送到葡萄牙比从诺里奇①运送到伦敦更容易。[12]

用蒸汽动力代替人力、牲畜和水车的想法，可以追溯到2 000年前的托勒密希腊人，据说他们用蒸汽动力来打开和关闭一座亚历山大神庙的门。1712年左右，英国发明家托马斯·纽科门制造了第一台蒸汽机，该机体积庞大，效率低下，只能用于煤矿的排水，因为煤矿的燃料非常丰富。因此，詹姆斯·瓦特并没有像人们通常认为的那样在1776年发明蒸汽机，而是完成了一件更巧妙、更有效的事情：通过在纽科门的设计中增加一个外部冷凝器，制造出一种燃料效率高的装置，其可以在远离煤矿的地方使用。这一创新让瓦特的合伙人马修·博尔顿说出了那句名言："先生，我这里卖的是全世界都渴望拥

---

① 诺里奇（Norwich）：英国英格兰东部城市，西南距伦敦145公里。——译者注

有的——动力。"[13]

在接下来的 25 年里,瓦特首先使用笨重的发动机驱动船桨,然后不断缩小发动机体积,到 1801 年,发动机已经缩小到足以让理查德·特雷维西克将之安装到陆地马车上;到 1808 年,他已经在伦敦尤斯顿广场附近提供了价格为 5 先令的乘车服务。早期的装置由软铁制成,非常脆弱,那时一位技师的妻子不仅必须在凌晨 4 点醒来给发动机加燃料,还必须用她强壮的肩膀使发动机运转。[14]

18 世纪之交,乔治·斯蒂芬森,诺森伯兰(位于英格兰北部)一个不识字的蒸汽机看管人的儿子,继承了父亲的职业,但与父亲不同,他在夜校学会了阅读、写作和数学技能,而且将自己的天赋用于逐渐提高早期蒸汽装置的效率。拿破仑战争让英国付出了高昂的代价,干草价格的高昂暂时推动了蒸汽动力对马力拉动矿车的代替,但直到 1818 年,斯蒂芬森才说服纽卡斯尔地区附近达灵顿的矿主,修建了一条通往 25 英里外的蒂斯河畔斯托克顿的蒸汽轨道线,于 1825 年 9 月开始使用。尽管轨道线非常短,但是后来在经济上非常成功。[15]

新铁路技术震惊了世界:1825—1845 年,英格兰经历了至少三次铁路泡沫。第一次泡沫紧随斯托克顿—达灵顿铁路线的建成。斯蒂芬森早期的发动机并不可靠,运营的最初几年,煤炭车和客车经常需要马来牵引。但随着发动机的改进,多达 59 条铁路线列入修建计划。[16]

第一批项目在议会中遭到了不小的反对,因为《泡沫法案》(南海事件的遗留法案,此时已经有百年历史)规定,所有的公司组建都必须由议会批准。最积极的反对者是运河和收费公路的经营者,他们认识到铁路运输会对自身利润造成损害。他们及其爪牙告诉公众,发动机的烟雾会杀死鸟类;发动机的重量会使其无法移动;发动机的火花会把货物烧成灰烬;老人们会被碾死;受惊的马会伤害骑马的人;马会灭绝,燕麦和干草种植户将会破产;狐狸会消失;而且,被噪声干扰的奶牛将停止产奶。[17]

1825年，议会废除了《泡沫法案》，但普遍存在的金融恐慌以及落后的发动机技术，阻碍了更多项目的开展，经过1825—1826年的一番议会波折，斯蒂芬森的利物浦—曼彻斯特铁路花了4年时间才建成，于1830年9月15日正式通车。它长35英里，是当时的工程奇迹，需要建造64座桥梁并挖掘300万立方码①的土壤。

这项非凡的新技术有望改变人们的日常生活，这激起了那些想要先下手为强的人的贪婪。这种刺激在1836—1837年达到顶峰。一位记者写道："我们的语言开始受到（铁路）影响。人们用'加蒸汽'表示'打起精神'，用'铁路速度'表示'很快的速度'，并以小时和分钟估计距离。"[18] 新闻报道提到，一位商人在早晨坐上从曼彻斯特到利物浦的火车，当天就能运回150吨棉花，并以巨大的利润出售，然后重复这种做法。"不是支持者，而是铁路的反对者被认为是疯子。如果这是一种狂热，那么这种狂热就像我们呼吸的空气一样。"[19] 约翰·弗朗西斯写道："1836—1837年的这几个月将长久地被商业人士铭记。数千人关注并将资本投入计划中的公司。"[20]

和其他泡沫事件一样，利率下降进一步增强了新技术的吸引力，因为利率下降能使投资资本更加充裕。25年前，拿破仑战争引起的借贷需求提高了利率；1815年利率达到顶峰时，一个富有的英国人通过购买政府债券使其索维林金币②的收益率接近6%。在接下来的30年里，利率下降到3.25%。[21] 当投资者不满于安全资产的超低利率时，他们就会抬高那些潜在收益更高的风险资产的价格。著名记者（也是《经济学人》的编辑）沃尔特·白芝浩在描绘英国铁路泡沫破裂后的一代人时写道："约翰·布尔可以忍受很多事情，但他忍受不

---

① 1立方码≈0.76立方米。——编者注
② 索维林金币（sovereign），又称为主权币，是当时英国发行的一种黄金铸币，面值一英镑。——译者注

了2%的利率。"[22] 换句话说，低利率是泡沫萌芽的沃土。

低利率，加上这一时期斯蒂芬森的利物浦—曼彻斯特铁路的成功，重新点燃了铁路投机："媒体支持这种狂热，政府也做出了许可，而人民为此付出了代价。铁路立刻成为一种时尚和狂热。英格兰规划了各条铁路。"[23]

每一种泡沫里都有自我毁灭的种子。就这个事件而言，廉价资本催生的重复铁路线过度竞争就是种子。利物浦和曼彻斯特的股东们吃到了牛排，而那些跟随频繁的人则比不频繁的人吃到了更多酸臭的食物。1836年的《爱丁堡评论》指出："事实上，两个比较大的地方之间（无论距离多么遥远），几乎都会有一条被某个公司占据的可行性铁轨线，通常会同时启动两条、三条或四条竞争性路线。"约翰·弗朗西斯写道："一个大都会区的某个教区，有16项铁路计划，计划拆除的房屋超过1 200栋。"[24]

这些只是最可信的计划。在达勒姆，某位企业家同时工作于三条平行的铁路线上。第一条是成功的，另外两条，很自然地，失败了。而其他发起人的设想包括：由帆或火箭驱动的火车头，能以每小时数百英里的速度运行；高架木轨线；另外一个，根据弗朗西斯的记录，广告说法是"把残疾人抬到床上去"。[25]

无论何时何地，免费获得的信贷和轻信的投资者都是无赖发起人的垫脚石。当时一位评论家指出，通常：

> 一个穷困潦倒的冒险家突然想到，从A镇到B镇的一条铁路线是一项巨大的公共事业，他从中可以获取巨大的利益。因此，他购买了一份军用地图，布鲁克县的或者是哪个地方的地名词典，以及一份名录。首先，他在两个城镇之间画了一条线，在阴暗的山丘之间的这里或那里画了一些漂亮的曲线，目的是使它有一种真实的感觉，他称此为调查报告，尽管他和他

的人根本没有去过这个地方。地名词典、名录以及支付给一个无赖或马车夫的一罐啤酒，构成了他收入来源的所有原材料。幸运的是，年收入从未低于15%、20%或30%。收入经常如此之多，他都不好意思去欺骗更多的人了。[26]

据说埃德蒙·德·罗斯柴尔德说过，"有三种赔钱的主要方式：葡萄酒、女人和发动机。前两种更令人愉悦，而第三种迄今为止（在赔钱问题上）更为确定。"[27] 随着越来越多的铁路轨道进入施工阶段，可聘用的合格工程师和劳动力数量不足，导致工期延误、成本大量超支、无法解决发动机难题等，这最终导致不可避免的破产潮。

和南海泡沫期间的状况一样，英国的合股公司最初只筹集到所需资本的一小部分。投资者最初只需要支付股票面值的一小部分，对接下来铁路建设所需要筹集的资本承担分期缴纳的义务——这是一种干柴式"杠杆"结构，不可避免地会遇到烈火。

回应马上就来了。钱变得稀缺；人们已经看清楚了这些人的愚蠢；各种类型的股票都下跌了。然后是可怕的不安，毁灭降临到社区，悲伤使家庭不再温暖。那些曾经因为假想的财富而趾高气扬的男人为他们的鲁莽而悲伤，而女人们则因为无法阻止而哭泣。[28]

至19世纪30年代的泡沫破灭时，议会已经批准了2 285英里的铁路修建计划，但是截至1838年，实际动工还不足1/4。其余的里程通常是不盈利的，还需要几年时间才能完成；正在进行中的则需要投资者追缴大量资金。1836—1837年暴跌之后，股票价格确实又有所回升，因此那些坚持持有股票的人也没有很差；在此之前一直稳定的股票价格，在1836年上涨了约80%，然后又迅速回落到实际上略高于泡沫前的水平。[29] 到 1841 年，从伦敦到纽卡斯尔近 300 英里的旅程在 17 个小时内就可以实现："一个理性的人，还能要求什么呢？"《铁路时报》为此报道。[30]

事实上，截至 1844 年，普通股东对前 10 年的投资回报非常满意。这推动了 19 世纪 40 年代后期更大的泡沫，相关代表人物是乔治·哈德森。哈德森出生于 1800 年，是约克郡一个小农场主的儿子，由于被假定为会继续耕种土地，因此接受了很少的正规教育。在他 9 岁时，父亲去世，他被送到约克的一家亚麻布店当学徒，他也由此因祸得福。哈德森的精力、魅力和才智很快在布店里显现出来，而这些是在耕犁中无法体现的。他最终通过婚姻关系加入雇主家庭，并接管了布店。1827 年，好运继续光顾这个年轻的店主，他从一个叔父那里继承了 30 000 英镑的遗产，叔父临终时，他正好在现场（叔父遗嘱的受益人可能在最后一刻被更改为他）。[31]

新获得的财富使他得以进入政治和银行业，1833 年，他被任命为约克铁路委员会的司库，负责一条通过发行股票筹集建设资金的地方性铁路。哈德森聘请约翰·雷尼爵士勘测路线，但这位著名工程师建议采用马拉系统，这令委员会很失望。幸运的是，在某次参观叔父留给他的不动产时，哈德森遇到了乔治·斯蒂芬森，后者当时已经是一位非常著名的工程师。哈德森充分展示了自己的魅力和远见，斯蒂芬森同意建造约克—北米德兰铁路。该铁路由一家合股公司出资，第一段仅 14.5 英里长，于 1839 年开通。

在接下来的 10 年里，哈德森成为公众所熟知的"铁路之王"，创建了一个由十几家铁路公司组成的帝国，其中四家是全国最大的铁路公司。他领导几家公司的董事会，经常一会儿出现在这里勘测一条新路线，一会儿又出现在那里指责一家失败公司的股东大会，并四处筹集新资本。他的生活围绕着两个权力中心展开：一个是约克，他在那里担任过几届市长，慷慨而又受人爱戴；另一个是威斯敏斯特，国家的政治中心。

哈德森能把沙子卖给贝都因人①。即使是最坚定的对手,他也能扭转局面。他的标志性胜利是说服了威廉·尤尔特·格莱斯顿。格莱斯顿也许是19世纪最令人敬畏的政治家,他在1832年22岁时进入议会,在1843年成为贸易委员会主席,该委员会是议会的铁路立法部门。他先后担任了四届英国财政大臣,又于1868—1894年四次出任英国首相。

这两个人简直有天壤之别:哈德森充满活力而未受教育,是约克郡农民的儿子,而格莱斯顿毕业于伊顿公学和牛津大学,是奴隶主的儿子。两人在当时最关键的问题上存在分歧;哈德森是正统的保守党,是一个反对废除《谷物法》的贸易保护主义者;格莱斯顿虽然名义上是保守党,但实际上是一位热诚的自由贸易者。

不过,假如在今天,哈德森将被称为自由主义者,因为他反对政府干预商业,尤其是他所珍爱的铁路,而格莱斯顿很早就认为技术日益发达的经济领域需要政府监管。比约翰·洛克菲勒降低油价还要早几十年,格莱斯顿就预见到,实力最强的铁路公司可以通过大幅减价将竞争对手赶出市场,垄断市场后,公众将越来越受其摆布——格莱斯顿认为,哈德森的某个公司就是这样。

1844年3月,哈德森在贸易委员会作证时,老练地强调了他与格莱斯顿的一致意见:为了公众的利益,应该限制对竞争性路线的许可(但没有提到自己的公司)。委员会推迟了这个话题,追问哈德森是如何确定票价的。委员会想知道,议会定期调整票价有什么错?哈德森一如既往地做好了充分准备,他回答说,他不反对由政府规定票价,但要求议会限制竞争性路线的许可证发放。

---

① 贝都因人:在沙漠和荒原地带过游牧生活的阿拉伯人。——译者注

委员会对哈德森的回答感到些许宽慰，提出了相对比较温和的铁路立法，规定"议会级"票价为每英里1便士。[32] 但该法案使议会能够修改铁路公司的票价，这些铁路公司曾经利润如此丰厚，可以发放超过10%的股息分红；该法案通过后，对于任何已经获得许可并运营超过20年的铁路公司，政府都将有权购买。

这令哈德森很焦虑，他给格莱斯顿写了一封公开信，信中用最悦耳、最恭维的语气对该法案中降低票价以及政府的购买选择权表示反对。他组织了一个由铁路公司所有权人组成的代表团，他们一起前往唐宁街10号的首相官邸。首相罗伯特·皮尔对此印象深刻，于是在下议院发表了一些对铁路公司有利的意见。

格莱斯顿接受了公开信的暗示，私下会见了哈德森，会面中，哈德森把坦白直率的魅力发挥到了极致，把这位委员会主席感动了。格莱斯顿评论道："将哈德森看作一个投机者是一个巨大的误会，他是一个非常有辨别力的人，拥有很大的勇气和很强的进取心——一个非常大胆但非常明智的设计师。"格莱斯顿基本废除了法案：只在法案中保留了低级三等车票的票价限制。[33]

哈德森意识到，他差点儿忽略了议会的潜在监督职能，他需要更积极地参与政治。假如在今天，强大的实业家可能会为自己雇用一大群说客；但19世纪的英国具有更宽松的道德环境，有一个更直接的办法：哈德森只需要给自己买一个下议院的席位。1845年中，机会出现了。在冷清的沿海小镇森德兰，他接管了当地一条失败的铁路以及码头，作为交换条件，那里的官员们提名他为保守党的席位候选人。他于8月14日正式当选，比较类似于现代社会中同时在美国参议院任职的高盛公司董事长。

那天晚上，一辆专列将他当选的消息从森德兰送到伦敦，第二天，另一辆专列将伦敦《晨报》对这一事件的报道带回森德兰。在胜利庆典的狂欢中，哈德森将报纸扔进人群，欢呼道："看，看智慧的进军!"³⁴ 两个月后,在森德兰的一次宴会上,他鼓吹自己码头公司的股票,再次激发了当地人的热情:"我不明白,为什么你们不能让圣彼得斯堡的棉花、中国和世界其他地区的产品运到森德兰港,只要你们提供设施……让我们想象一下,我们将成为世界的利物浦和曼彻斯特。"³⁵

他似乎很少睡觉;例如,1846 年 5 月 2 日至 3 日的晚上,他在下议院工作到凌晨 2:30,打了个盹儿,然后坐上开往德比(英格兰中部城市)的早班火车,其大约在伦敦、约克以及他的其中一个公司——米德兰铁路公司总部三者中间的位置(见图 4-2、图 4-3)。在那里,他向股东们解释他的 26 项提案的精髓,这些提案通过修建一些新的、扩展一些已经存在的铁路和运河,将铁路和运河系统相融合。该计划需要 300 万英镑的投资资本;他向心存疑惑的人坦率地承认,的确许多新线路将失败,但总的来说,它们将打造一个坚不可摧的地区铁路系统。他已经拥有大量支持者,很轻易地排除掉了那些分散的持反对意见的股东,然后通过了所有 26 项公司提案。³⁶ 一位当时的评论家写道:

> 似乎从来没有什么事情能让他烦乱,也没有什么事情会让他疲劳。他在议会委员会中斗争,一天又一天;他以一种认真的态度争辩和恳求,从目的上看几乎没有失败过。他今天在镇上哄骗一个委员会,明天说服一位大主教;早上,在一个不起眼的办公室里说服一些持对立主张的人,下午,以某种大胆的突袭政策震惊了证券交易所。³⁷

他的专注力和计算能力令人敬佩。人们经常看到他把头往后一仰,遮住眼睛,然后准确地预测出尚未建成的铁路线的红利,他还能同时参与两场激烈的对话。商业伙伴们发现,如果他们的分析没有抓

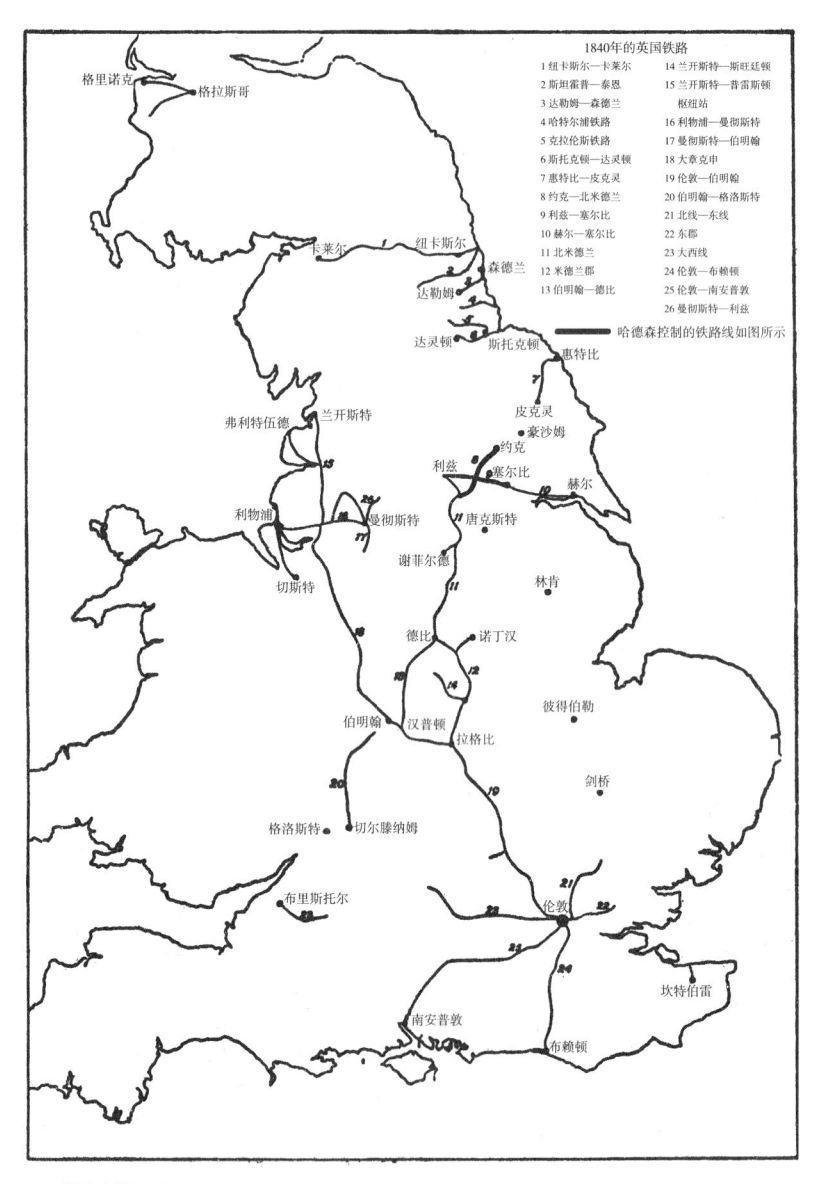

图 4-2　1840 年的英国铁路系统（粗体部分是哈德森公司建的铁路）

资料来源：*The Railway King*, by Richard S. Lambert, London, George Allen & Unwin Ltd, ©1964, p.57. Copyright ©1934 HarperCollins Publishers. All rights reserved.

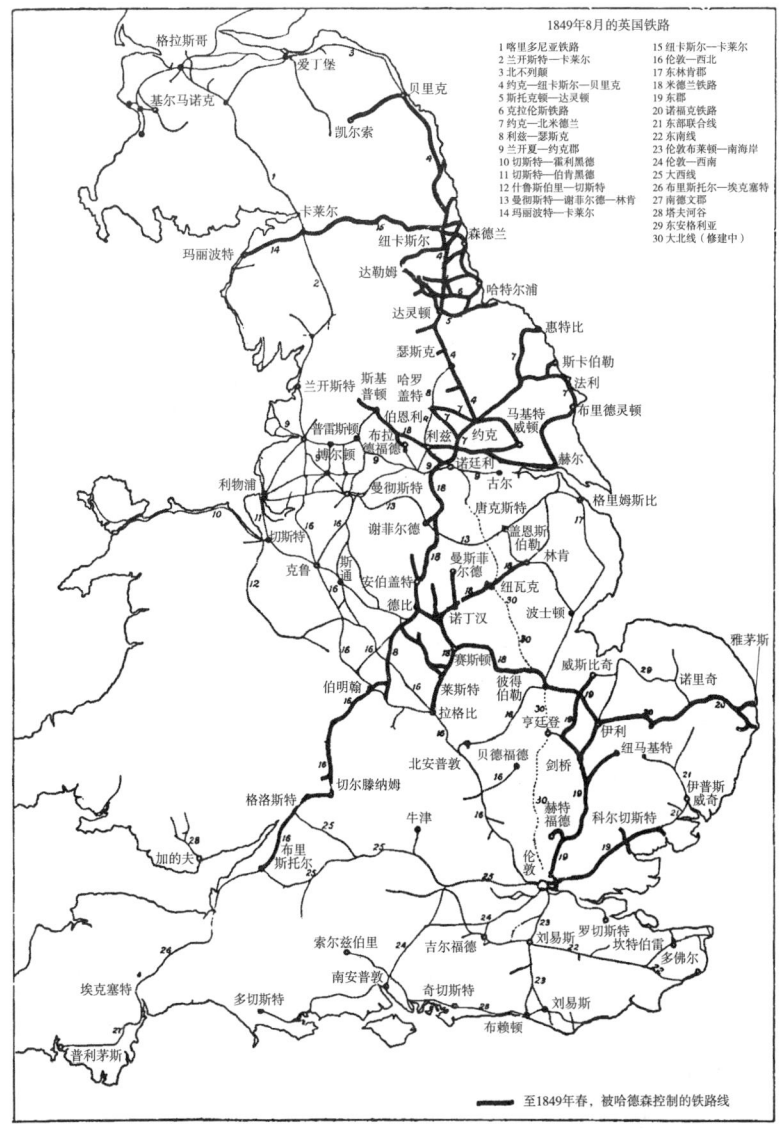

资料来源：*The Railway King*, by Richard S. Lambert, London, George Allen & Unwin Ltd, ©1964, p. 238. Copyright ©1934 HarperCollins Publishers. All rights reserved.

图 4-3　1849 年的英国铁路系统（粗体部分是哈德森公司建的铁路）

住要点，马上就会被他打断，但很容易又会被他原谅，他对员工和陌生人非常宽宏大量。但是，他处理数字和疯狂交易的能力也伴随着一个缺点：他过分依赖口头指令，没有保存交易的账簿或记录，只是简单地认为他的愿望会实现。[38]

1843 年的英格兰铁路线还不到 2 000 英里，但是到 1848 年底已经超过 5 000 英里；哈德森控制了其中大约 1 450 英里的路线，并对英格兰东北部拥有实际的垄断权。[39] 更多的铁路线正在计划中：议会在 1844 年批准了 800 英里，在 1845 年批准了 2 700 英里，在 1846 年批准了 4 500 英里。以少量首期付款认购股票，然后在很久之后完成全部购买，是哈德森和大多数其他发起人的经营手段。在工程尚未开工、连运营和收入都没有的时候，新股通常就会公布每年接近 10% 的股息；大多数投资者被高收益吸引，却没有注意到收入的缺失意味着最初投资者的股息必须来自新投资者的资本，这在现在被称为"庞氏骗局"。在庞氏骗局下，后来股东的股息是无法获得支付的。哈德森故意泄露他的铁路项目即将被议会批准的消息，以此推动这种狂热。就像蛋糕上的糖霜，直到泡沫的最后阶段，哈德森稠密的东北部铁路网还在阻碍竞争性路线的股票发行。

19 世纪 40 年代，除了布朗特和哈德森这样的发起者、公众和政客外，泡沫剧场的第四个主角——媒体出现了。概括来说，那个时代有两类媒体：以《泰晤士报》为代表的"旧媒体"和以《铁路时报》为代表的铁路专报"新媒体"；前者坚持高度正统的怀疑主义，而后者则煽动投机的火焰。在泡沫最严重的时候，市面上至少有 20 种铁路出版物，铁路公司每周都要慷慨地花费 1.2 万~1.4 万英镑发布广告，这些资金成为媒体的主要收入来源，而这些钱本可以更明智地用于建设。关于新提案的吹嘘文章比比皆是。一位评论家讽刺道："委员会为绅士和男爵们高兴，下议院通过新提案的前景是肯定的。它的工程师是斯蒂芬森（此时已经是乔治的儿子罗伯特·斯蒂芬森）；

它的当权者是哈德森；它的银行家是格林。广告还谦虚地补充说，利润不会超过15%。"⁴⁰ 一篇文章夸张地说，铁路是环绕全球的新世界奇迹：

> 不满足于让利物浦成为他们的铁路中心……他们的目标是全球。遥远的印度跨越河海对铁路表示期盼，中国正在倾听这神奇的声音。古希腊被毁坏的山丘和破碎的祭坛将很快与火车头的汽笛声相呼应，或者被转变为商业圣地。通过这些宏伟的工程，河流得以跨越，领土得以穿越，商业得以特许，联邦得以巩固；通过它们，金刚石可以被分割，人类在时间和空间上拥有主宰权。⁴¹

直到1843年，英国经济依旧在消化1836—1837年的泡沫，但在1844年秋天，银行的贷款利率已经降为2.5%；更为不祥的是，银行普遍认为铁路证券"像房子一样安全"，并乐于将其作为抵押品。股票认购名单会让21世纪初房地产泡沫中的美国抵押贷款经纪人都脸红：一个年收入54英镑的半薪军官在多个名单上的总收入为41 500英镑；两个住在阁楼里的清洁工的儿子，其中一个认购了12 500英镑的股票，另一个25 000英镑，所包含的追缴金是他们无法承担的；更多的追缴金来自虚构联系方式的股东。⁴²

一位不知姓名的观察者这样描述，英国公众：

> 看到整个世界都在为铁路疯狂。铁路在公众集会上受到赞扬；它是公众崇拜的对象；人们在交易所里谈论它；在参议院为它立法；在舞台上暗喻它。它渗透到每一个阶层；渗透到每一个家庭；所有人都被它诱惑。那些说话与契约一样可靠的人，现在也加入追逐铁路的行列，被旋涡带走了。⁴³

商人兼议员詹姆斯·莫里森观察到：

> 不易觉察的贪婪之毒在每个阶层蔓延，不仅影响了高贵的大殿主人，也影响了简陋农舍里的合居者。公爵夫人们甚至会在众人面前用凭证弄脏手指，老女仆们会发抖地急切询问股票的价格。年轻的女士们抛弃了婚礼清单而专注于股票行情表，询问她们的爱人有关牛市、熊市操作的问题，这吓到了她们的爱人。时尚人士频繁地出现在经纪人那里，而不是出现在俱乐部。商人不再关注生意而去打理他的股票，但最终，他的股票和生意都将离开他。[44]

按照贸易委员会的规定，每年11月30日是提交新路线计划的截止日期。1845年11月30日傍晚，当800个铁路计划发起人聚集在白厅（指英国政府）办公室时，一股狂潮席卷了首都：铁路公司允许通过的快递列车以每小时80英里的速度驶向伦敦，但那些运载竞争性路线计划书的列车被铁路公司阻止通过；一位设计师将路线计划书装进一个装饰齐全的灵柩内，然后将其运到列车上，才绕过了铁路公司的障碍。[45]

如约翰·弗朗西斯所写的，就像南海泡沫期间一样，交易巷里挤满了人，交通堵塞，"几乎无法通行"，周围的街区"像集市一样"。他继续写道：

> 谨慎的商人和敏锐的制造商都没有抵制住投机的诱惑。它像麻风病一样在他们中间传播。它不仅毁灭了无辜者，也毁灭了有罪者。它不仅毁坏了很多简陋的农舍，也扰乱了许多亲王的住所。人们急于致富，却被毁灭。他们大量购买；他们踊跃认购；他们抛弃了自己公司的存账室；如

果成功了，他们就会继续买入；如果失败了，那么他们往往会自毁，使本已凄凉的家园更加悲惨。46

斯蒂芬森在威斯敏斯特乔治大街的办公室比首相在唐宁街的办公室更受欢迎；铁的价格翻了一番；勘测员的工资很高，特别是那些在军械局工作的人，经常未经许可非法进入私人土地。一份议会报告表明，157名议员的股票认购额超过2 000英镑；到1845年夏天，"全国出现了前所未有的对所有生意的忽视；几个月里，柜台上找不到卖货的商人，办公室里也找不到批发商，全国各地都是这样。如果你去拜访商家，那么你肯定会得到'去城里了'这样的答复"。就连勃朗特①一家也参与了：艾米莉和安妮拥有约克和北米德兰的股票，而更脚踏实地的夏洛蒂则持怀疑态度。47

虽然哈德森的许多商业行为，特别是他对公司治理的保密和高压手段，放在今天可能会让他坐牢，但在那时还不是非法的。再过80年，查尔斯·庞兹②在初始资本支付股息的操作中不会使用自己的名字；在19世纪40年代早期，这些做法不会引起法律审查（但这种情况很快就会改变）。哈德森的终结不是来自欺诈或欺骗，而只是来自过度建设和监管改革。

与18世纪的双泡沫不同，这次事件中铁路公司的倒闭过程比较缓慢。到19世纪40年代末，哈德森的铁路网（大致从伦敦延伸到爱丁堡）越来越被东西部的竞争性路线包围。为了进一步延长铁路线来突破包围圈，他冒险性地从个人投资者那里筹集了大量资金；但与此

---

① 指勃朗特三姐妹之家。三姐妹以其三部小说出名：夏洛蒂·勃朗特的《简·爱》、艾米莉·勃朗特的《呼啸山庄》和安妮·勃朗特的《阿格尼斯·格雷》。——译者注
② 查尔斯·庞兹（1882年3月3日—1949年1月18日），投机商人，庞氏骗局"发明"者。——译者注

同时，议会于 1847 年建立了新的监管制度，在此制度下，用新收购的资本支付旧股东的股息，这种类似庞氏骗局的做法被认定为非法。[48]

1847 年初，英格兰银行将贴现率从 3.5% 提高到 5%，这阻碍了股票认购之后所需追缴金的资本流动。1846 年的马铃薯歉收和 1848 年欧洲大陆的革命动乱加剧了英国的经济困境，迫使哈德森和其他铁路经营者降低股息：惊慌失措的投资者开始抛售股票，到 1848 年 10 月，股票价格从 1845 年的峰值下跌了 60%（见图 4-4）。[49]

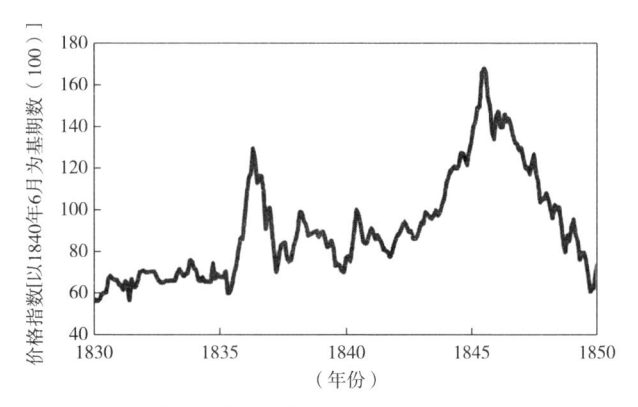

图 4-4　英格兰铁路公司的股票价格（1830—1850 年）

虽然股价下跌的绝对数小于南海泡沫时期，甚至小于 20 世纪的大熊市时期，但认购机制固有的极端杠杆带来了大面积的破坏：

> 很多家庭完全被毁。一个不太起眼的英格兰镇上，发生了一些悲惨的自杀事件。原本被精心培育的女儿们现在需要出去寻找面包，儿子们被迫停止学业，很多家庭被分离：房子被法院强制执行。每一个社会组带都被破坏。那些以前过着舒适独立生活的人突然发现自己欠了大量无力支付的钱。有的放弃了一切，重新开始；有的离开英国去往欧洲大陆的其他国家，蔑视并逃避债权人的追赶。一位

绅士收到了 400 张法院令状。还有一位贵族承受了 15 000 英镑的债务压力，于是他坐上游艇去往美丽的地中海，在那里，他忘却了与自己有关的所有难题。[50]

此时，即使是哈德森所犯的小过失也会引致仔细审查，而这样的小过失在过去是很容易被原谅的。证券交易所的两个对手仔细检查了买卖记录，发现哈德森的某家公司以高于市场的价格购买了另一家公司的股票，而这另一家公司恰好也归哈德森个人所有；也就是说，他诈骗股东的行为被发现了。很快，他更严重的违规行为也被发现，尽管还没有上升到需要承担刑事责任的高度，但也让他面临严重的民事判决。

哈德森还有最后一张王牌：森德兰地区的选民依然非常感激他，这使他在议会又待了 10 年，只要下议院还在开会，他就不会因债务问题而被捕。随后他会以一种滑稽歌剧式的状态往返于英国和欧洲大陆之间：议会开会时，他可以安全地待在英国，并拼命挽回他的财产；休会后，他逃往巴黎。1859 年，他在选举中落败，游戏结束了；朋友们离他而去，只有债权人关注他，他剩下的大量财产被没收。最后，他靠仰慕者给他购买的年金维生。[51]

1863 年的一天，查尔斯·狄更斯①即将乘坐"福克斯通"号船返回英格兰，遇到了他的朋友查尔斯·曼比。狄更斯写道：

曼比向一位衣衫褴褛的人告别，我对这个人有印象，但想不起来他是谁。当我们驶离港口时，那人正站在码头边上，凄凉地挥舞着他的帽子。我对曼比说："我肯定认识

---

① 查尔斯·狄更斯：英国作家，《雾都孤儿》《双城记》等的作者。——译者注

那个人。""我想你认识,"他说,"哈德森!"哈德森住在巴黎,是曼比带过去的。临别时哈德森对曼比说:"在你回来之前,我再也吃不到一顿丰盛的晚餐了。"[52]

后两轮铁路泡沫毁掉了英国投资者,但为英国提供了必要的基础设施。1838—1848年,铁路里程增加了10倍,直到今天,英国的铁路地图还和1848年非常相似。1848年之后的将近一个世纪里,这个数字才又翻了一番。

事实上,不幸的铁路投资者们为英格兰提供了宝贵的公共物品——首个高容量、高速度的运输网络。19世纪初之前的英格兰,人均GDP几乎没有增长;而在此之后,它以每年约2%的速度增长——每一代人大约能翻一番,不仅在英格兰,在其他西方发达国家也是如此。这一转变在很大程度上是由蒸汽驱动的陆海运输效率带来的。[53]这种损害了技术投资者但为国家经济增长提供了必要基础设施的例子,还将继续出现。

1841年,查尔斯·麦基出版了《非同寻常的大众幻想》第一版,正是在铁路狂热达到高潮之前,因此麦基应该会比其他任何人都更清楚地意识到这种狂热。作为一名记者和受欢迎的作家,他完全应该对此提出警告。

但是他没有,在1852年出版的该书第二版中,他只在一个两句话的脚注中提到了这一事件。[54]19世纪30年代,青年时期的麦基曾为两份伦敦报纸《太阳报》和《晨报》撰稿并编辑;1844年,就在铁路泡沫破裂之前,他开始担任《格拉斯哥的阿格斯》报纸的编辑,并在这个职位上干了3年,这3年正是铁路从繁荣走向萧条的3年。该报纸,特别是"头条"专栏,经常转载其他报纸的文章。这些文章表明,麦基对铁路发展的总体态度是适度热情,这很可能只是对当时经济基调的一种反应。自由放任是当时的经济基调,其核心是废除

《谷物法》，因为《谷物法》使地主、贵族受益，导致粮食价格过高，城市贫民挨饿。而铁路只是麦基及其圈子的次要关注点。[55]

在麦基担任编辑期间，该报的头条确实转载了《泰晤士报》关于泡沫的可怕警告，但该报也转载了其他报纸中对铁路公司有利的文章。尽管在今天，麦基的名字几乎是"狂热"的同义词，但在当时，他似乎完全错过了他正在经历的那场浩劫。在1845年10月的一篇头条文章中，他直言不讳地说，铁路股的热情与南海泡沫没有什么共同点，南海泡沫"没有什么坚实的基础，完全是虚构的"，而铁路热情的基础：

> 宽阔而安全。铁路是这个时代的必需品。其本身就是一种不动产和有形资产……沉默的哲学家和活跃的商界人士都能看出，没有什么能比英国资本用于这些项目更高尚、更有利的了。[56]

虽然没有什么证据表明麦基也在铁路狂热中赔过钱，但作为那个时代最敏锐的观察者，他没有看到人类的金融非理性，这更证明了金融泡沫的诱惑力。到了19世纪，有这样一条旧新闻：一个世纪前，艾萨克·牛顿的例子说明，即使是具有非凡知识和智慧的人，也无法免受投资泡沫的影响。牛顿不是金融新手，南海泡沫时期，他已经担任英国皇家造币厂厂长20多年了。他在1712年购买的南海股票获得了丰厚的回报，1720年初，他以可观的利润卖出了这些股票，但那年晚些时候，他失去了理智，以更高的价格回购了这些股票。他损失了大约20 000英镑，并认识到："我能计算天体的运动，但不能计算人类的疯狂。"[57]

英国铁路泡沫可以看作一场许诺改变人们日常生活的技术动乱。几乎与此同时，远离欧洲大陆的美国，产生了一种与之截然不同的极端末日狂热。

米勒运动的"大失望"
数秘主义与确认偏见

20世纪50年代中期,一位名叫利昂·费斯汀格的心理学家走运了。

费斯汀格的父亲是一位政治激进的无神论者,也是自苏联移民至美国的刺绣师。在长期杰出的学术生涯中,费斯汀格将自己的才智运用到社会心理学的新兴领域。他幸运地潜伏到美国中西部的一场飞碟狂热事件中,其正好属于他的研究领域。他的研究对象,即"情感"群体,由一位名叫多萝西·马丁的女性领导,她声称已经向人类传达了神灵们有关大地震和洪水的警报:神灵们告诉她,这两个大灾难将于1954年12月21日吞噬北美。[1]

社会心理学家们都理解所罗门·阿希的线条长度实验,他们早就知道,社会压力通常会磨灭个体之间的观点差异,因此各个小群体和整个社会都会演化出各自的文化、道德和宗教价值观。此外,他们还知道,这些价值观的转变往往是爆炸性的,其快速扩散类似于传染病。

20世纪20年代以来,流行病学家对疾病传播进行了数学建模,认为疾病传播主要取决于两个关键参数:病原体的传播率或传染性,以及治愈率或死亡率。社会学家发现,他们可以用同样的方法理解思想和信仰的传播。费斯汀格意识到,马丁及其信徒为他提供了一个实验室,让他能够实时观察这一传播过程。更重要的是,马丁团队提供了一个难得的机会,让他可以观察到末日预言不可避免地失败之后会发生什么。

假如在今天,任何一个机构审查委员会都不会批准费斯汀格的这项研究。在研究中,他的助手"在没有经过马丁团队知情或同意的情况下"潜伏进了马丁的圈子。[2] 费斯汀格的项目也违反了实验和伦理规定,即现场研究人员不应干预受试者的决策。当不知情的马丁及其追随者要求费斯汀格的潜伏者们就意见和建议畅所欲言时,他们被迫屡次违反了这项不干预的规定。

作为早期的山达基①信徒,马丁对于"来世"并不陌生,她经历了该组织对她的"审计"过程,能够回忆起自己的受孕、出生和之前的各次转世。她的主要合作者查尔斯·劳赫德博士,则是一位更传统的末日信仰者。他是密歇根州立大学学生健康服务处的一名医生,为一个主流新教团体做国外医药的宣传工作;后来他的妻子患上失能性的神经症,他开始努力为她求医,无意中遇到了一些飞碟狂热者,他们把他介绍给了马丁女士。

在预言大灾难的大约前一年,马丁成为一名女先知。她醒来时感到右臂一阵刺痛:"我感觉有人在试图引起我的注意。"[3] 她拿起一支铅笔,很快发现自己的手非常陌生,不由自主地写字。与《圣经》中的先知们不同,她最初传达的并不是来自上帝的信息,而是来自更亲近的人的信息:当她向肢体的指挥者询问时,对方透露说自己是她去世的父亲。

她的通灵技巧很快得到了提高;她疼痛的右臂和铅笔开始传递

---

① 山达基(Scientology),又名科学教。——译者注

来自地位更高者的信息：一个叫"兄长"的人，向她提供了一些关于她死去父亲的精神需求方面的建议；其次是来自"塞勒斯"号行星和"号角"号行星的生物，其中最重要的是萨南达，他说自己是耶稣本时代的肉体化身。

萨南达是一位完全现代化的弥赛亚，当时正在美国境内进行高级侦察，并已与马丁女士以及其他人取得了联系。萨南达及其被称为"卫士"的同伴被这个国家的某些东西（后来被德怀特·艾森豪威尔称为军事－工业综合体）激怒；作为报复，他们将把陆地撕成碎片，并在年底前用一场大洪水淹没它。1954年8月1日晚上，卫士们指示马丁及其11名追随者（其中没有费斯汀格的潜伏者）去见他们的飞碟，但马丁一行人什么也没看到，只看到一个相貌平平的男人。马丁给了那个男人果汁和三明治，但他礼貌地拒绝了，然后走开了。

飞碟没有出现，这给马丁的团队带来了第一次动摇，有7名成员立即离开了她。马丁和其余4名坚持信仰的人没有等很久：两天后，萨南达就通知马丁，那天是他拒绝了茶点，并表示对她和其他同伴的道德品质感到满意；还告诉她，大灾难发生之前，飞碟将拯救少数人，而他们是部分被选中的人。[4]

像几乎所有的千禧年主义者和启示性末日论者一样，马丁是一个真诚的傻瓜，而不是一个无赖。她将自己的时间和财富奉献给了她的追随者，为信仰付出了沉重的代价。当芝加哥郊区橡树公园的孩子们从父母那里听到即将到来的大灾难后开始做噩梦时，警方指控她"煽动暴乱"，并对她进行精神治疗，随后她逃离了芝加哥的家。劳赫德也因为与这一事件有关而失业。[5]

1954年底，当救命飞碟和随后的大灾难几乎确定不会出现时，信徒们的信仰体系被证明与事实不一致，即所谓的信仰"失验"，这是费斯汀格研究的主要目标：他想精准地确定，当事实和数据与根深蒂固的观点不一致时人们会如何行动。其研究成果《当预言失败时》

成为心理学家、社会学家、经济学家和政治学家公认的经典之作。①费斯汀格后来创造了现在人们很熟悉的术语"认知失调",用来描述信仰和事实之间,或者更微妙地说,叙事和数据之间的情感冲突。当令人信服的叙事和客观事实发生冲突时,叙事往往会幸存下来,这种结果自远古以来就存在于人类社会。

多萝西·马丁后来的行为体现出很多人处理认知失调的方式。她并没有根据那些与自己信仰不一致的证据修改自己的信仰体系,她和她的团队在此之前对自己的信仰相对保密,但后来他们反而加倍努力,开始就飞碟的到来进行传教。离开芝加哥地区后,她的余生一直从事于通灵研究,先是在南美、北加利福尼亚,最后在亚利桑那州的塞多纳。在1954年的信仰失验事件过去将近半个世纪后,她以德拉修女的化名在塞多纳去世。[6]

虽然我们很容易将多萝西·马丁的预言讽刺为一种21世纪的胡编乱造,但在某种程度上,我们都是费斯汀格所说的恶魔的奴隶。马丁及其追随者们所表现出的"加倍努力"似乎是人类行为的一个近乎恒定的现象。当明斯特的再洗礼主义者反复看到博克尔松的末日预言被事实推翻时,他们的信仰,至少在一段时间内,变得更加坚定,他们也加倍努力改变周围城镇居民的信仰。同样的情况也将发生在19世纪中期众多福音派新教徒的末日预言事件中。

这种反常行为具有某种执拗的意义。信仰失验会带来严重的精神痛苦,而缓解这种痛苦的最好方式,就是和新赢得的信徒在一起。正如费斯汀格所说:"如果越来越多的人相信信仰体系是正确的,那么显然,它终究是正确的。"[7]

---

① 《当预言失败时》中,费斯汀格对非自愿受试者们进行了匿名处理;他称查尔斯·劳赫德博士为托马斯·阿姆斯特朗博士,称多萝西·马丁为玛丽安·基奇。但数字时代的读者们可以很轻易地知道他们的真实名字。

从 1620 年开始，与第五君主国派关系密切的英国清教徒将第一批殖民者送往北美马萨诸塞州。10 年后，马萨诸塞海湾殖民地的新领导人约翰·温斯罗普向他的追随者们宣扬，他们即将看到"一个山巅之城"，该城的成功和上帝的宠爱将受到全世界的热切关注。[8] 从马萨诸塞殖民地演变而来的美国，没有国教，宗教和意识形态的自由程度前所未有，这为神启性运动的扩散和发展提供了肥沃的土壤。

18 世纪初和 19 世纪初，分别出现了第一次和第二次"大觉醒"，即席卷美国和英国的宗教复兴；两者都催生了各种各样的非正统神学，就像之前的宗教改革一样，重视个人神灵主义，贬低有组织的宗教等级制度。

美联储所发行的 20 美元纸币上那个轮廓分明、眼神锐利的面孔，总统安德鲁·杰克逊，直接促成了第二次大觉醒，这不失为一种历史讽刺。杰克逊反对建立中央银行，并于 1837 年美国第二合众国银行许可证到期时拒绝了它的延期申请。他这样做的时机非常糟糕：几乎同时，美国经历了一场壮观的泡沫，泡沫事件非常复杂，其特点是大量政府土地被出售、房地产投机以及棉花价格从繁荣到萧条。后来，泡沫破裂，由于没有一家中央银行能够充当救市的最后贷款人，由此造成的货币短缺使美国陷入持续近 10 年的萧条，并带来约 25% 的失业率。那个时代并没有留下什么详细的经济数据，但杰克逊的鲁莽行为给美国造成的损失可能与一个世纪后的大萧条一样严重。英国小说家弗雷德里克·马里亚特在 1837 年恐慌之后访问了纽约，他写道：

> 猜疑、恐惧和不幸弥漫了这座城市。如果我不知道原因的话，我就会以为瘟疫正在肆虐。但笛福已经告诉我原因了。来往的人群中，人们脸上没有一丝笑容；匆忙的脚步，疲惫的脸庞，快速打招呼，或者匆忙地交流着在太阳落山之前会发生的预期损失……被解雇的机械师们像饥饿

的狼群一样踱来踱去。这种剧烈的震荡像电一样传播开来,传播到数百英里以外的地方。运河、铁路和所有公共工程都已中断,一位爱尔兰移民靠着他的棚屋,手里拿着闲置的铁锹,饥饿着,他想念他的绿宝石岛①。⁹

第二次大觉醒运动当时已经开始,于1837年恐慌之后加速进行。觉醒运动中的"助产师"们产生了宗教分裂,例如摩门教和各种公然的欺骗性通灵运动。所谓福克斯姐妹与死者沟通的欺骗性,不亚于伟大作家和政治家霍勒斯·格里利②的欺骗性。¹⁰

最为壮观的是,多达10万的美国人开始相信世界将在1844年10月22日结束,这个集体幻想起源于威廉·米勒,他是一个谦逊、不爱出风头、深思熟虑的人,本来最不可能成为米勒派领导人。

米勒出生于1782年,是父母的16个孩子中的长子。他们家位于纽约州最东北部的罗汉普顿镇(见图5-1),是一个虔诚的浸信会农业家庭,家中极度贫困,子女几乎无法接受正规教育。像那个时代的许多农家子弟一样,从9岁到14岁,他只在除了收获期和种植期之外的其他3个月里上学。在家里,这个热爱书籍的男孩只能阅读他父亲的《圣经》、《赞美诗》和《诗篇》;慷慨的邻居借给他《鲁滨孙漂流记》等通俗作品的复印本。他的文学兴趣惹恼了父亲,因为父亲注意到,这些兴趣分散了他的注意力,使他无法做农活,所以小米勒会在深夜偷偷溜到壁炉旁,在燃烧着的松树结的昏暗光线下看书。¹¹

21岁时,他结婚了,向东进入佛蒙特州几英里,搬到妻子位于波尔特尼附近的家中耕种。波尔特尼镇正是自然神论的温床。自然神

---

① 绿宝石岛:爱尔兰岛的别称。——译者注
② 霍勒斯·格里利:美国新闻记者,作家、编辑、政治家,《纽约论坛报》的创始人。——译者注

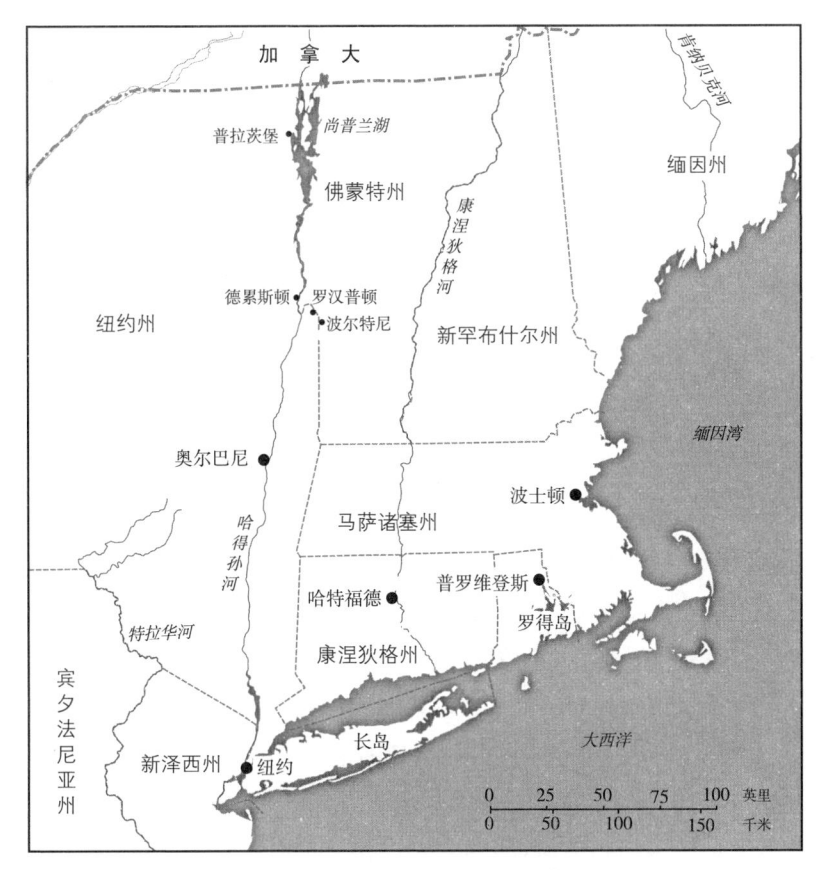

图 5-1 美国东北部的米勒主义地标

论假定一个超然的至高无上的存在,即一个"神圣的钟表匠"只在远处观察他的创造物,自然神论将《圣经》视为一本纯粹的书,而不是神灵的启示——最多只不过是一本关于古代历史的有用手册。

镇上的大量图书馆藏书反映出这种自由:伏尔泰的,休谟的,潘恩的,以及其他许多人的书,米勒津津有味地读着,并逐渐成为一名自然神论者。在波尔特尼,米勒还受到最著名的市民马修·里昂的影响。马修·里昂是国会议员、美国独立战争的退伍军人、伊桑·艾

伦①的煽动性伙伴，还是一个臭名昭著的不可知论者。¹²

米勒读的启蒙哲学的书越多，就越反感《圣经》：为什么上帝创造了一本完全不可理解的书，然后让那些无法正确解读这本书的不幸灵魂遭受死亡、折磨、流放和饥饿？在米勒看来，人类也有错：

> 我读得越多，就越发现人类性格中的严重缺陷。我找不到人类过去历史上有什么亮点，那些世界征服者和历史英雄显然都只是人类形态的恶魔。世界上所有的悲伤、痛楚和苦难，似乎都随着他们对同伴的控制权的增强而增加。我开始对所有人都感到不信任。¹³

波尔特尼镇上打破旧俗的氛围非常适合这位年轻的农民；他终于从家里的令人窒息的宗教氛围中解脱了，他反叛了，当着大家的面，毫不留情地模仿他祖父的华丽布道，滑稽地模仿他们的假虔诚。¹⁴

米勒也确实找到了他的家庭值得称赞的地方：他的父亲曾参加过独立战争，因此作为儿子，他在爱国主义和兵役方面得到了庇护。1810年，当与英国之间的战争临近时，佛蒙特州的民兵组织授予他中尉职位；1812年美国对英宣战后，民兵组织将他提升为上尉，第二年他又调任美国正规军中尉。虽然军衔更低了，但这次调任被视为升职。不管怎样，到1814年初，他已经重新获得了上尉军衔。夏末，他来到尚普兰湖畔的普拉茨堡，在那里，人数和武器装备都处于劣势的美国军队，在一场海陆一体战中决定性地击败了英国侵略者。

这场战争令米勒感到震惊又害怕，9月11日，他写信告诉妻子，一艘美国船只上的300名士兵和水手中，只有25人幸存。"船上的一

---

① 伊桑·艾伦（Ethan Allen）：著名美国军人和拓荒者，美国的伊桑·艾伦级战略核潜艇就是以他的名字命名的。——译者注

些官员说,血是及膝深的。"第二天,他再次写信给妻子:

> 天哪!到处都是屠杀。我无法向你描述这种普遍的兴奋……日落时分,在一首扬基小调①中,我们军营鸣放了礼炮。在一两英里范围内,1.5万~2万人同时参与海陆交战,这超过了以前我见过的任何一场战争。多么宏伟,多么高尚,但又多么可怕! 15

这场战争不仅摧毁了英国入侵部队,还摧毁了米勒的自然神论:一支在拿破仑战争中身经百战的15 000人的精锐英军,却被一支合并了1 500人的正规军和4 000人的志愿军的杂乱无章的美军打败,除非有一个主动支持美国的上帝,否则还有什么能够解释美军胜利的原因?"在如此困难的情况下,出现如此令人惊讶的结果,在我看来确实像是一个比人类更强大的力量所做的事情。" 16

战争结束后不久,他回到了罗汉普顿的农场。在那里,作为一名受人尊敬的退伍军人和小镇官员,他即将在家族的浸信会中扮演更重要的角色。

战时的经历和回到童年时保守的宗教环境引发了他的信仰冲突,也就是他先前对上帝的不信仰和战争中看到的超自然之力之间的冲突。基于对阅读的热爱,他使用经文来分析解决这种冲突。大约在1816年的某个时候,他开始对《圣经》进行艰难的逐字逐句分析。例如,如果他遇到"野兽"这个词,且这个词在《但以理书》或《启示录》中象征着异教徒帝国,他就会强迫性地在《圣经》的其余书卷中寻找其他的"野兽"。

---

① 扬基小调:美国独立战争时士兵的流行歌曲。——译者注

经过几年的努力,通过查阅《圣经》,他找到了之前的不信仰和战争经历之间矛盾的解决办法。在《但以理书》中的四个王国中,只有以天主教会为代表的罗马仍然存在。他被《但以理书》8:14 打动:"他对我说,到二千三百日,圣所就必洁净。"

对米勒来说,一切都很清晰了:《以斯拉记》第 7 章中,波斯皇帝阿尔塔薛西斯在其当政的第七年发布了返回犹大并建造礼拜场所的命令,当时的历史学家估计这一年是公元前 457 年。根据米勒的末日论,末日时钟从这一年开始倒计时。鉴于圣经学者所假定的圣经日和时间年的等价性,世界将在 2 300 年后,也就是 1843 年结束。

米勒继承了悠久的"数字神秘主义"传统。数秘主义曾经为约阿希姆所迷恋,直至今天人们对它的迷恋还有增无减。最引人注目的现代例子是约翰·泰勒和查尔斯·皮亚齐·史密斯在 19 世纪末的研究成果。他们注意到金字塔结构中的一些数学巧合,例如,金字塔底部周长的两倍与高度之比接近 π 值,底部周长与框架石长度之比是 365,以及从地球到太阳的距离几乎正好是金字塔高度的 10 亿倍。接着,史密斯写了一本畅销书《伟大金字塔的遗产》(*Our Inheritance in the Great Pyramid*),详细描述了这些惊人的发现。[17]

一个世纪后,一位名叫埃里希·冯·丹尼肯的瑞士人在另一本畅销书《众神的战车》中,利用类似的观察结果证明,外星人曾来过地球。[18]近千年来,神学怪人利用类似的数学巧合和圣经年表来预测世界末日。就在 2011 年,一位名叫哈罗德·坎普的基督教广播名人,预测世界将在 10 月 21 日结束。2012 年,他承认了自己的错误,谦卑地接受了《马太福音》24:36 的告诫:"那日子、那时辰,没有人知道。"[19]

杰出的数学作家、趣味数学之王、社交网站策划人马丁·加德纳这样评价史密斯的《伟大金字塔的遗产》:"这一类的经典作品就是我们的遗产。很少有一本书,能如此优美地展现出一个对某种理论深信不疑的聪明人(指作者)轻而易举地掌控着整本书的主题,使其精确地契合他的观点。"[20]（具有讽刺意味的是，加德纳正是在米勒神学的直系后裔——基督复临安息日会中长大的。）[21] 已故"文学坏小子"克里斯托弗·希钦斯针对那些幻想的圣经日期设定，创造了一个更一针见血的术语："白痴的里程表"[22]。

圣经的数秘主义源于"模式"现象。《圣经》是一部包含大量数字、叙事和各种往往阐述不清的历法的汇编，勤奋的千禧年主义者几乎可以将未来的任何一个日期视为世界末日。米勒并不是第一个运用圣经数秘主义将1843年定为世界末日的人；1946年，一位名叫勒罗伊·埃德温·弗鲁姆的基督复临安息日会牧师出版了《我们祖先的预言信仰》(The Prophetic Faith of our Fathers)，它是一本关于末日计算的历史书，包括四卷。其中记录的几十种末日计算时间集中在1843年。但没有任何一个人能像威廉·米勒那样使数秘主义发挥出如此毁灭性的影响。[23]

数秘主义的影响不可避免地被另一个著名心理现象"确认偏见"放大。在"确认偏见"现象中，人类一旦确定了一个假说或信仰体系，就会只关注支持其信仰的数据，而避免使用与之相悖的数据。

"确认偏见"这个词与心理学家彼得·沃森有关。在20世纪50年代后期的一个经典实验中，他向受试者展示了一个由三个数字组成的序列，如2-4-6，并要求他们推导出产生该序列的规则，然后让他们用另一个序列对该规则进行测试。[24]

受试者根据上述序列推出的最明显的规则是"连续偶数"，因此他们最有可能再提出诸如8-10-12这样的序列进行测试，然后他们被告知这一序列与答案规则一致。然后，受试者可能会提出24-26-28这样的序列，然后也被告知这一序列符合规则。

在多次连续"确认"他们的"连续偶数"规则后，受试者可能会合理地得出结论，认为这就是正确的规则。

问题是，这三个序列还符合其他多种规则，例如"数字不断增加"或"只有正增长的数字序列"。换句话说,受试者只是试图确认自己的假设,而事实上更有效的策略是测试一些推翻假设的三数字序列,例如5-7-9,如果考官回答说这个序列也符合规则,那么他们就会知道"连续偶数"规则是不正确的,但"数字不断增加"或"每次增加二的数字序列"规则可能仍然成立。

大多数受试者通常只测试符合其假设规则的三数字,而不是不符合其规则的三数字。这种只寻找支持假设的证据的做法,使得很少人能够推导出正确的规则。

作为一名科学家,沃森知道,科学方法的核心是试图推翻假设,但作为一名心理学家,他怀疑人类的自然倾向是要确认这些假设。[25]

心理学家很快拓展了沃森的研究,并进行了大量的实验,证明人类物种更倾向于寻找和接受确认的证据,而忽视相反的证据。正如那句老话:"一个违背自己意愿被'说服'的人还会持有不变的看法。"[①][26]

在20世纪70年代末的一项经典研究中,斯坦福大学的一组研究人员调查了151名大学生对死刑等争议话题的看法,并从中选出48人,其中24人强烈赞成死刑,24人强烈反对死刑(分别被称为支持者/反对者)。然后,他们向两组人展示了两组不同的研究成果,他们说这些研究成果是真实的,但实际上是虚构的。其中一组"研究"表明,死刑州的谋杀率较低,而另一组"研究"则表明,死刑州的谋杀率较高(赞成威慑/反对威慑)。

支持者们认为,赞成威慑的研究在方法论上比反对威慑的研究更可靠,他们更加相信赞成威慑的研究;而反对者们则认为反对威慑的

---

① 很多人认为这句引文源自本杰明·富兰克林的作品,但记录显示这句话似乎源自英国女权主义者玛丽·沃斯通克拉夫特的著作《女权辩护:关于政治和道德问题的批评》,"说服一个男人违反他的意志,他的观点其实并没有改变"。

研究更为合理和令人信服。最具启发性的是，在实验的最后，在参与者阅读并评估了两组相互矛盾的研究结果后，每组都强化了其原来的支持及反对观点。[27]

威廉·米勒，以及他后来的追随者们，正患上了长期的"确认偏见"病症。计算出1843年这个时间后，米勒专注于寻找确认性的证据，因此他能够说服自己，认为自己的预测是准确的。米勒得出了1843年世界末日的惊人结论：基督将出现在云端，火焰将吞噬大地。正义之人——那些信仰上帝的人——将会被提升天并获得永生，而邪恶之人不仅会被上帝毁灭，而且他们的灵魂将永远被上帝囚禁。[28]

在近10年的时间里，米勒没有公开这个令人不安的预言，只和周围认识的人讨论。[29]但他的羞怯和内向更加提高了可信度，特别是在卫理公会、浸信会和长老会神职人员中，他们对米勒的这种同时具有学术性和非教派歧视性的方法印象深刻：任何新教派别的成员都有资格获得救赎。米勒的朋友们被他的末日论征服，但不理解他为什么不愿意布道。这其实是因为米勒害怕成为笑柄，这种恐惧可能源于他的社交拘谨和卑微的教育经历。[30]

1831年夏，他的浸信会妹妹和妹夫邀请他从罗汉普顿去往佛蒙特州的德累斯顿演讲，那里离尚普兰湖只有16英里。虽然他以前读过传教士写的布道，但他从未发表过自己的布道。此时，他已经快50岁了，身体不好。就在普拉茨堡战争之前，他差点儿死于斑点热，此后，他经常受到各种皮肤感染的折磨。

历史上并没有他那次演讲内容的记录，但他说的话可能与后来的书面布道没有什么太大不同：基督将出现在天空并复活死去的圣徒，正义之人将"在空中遇见主，在那里他们将把自己完全地交给主"。然后基督会把注意力转向有罪之人：

　　看哪，天空布满了乌云，太阳蒙上了面纱；月亮苍白而被遗弃，挂在半空中；冰雹降下，七个号角高声吹响；闪电将硫黄火焰的鲜活光芒洒向远方；这个国家的伟大城市将永远不再崛起。[31]

他的表现让德累斯顿的浸信会教徒们如此着迷，他们一直留他到星期日。在接下来的8年里，他应邀在新英格兰、纽约和加拿大的农村地区演讲。当无法满足远方教徒的演讲邀请时，他给他们提供了书面传单，后来产生了一系列小册子和书籍，而这又引发了更多的演讲邀请。

有一位目击者似乎对"确认偏见"有直观理解，他对米勒既钦佩又怀疑，他描述了讲坛上的米勒：

> 他本人高大魁梧，宽大的脑袋，高高的额头，一双温柔而富有表现力的眼睛，他声音里所有的抑扬顿挫都表明了他最真诚的敬拜。他的想象力相当丰富，从一个有缺陷的前提中得出的结论对他来说就是一个真正的事实。在这种精神状态下，他开始讲课，用大图表说明但以理和约翰的异象。无数的人前来听他演讲，许多心胸开阔的牧师和非宗教人士也乐于接受他的观点，全国东北部的所有地区都弥漫着极大的兴奋。[32]

米勒所用的圣经数秘主义早已经有数百年历史，同样，他充满活力的布道风格也缺乏独创性。从约1825年开始，一位长老会牧师、第二次大觉醒的主角查尔斯·格兰迪森·芬尼在听众的参与下完善了后来大家都熟悉的"地狱之火和硫黄"的福音讲演。他的布道带来了大量皈依；一位观察家指出，芬尼经过一座城镇后，"宗教情感深深地渗透其中，人们再也无法组织舞会，而马戏团也无利可图"[33]。米勒本人并不赞成这种新的复兴主义布道方式，但是，毫无疑问他已经掌握了芬尼的技巧，而且邀请米勒演讲的许多人都认为他是芬尼技巧的有效实践者。³⁴

和许多早期福音派教徒一样，芬尼是一位坚定的废奴主义者和社会活动家。早期，米勒也有这些信念：罗汉普顿是"地下铁路"运动①的一个停靠站，米勒至少庇护过一名奴隶。但1840年，当他参加完一个废奴协会会议时，他确信腐败在人类社会中如此普遍，必须寻求神灵的干预来解决许多弊病，特别是奴隶制："如果人类是罪魁祸首的话，那么可怜的奴隶的大赦之年还很遥远。但是上帝能够并将释放被俘之人。我们必须也只能向上帝寻求帮助。"³⁵

米勒华丽的演讲风格让普通听众着迷，而且，他对其他新教派别的宽容和对《圣经》文本的熟悉，也让教会的圣职人员着迷。一位持怀疑态度的教会长老想让他难堪：

> 我在他房间里见到了他，提出了一大堆为难他的反对意见。令我惊讶的是，他对这些问题几乎都不陌生，而且他回答这些问题的速度和我提出问题的速度一样快。然后他提出了他的异议和问题，这难倒了我，并推翻了我所依赖的那些解释。我回家时已经筋疲力尽，感觉自己有罪，感到卑微，并下定决心要回答这些问题。³⁶

米勒的受欢迎源于他振奋人心的布道，但这是有代价的：让教徒们所感动的远不是米勒的复临主义神学，而是他演讲内容中的地狱之火和硫黄。米勒是为了从地狱之火中救赎灵魂，而邀请他演讲的人则是为了让教堂的长椅上坐满人。当然，到19世纪30年代末，他已经

---

① "地下铁路"运动：19世纪30年代，美国各地都已经有相当固定的被称为"地下铁路"的秘密通道，其主要帮助黑奴从南方逃到北方或越境进入加拿大。——译者注

吸引了一大批传播他信息的支持者。例如，1838年，波士顿《每日时报》的编辑发表了一系列米勒的布道；几乎同一时间，一位名叫约西亚·利奇的牧师写了一本名为《午夜呼声！》(The Midnight Cry!)的支持米勒的小册子，其在新英格兰广泛传播；一位名叫查尔斯·菲奇的波士顿牧师，是废奴主义者威廉·劳埃德·加里森的助手之一，连续几次重读了利奇的作品。利奇、菲奇和其他几位米勒的助手将在未来几年内支持米勒运动，并最终鼓励他做出那个最失败的世界末日预测。[37]

起初，这些支持并没有使米勒受到鼓舞；到1839年，由于年龄增长和健康状况不佳，他已经步履蹒跚；没有几个人相信4年之后的末日，他因此而沮丧并认为自己是个失败者。他不断收到演讲邀请，但他知道，分散在农村的布道只能拯救少数灵魂免遭即将到来的末日大灾难。[38]

虽然追随者们认为他是先知，但从技术上说，他不是，因为他坚决否认与全能者（上帝）有任何交流。他只是声称自己有能力从《圣经》中领悟未来。不管他如何看待自己，他显然低估了自己富有说服力的安息日神学对美国东北部神职人员的影响力。例如，1838年，他拒绝了波士顿牧师约书亚·海姆斯和加里森的助手菲奇的演讲邀请。

与米勒的谦虚和不谙世故不同，海姆斯儒雅而圆滑，在波士顿的改革派圈子里人脉很广。第一基督教会对他来说过于保守，因此他建立了自己的教会，并很自然地命名为第二基督教会。在海姆斯的领导下，第二基督教会发展迅速，不得不在波士顿沙登大街另建了一个有500个座位的小教堂。坚强、外向、有号召力的海姆斯丝毫没有因为米勒的羞怯而退缩。1839年秋天的某个时候，他说服米勒向会众布道，而米勒的表现也给他留下了深刻的印象，于是他将自己相当多的精力、组织能力和当时他所掌握的印刷媒介都投入米勒运动中，并有效地接管了这一事业。

海姆斯不仅将米勒送往冷清的乡村教堂，还送往拥挤的纽约市和奥尔巴尼市大教堂。他重新出版了米勒的小册子和书籍，创办了一份非常成功的报纸《时兆》，它最初是双周报，很快就成了周报。海姆斯还与其他受米勒末日论影响的人建立了广泛的联系，那些人也出版了他们自己的米勒系报纸。其中最著名的是纳撒尼尔·索瑟德，他后来编辑了最著名的复临主义出版物《午夜呼声！》（容易混淆的是，它与利奇的小册子同名）。

从各种最小的集会到最大的讲座，海姆斯凭直觉领悟到出版物和布道之间的协同增效作用。以引人入胜的复临主义末日叙事为特色的小册子、报纸和书籍引发了对布道的需求，而布道又引发了更多的出版物销量。信徒们到处传播米勒的话语，他们在港口付款，将一捆捆的小册子留在远洋海船和运河驳船上，或者在火车车厢里悬挂海报。[39]

从 1840 年开始，海姆斯组织了几次全体大会，汇集并协调米勒的复临运动，不仅包括传统的教堂集会，还涉及大规模的"野营集会"。

野营集会并不是海姆斯发明的；第一批野营集会在美国建国后不久就产生了，到 1840 年，已成为一个组织。其成员一部分是奋兴派[①]教徒，一部分是社交俱乐部成员，他们吸引了很多南卡罗来纳州、田纳西州和肯塔基州边境地区原本孤立的农民。这些农民迫切需要社交活动。通常，他们的浸信会和卫理公会组织者会清理出一片森林土地，将砍伐的树木做成粗糙的长凳和小讲坛，作为流动教堂。（另一方面，圣公会教徒和公理会教徒对野营集会及其传教活动嗤之

---

① 奋兴派：基督教新教派别，亦称"教会复兴派"；19 世纪产生于美国的清教徒移民中；不久，又传到英国；为谋求教会的"复兴"，着重鼓动宗教狂热。——译者注

以鼻。①）

米勒的追随者于1842年6月下旬举行了前两次野营集会：一次在新罕布什尔州的东金斯顿，另一次在魁北克的哈特利。新罕布什尔州的集会取得了惊人的成功：多达1万名浸信会教徒和卫理公会教徒前来参加，还有少量自然神论者和不信仰耶稣的"异教徒"，其大概是被无宗教派别歧视的伙伴关系吸引而来的。这次集会证明，海姆斯是一位后勤高手：这些聚会地点都很容易通过铁路到达，根据一位历史学家的说法，还有"大量纯净的凉水，高大的铁杉树和凉爽的树荫，以及僻静的小树林来做祈祷和敬拜"[40]。大、中型城市赞助了帐篷用来住宿，铁路建立了临时车站，为信徒们降低了票价，并让传教士免费乘车。最后，每个帐篷的"主人"都提供了一张记录表，记录着从永恒之火中救赎的灵魂。

新罕布什尔州的集会非常成功，因此海姆斯和他的同事决定购买一个"大帐篷"，它高55英尺，直径为120英尺，可容纳4 000人，过道中还可容纳数千人。在天气恶劣时，它可以在室内提供服务，并可以配备炉灶，以便在寒冷天气举行集会；这个帐篷吸引了纽约州罗切斯特市以及西至俄亥俄州的数千人。在随后的两年中，海姆斯和他的同事组织了125次野营集会，约50万人参加。[41]

每次野营集会结束时，牧师们都会安排一场祈祷或一首告别的歌曲，其中最受欢迎的是歌曲《永不分离》。

我们正穿过以马内利②的地盘，
我们很快就将听到号角声，

---

① 卫理公会、浸信会、长老会、公理会以及圣公会等，都是美国的主要宗派，他们大都属于福音派。——译者注
② 以马内利：《旧约》中对耶稣基督的别称，意为上帝与我们同在。——译者注

很快我们将与耶稣一起统治，
永不，永不分离。

什么？永不分离？
是的，永不分离。
因为我们很快就会和耶稣一起统治，
永不，永不分离。[42]

牧师随后带领会众排成一队走出帐篷，队伍螺旋排列，每个人都能与其他人握手。由于世界末日即将来临，信徒们期待着他们在"天堂野营"的下一次会面。[43]

米勒为自己的成功付出了高昂的个人代价。起初他的身体就不太好，据他估计仅在1841年就做了627次90分钟的激情演讲。[44] 在这期间，由于米勒的皮肤疾病和劳累状况，不止一次，健康问题迫使他早早回到罗汉普顿。他的助手们非常热情地接替了他，因此他对运动的影响力有所减弱。[45]

若得不到精心管理，情绪满满的群众事件很可能会失控，后来的野营集会就发生了这样的事情。由于海姆斯忙于传播米勒的信息，他让副手查尔斯·斯塔克韦瑟负责管理沙登大街小教堂，但事实证明，斯塔克韦瑟特别善于煽动会众进入疯狂状态。由于害怕他的这种影响，海姆斯最终解雇了斯塔克韦瑟，但无法阻止他参加野营集会。在野营集会上，斯塔克韦瑟的布道使信徒相信他是圣灵的宿主，并拥有"天赋"，包括能够停止蒸汽机或在水上行走。此外，在另一次集会上，一位与会者声称读懂了一位信徒的性格和内心，然后号召追随者们联合起来反对他的怀疑者，以消除永恒诅咒的痛苦。当怀疑者们反抗时，他讲着不为人知的语言并连续击打他们，周围的人试图干预，但也被他谴责下地狱。[46]

更重要的是，米勒和海姆斯开始失去对日益强大的复临主义传播媒介的控制。信徒们开始出版自己的报纸，名称诸如《真理之声》《将临王国的喜讯》《降临纪事》《帐篷通信》《朱比利号角》《西部午夜呼声》等。其中最后一份报纸是由卫理公会牧师乔治·斯托尔斯创办的，他曾经因为废奴活动而被关押在新罕布什尔州，又以同样的热情追求复临事业，最终落得惨痛的结局。

1842年12月31日，新年前夕，全国各地的复临主义者聚集在沙登大街迎接1843年的到来，这将是世界的最后一年。海姆斯和斯塔克韦瑟（后者那时还没有被解雇）在拥挤的小教堂里布道。日渐虚弱的米勒向信徒们发出了一封信：

> 根据我们的信仰，今年是撒旦统治我们地球的最后一年。耶稣基督会来，并打破他的头……地球上的王国将被粉碎。那有权做王的，必夺取国，得为业，直到永远。[47]

到了2月，米勒已经从疾病中恢复到可以前往费城，在那里，巨大的中国式博物馆大厅被租来进行他的布道。兴奋之情是如此明显，等待在外面的人群也是如此不守规矩，以至于市政府因为担心市民混乱而取消了2月9日的第一次布道。第二天，米勒的布道效果很好，意外事件也没有发生。随后不久，应市长的邀请，他在特伦顿市进行了布道。在回家的路上，米勒生病了，直到那年秋天一直留在罗汉普顿。海姆斯和几位同僚将国家划分为几个区域，并在各地的教堂布道，租用大厅，还将宣传资料分发，西至威斯康星州和密苏里州，南至北卡罗来纳州和南卡罗来纳州。

这场运动的中心在波士顿的沙登大街，想听海姆斯布道的人的数量大大超过了教堂的座位数，因此他们计划在霍华德街修建一个更大的、能容纳3 000人的场地。根据城市法令的要求，这样规模的建筑需要用砖把四面都围起来，而世界末日已近，因此霍华德街地段非常理想——已经有三面墙，只需要在第四面修建一堵 12 英尺高的墙。

这场运动早已引起广大公众的怀疑和奚落，此时，收到了公开的敌意。报纸上充满了警告和蔑视，认为这个信仰体系不仅危险而且极度鲁莽：如果世界末日即将来临，那么不仅在波士顿，而且在辛辛那提和克利夫兰建造会堂都毫无用处。尽管公众的反对声越来越大，但信徒们还是在 1843 年 5 月 4 日为霍华德街的会堂举行了落成仪式。

正如大多数闭关自守的信仰体系那样，米勒利用确认偏见来支持他们的神学；与往常一样，《圣经》再次成为支持性数据的来源宝库：

> 第一要紧的，该知道在末世必有好讥诮的人，随从自己的私欲出来讥诮说：主要降临的应许在哪里呢？因为从列祖睡了以来，万物与起初创造的时候仍是一样。(《彼得后书》，第 3 章，第 3—4 节)

为了鼓舞因日益受到公众蔑视而灰心丧气的队伍，《午夜呼声！》开设"骗徒"和"嘲笑者角落"两个固定专栏。[48]

米勒一直没有指明末日的确切日期。他将《但以理书》8:14 中的 2 300 年加在了波斯皇帝阿尔塔薛西斯允许犹太人返回耶路撒冷重建圣殿的那一年（公元前 457 年）上，这个简单的算术确定了耶稣复临的时间是 1843 年。随着这一年平淡无奇地过去，米勒开始敷衍：由于《圣经》中的事件是按照犹太拉比的历法计算的，3 月或 4 月才是一年的开始，根据这一计算调整，犹太人的"1843 年"直到 1844 年 3 月 21 日才结束，因此时间仍然充足。[49]

1844 年初，米勒重返战场，在波士顿和纽约市向广大听众布道。随着那个重大日期的临近，他与约西亚·利奇和海姆斯一起，在华盛顿特区举行了一次压轴布道。但是，被米勒称为"恺撒之家"的首都似乎更

关注当年的总统选举,而不是即将到来的天启末日,这让他烦恼不已:

> 我们的统治者和政治家还没有准备好放弃他们的权力,他们正在为下一任总统而进行政治斗争,就好像他们小小的"短暂权力"将永存一样。但是在上帝的话语、圣灵和历史的帮助下,我将向他们展示,一场重要的革命即将发生,这将取代选择总统的必要性。[50]

到了3月3日,米勒已经在首都发表了19次布道,然后在返回罗汉普顿的路上又发表了几次。回到罗汉普顿的他精疲力竭,等待3月21日的末日。

这一天,又平安无事地过去。米勒通过私人邮件写给海姆斯一些充满希望的话语,又通过复临主义的报纸将一些信息发给信徒们:他的计算从来都不精确,所以如果计算偏离了一周或一个月或两个月会怎么样?上帝仍会降临。至于海姆斯,他警告读者:"因此,我们只在心中把事件推迟一个小时是不安全的,应该要生活在不断的期待中,随时准备与我们的大法官(指耶稣)见面。有了这样的想法,我们无法为未来做出确定的安排。"[51]

实际上还有很多回旋余地。例如,海姆斯旗下的一份报纸《时兆》在上一年发表过一篇未署名的文章,其指出了米勒的计算错误:因为基督教历法中没有0年,所以公元前457年和1843年之间仅相隔2 999年,而不是3 000年。因此,末日应该发生在"犹太年"的1844年,而不是1843年。

这篇文章进一步对米勒使用的犹太教历法提出了异议。罗马人将犹太人驱逐到各地后,犹太的大麦收割(赎罪节的日期以大麦收割为基础)再也无法观测到,因此几乎所有犹太人都采用了拉比历法,这是一种精确的数学测年系统,以19年为一个周期。然而,这种较新的历法直到 4 世纪才开始使用。这篇文章的作者认为，更好的做法是观察圣经时代所使用的"卡拉"历法体系，该历法以最接近犹太大麦收割时间的新月出现时间为一年的开始。通过这种方法计算，天启末日将发生在 1844 年 4 月 29 日。[52]

但是，那一天也安然无恙地过去了。公众的嘲笑声越来越大，米勒很容易从他的邻居那里听到一些类似的话："什么?! 还没升天? 我们以为你已经升天了! 不是被你妻子丢下等待被烧吧?"[53]

《圣经》再次被挖掘出来，以解释为什么末日没有到来。《旧约》中最晦涩难懂的《哈巴谷书》2:3 中有这样一段话："因为这默示有一定的日期，快要应验，并不虚谎。虽然迟延，还要等候。因为必然临到，不再迟延。"《圣经》其他地方也出现过"迟延"一词，最重要的是《马太福音》25 章中的一个寓言，10 个童女等待"新郎"，新郎代表耶稣。第 5 节和第 6 节解释说，"新郎迟延的时候，他们都打盹儿睡着了。半夜有人喊着说，新郎来了，你们出来迎接他"（利奇的小册子和最著名的复临报纸《午夜呼声!》即由此得名）。这种解释使失望的信徒安心了：耶稣的工作基本上完成了，他只是在迟延。

米勒派遵循了多萝西·马丁的追随者在飞碟首次未能出现时的剧本。一些追随者离开了，但那些留下来的人则加倍努力向周围的人传教。野营集会仍在继续，春季失望之后所产生的不信任，在降低信徒人数的同时，也为更热情的信徒带来了机会。狂热的斯塔克韦瑟被逐出沙登大街后，带走了许多追随者。另一个狂热分子卡尔文·弗伦奇宣称，信徒们不仅可以避免地狱之火，还可以实现"圆满"（一种他们所做的任何事情都可以被宽恕和被祝福的状态），包括可以在婚姻界限之外拥有很多"精神妻子"，这是所有时代的末日论领导人经常享有的特权。斯塔克韦瑟也热情地宣扬这一点。

1844 年 8 月，在新罕布什尔州埃克塞特市举行的野营集会上，失望与狂热交织。在一次枯燥无味的演讲中，演讲者约瑟夫·贝茨中途被米勒的一位助手打断，助手说一位以前不知名的人物塞缪尔·斯诺有紧急消息。

斯诺告诉人们，他对《旧约》和《新约》进行了详尽的调查，并取得惊人的发现：4个犹太教圣日和4个基督教圣日之间有一对一的一致性。那一年已经庆祝了3个基督教圣日，而第4个对应着犹太赎罪日的基督教圣日还没有庆祝。赎罪日是犹太教中最神圣的节日，发生在犹太历法的第7个月（提市黎月）的第10天。

对于1844年的赎罪日在9月23日，斯诺不同意这个日期，他觉得使用古代的卡拉历法更准确，这种历法比犹太教历法晚一个月；因此，末日时间将在10月22日。（即使如此"精确"也有一些不确定性。因为在那个时代，耶路撒冷的新月出现在数千英里之外，新大陆无法观测到，有一些信徒认为实际日期可能会延长至10月24日。）[54]

斯诺的消息震惊了整个营地，甚至连被打断演讲的贝茨也吓了一跳，贝茨写道：

> 这个消息开始发酵，传遍了整个营地。集会结束时，新罕布什尔州的花岗岩山上回响着呼喊声："看，新郎来了，你们出去迎接他。"当满载的马车、舞台和火车驶过新英格兰地区的各个州、城市和村庄时，呼喊声仍然响亮，"看，新郎来了！"基督，我们可称颂的主，将在第7个月的第10天降临！准备好！准备好！[55]

引用的"新郎"一词再次指向《马太福音》25章。模仿海姆斯的做法，斯诺创办了名为《真正的午夜呼声》的新报纸。斯诺的计算并不是原创：早些时候，米勒本人曾有过"第7个月的第10天"的提法。1844年夏天，饱受批评的米勒派因认知失调和确认偏见而变得狂热，正好可以利用斯诺的构想。充满激情的乔治·斯托尔斯也支持这一构想。

斯诺和斯托尔斯都是适应能力强的人：斯诺一开始自称为"异教徒"，为一家公开的无神论报纸《波士顿调查》撰稿；和那个时期的许多非信徒一样，他在阅读了米勒的著作后皈依了基督复临主义。而斯托尔斯一开始是卫理公会教徒，有一次他应邀在教堂进行废奴主义的布道；为了阻止他，逮捕他的人将他从教堂拖了出来。

复临主义的高层们，就像所罗门·阿希的线条测试实验中更易受别人影响的受试者一样，一个接一个地，接受了"第7个月的第10天"，也就是当时日历的10月22日这个末日日期。9月下旬，该运动的旗舰报纸《午夜呼声！》的编辑内森·索瑟德在该报上刊登并支持10月22日这个末日日期。海姆斯一直是一个讲究实效的组织者，他察觉到队伍里的日期改变并提醒米勒，因为米勒以前也提过第10天/第7个月的说法；于是两人都于10月6日确认末日日期是10月22日。现在离末日大概只有两周了。[56]

米勒在《午夜呼声！》中写道：

> 我在第7个月看到了我从未见过的荣耀。虽然主在一年半前向我展示了第7个月的特殊担当，但我没有意识到这类担当的力量（《新约》和《旧约》在圣日问题上的一致性）。现在，称颂主的名字，我在《圣经》中看到了美丽、和谐和一致，我一直在为此祈祷，但直到今天才看到。——我的灵魂啊，感谢主。斯诺兄弟、斯托尔斯兄弟和其他人打开了我的眼睛，他们应该受到祝福。我快回家了。荣耀！荣耀！！荣耀！！！ [57]

信徒们大致接受了斯诺的计算；10月12日，守旧者中最持怀疑态度的约西亚·利奇也开始与末日步调一致：

> 我的困难全都消失了，我现在在《旧约》中上帝话语所闪耀的光芒里感到愉悦……我感到自卑，服在神大能的手下，现在我抬起头，满怀喜悦地期待10天内见到万王之王。[58]

霍华德街的会堂里挤满了人，《午夜呼声！》和《复临通报》最先进的蒸汽印刷机24小时不停地疯狂运转，试图在耶稣关上救赎之窗前从地狱之火中拯救出尽可能多的灵魂。

这时，信徒们已经强烈地意识到，世界上的其他人都认为他们疯了，因此他们面临着一个可怕的选择：要么继续他们的日常活动和生意，被贴上伪君子的标签；要么停止所有这些活动，被指责为狂热分子。领导层一直注意运动的公众形象，建议采取前一种做法：信徒们要过正常的生活，直到末日。

《午夜呼声！》的最后一期报纸，在预期末日之前的10月19日出版。这期报纸包含了很多由衷的信念表达。也许最令人印象深刻的是威廉·尼古拉斯，他刚刚拜访了他的复临派邻居巴克斯特夫人：

> 这是她能够吃点儿东西的第29天。但显然她身体很好，看起来很健康，邻居们说她的体力最近有所增强。她说她没有生病，身体很好。昨天和今天早上，她都出了趟门。[59]

米勒非常谦虚，他估计有5万人相信耶稣将会在1844年复临，而其他人则认为这个数字是美国总人口2 000万中的100万；受人尊敬的美国古文物学会将这场运动的信徒人数定为15万~20万。[60] 10月22日，他们中的大多数人沉着自信地迎接末日，与家人在家中或教堂静静地聚集，并告别那些他们认为无法避免地狱之火的人。海姆斯从波士顿前往罗汉普顿，与米勒一起迎接救世主。

米勒和海姆斯劝诫他们的追随者，要按照圣经的指令"你们去做生意，直等我回来"（《路加福音》19:13）进行日常活动。尽管有这样的建议，但 1844 年春天，许多人并没有播种庄稼，或者有的播种了但没去收割，以此表达他们的信仰。有些人结束了自己的生意，敲响了公共警报，并不再让孩子们去学校。有些人更进一步，把自己商店和面包店的东西都送给了别人。还有一些人把自己的大部分钱和世俗财产都送给了别人。[61] 复临主义的报纸报道说，有几十个人在野营集会上供认了自己的罪行；当信徒们试图把钱送人时却没有成功，钞票散落在讲坛上。信徒们放弃了自己数千美元的债权；纽约立法机构宽恕了一名议员，以便他能为世界末日做准备；在罗切斯特，一名妇女供认了几年前在英国犯下的谋杀罪，并要求被送回那里受审。[62] 根据一部 19 世纪的费城综合历史：

> 米勒教堂位于伍德和卡洛希尔之间的朱利安娜街上，在那里，米勒的追随者们日夜相聚，望着星星和太阳，祈祷并警告执迷不悟者"审判日就在眼前"。他们中的许多人开始以很低的价格出售土地和房屋。其他人则捐出个人物品，结束生意或腾空房屋。在第五街的一家商店里，栗子树的上方有一块标语牌，上面写着："这家商店为了致敬王中之王而关闭，他将在 10 月 20 日左右出现。准备好，朋友们，给他加冕万王之王！"[63]

主流米勒派非常平静地等待 10 月 22 日的到来，他们对末日神学所产生的狂热感到忧虑：

> 随着日期的临近，受骗的人们放弃了所有事情，只给自己安排各种集会，在附近的私人住宅里日日夜夜地集会。他们几乎完全忽略了自己的世俗事务，有些人甚至让幼儿自己

照顾自己，或者由那些不那么痴迷于集会的人来照顾。⁶⁴

预期的复临日对整个社会的影响大大超过了对信徒的影响，因为每一个坚定的米勒派肯定会面对几个不信仰的人，随着10月22日的临近，每当起风或天色变暗时，这些不信仰者就会想，他们是不是不应该下这个赌注。在纽约的伊萨卡，一名男子被"着火"的喊声惊醒，他经过调查发现，起火的源头是一个基督复临派的会议厅，他对于"米勒派圣殿着火了，而不是全世界着火了"表示宽慰。⁶⁵

这次事件之后，20世纪20年代初，一位名叫克拉拉·恩迪科特·西尔斯的接受私人家庭教育的美国北方贵族，对米勒运动感兴趣，并通过在报纸上发布广告来征求这一事件的第一手资料。她收集了大约160个故事，将其编入一本名为《幻想的日子》(*Days of Delusion*)的书中，这本书极大地加深了现代人对米勒运动的疯狂的印象，尽管历史学家已经得出结论，其中的许多故事（如果不是大多数的话）通过父母、祖父母、阿姨和叔叔80年的滤化，可能已经被渲染，或者显然是不真实的。

尽管如此，西尔斯收集的故事中仍有几个主题始终如一：许多米勒信徒在山顶上等待，还有少数信徒在墓地等待。许多故事也确实像是真实的：西尔斯的一位上了年纪的联系人，在1844年时还是一个小女孩，她记得曾向一位邻居女孩求助，这位女孩的父母都是米勒信徒，她想请这位女孩帮忙做饭。这位女孩的父母告诉她，女孩正在为被提做准备，她问："若这没有发生，她能在一周后过来吗？"她后来回忆说："尽管我很小，但我永远不会忘记她脸上的恐惧表情，以及她那双蓝色大眼睛里充满的泪水。"

西尔斯的另一个故事来自一个热心的米勒信徒，他讲述了唯一神教派的牧师西奥多·帕克和诗人拉尔夫·沃尔多·爱默生的对话。爱默生说："世界末日不会影响我；没有它，我可以继续生活。"帕克回应说:"这与我无关,因为我住在波士顿。"[66]

西尔斯的书中最令人难忘的一个故事,描述了米勒信徒们穿着白色"升天长袍"等待升天的情景,以及他们从树上跳起后掉下来摔断脖子和四肢,有时还使用了自制翅膀的情景。这些情节虽然看似可信,但很可能是复临派反对者宣传的结果。

批评家们还指责米勒主义导致精神病院住满了精神病患者,但这也可能是虚构的:宗教思想经常会带一点儿精神分裂症特征,它是一种常见的紊乱症,但新英格兰地区的精神病院记录本上,只在少数情况下提到了米勒主义。[67]此外,一位米勒信徒将自己所有的世俗财产都送给了别人,他的亲人很合理地试图把他关起来。1843年,一个叫普尔的信徒,为了支付从波士顿到西部说服别人皈依和传播圣经的旅费而花掉了自己的财产,他的一个兄弟把他骗到家中并试图将他送进精神病院,但他被他的复临派旅伴救了出来。[68]

10月22日是个硬目标,10月的失望比春天的失望更强烈地打击了信仰者。他们的集体绝望压倒了一切。据米勒所说:"似乎所有的恶魔都从无底深渊中释放在我们身上。"[69]据该运动的一位长老路易斯·鲍特尔观察:

> 10月22日过去了,那些忠实和渴望的信徒感到难以言表的悲伤;那些不信仰的人和恶人却在欢喜。一切都依旧。复临前兆没有了;以前的集会没有了。每个人都感到孤独,几乎不想和任何人说话。大家像是在寒冷的世界里!上帝不会来的!任何语言都无法表达出一个真正的复临派信徒的失望之情。只有那些经历过的人才能加入这个话题。这是一件丢脸的事,我们都有同感。除了询问"我们在哪里"和"下一步怎么办"以外,大家都在沉默。

救赎失败受到了广泛的鄙视。许多复临派教徒都是废奴主义者威廉·劳埃德·加里森的追随者,而加里森却说他们患有"一种可悲的大脑幻想,现在已经清楚地证明是这样的",这格外令人感到刺痛。(加里森另有企图,他认为米勒运动抢走了废奴运动的人员和资源。)[71]

信徒们受到了大大小小的侮辱,从小男孩们嘲讽"你还没有上升吗?"到对海姆斯的严重欺诈指控(波士顿的一家报纸建议他避免在街上露面)。

在这些指控中,海姆斯是无辜的。他主动提出,如果有人有任何关于他欺诈的证据,那么他将提供4倍的还款(但没有找到任何证据);他找到了一些证人,这些人撤回了之前对他渎职的错误陈述;他还让银行证明他的私人财产很少。[72] 随后,海姆斯积极组织对那些在复临中疏忽个人和经济事务的人进行经济救济。"大失望"①的直接后果是,暴徒洗劫并烧毁了会堂,闯入集会并挥舞枪支挑衅。1845年1月29日,米勒被罗汉普顿浸信会逐出了教会,这对米勒本人是一种极大的侮辱。

与多萝西·马丁的追随者一样,复临派教徒对这种强烈的认知失调做出了各种各样的反应。斯诺与马丁女士以及她最忠实的追随者们一样,加倍努力,坚持认为末日即将到来。斯诺的顾问乔治·斯托尔斯则恰恰相反,他否认了自己之前的信仰。

其他人有两种应对方式。第一种,最终成为最重要的一种,是"灵化"论,由来自纽约州北部的一位名叫海勒姆·埃德森的米勒派人士提出。埃德森声称基督在10月22日采取了行动,不过是以簿记模式,而不是以末日模式。他没有回到地球,而是进入了"至圣所",正辛苦地将人类分为粗俗和善良两类。最终,他将完成名单设定,然

---

① 后来人们把米勒对基督复临的预言失验事件称为"大失望"。——译者注

后才回到地球做最后的判决。

10月22日"大失望"的第二种应对认知失调的方式是"闭门"论。持这种观点的人认为耶稣还没有复临,但已经在10月22日那天,对那些没有看到光明的人关闭了极乐城之门,耶稣只会拯救选民,也就是他们。而且,作为选民,他们的"圆满"赋予他们各种性特权,从"淫乱的洗脚礼"到"圣洁的亲吻",再到精神婚姻的最终肉体回报。[73]

米勒,就像他经常做的那样,采取了一种微妙的、界限不清的方式,躲躲闪闪、支支吾吾,最后将责任归咎于现有历史数据不精确;末日肯定会到来,但由于计算的不精确性,它可能发生在长达数年之后。

此时,他已经精疲力竭、病入膏肓。他徘徊了5年后最终死去。精力充沛、精明强干的约书亚·海姆斯试图将这场运动凝聚起来。10月22日的承诺对他来说只是一个务实事件,而不是神学信仰,因此他很快就改变了立场。他拒绝进一步做任何日期设定,并试图压制他所鄙视的"灵化"论和"闭门"论。这激怒了诸如斯诺那样的"闭门"人,斯诺谴责米勒和海姆斯将会因叛教而下地狱。[74]

海姆斯不可避免地失败了;米勒派会众萎缩,报纸订阅量急剧下降,运动分裂得无法修复。斯诺的正统派很快就消失了;以海姆斯和米勒为代表的主流群体承认了他们的预测错误,但仍然相信即将发生的耶稣复临。海姆斯本人逐渐远离了这场运动,最终回归到童年时代的信仰——主教制度主义。

和16世纪的再洗礼派一样,一小部分的"灵化"者幸存下来,并发展出一个和平的现代教派——基督复临安息日会。今天的基督复临安息日会是一个温和的现代主流团体,交际保守,鼓励素食主义,遵守严格的安息日禁令。该教派依然宣扬耶稣复临,但并不确定复临日期,这是可以理解的。[75]

但幻想的复临派末日论余烬从未熄灭。"大失望"一个半世纪后,一个脱离复临安息日会的小教派，大卫·考雷什的大卫支教，引发了美国宗教史上最悲惨的事件。

正如心理学家利昂·费斯汀格描述的那样，日期设定会产生一种内在的不稳定动态。预言越精确，就越有说服力；前几次的预言没有实现，由此产生的认知失调鼓励信徒们以更大的活力和精准度宣讲自己的信仰，从而吸引了更多的信徒；最后，一个大胆而精确的预言出现了，这个预言肯定会失败，然后动摇大多数追随者，只留下一小部分顽固的信徒。费斯汀格的研究解释了米勒事件，但他的描述不仅适用于宗教信仰，还适用于政治和文化信仰：

> 尽管有一个限度，超过这个限度，信仰的失验将很难被承受，但很明显，引入相反的证据有助于增加信仰者的信念和热情。[76]

主流基督教派再也不会犯错去进行日期设定了。正如宗教历史学家欧内斯特·桑登所说：

> 米勒事件几乎摧毁了整整一代的美国前千禧年主义者……但把注意力集中于1843年时，米勒也引入了一个可能会摧毁这场运动的因素……米勒在1844年之前越成功，就意味着1844年之后的千禧年主义者传道越困难。美国人花了很长时间才忘记威廉·米勒。[77]

但是，仍有一些人无法抗拒将《圣经》的模糊语言转化为精确预言的冲动。20世纪，米勒的神学继承人学会了对末日发生日期含糊其词，但事实证明他们依然过分地热衷于末日的发生；正如米勒及其追随者忍不住要从《圣经》中推出一个确定日期一样，他的现代追随者们总是尝试做一件事，即将当天的报纸头条事件外推到看似合理的末日叙事中，但不可避免地都失败了。正如多萝西·马丁的飞碟一样，每一次的认知失验都会产生更多的信仰归附和更离奇的叙事。

令人担忧的是，这些叙事将对那些控制世界末日机器的人[①]产生巨大的影响。

---

① 控制世界末日机器的人：指政治家和军事家。——译者注

弹性货币政策的灾难
泡沫与崩溃的四个前提

> 人们在最快乐的时候，都是最轻信的；当人们刚刚赚了很多钱，当一些人真的在赚钱，当大多数人认为他们在赚钱，此时就是人们最快乐的时候，也是捏造谎言的最巧妙时机。人们在这样一小段时间里几乎会相信任何事情。
>
> ——沃尔特·白芝浩[1]

1929年初秋，温斯顿·丘吉尔在加拿大进行了一次悠闲的私人火车旅行。10月24日，黑色星期四，他抵达纽约，正值那个秋天第一次股市大暴跌，他在那里看到，"就在我房间的窗户下，一位绅士从15层纵身跳下，摔得粉身碎骨，引起一场严重混乱，消防队也赶来了"。第二天，丘吉尔被邀请进入纽约证券交易所的访客大厅，他在那里注意到：

> 我以为我会看到混乱；但眼前的平静和有序出人意料。（证券经纪人）被最严格的规则约束，不能奔跑或提高说话的音量。于是，他们就在那里，来回走动，就像一段被扰乱的蚂蚁群的慢镜头影像一样，以旧价格的1/3和现值的

1/2互相提供大量的证券。凑在一起较长时间后，他们发现没有人能买得起他们被迫卖出的股票。²

此后不久，他乘船回家，没有意识到4年前他在财政上的一窍不通①与眼前发生的重大事件之间的联系。不过，这次股票崩盘事件确实影响了丘吉尔，摧毁了他的投机性投资组合，使他负债累累。他个人的不幸却给后世带来了一线希望：为了偿还债主，他开始依赖自己最可靠的饭票——他的笔。在接下来的10年里，他创作了一些优秀的书籍、许多文章，甚至还有一部剧本。

将丘吉尔1929年之前的政治生涯形容为"起起落落"未免有些轻描淡写。作为第一次世界大战期间的海军大臣，他曾大力支持加利波利之战，之后的惨败导致数千人死亡，他也被降级。10年后，首相斯坦利·鲍德温没有意识到丘吉尔对财政一窍不通，任命他为财政大臣（相当于英国的财政部长）。（丘吉尔是这样描述他与财政部专家的互动的："如果他们是士兵或将军，我就会理解他们在说什么了。但好像他们说的都是波斯语。"）³

经济学家在讨论金融泡沫时，最常提到的名字是海曼·明斯基。20世纪50—80年代，明斯基在经济学界扮演了一个奇怪的角色——一个长头发的反传统主义者，他认为资本主义从根本上是不稳定的，他是一个现代的、更理智的卡尔·马克思。他比任何一个20世纪的观察家都更好地理解和描述了泡沫及其破灭的病理生理学，认为泡沫及其破灭需要具备两个必要条件：利率下降带来的信贷宽松，以及激动人心的新技术的出现。

---

① 4年前，首相斯坦利·鲍德温任命丘吉尔为财政大臣。但是丘吉尔本人对财政和货币一窍不通，在任内推动了英国重新采用金本位制，为货币通缩埋下了祸根。——译者注

首先是利率。第一次世界大战前，英镑纸币可以以每盎司 4.86 美元的价格自由兑换成黄金主权硬币，纸币持有人相信有足够数量的黄金满足任何需求。由于英镑似乎坚挺，因此将英镑兑换为黄金的人相对较少；毕竟，持有一大块黄色金属有什么用呢？但是，当英国开动印刷机、用印钞的方式来支付战争费用时，不断增加的纸币数量侵蚀了人们对纸币的信心，持有者越来越希望将纸币兑换成黄金。

战争结束后，由于英国的黄金数量几乎不足以支付纸币，英国不得不暂停兑换，以免贬值纸币的持有者耗尽国家的黄金储备。但是，1925 年，丘吉尔按照旧价格恢复金本位制，这一举措是灾难性的。被高估的英镑使英国国内商品更加昂贵，从而减少了出口；此外，人为的高汇率也使外国商品更便宜，从而鼓励了进口；到 1926 年，英国的黄金储备下降了惊人的 8 000 万英镑（占其总量的 10%）。[4]

自美国诞生以来，美国和英国的政府官员就建立了密切的私人友谊，而在这个关头，这种关系——世界上两位最重要的央行行长美联储主席本杰明·斯特朗和英格兰银行行长蒙塔古·诺曼之间的友谊，却被证明是特别不幸的。

提高英镑价值和阻止黄金外流的最可靠方法是降低美国利率，这可以使以英镑计价的资产相对更具吸引力。1927 年，斯特朗这样做了，从而帮助诺曼摆脱了困境，但这只是暂时的。当时的美国已经处于经济繁荣时期，在丘吉尔即将结束其北美之行、到达纽约之际，低利率引发了一股投机热。

到了 1929 年，发达国家已经习惯了周期性的金融动荡。漫不经心的观察家和历史学家经常将这些繁荣和萧条称为疾病，而医学模式确实有助于了解该类事件中的患者和疾病，不管是个人事件还是社会事件。

医生从三个基本视角来理解疾病：病理生理学视角，即疾病过程的生物化学和生理学基础；解剖学视角，即受影响的身体部位；症状和体征视角,即病人的感觉和医生看到的情况。

我们可以用同样的方式理解泡沫和崩溃。例如,它们的病理生理学,涉及人类心理的反复无常和现代银行系统信贷供应的不稳定性。它们的解剖结构由"4P"组成,即发起人(promoters)、公众(public)、政客(politicians)和媒体(press)。最后,它们的症状和体征包括对几乎不劳而获的财富的迷恋——一种具有社会传染性的迷恋,发起人的傲慢,以及公众对他们的崇拜。[5]

根据海曼·明斯基的理论,泡沫膨胀不仅需要1927年本杰明·斯特朗降低利率所产生的那种信贷宽松,还需要激动人心的新技术的出现。这样的技术进步出现在科学或工程领域,比如19世纪的铁路;或者出现在金融领域,比如17世纪和18世纪的合股公司。[6]新技术或金融产品可以是股票、房地产或者其他工具,投资者为它们的出现而激动,开始向它们投入资金。由于这些资产也可以成为贷款的抵押品,因此资产价格的上涨意味着投机者可以以资产作为抵押品,借更多的钱继续购买这些资产,这进一步抬高了价格,然后他们又能够借更多的钱——这是一个自我强化的"良性循环",但只限于上升时期。因此,狂热、恐慌和崩溃从1600年左右开始成为西方生活中长期反复出现的一部分,这绝非偶然,因为那个时候首次出现"技术替代"和弹性纸币信贷。

今天,技术替代可以采取多种形式。令人目眩的科技进步速度似乎是现代生活的一个永恒特征:仅仅在20年前,如果人们被告知世界范围内的个人视频通信将无处不在且几乎免费,那么人们会难以置信。就在20世纪40年代,即使是年富力强的人也经常受到霍乱、伤寒、细菌性肺炎和脑膜炎等常见细菌性疾病肆无忌惮的折磨,这与他们财富的多少和社会阶层的高低无关。但在发达国家,在青霉素等抗生素出现后,这些灾难极其罕见。

相比之下,在1600年之前,缺乏技术是一个被接受的事实。在印刷机出现之前，许多技术进步都轻易地丢失了，因为手工抄写文档如此费力和昂贵，没有足够的副本流传下来。此外，低识字率意味着工匠们往往无法记录他们的技术，这些技术也随着工匠的消失而消失。例如，罗马人发明了混凝土，但混凝土的使用实际上随着帝国的灭亡而消失；直到1756年，约翰·斯梅顿才重新揭示了波特兰水泥的秘密。

1450年左右，谷登堡发明了批量生产的可移动式印刷机，消除了技术进步的这一特殊障碍，但其他障碍仍然存在；1600年以前，西方的人均GDP几乎没有增长，东方也是直到很久之后才有增长。

1620年，哲学家弗朗西斯·培根出版了他的《新工具》①一书。在培根之前，科学家被称为"自然哲学家"，他们通过亚里士多德的"演绎"法，从公理出发发展自己的模型，所有进一步的推理是以不可置疑的公理为基础的。在这一体系中，可观察到的事实几乎是事后补充上的。

《新工具》本身就是一种技术替代，它有双重作用。首先，它认识到旧的亚里士多德式的演绎推理体系压制了人类进步；其次，它提出一个可行的替代方案——一个"归纳"过程，即仔细收集经验性数据，然后将数据与理论相匹配——这才是现代科学方法的本质。接下来几代人的时间里，培根那些有才智的继承者，如胡克、博伊尔和牛顿（仅举几个例子）成立了伦敦皇家自然知识促进学会（现在简称为英国皇家学会）。这催生了整个欧洲的类似群体，科学发现开始惊人地加速。[7]

17世纪不仅诞生了科学方法，还有第二次社会革命，即弹性货

---

① 《新工具》(*Novum Organum Scientiarium*)，英语名称为 *The New Organon*。在书名上，培根有意针对"逻辑之父"亚里士多德的《工具论》，试图提供一种与之不同的、注重经验和实验的归纳法。——译者注

币的出现。大多数美国人误解了一个概念，以为货币就是由政府颁发的绿色纸张，一种"可以支付所有债务，包括公共债务和私人债务的法定货币"，或者，在过去是一种印有字样的金银小圆片。但是，在古代，几乎任何东西都可以是货币：一定标准的小麦、油，或者随着时间的推移，白银出现。一直到公元前7世纪中期，小亚细亚的吕底亚人才铸成第一枚琥珀金币，那是一种金银的混合币。

今天，我们生活在一个完全不同的世界。在美国，只有1/10的货币是流通纸币和硬币；政府和银行计算机的按键输入创造了其余部分的货币。例如，银行发放抵押贷款时，不会采用运动包里装满印有亚历山大·汉密尔顿、本杰明·富兰克林和各种已故总统照片的绿色亚麻布①的形式；相反，它会向贷款公司发送一个电子包。这些支票或电子包肯定没有相应数量的纸币和硬币作为支持，更不用说金、银或牛作为支持了。

这种信用体系在今天被称为"部分准备金银行体系"，由17世纪的金匠们创立，在之后的几个世纪里变得越来越有弹性。早期银行如果发行远高于2∶1的存款准备金率的凭证，就有可能遭到储户挤兑，被要求归还资金。随着银行联盟和政府运营的中央银行的发展，商业银行的这一比率增长到约10∶1，投资银行的这一比率可能会更高。存款准备金率上升的幅度取决于消费者和投资者想借多少钱，银行愿意贷多少钱，以及越来越多地取决于政府监管机构允许多少杠杆。[8] 扩大准备金率的一个恰当的比喻就是橡皮筋：1913年美国国会立法规定，建立联邦储备银行就是要完成"提供弹性货币"的任务。[9]

21世纪初的房地产市场是一个完美的海曼·明斯基范式案例。2000年之前，房地产市场相当平静、稳定和沉闷，银行只向最安全

---

① 指美元纸币。美元纸币材料是由一定量的棉花和亚麻混合制成的，整体呈现绿色。——译者注

的借款人提供抵押贷款，即那些信用记录良好、收入稳定、几乎没有其他债务、所需贷款额远低于房屋市值的借款人。因此，这样的借款人几乎总是能按时还清抵押贷款，违约率很低，银行也获得了适中的利润。

然而，银行经理们开始注意到，一些竞争性银行机构的贷款要求比较宽松，其可以为更多的借款人提供服务，从而赚更多的钱；最终，几乎所有银行都效仿了这一做法。大约在同一时间，另一种现象开始流行：银行向华尔街公司出售抵押物，这些公司将抵押物打造成越来越冒险的组合，如债务抵押债券。这就是所谓的贷款证券化，它将房主抵押贷款违约的风险从最初比较了解初始借款人情况的银行，转移到容易上当受骗的机构和世界各国政府，而这些机构和政府并不了解最初的借款人情况。

贷款标准的降低蔓延到整个银行系统，违约率开始上升。起初，抵押品标的房屋的价值上升，银行和抵押贷款证券的持有人基本没有遭受过损失，因为他们可以将违约人的抵押物没收并转售获利。但从约2007年开始，不断增加的被迫出售的房源压低了房价，银行和证券持有人开始亏损；最终，有的破产，有的得到了联邦政府救助。最后，所有银行都收紧了贷款标准。银行贷款的收缩进一步降低了房价，迫使房主抵押贷款违约。

这一过程不仅发生在美国，而且发生在全球。在房地产泡沫的前五年，大约在2002—2007年，似乎一个人只要活着，就有资格抵押贷款；而泡沫破灭后，银行恨不得数一下贷款申请人有几颗金牙，以确定贷款资格。类似地，消费者、投资者和潜在房主对偿还债务的兴趣比对获得贷款的兴趣大得多，因此信贷供应和货币供应量都下降了。

明斯基于1996年去世。他告诉我们，上述周期是弹性货币体系的必然结果。在弹性货币体系中，不管是政府的中央银行（例如美联储）还是私人银行，都可以扩张和收缩货币供应。此外，他认为，这种货币扩张和收缩几乎发生在市场经济的所有领域，不仅发生在住房领域，也发生在企业管理以及股票和债券市场。

明斯基著名的"金融不稳定假说"指出，当金融环境比较安全稳定时，资金必然将逐渐从安全的借款人处转移到风险越来越高的借款人处。最终事情将失去控制，导致上述那样的风险爆发，这使得放款人和投资者更加谨慎，循环重新开始，这一过程大概每十年发生一次。简言之，稳定带来不稳定，不稳定带来稳定，放款人的周期性恐惧和贪婪循环着经济系统。[10] 当然，这还要有间歇性贪婪的借款人，否则贪婪的放款人将缺乏客户。

虽然明斯基没有明确指出，但他的直觉告诉他，除了"技术替代"和信贷宽松之外，另外两个因素也必须满足：对以往繁荣和萧条的遗忘，以及对传统和审慎的投资方法的放弃。

记忆缺失是金融不稳定假说的隐性因素。金融危机过后，损失惨痛的记忆依然历历在目，银行家和投资者都回避风险；前者只提供最安全的贷款，而后者不愿购买股票。随着市场慢慢复苏，不愉快的记忆逐渐消失，参与者又愿意面对风险，不稳定周期重新开始。

引发金融狂热的最后一个因素，是放弃头脑冷静的金融计算，转而采用引人入胜的叙事。当人类面临困难或不可能完成的分析任务时——比如评估一家从未产生过利润更不用说股息的公司——他们默认回到更简单的分析方法，也就是心理学家用"启发式"一词所表示的心理捷径。

当人类面对具有挑战性的或不可能解决的难题时，就会采取"启发式"方法。过去几十年中，心理学家把对这种方法的理解扩展到金融领域，尤其是金融狂热。20世纪40年代，密歇根大学的匈牙利心理学家乔治·卡托纳开始研究经济学和人类心理的交叉领域，开创了与经济（行为）相关的心理学测度。他不仅创立了现在正广泛使用的消费者情绪指数，还取得很多其他方面的成就，密歇根大学也成为心理学研究的温床。

密歇根大学的另一个开拓性研究领域是决策理论。这引起了以色列研究员阿莫斯·特沃斯基的注意[11]，特沃斯基特别聪明，认识他的人喜欢拿他的智力开玩笑："你越快地意识到特沃斯基比你聪明，你就越聪明。"[12] 密歇根大学的研究人员认为，人类是熟练的直觉统计专家——直至今天也有很多经济学家这样认为；就像我们毫不费力就可以掌握语法和句法规则一样，人类也很好地掌握了统计和概率。

起初，特沃斯基也认为上述说法是合理的，但当他与来自耶路撒冷希伯来大学的院士丹尼尔·卡尼曼辩论时，他被对方说服。1970年前后，两人进行了一系列著名的实验，彻底改变了经济学家和心理学家看待决策的方式。他们证明，不仅普通人具有糟糕的统计直觉，甚至心理学家也是这样。[13] 在一项经典研究中，他们这样介绍了他们的目标主体：

> 史蒂夫非常害羞和内向，乐于助人，但对人或现实世界不感兴趣。他有一个温顺整洁的灵魂，要求秩序和结构，对细节感兴趣。

然后，卡尼曼和特沃斯基询问受试者，史蒂夫最有可能是农民、推销员、飞行员、图书管理员还是医生？大多数人选择图书管理员，因为上面的描述最符合人们对图书管理员的刻板印象。然而，现实中农民的人数比图书管理员多20倍，而且有很多害羞的农民，因此史蒂夫更可能成为他们中的一员，而不是图书管理员。[14]

他们还发现，人类存在广泛的系统性分析错误，有些甚至是由最聪明的人犯的，仅举几个例子：无视基础频率（例如，没有意识到农民比图书管理员多得多）；没有意识到大样本比小样本更可靠；对人类从随机数据中感知不存在模式的倾向估计不足；没有理解在连续多次尝试时、任务结果通常都会趋向于一般水平。① 实验结束时，他们对人类可悲的理性状态深感失望：

> 也许令人惊讶的是，人们未能从一生的经验中推断出基本的统计规则，如趋向平均值的回归，或样本大小对抽样变异性的影响。尽管在普通生活里，每个人都会接触到许多可以归纳出这些规则的例子，但很少有人能自己发现抽样和回归的原理。15

他们的实验揭示出人类天生的认知懒惰性。与其停下来严格分析史蒂夫最有可能从事五种职业中的哪一种，不如回到以下捷径：史蒂夫符合图书管理员的刻板形象——这就是故事的结尾。16

很显然，卡尼曼和特沃斯基的发现与金融泡沫相关。1720年的南海公司、1928年的美国无线电公司、1999年的Pets.com② 或今天的特斯拉，这些公司的投资者没有尝试对高预期未来收益的股票价值进行估计，因为这几乎无法估计，而是默认回到了简单的启发式方法："南海/美国无线电/Pets.com/特斯拉是一家伟大的公司，它将改变世界，因此人们几乎值得为此支付任何价格。"

---

① 丹尼尔·卡尼曼与以色列飞行教练的合作实验是一个典型的"回归均值"现象的案例，飞行教练错误地认为对好或坏表现的表扬或责骂是有效的，而事实上，这些表现主要是出于偶然。因此，教练的叫喊与飞行学员表现出来的"改善"无关，只是随机表现不佳，随后又"恢复到平均水平"。参见丹尼尔·卡尼曼的《思考，快与慢》。

② 销售宠物食品的网站，成立于1998年8月，吸引了大名鼎鼎的投资者，例如亚马逊，并在2000年2月的IPO（首次公开发行）中筹集了8 250万美元，但由于经营亏损严重，在上市短短9个月后申请破产，成为史上寿命最短的上市公司之一。——译者注

卡尼曼、特沃斯基和其他研究人员还发现，最有力的启发法之一是人类对显著性事件的敏感性，即过分强调引人注目的事件。"9·11"袭击是一个极端例子，它是过去半个世纪中具有决定性意义的美国事件，造成近3 000人死亡。"9·11"后，即使是只导致一人死亡的恐怖袭击也会成为头条新闻，但媒体基本上没有注意到普通枪支暴力、类鸦片或车祸导致的个人死亡事件，尽管在美国，这三类事件每年都导致3万多人丧生。[17] 美国人死于恐怖袭击的概率远远小于死于雷击的概率，然而，美国在反恐问题上投入的资源远远多于防止因枪支、车祸和毒品造成的十几万人的死亡而投入的资源。（类似地，任何打算去以色列旅游的游客都可能会被朋友或家人问到是否担心恐怖主义，尽管自2005年以来，以色列人死于交通事故的平均概率是死于恐怖袭击的20倍。）[18]

卡尼曼和特沃斯基将上述的显著性谬误称为"可用性启发式"；人们更有可能在地震或洪水发生后立即购买保险。很自然地，他们将之称为"近因启发式"。

简言之，人类是显著性事件的俘虏，这以各种不同的形式适用于金融狂热。一项新技术能给人们带来激动人心的新鲜感，比如能够以每小时数百英里的速度环绕地球飞行，或者能够瞬间将娱乐活动或时事带入家庭，这种新鲜感非常显著——直到这种新鲜感消失。

近因启发式扭曲了投资者对长期事实的看法：如果股票价格在过去几年一直上涨，他们就会认为它会永远上涨；随着股价攀升，股票变得更具吸引力，从而推动股价进一步上涨。这将成为一个自我持续的"良性循环"，可以将股价推向高位。当然，在长期熊市期间，情况正好相反。

和大多数经济学家一样，明斯基对心理学不太感兴趣，但他清楚地认识到人类对叙事的偏好超过对定量推理的偏好。人们都喜欢好故事；当被泡沫控制时，当面临不愉快或难解的计算时，一个引人入胜的叙事可以轻松地绕过严格缜密的分析。把这些叙事看作导致泡沫疾病扩散至整个社会的病原体,并不算过度简单化。

我们只需要稍微扩展一下上文中弹性货币的比喻,便很容易理解泡沫是如何破灭的。想象一根直径一英寸、长几百英尺的橡皮筋。橡皮筋周围聚集着数百名观察家,他们中的大多数人只是在闲逛。不过,他们中有几十人正在努力把橡皮筋拽长。继续想象,橡皮筋长度的不断增加给拽动的人带来了财富;随着时间的推移,这吸引了更多闲散的人群。他们中更天真的成员相信橡皮筋可以一直被拽长;但很多人知道它迟早会剧烈收缩,计划在第一次出现收缩迹象时就放手,并相信自己知道什么时候该放手;也就是说,他们已经准备好松开它。

最终,一些人松手了,这增加了剩下的人的压力。然后,那些准备好放手的人也匆忙放手,很快,橡皮筋不仅恢复到它的自然长度,而且卷曲成一个紧密的线圈。最后,一些聪明的观察家发现,皱巴巴的线圈很容易被再次拉长,于是循环又开始了。

到20世纪20年代,海曼·明斯基的4个条件都已经确立。

第一次世界大战后,五项技术进步震撼了人类生活。19世纪末的内燃机是其中第一项发明,并促进了另外两项发明:莱特兄弟发明的飞机和汽车的普及。汽车的普及使人们可以随意长途旅行,到1925年,超过1/3的美国家庭拥有汽车。[19]

第四项发明是无线电。1895年,古列尔莫·马可尼在意大利农村地区成功将莫尔斯电码字母"s"传输至几公里外。随后20年里,这项昂贵的新技术被私人保留,用于传输私人敏感信息和有价值的信息;在美国,无线电甚至主要用于一个领域——海上通信,因为事实证明,海上通信比在陆地上以及通过海底电缆在大陆之间通信更可靠、更便宜。

1915年,马可尼电报公司的一名雇员戴维·萨诺夫写了著名的《广播音乐盒备忘录》,建议公司向公众开放广播媒介,"通过无线方式将音乐带入家庭"。萨诺夫做了一些努力才让马可尼将他颇有利润的私人媒介向公众开放。1919年，马可尼电报公司和通用电气公司合并成立美国无线电公司，到1920年，匹兹堡的KDKA和底特律的WWJ这两个最早的无线电台开始运营。音乐会、体育赛事和突发新闻有史以来第一次实现现场直播；毫无疑问，在改变日常生活方式上，无线电所起到的作用与电报和互联网的发明和传播并驾齐驱。

将乔治·伯恩斯和格雷西·艾伦[①]的表演，或1921年杰克·邓普西和乔治·卡彭蒂耶之间的重量级拳王争霸赛的消息带进美国各个家庭的客厅，这比20世纪90年代初互联网的出现更让人震惊。美国无线电公司开始成为投资者的宠儿，到20世纪20年代末，当有人提到"无线电"这个词时，它最可能指的是股票的昵称，而不是媒介或硬件。

第五项技术进步涉及电力公司的快速扩张，这些公司越来越多地为美国家庭提供照明，为工厂提供动力。尽管约翰·摩根和他的同事们在一代人之前就已经合并了通用电气公司[②]，但通用及其竞争对手们用了几十年的时间才使国家完全通电。

所有这五项"技术替代"——内燃机、飞机、汽车、无线电和广泛可用的电力——刺激了20世纪20年代经济的蓬勃发展。此外，亨利·福特的批量生产技术和弗雷德里克·温斯洛·泰勒的影响也是如此。泰勒是一位机械工程师，从19世纪末开始，领导了"效率

---

① 乔治·伯恩斯是美国著名的喜剧演员，格雷西·艾伦是他的妻子兼表演搭档。他们几乎跨越当时所有的流行领域：歌舞杂耍表演、广播、电影和电视。——译者注
② 1889年，美国摩根财团开始出资帮助爱迪生的研究工作，并推动爱迪生将各项业务整合，成立了爱迪生通用电气公司。1892年，在约翰·摩根的主导下，爱迪生通用电气公司与汤姆森-休斯敦电气公司合并为通用电气公司。新公司由汤姆森-休斯敦公司的董事长查尔斯·科芬领导，爱迪生则黯然出局。——译者注

运动",将秒表转变为工人生产力和企业收益的驱动力[①]。1922—1927年,美国的工人产出以每年3.5%的速度增长,公司股东很高兴;但公司员工的反应不那么热情。[20]由于泰勒带来了很大的影响,"泰勒主义"进入了英语词汇;具有讽刺意味的是,它得到了列宁和斯大林的支持,但在美国并不总是得到称赞,特别是在迅速发展的工会运动中。

20世纪20年代,美国出现了第二个明斯基因素——信贷宽松。明斯基知道,技术替代不仅可以是技术方面的,也可以是金融方面的。20世纪20年代产生了大量金融杠杆方面的"进步",如经纪人贷款、投资信托和控股公司,它们都提供了新的、强大的资金来源。这些资金可以被借入,然后被配置到股市。在越来越多的美国人看来,这些资金更像是能喷出财富的源泉。正如经济学家约翰·肯尼斯·加尔布雷思所说:"金融界一遍又一遍地欢呼这一类似于车轮发明的伟大创新,但其版本往往不太经受得起考验。"[21]

20世纪以前,股票市场杠杆的主要形式是以较少的初始认购金购买股票,之后以追缴金的方式完成剩余资金额的追加。贪婪的投机者认为,他们可以通过出售这些部分持有、正在升值的股票去支付之后的追缴金;少数幸运者做到了,但大多数没有做到,而且许多人破产了。

相比之下,20世纪20年代的投机者则是全款购买股票,不过是用借入资金购买的,有时借入资金高达股票价值的90%。举个例子,

[①] 泰勒经常做的就是让拿着秒表的管理者记录工人工作中的动作、程序和间隔休息时间,找出一个工人"正常"工时的标准定额,并据此发放工资。主要针对的是当时工人"磨洋工"现象大量存在,导致企业生产效率低下的情况。泰勒提出的科学管理理论是管理思想发展史上的里程碑,但泰勒思想中对工会的排斥和科学管理在实施中被滥用的状况导致了工会力量对科学管理运动的抵制和反对。——译者注

投资于价值为1 000美元的股票，需要用100美元的自有资金和900美元的"经纪人贷款"支付。如果这些股票的价值增加10%，现在值1 100美元，那么偿还贷款后留给投机者的是200美元，从而使他原来的100美元投资翻了一番。但是，如果股票的价值下降10%至900美元，债权人就会向借款人发出"追加保证金通知"，要求借款人提交更多的资金来保护其900美元的贷款。如果资金不到位，那么贷款合同允许债权人出售头寸，以保护其900美元的贷款。经纪人贷款并不便宜；随着股票价格的上涨，对贷款的需求也随之增加，到1929年，贷款年利率已提高到15%，从而逐渐增加了股票购买者的负担。

除了最乐观的投机者，其他人都至少隐约意识到了股票投机的风险。但对银行来说，经纪人贷款本身似乎是100%安全的，银行以5%的利率从美联储获得资金，并以该利率的两倍或三倍向投机者发放贷款，这是一种简单且利润丰厚的操作。金融资本的主要功能是将资金有效地从资金过剩的人手中转移到需要资金的人手中，泡沫会扭曲这种流动，从而腐蚀一个国家的经济；20世纪20年代，不少大公司将维持和发展业务所需的资金转移到保证金贷款市场，这正是一种扭曲。[22]

我们从经纪人贷款的高利率，可以清楚地看出美联储要安全刺破已形成的泡沫有多难。即使在今天也很难。1929年，在理论上，美联储是可以阻止经纪人贷款流动的，只要把再贷款利率提高就可以；但由于银行和企业的贷款利率已经达到两位数，如果美联储将再贷款利率提高到几乎和贷款利率一样高，那么这在经济上将会是灾难性的。即使政府要求经纪人贷款提高利率，这也不会对热情的投机者产生太大影响，因为他们的净资产（至少在账面上）正在以更高的速度增长，在一个自我维持的循环里，昨天的价格上涨推动了明天继续上涨。美联储发现，自己就像从山上飞驰而下无法自控的滑板手，只有两种选择：故意撞到树上，或者继续深蹲向前，然后以更高的速度撞树。美联储选择了后者。（1929年10月的最初崩盘确实抑制了对经纪人贷款的需求，使经纪人贷款利率降至7%。）

20世纪20年代，金融狂热也感染了当时已经稳定运行的投资信托机构。18世纪末，荷兰商人亚伯拉罕·范·凯特维奇创建了大概是世界上的首个共同基金——"团结创造力量"①，它是一个可对公众发行的投资集合，汇集了欧洲各地和新大陆种植园的企业股份。[23] 在接下来的一个世纪里，投资信托的概念传遍了整个欧洲，特别是苏格兰。到了1893年，随着波士顿个人财产信托的成立，投资信托的概念又传到了美国。这些保守运作的基金通常可以像股票那样交易，按需买进和卖出。在20世纪20年代创立的信托投资公司中，有几个至今仍存在：美国通用投资公司、三角洲公司、亚当斯快递公司和中央证券公司。

另一个信托公司——高盛交易公司却没能幸存。高盛公司是直到泡沫后期才涉足投资信托业务的，1928年12月，它出资成立了高盛交易公司。最初，交易公司比较谨慎；它直接持有所有的股票和债券，也就是说，没有杠杆；此外，母公司高盛保留了该交易公司90%的股票所有权，只向公众出售了其中的10%。用今天的术语来说，高盛交易公司可以被认为是由先锋或富达②建立并持有几乎所有股票的简单的共同基金。

高盛交易公司很快就不再保守。几个月后，它与高盛旗下的另一个公司——金融实业公司合并。市场如此泡沫化，1929年2月，就在合并后几天，新组建的高盛交易公司的价值就达到其持有证券价值

---

① 该基金以荷兰共和国的格言"Eendragt Maakt Magt"命名，字面意思是"团结创造力量"，这句话既是荷兰共和国的座右铭，也是对多样化投资的简明支持。——译者注
② 美国先锋集团和富达投资集团是美国最大的两家投资管理公司。——译者注

的两倍；相当于将一美元的钞票以两美元的价格向公众出售。

大多数公司都会对这样的结果感到高兴，但高盛公司还不满足，随后它回购了自己的股票，这进一步提升了其股票价值。此时，高盛公司开始以极度膨胀的价格向公众出售其持有的交易公司股票。接着，交易公司迅速投资成立了一个新的信托公司——谢南多厄公司；而谢南多厄公司在荒谬层上又堆起了一层荒谬，它发起成立了第三级信托公司——蓝山公司。正如加尔布雷思所说：

> 该信托公司的优点在于，它使公司发行在外的证券数量与现有公司资产数量几乎完全分离。前者可以是后者的两倍、三倍或任意倍数。[24]

在著名的高盛大厦内，谢南多厄和蓝山各自发行了普通股和"可转换优先股"，后者本质上与债券相同，每年需要向其持有者支付6%的利息。这两个信托公司事实上利用其可转换优先股为自己提供经纪人贷款，根据加尔布雷思的描述，这种"乘数"放大了普通股的价格波动。

按照普通标准，杠杆作用并没有那么大：谢南多厄的股票中只有约1/3是债券式可转换优先股，这一比重在蓝山的股票中不到1/2。但这两个公司杠杆的乘数，以及高盛交易公司处于上层所有权结构的乘数，破坏了局势的稳定。谢南多厄控股蓝山，但只有在蓝山的可转换优先股持有人获得6%的利息支付后，谢南多厄才获得支付；同样，交易公司控股谢南多厄，但只有在谢南多厄的可转换优先股持有人获得利息支付后，交易公司才能获得支付。因此，当沿着金字塔向上方的交易公司移动时，价格波动幅度成倍增加。而同时，交易公司也承担着自己的股息债务。例如，谢南多厄只向其普通股股东支付了一小笔股息，到1929年12月便永久停止了支付。

高盛公司的信托船队是为风平浪静的海洋设计的,只要价格上涨,航行就会顺利。但几乎就在这三个信托公司成立后不久,天就变了,这些公司按照与创建相反的顺序陆续倒闭:首先是蓝山,然后是谢南多厄,最后是交易公司。

杠杆结构产生了毁灭性的影响。1929年底,道琼斯工业指数已经从10月的崩盘中有所回升,比9月的峰值"仅"下跌了35%。但相比之下,这三个信托公司的股票下跌了75%左右。到1932年中期的市场低点,道琼斯工业指数下跌了89%,信托指数下跌了99%,仅在高盛的这三个信托公司中,公众承担的总损失就约为3亿美元。就在1929年8月和9月,美国各大公司发行了价值超过10亿美元的类似的投资信托基金,这在那个时代是一个惊人的数字,其中大部分基金到1932年已经蒸发。[25]此时大萧条已经开始,并将持续,直到第二次世界大战。第二次世界大战作为一个巨大的公共工程项目,推动了经济活力的恢复。[26]

到1929年,第三个因素——对上一次泡沫的健忘——也已牢固确立。上一代人确实经历了两次市场下跌。第一次是1907年的恐慌,是一次相当奇怪的事件。它的触发事件其实是一次失败的股票投机,但其规模非常小。两兄弟、铜矿巨头奥托·海因策和奥古斯塔斯·海因策,试图操作一桩复杂的计谋,即尝试对他们的联合铜业公司的股票进行轧空操作,但彻底失败了。[①]

奥古斯塔斯·海因策还拥有蒙大拿州的一家小银行——比尤特储蓄银行,该银行也随着失败的轧空操作而破产。1837年,安德

---

① 卖空者从所有者处借入股票,然后将其出售给第三方,期望稍后可以以稍低的价格回购股票,进而偿还给原所有者。而轧空者则试图从卖空者最终需要回购股票的这一行为中获利:轧空者买进足够多的股票,从而抬高了股票价格;卖空者不得不高价买入股票。最后轧空者获得了巨额利润,卖空者则蒙受巨额损失。

鲁·杰克逊总统对第二合众国银行实施了"安乐死"[①]，使得美国在私人贷款枯竭时没有"最后贷款人"来提供急需的资本。由于各大银行之间相互借贷，其中一个银行的失败会像多米诺骨牌一样蔓延；如果没有央行出面救助，那么温和的衰退可能会演变成全面的恐慌和萧条。19世纪30年代末就发生了这样的金融危机，那是美国历史上最严重的金融危机之一。

1907年，海因策的银行的倒闭拖垮了规模更大的银行，并最终将股价压低了约40%，直到约翰·摩根"画出一条线"——在这条线之上的银行是他认为有偿付能力的银行，因此值得支持，在这条线之下的是允许倒闭的银行，此时，恐慌才停止。出于历史巧合，摩根生于1837年，也就是美国最后一个中央银行关闭的那一年；1913年，随着重建中央银行的《联邦储备法》通过，摩根去世。在世76年的大部分时间里，他都扮演了美国央行行长的角色。1893年经济萧条耗尽美国财政部黄金储备时，正是他策划挽救了美国的金本位制。

1929年之前的第二次市场衰退发生在第一次世界大战结束时。这场战争提振了美国股市，但随着农产品价格的下跌，股市投机很快被绝望替代：1919年夏天，股票市场达到顶峰，之后的一年里，股票价格逐渐下降了约1/3，当然这一时期产生的丰厚股息可以抵销一部分的价格下跌损失。[27]因此市场的下跌相对温和。

在第一次世界大战之前的美国，只有富人才拥有股票，因此1907年恐慌和1919年股价下跌都没有给公众留下太多持久的印象。到1929年，新的投资者被内燃机、飞机、汽车、无线电和电力带来的奇迹吸引，忘记了之前的泡沫。

---

① 如本书第5章所述，美国总统杰克逊反对建立中央银行，并于1837年美国第二合众国银行许可证到期时拒绝了它的延期申请，这使得当时的美国没有中央银行。——译者注

产生泡沫的第四个因素是对保守的传统股票估值方法的放弃。美国在第一次世界大战中所需要的资金，部分来源于数十亿美元的自由债券发行，收益率为 3.5%～4.5%。在这一过程中，普通的美国人被引入证券市场。自由债券充当了公众投资的"训练轮"，并提供了安全而适度的回报率。

政府债券可以被视为安全资产的基准，或者说，政府债券的收益率是金融经济学家所谓的"无风险利率"。几个世纪以来，投资者购买股票完全是为了股息，而由于股票有风险，为了吸引买家，股息收益率必须高于相对安全的政府证券的收益率。例如，乔治·哈德森必须向其铁路股票的买家承诺，股息收益率远远高于英国政府债券 3%～4% 的收益率。与英国同行一样，理性的美国投资者不要求也不期望从股价上涨中获益，但他们希望获得比安全的政府债券更高的平淡但稳定的股息流；第一次世界大战前，美国的平均股票收益率在 5% 左右。[28] 到了 20 世纪 20 年代，人们普遍认为，股票应该以年收益的 10 倍左右卖出，以便轻松地收回成本。

今天，不管是不是明智的投资者，都认为公司利润和股价的长期上涨是理所当然的，因此可以容忍低得多的股息支付。但在 20 世纪之前，很少有持续的股价上涨，除非是最成功的公司。即使在最顺利的情况下，股价涨幅也很小。例如，英格兰银行和东印度公司是英国早期最成功的两家合股公司，即使是这两家精心挑选的公司，1709—1823 年，其股价平均每年也仅上涨 0.7% 和 0.6%。[29]

那么，那些最有成就的投资者是如何评价美国无线电公司的？到 1929 年金融危机时，美国无线电公司还没有产生任何股息，而且，它在 1937 年之前都没有产生股息。[30] 到 20 世纪 20 年代末，投资者显然认为该公司前景光明，但他们没有工具为它估计一个合适的价格，以支付该公司未来的预期利润。再过 10 年，欧文·费雪、约翰·伯尔·威廉姆斯和本杰明·格雷厄姆等金融经济学家就会推导出计算股票或债券内在价值的复杂数学方法，特别是那些具有高度投机前景的股票或债券的内在价值的计算方法。这种估计未来所有股息价值并将其"贴现"到即期的技术，就是所谓的"股利贴现模型"。这种模型即使到今天也很难被普通投资者理解，此外，其准确性也非常有限，甚至连专业人士也经常抵制它。[31]

20世纪20年代，随着无线电、汽车和飞机的发展，技术环境的不断完善，公众很容易相信旧的证券评估规则不再适用。正如20世纪伟大的投资者约翰·邓普顿所说："英语中最昂贵的一句话是'这次不一样'。"①

本杰明·格雷厄姆在记述那段时间时说：

> 按照股市繁荣前的标准，股票的销售价格是其平均年收益的10倍；而现在，如果公用事业公司的一只股票的销售价格达到其最高年纪录收益的35倍，那么大家不会认为该价格太高，而会认为仅仅是估值标准提高了……因此，所有的价格上限都消失了，股票的价格不是取决于它能够卖出的价格，而是取决于它值得卖出的价格……这个原则将得出一个诱人的推论：在股票市场中赚钱是现在世界上最容易的事情。[32]

到了1929年，卡尼曼和特沃斯基的各种启发式，特别是那个时代新技术的显著性、证券价格的飙升以及信贷的宽松，已经压倒了对

---

① 这句话是金融界中重复次数最多的一句话之一，例如，卡门·莱因哈特和肯尼斯·罗格夫的国际经济学领域经典之作《这次不一样》（普林斯顿大学出版社，2009年版）。这句话主要归功于邓普顿，但有时也归功于戴维·多德，后者是本杰明·格雷厄姆的合著者。但我无法找到这个引用的确定来源。

证券价格的理性分析。

经济学家马克斯·温克勒说得最简单。股市崩盘后,在提到最新的股利贴现模型时,他敏锐地观察到,20世纪20年代的股市不仅贴现了远期,也贴现了未来。[33]

致富空想的破灭
1929 年大萧条

和密西西比公司、南海公司和英国铁路泡沫等事件一样，对 1929 年美国股票崩盘事件的剖析也涉及"4P"：发起人、公众、政客和媒体。

20 世纪早期，塞缪尔·英萨尔继承了约翰·劳和乔治·哈德森的衣钵，创建了一个工业巨人企业，为美国的大型工厂提供动力，为数百万家庭提供照明。

他出生于 1859 年的伦敦，父亲是一名中产阶级平教徒传教士和禁酒旅馆店主。英萨尔十几岁时主要忙于文员和速记员的工作，和那个时代许多雄心勃勃的年轻人一样，他崇拜托马斯·爱迪生。在失去一家伦敦拍卖行的工作后，他看到爱迪生旗下的一家英国电话公司的招聘广告，非常高兴，并成功地应聘到那里。

他的上司很快就发现，英萨尔的办公技能远远超过了速记和簿记。几年后，公司选中英萨尔去美国总部工作，他回应说："如果能成为爱迪生本人的秘书，我就去。"为了看起来比实际的 21 岁成熟，他开始留鬓角。1881 年初，他横渡大西洋到了爱迪生身边，在那里工作了 11 年，并在公司的各个职位上一路晋升。

越来越多地，英萨尔的命运不仅与爱迪生捆绑，还与支持爱迪生的约翰·摩根捆绑。那时，正值摩根在社会影响力和对技术的敏锐性方面达到了个人顶峰，作为一名早期电力爱好者，他在麦迪逊大道219号的家里安装了爱迪生的第一个白炽灯泡。在当时没有电网的情况下，这是一项不小的成就。后来摩根资助建设了曼哈顿第一座大型发电厂和输电线路，弥补了没有电网这一缺陷。

对爱迪生来说很不幸的是，由于低压直流系统不适合长途传输，爱迪生通用电气公司的市场份额逐渐被汤姆森－休斯敦电气公司占据（其建造了交流高压电网）。汤姆森－休斯敦电气公司由电气工程师伊莱休·汤姆森和埃德温·休斯敦于1882年创建，是爱迪生通用电气公司的竞争对手。从1883年开始，爱迪生通用电气公司逐渐走向终结，因为当时英国发布了一项变压器专利，该变压器能够"降低"住宅用长距离交流输电线路中的高压电流。美国西屋电气公司很快采用了这项专利，并在公司里部署了汤姆森－休斯敦公司的交流电系统。

1892年，在摩根投资公司的推动下，爱迪生通用电气公司与汤姆森－休斯敦电气公司合并，这巧妙地避免了爱迪生的公司的倒闭。但爱迪生本人从未承认过交流电的优越性；他一气之下卖掉了他在通用电气的股票，后来，当有人提醒他这些股票会值很多钱时，他说："好吧，都卖没了，但我们花钱时很开心。"[1]

英萨尔是经营电力设施的天才。在公司被合并前的10年里，他逐渐帮助爱迪生吞并了竞争对手，并取得芝加哥地区的垄断地位。[2]但1892年公司合并之后，他不再经营芝加哥公司，也开始无所事事。第二年，他自己接管了爱迪生在芝加哥孤立的各项业务，在那里，他熟练地收购、管理小型公用事业公司，并将其合并为大型公司。到了1905年，他将业务扩展到芝加哥以外的中西部地区；他游刃有余地经营自己的公司，而且那时是为了公众的利益。不断扩大的规模经济使他能够逐步降低行业价格，并引入非高峰低定价策略。由于电力服务对社会日益重要，他支持政府的法定监管，甚至有一次他还建议，

如果他的公司无法为客户提供适当的服务，那么这个工作应该由政府来做。³

如果他将自己的目标仅专注于为工业和城市照明提供电力，那么他仍将被人们铭记。遗憾的是，他对用电客户审慎而正直的关心并没有延伸到公司股东身上。英萨尔早期金融阴谋的典型例子是1912年中西部公用事业公司的上市，其主要目的不是发电，而是为其他业务筹集资金。英萨尔复杂金融阴谋的核心是他以个人身份以360万美元的价格购买了中西部公用事业公司所有的优先股和普通股，然后，转身以360万美元的价格向公众出售了所有优先股和1/6的普通股，这样实际上他自己免费获得了公司5/6的普通股。

和哈德森一样，英萨尔也热心于公益，工作起来像特洛伊人。也和哈德森一样，他慷慨地资助市政项目和艺术项目，包括芝加哥的市民歌剧院，其被当地人称为"英萨尔的王座"。他在芝加哥北部的利伯蒂维尔建造了一个占地4 445英亩①的庄园，居民们"在英萨尔的庄园里建房子，将出生在英萨尔医院的孩子们送到英萨尔学校上学，使用英萨尔灯，用英萨尔煤气烹饪，在英萨尔公路上行驶，在英萨尔银行存钱，在英萨尔高尔夫球场上打高尔夫"⁴。该镇代表了他庞大帝国的缩影。在鼎盛时期，该帝国由很多公司组成，这些公司的发电厂雇用了72 000名工人，为1 000万个客户服务。他是65家公司的董事会主席或成员，并担任11家公司的董事长。⁵

早在1898年，英萨尔就凭直觉认为，在公用事业领域，国家机构的监管比城市运营的竞争更为可取。到第一次世界大战时，公用事业公司完全在政府监管之下，主要归功于英萨尔本人对该行业的引领。⁶政府监管限制了公司的利润，但就像之前的哈德森一样，英萨

---

① 1英亩≈4 046.86平方米。——编者注

尔明白，最大的财富不在于提供商品和服务，而在于为商品和服务提供资金。

英萨尔控股公司的复杂性超出了大多数观察者的理解能力，甚至可能超过了英萨尔本人的理解能力。他将数百家公司层层叠加，底层公司有时又部分地控股顶层公司。历史学家兼记者弗雷德里克·刘易斯·艾伦的一小段描述可以展现英萨尔的鲁布·戈德堡机械①般的复杂结构：

> 缅因州的小安德罗斯科金电力公司由安德罗斯科金公司控制；而安德罗斯科金公司由缅因州中部电力公司控制；缅因州中部电力公司由新英格兰公共服务公司控制；新英格兰公共服务公司又由国家电力公司控制，国家电力公司又由中西部公用事业公司控制。7

当时，代表公司所有权和控制权的中西部公用事业公司普通股，由英萨尔的私人公司公用事业投资公司持有，因此共7个层级的公司。于是，杠杆作用呈多倍增加，不仅仅是撇奶油②，用艾伦的话来说，还有来自多个组织层级的"超级富豪奶油"和"超超级富豪奶油"。8 到1928年，英萨尔的这种拜占庭式的公司结构几乎已经不是个例，而是规则。当年，在纽约证券交易所上市的573家公司中，92家为纯控股公司，395家为控股和经营性公司，只有86家为纯经营性公司。9

---

① 鲁布·戈德堡机械：指被设计得过度复杂的机械组合，以迂回曲折的方法去完成一些其实非常简单的工作，例如倒一杯茶或打一个蛋等。设计者必须计算精确，令机械的每个部件都能够准确发挥功用，因为任何一个环节出错，都极有可能令原定的任务无法完成。——译者注
② 撇奶油：从鲜奶中撇取乳酪，指取其精华、获取厚利。——译者注

为了以虚高的价格向公众出售公司股票，必须创造盈利的幻觉。英萨尔有一套与布朗特和哈德森相当的金融骗术，其中最著名的就是让他的公司以不断上涨的价格相互购买资产，然后将每笔购买业务的利润都入账。就好像丈夫以 1 500 美元的价格将之前 1 000 美元入手的雪佛兰汽车卖给妻子，而妻子则以同样的方式将她的福特汽车卖给丈夫，这样每人都获得了 500 美元的收益。

与之前的布朗特和哈德森，以及之后的互联网巨头一样，英萨尔受到公众和媒体的崇拜。20 世纪 20 年代，他威严的照片两次登上《时代》杂志封面；与他在大陆银行前见一面据说价值 100 万美元。[10]

英萨尔的销售员们推动了这场杠杆式闹剧最后一幕的出现。1929 年初，经过专门训练的销售队伍开始首次向公众出售其顶层公司英萨尔的公用事业投资公司的股票，最初的售价是英萨尔为其资产支付的价格的 10 倍，后来随着人们对该公司的热情高涨，其售价超过了 30 倍。英萨尔的公司结构就像高盛信托一样，是为繁荣时期设计的。任何经济波动都会削弱电力公司支付债券利息和优先股（对公司收入享有优先权）分红的能力，而这又将严重影响其普通股的股息和价格。普通股股东通常以保证金形式认购股票，他们的净资产也将受到影响。这一过程随着英萨尔控股公司的金字塔结构逐层加速。

这正是 1929 年以后发生在英萨尔和他的 60 万股东中的大部分人身上的故事。与哈德森一样，英萨尔始终对自己的计划坚信不疑，公司股价在漫长而艰难的 1929—1932 年熊市中缓慢跌落直至崩溃。他借了数百万美元，试图用他的多层公司结构来抬高公司股价，但徒劳无功。1932 年 4 月，就在股市最终触底前的 3 个月，他的银行家们把他召集到纽约的一家办事处并告诉他，他们将不再支持他。"这意味着公司要进入破产管理吗？"他问道。"是的，英萨尔先生，恐怕是这样。"[11] 这对投资大众产生了巨大的损害；一份会计报告估计，到 1946 年，一场围绕中西部证券公司破产的持久法律争论终于结束时，公众损失数额会达到 6.38 亿美元。[12] 而到那一年，股票市场已基本恢复；因此 1932 年股市崩盘时，在接近市场最低点的时候，公众遭受的损失肯定达到了数十亿美元。

英萨尔最后的经历和他的控股公司一样错综复杂，与哈德森的垮台过程遥相呼应。在破产数月后，他因与出售公用事业公司股票有关的邮件欺诈而被起诉，逃往法国，当政府试图将他带回受审时，他又逃往希腊，因为希腊与美国的引渡条约已经商定但尚未签字生效。但雅典当局忽略了这一瑕疵，无论如何还是把他经由土耳其送回了美国。[13] 回到美国，他再次出现在《时代》杂志封面上，这一次帽子遮住了他的脸。他被剥夺了大部分财富，但仍然可以组织起强有力的法律辩护团队，对他的多项指控最终被击败了。回到法国时，已是 78 岁高龄的他痛苦而虚弱，瘦得不成样子。1938 年 7 月 16 日，在巴黎的一个地铁站，当他把手伸向售票员时，突然心脏病发作而死去，口袋里只有几个法郎。由于他心脏不好，他的妻子曾一再警告他不要乘坐地铁。[14]

在巨大的债务规模中，英萨尔的控股公司的债务只占相对较小的一块。正如密西西比、南海和铁路事件那样，20 世纪 20 年代末的美国股票狂热以一种极端的乐观情绪感染了民众和商界，导致其过度借贷。[15] 1922—1929 年，美国的全国总债务增长了 68%，但全国总资产仅增长 20%，收入仅增长 29%。[16] 在崩盘之前，债务的增长速度可能一直快于经济的其他方面。私人债务增长尤其迅速；与政府不同的是，个人和公司不能通过征税或印钞来消除债务，而且由于个人和公司是 20 世纪 20 年代债务的主要引擎，因此，当事件爆发时，其债务承担带来的负面影响也尤其大。

20 世纪 20 年代泡沫事件的另一个主要发起人是股票池，它通常是一个由经纪人和金融家组成的特设小组，他们按照精心设计的顺序相互买卖股票，操纵特定公司的股价，旨在引起小投资者的注意。他们聚集在券商大厅的股票报价器和黑板前，得出某只股票已"被控制"的结论，也跟随买入，进一步推高价格。

股票池的关键人物是股票交易所的场内"专家"：他是在交易所场内为公众买卖股票的经纪人，保存着一本珍贵的客户买卖"订单簿"，这能够预测未来的股票走向。当订单簿上的公开购买订单列表足够庞大时，股票池的参与者就会将自己的股票出售给那些由股价暴涨引来的投资者，并获得数百万美元的利润。

最臭名昭著的股票池集中在无线电领域，例如众所周知的美国无线电公司，其参与者似乎是美国政界和商界的名人：杜邦和通用汽车公司的财务主管约翰·J. 拉斯科布，美国钢铁公司的最高领导者查尔斯·施瓦布，沃尔特·克莱斯勒，佩尔西梅·洛克菲勒，伍德罗·威尔逊总统的前助手约瑟夫·塔马尔蒂。内线交易在20世纪20年代并不违法。对现代读者来说，另一个名字很突出：戴维·萨诺夫夫人，美国无线电公司总裁的妻子。

然而，有史以来最伟大的股票池经理应该是约瑟夫·P. 肯尼迪①。经常有一些传说，将肯尼迪家族的财富与私酒交易联系在一起。不过，没有可靠证据支持这一点，而且无论如何，非法制造烈酒对一个哈佛经济学毕业生来说并不是一个理性的职业选择。他的血统更适合华尔街。在那里，他通过传奇般的股票池操作积累了一笔财富，后来又将这笔财富扩展到好莱坞和房地产等领域。

正如19世纪40年代乔治·哈德森在铁路领域的庞氏骗局式融资——用新股东的资本支付旧股东的股息——在那时是可以接受的，也是合法的，20世纪20年代的股票池行为也是如此，在1933年和1934年的相关证券法②通过之前，这种公然操纵股价的行为没有被禁止。

---

① 约瑟夫·P. 肯尼迪：美国第35任总统约翰·肯尼迪的父亲。——译者注
② 指1933年的《证券法》和1934年的《证券交易法》。——译者注

金融狂热的第三个和第四个解剖位置是政客和媒体，这两个部分巧妙地集中在约翰·J.拉斯科布身上。拉斯科布的父亲是一个雪茄制造商（经营规模中等），于1898年去世。之后的拉斯科布与英萨尔一样好运，成为工业巨头皮埃尔·S.杜邦的私人秘书，并最终成为这家大型化工公司的财务主管。1920年，杜邦拯救陷入困境的通用汽车，拉斯科布接管了通用汽车的财务。20世纪20年代后期，拉斯科布成为股票爱好者，参与了一些最成功的股票池。[17] 1928年，民主党任命他为全国委员会主席。

然而，拉斯科布最让人印象深刻的是一次臭名昭著的采访，采访文章名为《人人都应该富有》，并发表在《女性家庭杂志》1929年8月刊，当时该杂志的订户已超过200万。其中最臭名昭著的一段话正解释了文章标题的主旨：

> 假设一个男人23岁结婚，并开始每月定期储蓄15美元——几乎任何一个有工作的人都可以做到，只要他足够努力。如果他投资于优质普通股，并将股息和股权进行再投资，那么20年后他将至少有8万美元，以及每月约400美元的投资收入，这样他会很富有。任何人都能做到这一点，所以我坚信任何人不仅可以富有，而且应该富有。[18]

拉斯科布的这段话，是泡沫时代媒体对不费吹灰之力的财富的经典赞歌，巧妙地说明了即使是两大著名公司的首席财务官也会采取启发式捷径。如今，我们只要借助资产负债表或财务计算器，并且具备一定的能力就能计算出，20年里将每月15美元的储蓄转化为8万美元需要25%的年平均回报率；但1929年，这一计算更加困难。虽然拉斯科布可能拿出了他的铅笔、纸和复利表，但事实上他没有提到25%这一隐含的长期投资回报率（这一数字即使在1929年也高得离谱），很可能他只是凭空说出了这些数字。

像拉斯科布这样的政客，在泡沫及其破灭中扮演着双重角色。首先，和其他人一样，他们也陶醉于追求不费吹灰之力的财富，就像1719—1720年的乔治一世国王和奥尔良公爵以及铁路泡沫时期的大部分议会成员一样。之后的几十年，现代政治廉洁和立法遏制了这种腐败，至少在发达的西方国家是如此，这让政治领导人有了更为神圣的责任，即要保证经济基本健康发展：在经济扩张时期，没有过度投机，而在经济收缩时期，国家领导人能够平稳地避免任何担忧或恐慌。

20世纪20年代时也是如此。在1928年共和党大会上，赫伯特·胡佛在提名演讲中庄严地吟诵道："今天，我们美国比以往任何时候都更接近于最终战胜贫困。贫困家庭正在从我们中间消失。"[19]经济崩溃后，胡佛和他的财政部长安德鲁·梅隆一再向公众保证经济"基本上是健康的"。胡佛还开创了一种在面临经济危机时的反应，其将成为现代世界各国领导人的标准反应，被约翰·肯尼斯·加尔布雷思称为"无事由会议"：在这种会议上，国家的政治、金融、经济领袖都被召入白宫，"不是因为有事要做，而是因为有必要给人留下正在做事的印象"[20]。

有可能实时发现泡沫吗？

现代金融的伟大进步之一，是芝加哥大学的尤金·法玛提出的有效市场假说。20世纪60年代，尤金·法玛认识到，金融市场能够快速将新信息——市场变故——转化为价格。但市场变故是无法被预测到的，因为我们也不可能预测到未来的价格方向。

而且，有效市场假说认为，当前市场价格能够准确反映现有信息，因此狂热不应该出现。正如法玛尖锐地指出："坦率地说，'泡沫'这个词让我发疯。"[21]

有效市场假说的支持者对泡沫的厌恶是可以理解的；现代金融学的核心是构建和测试市场行为模型。艾萨克·牛顿所谓的"我能计算天体的运动，但不能计算人类的疯狂"很容易被理解，但它揭示了一个更深层次的事实:牛顿是有史以来世界上最伟大的数学建模者之一,如果连他都不能用数学术语来描述泡沫,那么也许没有人能做到。

耶鲁大学的罗伯特·席勒与法玛共同获得了2013年诺贝尔经济学奖。席勒认为,当上涨的价格能够实现自我维持时,泡沫就会出现,用他的话说就是,"当价格也被狂热传染的时候"[22]。尽管所有泡沫都是如此,但仅凭这一现象无法识别泡沫,因为投资者一直在到处追逐当前高回报的资产。然而,像1719—1720年、19世纪40年代和20世纪20年代那样的大规模泡沫是罕见的,因此仅仅靠每天自我维持的价格上涨这一判断标准,会产生很高的误报率。

最高法院大法官波特·斯图尔特在审理雅各贝利斯诉俄亥俄州案①时遇到了同样的难题。虽然它所涉及的领域不是金融业,但他的方法提供了考虑泡沫的另外一种方式:

> 根据宪法第一和第十四修正案,这一领域的刑法犯罪仅限于"硬核色情物品"。今天,我将不再试图用寥寥几笔就对我所理解的这类物品做进一步的界定,也许我永远无法成功地做到这一点。但是,当我看到它的时候,我就知道是它。[23]

正如牛顿无法模拟人类的疯狂一样,也如法玛教授讨厌"泡沫"这个词一样,斯图尔特大法官这段著名的话表明,尽管他无法从语言

---

① 雅各贝利斯诉俄亥俄州案(Jacobellis v. Ohio)是美国打击色情物品犯罪的司法实践中的重要案例,是关于俄亥俄州有没有权力禁映法国电影《爱人》的诉讼案件。从20世纪50年代开始,关于"色情物品"的法律定义困扰美国联邦最高法院半个多世纪。在该案中,只有"硬核色情物品"才是"淫秽物品",但是什么是"硬核色情物品",一直没有一个确定的标准。大法官的意思是,虽然无法明确定义,但是当他看见物品时,就可以很自然地判断出这个物品是不是硬核色情物品。——译者注

学角度描述什么是硬核色情物品,但他知道它是什么样子的。这同样适用于金融业:即使我们不能对泡沫进行建模,但现在我们肯定已经知道它们是什么样子了。

到目前为止,密西西比公司、南海公司、英国铁路和20世纪20年代的美国股票市场都呈现出4个极具特色的特征。第一个特征是,金融投机成为日常对话和社会互动的主要话题,从坎康普瓦大街和交易巷的人群,到20世纪20年代美国券商大厅的人群。据弗雷德里克·刘易斯·艾伦回忆,在20世纪20年代:

> 一夜之间发财的故事挂在每个人嘴边。一位金融评论员报告说,他的医生发现病人在谈论股票市场时不关心其他任何事情,他的理发师不止一次地用热毛巾打断客户对蒙哥马利·沃德股票前景的描述。妻子们问她们的丈夫为什么这么慢,为什么他们不参与这一切,结果她们的丈夫在当天早上已经买了100股美国亚麻籽公司的股票。[24]

泡沫的第二个特征是,相当一部分通常情况下能力强、头脑清醒的人,现在却放弃了安全、高薪的职业,全职从事金融投机。例如,如果没有当时的金融刺激,那么布朗特和哈德森都会继续成为相对成功的亚麻布经销商。艾伦描述过一位女演员,她把自己在公园大道的住所装修成一家小型经纪公司,"周围摆满了表格、图表和财务报告,越来越多地通过电话进行市场操作,而且越来越沉迷于此",而另一位艺术家"曾经口若悬河地说,只有高更①才会一

---

① 指保罗·高更(Paul Gauguin,1848—1903),法国后印象派画家、雕塑家。在成为专职画家之前,他曾经是法国贝尔丹证券交易所的经纪人,利用业余时间练习绘画。——译者注

边画画,一边宣扬国家贝拉斯·赫斯(一家现已不复存在的邮购商行)的股票价值"[25]。

泡沫的第三个也是最持久的特征是,信徒对怀疑论者的猛烈抨击。20世纪20年代末,如果说有人能够以血统和历史感来表达怀疑并警告公众的话,这个人就是保罗·莫里茨·沃伯格。沃伯格于1868年出生于一个德国犹太家庭,其家族具有中世纪威尼斯的银行背景。在1911年入籍美国之前,他在欧洲金融机构中迅速崛起;1914年,他作为创始成员宣誓就职美国联邦储备委员会。

沃伯格在移民之前曾经见过类似的欧洲泡沫,他知道泡沫的结局。1929年3月,在担任国际承兑银行行长期间,他注意到,股票价格已经完全脱离了合理范围内的估值,并惊恐地指出,贷款数量的激增已经导致"无限制的投机狂欢",这最终不仅会损害投机者,而且"还会导致整个国家的经济萧条"。[26]

这一惊人准确的预测却遭到了公众的强烈谴责。最温和的方式是批评他"过时";还有愤怒的观察家指责他"粗暴抨击美国的繁荣",这些语句几乎与两代人之后抨击互联网泡沫怀疑论者的语句一模一样。[27]

著名投资顾问罗杰·巴布森也有同样的遭遇。他在10年前创办了巴布森学院,1929年9月5日,在该学院举办的一次人数众多的商业会议上,他发表演讲:"迟早会有一场崩盘,而且它可能会很可怕。"与沃伯格一样,他预测会有一场严重的萧条。正是在那天,市场急剧下跌,即所谓的"巴布森崩盘"。沃伯格很容易受到本土主义和反犹太主义的攻击,而巴布森则更容易成为被攻击的目标,因为他之前已经证明了自己是个怪人:他的作品中有一份名为《重力——我们的头号敌人》的宣言,他还成立了重力研究所,其主要目的是发明一种保护盾来抵御重力的致命力量。

如果是在正常时期,那么巴布森的预言顶多会受到温和的质疑。

但当时并不是正常时期。报纸讽刺地称他为"韦尔斯利①的圣人",并指出他先前预言的不准确之处。一家投资公司警告其客户,"我们不能因为某位著名统计学家对市场的不利预测而仓促抛售股票"[28]。

明斯基的健忘症因素通常揭示了泡沫时期的代沟现象;只有年龄足以回忆起上一次繁荣和萧条的参与者才可能持怀疑态度。而他们更年轻、更热情的伙伴会嘲笑他们是守旧派,与经济和金融市场的新现实脱节。简言之,泡沫主要集中在记忆短暂的年轻人领域。

无论是由于何种机制,这些激烈反应都可以理解为弗里茨·海德理论中的平衡和不平衡状态。正如末日信徒的期望那样,没有什么信仰能比不劳而获和无限财富的承诺更令人愉快,信徒也不会轻易放弃这样一个令人安慰的概念。对忠实的信徒来说,阻力最小的方法就是给怀疑论者贴上"不理解"的标签,从而达到平衡状态。

泡沫的第四个也是最后一个特征是极端预测内容的出现,比如南海事件中预测西班牙奇迹般地将其新大陆贸易的垄断权转让给英国、投资100英镑可以获得数百英镑的年度分红,英国铁路事件中预测即将"主宰时空",美国股票泡沫中拉斯科布隐含预测的25%的市场年回报率。

1929年,耶鲁大学的欧文·费雪做出了结束所有预言的预言。也许费雪是那个时代最伟大的金融经济学家,他发展了许多现代数理金融学的理论基础,至今仍受到尊敬。但是,人们更记得他于1929年10月15日在曼哈顿采购代理协会说的话,那是在黑色星期四的9天前:"股票价格已经达到了一个看似永久的高峰状态。"②[29]

没有"阳光查理"米切尔的故事,1929年的崩盘历史就不完整。

---

① 韦尔斯利(Wellesley):位于美国马萨诸塞州,巴布森学院所在地。——译者注
② 费雪认为,虽然股价已经很高,但是以目前或未来的收益衡量是完全合理的。——译者注

英萨尔和哈德森至少为子孙后代提供了重要的基础设施,这些遗产减轻了他们的罪恶。但是,查理·米切尔,这个时代的伟大的金融发起人——和掠夺者——无法得到任何救赎。

和英萨尔一样,米切尔出身卑微。1907年,他成为总部位于纽约的美国信托公司的总裁奥克利·索恩的助手。米切尔就职时正赶上当年的大恐慌,美国信托公司正处于这场风暴的中心,索恩领导这家公司化解了银行挤兑危机。30岁的米切尔作为助手,在整个危机期间投入了大量的时间,经常晚上不回家,睡在老板办公室的地板上。1911—1916年,他开始经营自己的证券经纪公司,随后被纽约城市银行(花旗银行的前身)聘请,为其管理小型股票和债券销售部门——纽约城市公司。

商业银行家履行3项近乎神圣的职能,其对任何资本主义社会都至关重要:保护他人的货币;向企业提供营运资本,否则经济将无法运转;创造货币。相比之下,投资银行家却向公众出售股票和债券,这是一种风险更大、在道德层面更模棱两可的行为。

银行监管机构早就明白它们之间的区别。事实上,监管机构禁止商业银行拥有投资银行。但不能拥有也并不意味着无法控制。通过控制的方式,米切尔和他的银行的律师们设法构建了与纽约城市公司的关系。[30] 简言之,查理·米切尔是一名伪装成女王的军官的海盗,在纽约城市银行旗下航行。纽约城市公司收取了大量费用,成为一家投资银行,其主要职能是向公众出售新发行的股票和债券,进而为公司创造资本。不幸的是,该公司出售的许多股票和债券都是不可靠的,这些证券出售给了那些毫无戒心的纽约城市银行的客户,这加剧了银行的渎职行为。之后,纽约城市公司和银行承销了外国政府发行的更加不可靠的债券。

米切尔在1916年接管纽约城市公司时,该公司在银行总部只占用了一间办公室,只有4名员工。发起人不仅需要公众和客户,还需要媒体。繁荣时期的媒体能带来一大群轻信的新兵。20世纪20年代，杂志专栏作家布鲁斯·巴顿是典型的媒体骗子，他的父亲是一位传教士，曾将耶稣描述为"A-1推销员"。1923年，他写了一篇关于米切尔的吹捧文章，题为《这里有什么其他人做不到的吗？》。在一次采访中，米切尔向巴顿讲述，当他的年轻推销员遇到萧条期时，他会带推销员到银行家俱乐部的顶层去看看下面的人群。"下面有600万人，他们的收入有成千上万美元。他们正在等待有人告诉他们如何使用自己的储蓄。你应该好好看看，吃一顿丰盛的午餐，然后去那里告诉他们。"[31]

米切尔的魅力和干劲、媒体的热情以及20世纪20年代股市的狂热，这些因素都推动了纽约城市公司不断扩大其经营规模；到1929年，该公司雇用了1 400名销售和支持人员，他们分散在58个分支机构中，所有这些人员都通过11 000英里的私人电话线与纽约总部相连（因此现代社会将提供全方位服务的证券经纪公司蔑称为"电线屋"）。面对指责，米切尔发出了几乎不间断的规劝："我们希望能够完全做到，除了童工之外，我们所有的销售人员都是正式员工。"该公司实现了这一抱负，并且实现了更多目标，在20世纪20年代每年承销了超过15亿美元的股票和债券，比任何其他投资银行都多。[32]

该银行向轻信的客户大力推销纽约城市公司的投资银行"专长"。这些客户得到的建议是，购买具有诱人优惠券的债券，以及价格不断上涨的更诱人的股票，以取代传统的低收益但安全的储蓄。

米切尔可能不是证券经纪行业销售大赛的最早发起人，但他将此细化为一门艺术，向获胜的"员工"提供高达25 000美元的奖金（"员工"这个术语并不讨人喜欢，但仍然很自然地用在金融业中）。米切尔的公司非常成功，其卖光了所有的债券。通常情况下，公司和外国政府会争取由投资银行发行其债券，但纽约城市公司通过主动鼓励公司发行更多债券，扭转了这种局面。更为离奇的是，米切尔将销售人员分散到不稳定的巴尔干和南美洲国家,为那些贫困的政府提供廉价资本。

尽管销售人员汇报了秘鲁和巴西的米纳斯吉拉斯州等外国政府的无能和数据造假,而且其几乎肯定会违约,但米切尔和纽约城市公司仍继续向银行的轻信客户出售这些外国债券。

1921年,他从纽约城市公司总裁升任银行总裁,这为他的销售大业扫清了最后一道障碍。文学评论家埃德蒙·威尔逊最好地捕捉到了米切尔的精神,他描述了米切尔派出的推销员,他们"敲开农村各户房屋的门,像那些推销吸尘器或刷子的人一样";20世纪20年代早期和中期,纽约城市公司主要销售债券;慢慢地,随着市场牛市势头增强,该公司将销售重点从债券转向股票,不仅销售负债的亚纳康达铜业等公司的高风险股票,甚至销售银行自己发行的股票,而如果没有该公司与银行合法分离的遮羞布,那么这样的股票本来就是非法的。[33]

1958年,威尔逊描述了米切尔:

> 在10年的时间里,他向美国公众出售了价值超过150亿美元的证券。他向公众出售汽车公司的股票,这些股票现在打了水漂;他向公众出售濒临破产的南美洲共和国的债券;他向公众出售自己银行的股票。1929年10月后,这些股票的价格在3周内从572美元下跌到220美元,最近它们只值20美元。[34]

在这次股票崩盘事件中,米切尔让他的客户财富归零。公众对这一事件的印象集中在10月戏剧性的"黑色日子"上。24日,黑色星期四,摩根大通领导的财团上演了戏剧性的救援,到这天中午,恐慌基本消除。但到了黑色星期一和黑色星期二,即28日和29日,曾在24日拯救了股市的财阀们——米切尔、摩根大通的托马斯·拉蒙特和大通国民银行的阿尔伯特·威金——已经耗尽了勇气和资金。连续两天，股市分别下跌 13.5% 和 11.7%。[35]

到 10 月 29 日收盘时，股票价格已从 9 月的峰值下跌了 39.6%：可以肯定的是，价格下跌幅度比 1973—1974 年、2000—2002 年和 2007—2009 年的价格下跌幅度还要大。此外，到 1930 年 4 月中旬，股票市场又挽回了 2/5 以上的损失。[①]

在 1907 年的金融危机期间，只有少数美国人拥有股票，即使到了 1929 年，也只有 10% 的美国人拥有股票，因此，1929 年的最初下跌对普通民众的直接经济影响相对较小。[36] 但在接下来的几年中，腐败蔓延到了商业活动的心脏——银行系统，经济陷入混乱。到 1932 年中，股票价格从 1929 年的峰值水平暴跌了近 90%。1931 年 12 月 11 日，距离 1932 年中最终触底还有 6 个月（见图 7-1）。一位小投资者本杰明·罗思在日记中写到了投资者的贫困：

> 一位非常保守的年轻已婚男子告诉我，在过去的 10 年里，他成功偿还了房子的抵押贷款。几周前，他又将房子进行了抵押，获得的 5 000 美元贷款用于投资优质股票，且他打算长期投资。我认为两三年后，他将获得可观的利润。人们普遍认为，现在可以以非常有吸引力的价格购买优质股票和债券。困难在于人们手头没有资金。[37]

没有资金的公众是愤怒的公众，就像在 1720 年和 1848 年那样，公众想要证明自己的成功。金融幽默作家弗雷德·施韦德用最简洁的语言描述："赔光钱的客户当然更愿意相信自己是被抢了，而不愿意

---

① 1987 年 10 月 19 日，道琼斯工业股票平均价格指数下跌了 22.6%，这意味着它"仅"从 8 周前的高点下跌了 36.1%。

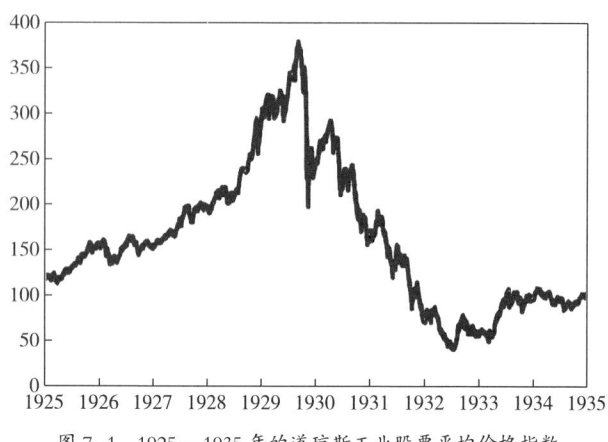

图 7-1 1925—1935 年的道琼斯工业股票平均价格指数

承认自己是在傻瓜的建议下做了傻瓜。"[38] 截至 1929 年，银行拥有 23 万名客户；目前尚不清楚具体有多少客户开立了纽约城市公司的证券经纪账户，但估计至少有数万人，而且可能会更多。[39] 与其他证券经纪人的客户（自愿走进门购买证券）不同，米切尔的客户原本打算找一家安全的商业银行存钱，结果却像是跌跌撞撞地走进了一家妓院。

一个最不可能的人物命中注定地成为查理·米切尔的复仇天使：一位直言不讳的意大利裔美国律师，名叫费迪南·佩科拉，他的父亲是一名制鞋厂工人，因工伤致残，他的受教育时间也因此被缩短。19 世纪 90 年代末，十几岁的佩科拉从大学辍学，以供养父母和兄弟姐妹，但他设法攻读了法律学位。随后的很长一段时间里，他担任纽约市的地方检察官助理，并成功起诉了许多起金融案件。

崩盘和随后的熊市促使美国参议院的银行货币委员会展开了对证券业的调查。委员会从 1932 年开始举行听证会，审问了米切尔和其他许多人。前两名律师的审问毫无效果，于是委员会解雇了他们。

佩科拉在审问工作中的出色表现引起了班布里奇·科尔比的注意。班布里奇·科尔比是一位杰出的律师，曾在伍德罗·威尔逊时期担任国务卿，他向即将离任的共和党委员会主席彼得·诺贝克推荐了年轻的佩科拉。那时,诺贝克正在拼命寻找人来替代他之前解雇的律师。[40]

佩科拉从 1933 年 1 月 24 日开始担任首席律师;他必须全力以赴,因为一开始就远远落后于形势。就在他被聘用 3 周后,他第一次与英萨尔信托公司的人打交道,没占到优势。因此,1933 年 2 月 21 日,当身材高大、颇有气场、皮肤黝黑、极度自信的米切尔大步走进委员会会议室时,这位新任首席律师看上去不可能是他的对手。

但佩科拉很快就找到了自信,主导了听证会并彻底摧毁了起诉目标,历史上将这场诉讼称为"佩科拉听证会"。正如我们见过的,巨额财富的拥有者将受到极大的奉承,这反过来腐蚀了他们的自我意识,当涉及犯罪行为时,这是一个致命缺陷。此外,犯罪企业通常会给其员工洗脑,使员工们认为自己的行为是正常的,甚至是值得赞扬的。

同样的事情也经常发生在金融公司的欺诈行为上。在这些公司里,员工们学着用"符合客户最佳利益"这一借口来合理化自己的行为。有魅力和成功的企业领导者尤其会这样培训员工;正如老话所说,鱼从头开始向下腐烂。打击犯罪的行家佩科拉很快就认识到,米切尔正是这种典型的企业精英,纽约城市公司的作案手法在法律上或道德上没有任何问题,因此,起诉他的最有效方法,是让他解释他是如何领导他的销售人员的。在 8 天的证词中,佩科拉以礼貌、低调的方式,有条不紊地引导着傲慢的米切尔穿过了纽约城市公司销售机构的道德沼泽,并彻底摧毁了米切尔。

米切尔需要支付多少钱才能说服他的销售人员将股票和债券出售给客户?米切尔回答说,不多,每年只有大约 25 000 美元——此时一个美国工人的年均收入只有 800 美元。纽约城市公司如何支付其高管薪酬?根据出售证券的利润,而不是根据这些证券给客户带来的收益。这一体系支付给米切尔多少钱?每年超过 100 万美元——即使是对于那个时代的最高级的管理者,这也是一个闻所未闻的工资水平。

更糟糕的是，1929年，米切尔以低于成本的价格将纽约城市公司的股票卖给了自己的妻子，然后立即又从她那里买回，没有缴纳个人所得税；他还对纽约城市银行的股票进行了典型的股票池操纵；向高级管理人员发放奢侈的可免除"贷款"，但粗暴地对待普通员工，强制性地要求普通员工购买银行的股票，以远高于市场的价格抵销员工的未来工资。当他的普通员工最终付清高价购买的股票时，他便解雇了他们。[41]

当骇人听闻的工资和贷款、逃税把戏和员工受虐充斥着头条新闻时，最初自信的米切尔慢慢意识到自己已经陷入很大的麻烦中。然而，佩科拉的目标更高：他想揭露鼓动客户用借来的钱购买大量风险证券的销售人员（不仅仅是纽约城市公司的销售人员）扭曲的动机，这是让成千上万辛勤工作的美国人破产的原因。他在听证会的第4天开始做这项任务，并展示了该公司如何在有充分的机会接触普通银行存款人名单的情况下，按照销售指导书的措辞，"无情地"向公众出售股票和债券。[42]

听证会的第六天，即2月28日，佩科拉再次转换关注点，关注对个人投资者造成的损害。在听证会之前，委员会已经收到数百封纽约城市公司的破产客户的来信。他们的共同点是谨慎和节俭，购买了政府债券，生活终于可以较为舒适，然后被纽约城市公司的销售人员说服，反复购买高风险股票和债券，最后陷入贫困。

佩科拉挑选了其中最让人同情的一位，即来自宾夕法尼亚州波茨维尔的埃德加·布朗。布朗最近卖掉了一家连锁剧院，出于健康原因想搬到加利福尼亚州，他想寻找一家全国性的金融机构，以获得财务和后勤方面的建议和支持。在一家全国性的杂志上，他看到了这则广告：

> 您在考虑一次长途旅行吗？如果答案是肯定的，那么我们将支付您与我们机构联系的费用，因为您将不再需要当地

银行家的建议，而是将与我们密切联系，我们将指导您的投资。[43]

关键是，该广告是由纽约城市银行发布的，但是纽约城市公司的弗雷德·拉梅尔联系了布朗，要帮助他投资10万美元。布朗积蓄中的大部分是卖剧院所得，其中的1/4已经购买了债券，主要是美国政府债券。布朗对拉梅尔只提出了一个要求：避开股票。

在布朗的准许下，拉梅尔为他购买了各种国内外债券，远远超过了布朗10万美元的储蓄，因此布朗又从包括纽约城市银行在内的多家银行贷款，总计18万美元。当他的债券投资组合甚至在市场崩盘之前就暴跌了的时候，布朗抱怨道：

布朗：然后（拉梅尔）说"好吧，那是你坚持只买债券的错。你为什么不让我卖给你一些股票？"。嗯，股票市场一直在上涨。于是我完全相信了，说"好，那买股票"。

佩科拉：你告诉他买什么股票了吗？

布朗：从来没有。

佩科拉：那他为你买股票了吗？

布朗：我可以开玩笑地回答一下吗——他买股票了吗？

听证会的书记员尽职地记录了一句话："长时间的大笑"。[44]

布朗随后向听证会出示了一份大量购入股票的记录，佩科拉为了减轻书记员的负担，并没有让其记录。布朗讲述了他如何前往纽约城市公司总部，抱怨拉梅尔的账户交易过于激进，以至于尽管股市不断上涨，但他的投资组合的价值一直在下降。他被告知，公司将调查此事，他将得到答复。

布朗确实收到了拉梅尔的回信，但他建议布朗购买更多的股票，包括纽约城市银行的股票;到1929年10月4日,他的投资组合的价值进一步下降。布朗前往纽约城市公司的洛杉矶办事处,要求出售自己的所有仓位①,但接下来,"他们好似把我看作一个想把自己的母亲赶出家门的人,我立刻被那里所有的销售员包围,他们让我知道出售仓位是非常非常愚蠢的"。

该公司终于在10月29日黑色星期二卖出了布朗的股票,当时布朗的保证金已经用完,他一无所有。此外,该公司以最虚假的方式——远低于市场的价格购买了布朗的证券。

布朗,两年前的身价为10万美元(约可折合为今天的150万美元),现在成了贫民。令人惊讶的是,布朗此时想再贷款25 000美元以进一步投机亚纳康达铜业公司的股票,而银行拒绝了,理由是布朗失业又破产。45

1929年以前,那些成功的商界人士几乎具有被膜拜的地位,成为国家利益的最终仲裁者;但1933年后的一段时间里,佩科拉听证会将华尔街列为头号公敌,还将"银匪"②一词引入了美语词汇中。这个词在两代人之后的2007—2009年全球金融危机中又死灰复燃。

听证会于3月2日结束,也就是富兰克林·罗斯福就职典礼的前两天。现代经济史学家认为罗斯福的竞选口号是银行大规模倒闭的重要原因,特别是他威胁要让美元相对黄金贬值的言论,而他最终也实施了这一政策。46 公众渴望报复,听证会后的两个月内,米切尔因涉嫌欺诈而受审。与布朗特和哈德森一样,米切尔可能没有做任何违犯证券法的事情,那时的法律比较宽松,因此所有的指控都不成立,他

---

① 仓位是指投资人实际投资和实有投资资金的比例。举个例子:某人有10万元用于投资,现用了4万元买基金或股票,那么仓位是40%。如果10万元全买了基金或股票,那就是满仓。如果基金或股票全部卖出,那就是空仓。——译者注
② 银匪(bankster):银行(bank)与匪徒(gangster)组合的词,指以银行管理为名侵夺存款的不法分子。——编者注

被无罪释放。当然他必须与政府解决补税问题。在接下来的20年里，他甚至重新获得了一些财富以及体面的社会地位；他最后的住所在第五大道，现已成为法国领事馆。

正如两个世纪前南海股票崩溃后发生的那样，相关法律的修改姗姗来迟。在听证会之后的15个月内，罗斯福签署了一整套受佩科拉委员会启发的证券立法的文件，包括严格区分投资银行和商业银行的《格拉斯-斯蒂格尔法案》；1933年和1934年的相关证券法，分别规范证券的发行和交易；1940年的《投资公司法》，主要监管金融顾问和投资信托（当今共同基金的前身）。

美国证券交易委员会是根据1934年的《证券交易法》设立其规定的机构。金融界最大的讽刺之一是，美国证券交易委员会的第一任专员正是曾经股票池的完美操纵者约瑟夫·P. 肯尼迪。当有人向罗斯福指出肯尼迪不适合担任此职位时，罗斯福调侃道："只有小偷才能抓住小偷。"[47]

弗雷德·施韦德以其特有的幽默，从当代视角对此次崩盘事件进行了解释：

> 1929年，有一列火车的奢华车厢，每周早上都会到达宾夕法尼亚车站。当火车停下来时，一直在打桥牌、读报纸、攀比财富的百万富翁们从车厢前端走了出来。靠近车厢门的地方放着一个银碗，里面有很多硬币。那些需要5美分换乘市区地铁的人会拿走一枚。他们不需要用任何东西来交换硬币；这根本不算钱，就像羽毛牙签一样免费提供。只是5美分而已。
>
> 1929年10月的突然崩盘有很多解释。我更喜欢的解释是耶和华之眼，愤怒的上帝正好在10月碰到了那个碗，在可以理解的突然恼怒中，耶和华踢翻了美国的金融结构，

结果就是碗里的硬币永远消失了。⁴⁸

阿尔伯特·爱因斯坦有一句名言，复利是宇宙中最强大的力量（实际上这句话并不是爱因斯坦说的）。事实并非如此。健忘才是宇宙中最强大的力量。佩科拉听证会后短短两年，弗雷德里克·刘易斯·艾伦就预见性地观察到了这一点：

> 圣乔治攻击巨龙，受到热烈的赞扬①；但总有一天，圣乔治死了，观众散去，圣乔治的继任者发现龙是一个非常有说服力的家伙，开始怀疑为什么会有屠龙这样的事情发生，时代是否改变了，以及是否有必要让龙受到最温和的约束。⁴⁹

随着佩科拉委员会逐渐淡出人们的记忆，圣乔治不仅失去了警惕，还躺在路边流血不止，无法保护一群几乎忘记了拉斯科布、英萨尔和米切尔的公众，新的发起者又将诞生。

---

① 圣乔治，基督教的著名烈士、圣人，经常以屠龙英雄的形象出现在西方文学、雕塑、绘画等领域。圣乔治屠龙的故事具有消灭兽性的压迫者和拯救无防御者的寓意。——译者注

天启之牛
时代论如何兴起

> 你要对以色列人说,让他们给你牵来一只没有残疾、未曾负轭的红色母牛。
>
> ——《民数记》19:2

20世纪,一个曾经不为人所知的新教神学分支,突然出现在美国宗教和政治舞台上,发展了一场不仅在美国而且在全球都有影响力的社会运动。毫不夸张地说,这一神学可被称为宗教性群体疯狂——它已经引发了几起小悲剧,并种下了哈米吉多顿的种子。以色列畜牧业中的一个小事件揭示出了它的末日影响力。

20世纪90年代中期,以色列北部耶斯列山谷的奶牛场主朱比·吉拉德从瑞士进口了一些公牛精液,从而让他的一头荷斯坦母牛怀孕。1996年8月,这头黑白相间的母牛产下了一只纯红色的小母牛梅洛迪。对世界上的少数犹太人和基督教徒来说,小牛的颜色只意味着一件事:末日即将来临。简言之,梅洛迪就是天启之牛。[1]

与牛有关的灾难就像一条深红色的羊毛线,蜿蜒穿过人类将近3 000年的历史。古以色列人认为,凡与死尸接触过的人或是与死尸在同一屋檐下的人,都是不洁净的,因此不能进入耶路撒冷的圣殿。在那个年代，这意味着除了非常小的孩子，几乎所有人都是不洁净的。这种不洁只有通过一种仪式才能消除，正如上文《民数记》中所提到的那样，要通过一个宗教仪式：祭司们祭献一只纯红色皮毛的母牛（一只从未生育过、从未劳作过、没有瑕疵的小母牛），把它与红毛线、香柏木和牛膝草一起烧在火堆上，在能够俯瞰圣殿的橄榄山上举行仪式。在那里，他们把小母牛的骨灰和从西罗亚池中汲取的泉水混合在一起。只有在人死后的第三天和第七天，把灰水洒在不洁的信徒身上，不洁才得以消除。[2]

但70年，罗马人摧毁了耶路撒冷第二圣殿，使这一复杂的洁净过程不再可行。1 000年后，中世纪伟大的犹太智者迈蒙尼德试图理解这一现在看起来毫无意义的净化仪式。

迈蒙尼德于1135年左右出生于伊斯兰教占主导的西班牙，他在学业上表现出色，从事医师工作，后来在十字军入侵的动荡时期成为埃及开罗犹太社区的首席拉比。他影响最久远的成就是《律法再述》，一部关于道德和犹太律法的汇编作品。但是，这位伟大学者也对净化仪式的逻辑依据感到困惑，他将其归类为一个谜，"不是由一个人的理解所能决定的事情"[3]。但他愿意提供这一仪式的发展历史：

> 第一只（神圣的红母牛）是我们的老师摩西带来的，第二只是以斯拉带来的，第二圣殿被毁之前，还出现了另外的（第三至九只）。第十只将会由君王弥赛亚带来；愿他早日出现。阿门，这是神的旨意。[4]

对某些犹太人和基督徒来说，梅洛迪的意义如此清晰：她是第十只红色小母牛，预示着弥赛亚的到来。有一小部分人相信，一只完美的红色小母牛的诞生，预示着下列事件将依次发生：信徒们即将"被提"至天堂极乐之处；一场可怕的大灾难，包括与反基督者之间的巨大战争、全球混乱和地狱之火；耶稣复临和他千年的统治；上帝的最后审判；世界末日。

小红牛梅洛迪的故事之所以引起共鸣，是因为它触及了最著名、最危险的群体幻想的核心——末日叙事，这种叙事像一条红线一样贯穿人类历史。进入现代时期，类似这样的末日叙事已经产生了大量悲剧，从灾难性的再洗礼派的疯狂，到更多相对小范围内的悲剧，例如太阳圣殿教的悲剧。

在过去的半个世纪里，一种新的、极具特色的末日叙事出现，现在已经被大多数福音派新教徒信奉，即"时代论"。它产生了一种遍布美国的信仰体系，并把美国社会分成世界观截然不同的两个阵营。最令人恐慌的是，在某个将来，一个类似于梅洛迪的故事将成为一个灾难性的自我实现的预言，只不过和犹太人、基督徒以及穆斯林想象的方式不同。

在梅洛迪出生后不久，一位名叫伊斯拉尔·阿里尔的原教旨主义拉比发现了它。在他宣布小母牛符合要求后，它的故事进入主流媒体的视线；然后随着美国和欧洲主要电视网络的播放，这个有趣的故事传遍全球。

以色列人不高兴：当地一位记者将梅洛迪称为"四足炸弹……其会让整个地区陷入灾难，威力可与伊朗阿亚图拉手中的非常规性武器相比"[5]。幸运的是，梅洛迪的饲养员在它出生后不久就发现它的乳房上有白毛；在它1岁的时候，尾巴上出现了更多白毛，因此拉比们宣布它不符合要求。（它原本应该长到3岁，成为一只成熟小母牛后才有资格参加献祭仪式。）

梅洛迪的犹太故事背景，与闵采尔起义、疯狂的再洗礼者、第五君主国派以及米勒主义等基督教末日神学之间有非常明显的相似性。从神学角度，这四个基督教插曲中有三个是"前千禧年主义"——耶稣的回归发生在千禧年之前，而千禧年还没有发生。（第四、第五君主国派既有前千禧年信徒，也有后千禧年信徒。）耶稣复临触发了千禧年，这必然是一个戏剧性的、通常是暴力性的事件。

相反，现代天主教和大多数主流新教教派则主要继承了早期、更传统的圣奥古斯丁的末日神学，淡化了千禧年的概念：耶稣不会戏剧化地复临并统治千年。因此，这种更传统的"非千禧年主义"是一个更为平静的过程，而且"坏消息比好消息强大"这一心理学准则，让这一过程不那么引人注目。

19世纪后半叶，末日叙事演变为一个更加充满戏剧性、暴力、扣人心弦的版本。这一信条越来越影响普通美国人的生活：世界腐败不堪，仅靠人类自身的努力无法拯救或改进；只有依靠上帝，以极乐、苦难、决战和最终审判的方式进行干预才足够。

这种末日序列不符合公认的天主教或传统的新教教义。一个多世纪前，大西洋两岸的大部分主流基督教派都抛弃了《圣经》字面真理的概念，它们逐渐离间了相当一部分信徒；但即使在今天，根据美国两大著名调查机构盖洛普和皮尤的民意调查，约25%的美国人仍然相信圣经是上帝的真言。同样有约25%的人相信耶稣会在他们的有生之年回到地球，61%的美国人认为撒旦存在。这些比例在20世纪早期更高。[6]这些美国信徒不愿意放弃《圣经》字面真理的舒适感，不愿意接受现代科学知识，不愿意接受主流教会在是否承认犹太教、天主教或无神派正统性方面的含糊态度。

其结果就是时代论的出现，它恢复了《圣经》字面真理的舒适感，同时也恢复了大量的老式摩尼教式思想，将世界在善与恶之间进行了明确的黑白分离，信徒们被安稳地放置在原来的阵营中。①

时代论信仰体系已经深植于美国的政治体系之中。至少有一位美国总统，即罗纳德·里根赞同这一体系，像迈克·彭斯、迪克·阿梅、米歇尔·巴赫曼和迈克·哈克比等政治家也赞同这一体系。事实

---

① 以摩尼教命名，摩尼教是3世纪一个叫摩尼的波斯人创立的一种融合了基督教和异教的宗教，摩尼认为宇宙充满了善与恶的斗争。

上，它的信条几乎渗透到国家话语的每一个方面，特别是一些社会争议问题，如堕胎和同性恋权利问题，以及外交政策问题，尤其是与充满冲突的中东有关的问题。

19世纪中期，大概是威廉·米勒的末日论在美国盛行的时期；在英国，一位名叫约翰·纳尔逊·达比的爱尔兰圣公会教徒点燃了一条神学导火索，其经过缓慢燃烧，最终爆发于一个世纪之后。

与谦逊而不起眼的米勒不同，达比在才智和社交上都很有天赋。1800年，达比出生在一个富商家庭，他的叔叔因在尼罗河河口海战中跟随英国海军少将霍雷肖·纳尔逊而被封为爵士，他也由此获得了纳尔逊这个中间名。他在都柏林圣三一大学获得文学、拉丁语和希腊语的金奖章，并加入了爱尔兰律师公会。1826年，他发现法律不能令他满意，便加入英国国教爱尔兰圣公会。父亲对于他放弃律师职业非常失望，因此剥夺了他的继承权。

头脑活跃的达比很快就对僵化和等级森严的英国圣公会不再抱有幻想；受命仅仅一年后，他参加了一个关于《圣经》预言的会议，并得出一个像马丁·路德那样的结论：真正的教派可以是任何一组真正相信基督的人组成的，他们是上帝任命的，将人类从耶稣受难带到耶稣的第二次降临。

在达比的信仰体系中，关键内容是一系列的五个"时代"或者说历史时期，因此神学家给这一体系起了一个正式的名字：时代论前千禧年主义。在这些时期里，上帝考验人类；但达比的上帝显然是按照一条非常严格的曲线①来评分的，因此，人类在通往现代的前四个时

---

① 西班牙国宝级建筑设计师安东尼·高迪曾经说过："直线属于人类，曲线属于上帝。"由于引力，自然界的一切都是曲的——这样一来，人类的看法必然产生错误；上帝（大自然）看待一切则都是用曲线的眼光，这是符合自然界的特点的，因此必然正确。——译者注

代中都不及格。和《启示录》的作者一样，达比很聪明，他的著述甚多但晦涩难懂，留待他人去澄清他的每个时代的确切性质。达比后来的追随者将时代数量扩大到今天所使用的 7 个：[7]

  1. 无罪时代，从亚当和夏娃被创造到被逐出伊甸园。
  2. 良知时代，从伊甸园到被驱逐到挪亚方舟。
  3. 人治时代，从挪亚方舟到亚伯拉罕。
  4. 应许时代，从亚伯拉罕到摩西。
  5. 律法时代，从摩西到耶稣。
  6. 恩典时代，达比真教会的当前时期，从耶稣受难到耶稣第二次降临。
  7. 千禧年时代，最后的耶稣统治时代。

《圣经》里有很多充满矛盾的章节，而达比的时代体系的绝妙之处就在于，它通过将《圣经》内容分成各个独立的时代，消除了许多混乱，从而减少了章节之间的内部冲突。从解经的晦涩和内部章节矛盾的方面来看，许多神学家认为，达比的这种重新排列把《圣经》组织成一个更加连贯的整体，创造了一个绝妙之作。

所有有组织的教派，除了其神学或信仰体系之外，还有一个"教会学"，即组织结构。达比的教会学被称为福音集会，即一位有魅力的领袖人物组织的小团体，这位领袖主宰着团体的福音真理。达比有意不给聚会命名，但人们非正式地称之为"上帝的教会"，或者更简单的"兄弟会"，其中最著名的是普利茅斯兄弟会。

与现代美国基督教原教旨主义热烈的教堂仪式形成鲜明对比的是，兄弟会的集会主要专注于一些知识性活动，其方法论与米勒的方法论相似。米勒的方法论会在《圣经》中追踪某个单词，例如"创造"。由于《圣经》中蕴含强大的智慧，但在表述上有大量的含糊其词,因此这场运动很快就变得非常激烈。但是,所有兄弟会成员都同意该运动的基本宗旨,即把世界分为犹太人、基督徒和其他所有人(异教徒)。他们进一步同意保罗写给帖撒罗尼迦人的第一封信①的中心地位。这封书信中有两段关键经文:

> 因为主必亲自从天降临,有呼叫的声音和天使长的声音,又有神的号吹响,那在基督里死了的人必先复活。
> 以后我们这活着还存留的人必和他们一同被提到云里,在空中与主相遇。这样,我们就要和主永远同在。⁸

对那些接受《圣经》字面真理的人来说,这两段经文的意思很清楚。最后,耶稣半途降下,让所有真基督徒聚集到云中;去往天堂的半途,首先是复活的死者,然后是活人:这就是"被提"。

达比的普利茅斯兄弟会随后跳转到《启示录》的幻象叙事,大致的顺序:7 年不可言喻的恐怖大灾难;耶稣战胜撒旦和他的军队;1 000 年的和平以及与撒旦的另一场短暂战斗;生者和死者的最终审判。那些在大灾难期间留在地上的人,凭借他们在混乱中的悔改,也有资格获得救赎。(这种叙事被一个多世纪之后的很多原教旨主义小说利用,例如蒂姆·莱希和杰里·詹金斯的《末世迷踪》系列。)⁹

在就读圣三一大学期间,达比受到皇家神学教授理查德·格雷夫斯的影响。格雷夫斯当时广受欢迎,他讲授的经典著作和神学启发了一代又一代的学生。根据格雷夫斯的说法,犹太人将回到圣地并接受耶稣,然后带着刚刚皈依的热情,引导其他人找到救世主。犹太人的返乡和皈依会加速末日的到来,所以真正的基督徒有责任帮助犹太人

---

① 这封书信出自《圣经》全书第 52 本《帖撒罗尼迦前书》。——译者注

返回圣地。和过去以及之后的千禧年派一样，格雷夫斯寻找能够证实圣经预言的当前事件，而土耳其对巴勒斯坦统治的削弱和英国海军力量的崛起就证实了《圣经》预言。[10] 格雷夫斯的这种犹太人和基督徒的"联盟"被称为"基督教犹太复国主义"，并将与"犹太复国主义"配合，在接下来的一个半世纪里获得越来越强大的力量。

与疯狂的再洗礼派以及第五君主国派起事一样，到了20世纪末，千禧年派成为一个潜在毁灭性的自我实现的预言，原因有二：第一，与格雷夫斯、达比和兄弟会一样，千禧年派的叙事以圣地为中心，而这一地区是现代世界的火药桶；第二，在过去的几十年里，时代论者开始影响美国的外交政策，并控制了军事武器，这些武器可以一举焚毁大部分人类，根本不需要《但以理书》和《启示录》里"猛兽"的帮助。

时代论在美国获得了最热烈的追随和拥护；但它在发源地——不列颠群岛，或者说所有其他发达国家的影响力要小得多。

19世纪早期至中期，是西方科学发展的重大转折时期。查尔斯·达尔文的《物种起源》在1859年出版；科学家们逐渐意识到，地球的年龄比《圣经》中所述的6 000年要多得多。1779年，法国科学家布丰用加热的球体模拟了地球的冷却过程，估计地球的年龄为75 000年；1862年，物理学家威廉·汤姆森——受勋后的名字为开尔文男爵——认为地球的年龄是2 000万到4亿年。随着实验室技术的不断进步，估计值不断增加，到20世纪中期，对地球年龄的共识为46亿年；而对宇宙年龄的估计值是过去的3倍。这些事实使许多基督教徒感到不安，例如，兄弟会拒绝接受达尔文的观点，并努力将地质时间概念融入对《创世记》的解释中。[11]

在这些科学发现之前，著名政治家和科学家经常涉足末日论。最值得注意的是，艾萨克·牛顿刊登了一整套研究成果，在他死后，其被整理成一套文集，以阐述《但以理书》和《启示录》的意义。[12]

约瑟夫·普里斯特利在18世纪中期所接受的教育，和那时几乎所有的高等教育一样，是神学的；他以牧师的身份开始了他的职业生涯，但很快就对自然科学产生了兴趣。在自然科学中，他在电、气体的性质等方面进行了早期的开创性工作，尤其著名的是他发现了氧气。与牛顿一样，普里斯特利也广泛参与了《圣经》预言，其中包括犹太人返回巴勒斯坦的猜测：

> 犹太人目前的分散状态是从摩西开始的一系列预言的主题，如果像预言那样，这个杰出的民族能够重回自己的地区并建造一个繁荣的国家，那么，我想，就很少有人会怀疑预言之灵的真实性。[13]

普里斯特利于1804年去世，是最后一位将预言与科学相结合的备受关注的自然哲学家；在达尔文进化论和地质学繁荣之后，任何一位把《圣经》作为他们对物理或生物科学信仰的基础的主流科学家都将招致同行的嘲笑。同样，这些新的科学知识还摧毁了许多基督教信徒和神职人员对《圣经》字面真理的信念。

首先在《圣经》真理无误方面改变立场的是德国神学家，他们把《圣经》的叙事看作寓言而不是事实。这一思想流派被称为"高等批判主义"。19世纪，这一运动蔓延到英格兰，逐渐被等级森严、受过高等教育的圣公会神职人员接受；到19世纪末，字面解经的兄弟会发现自己在本国被边缘化了。此外，像达比这样的时代论智者们，当他们投身于模棱两可的《圣经》文本时，会产生一种固有的离心力，这种离心力使英格兰兄弟会分裂成几十个没有影响力的教派，甚至在某些情况下，这些教派成为人们嘲笑的对象。[14]

在美国基督教的神学自由中，时代论找到了更肥沃的土壤。美国不仅缺乏英国式的等级制国家教会，而且美国人的性格也截然不同。

19世纪，是真正的英国人的世纪，是一个极度乐观的时期，在这一时期，英国人对技术进步有几近绝对的信心，他们能够主导全球趋势。这种心态与时代论对人性的灰暗评价不同。尽管美国最初也认为自己是新耶路撒冷，是全人类的灯塔，但内战粉碎了这一信念，这个伤痕累累的国家更容易接受悲观主义的达比和兄弟会。战后，达比和兄弟会在美国巡演了15年。达比本人每次都要花上几个月的时间访问美国主要城市，并在那里和他的同事们传播时代论信条。

时代论在美国招募的最重要的新成员是德怀特·穆迪、司可福、加尔布莱恩。其中，穆迪是一位狂热的福音派传教士，他在英国旅游时与兄弟会接触过，后来在美国与达比相遇。起初，出身卑微的穆迪和贵族知识分子达比相处得并不好，但随着时间的推移，穆迪的坚毅赢得了达比的赞赏。[15] 此外，穆迪还有达比所缺乏的优势：他在大西洋两岸的教堂、体育场和公园聚集了成千上万的信徒。达比死后4年，也就是1886年，穆迪创立了芝加哥福音社（在他死后更名为穆迪圣经学院）。在接下来的几十年里，其培养了几十名美国著名的时代论者。

之后，超过50所福音社在美国建立，其主要目标是推动基于《圣经》字面真理的预言，并打击主流新教教派中以科学为中心的"高等批判主义"。1924年，一位名叫刘易斯·斯佩里·蔡弗的奥伯林毕业生，创办了著名的福音神学院。12年后，他将学院更名为达拉斯神学院。①[16] 达拉斯神学院是大多数无宗教信仰的美国人未曾听说过但最重要的教育机构。它培养了许多时代论运动的最高领导人，其在福音圈被称为"达拉斯人"，对其他的时代论者影响很大。

---

① 在新教徒中，"福音派"一词包含3个基本原则：通过接受耶稣而得救，《圣经》无误以及传教的责任。不是所有福音派教徒都是时代论者，但所有时代论者都是福音派教徒。更正式地，贝宾顿认为"福音派"一词包含4个原则：要求改变生活，将福音融入日常生活，相信《圣经》无误以及强调耶稣在十字架上为人类所做的牺牲。

第二个早期美国时代论的关键人物是司可福。他是美国内战时期南方军队的一名退伍军人，在内战结束后从事法律工作，曾担任过堪萨斯州的立法委员和律师。1879年，受到一位名叫詹姆斯·布鲁克斯的时代论领袖的影响，司可福突然皈依了福音教。詹姆斯·布鲁克斯是尼亚加拉圣经会议的组织者，1876—1897年，尼亚加拉圣经会议每年在安大略省的尼亚加拉湖滨小镇举行。司可福还接触了穆迪和早期美国第三位重要的时代论者加尔布莱恩。

尼亚加拉圣经会议强调了时代论在美国比英国更为盛行的另一个原因，即美国宪法对宗教的不干涉态度鼓励了各色新教教派的发展。布鲁克斯欢迎他们所有人到尼亚加拉湖滨小镇。这避免了英国运动那样的激烈内讧。至今，合一运动精神广泛存在于美国教会中，他们愿意接纳时代论的末日叙事。

加尔布莱恩比达比更加具有非凡的才智，1879年，18岁的他从德国移民到美国，之后学习了拉丁语、希腊语，尤其是意第绪语①，试图改变纽约犹太人的信仰，甚至创办了一家意第绪语报社。他还创办了一家英语报社，其报纸提供给包括蔡弗和司可福在内的美国原教旨主义者阅读。加尔布莱恩的才华打动了蔡弗和司可福，司可福开始编写钦定版《圣经》的注释版本，于1909年首次出版了《司可福串注圣经》，这本书又进一步鼓舞了蔡弗创建后来的达拉斯神学院。

《司可福串注圣经》非常重要。宗教史学家认为它是最有影响力的、独一无二的时代论出版物，至今仍对现代基督教原教旨主义存在影响。1909年版本的销量为300万册，而1967年版本的销量超过1 000万册；在过去的一个世纪里，这两个版本指导了大批美国人了解时代论体系。[17]

---

① 一种日耳曼语，通常用希伯来字母书写，大部分的使用者为犹太人。——译者注

加尔布莱恩、司可福和穆迪,这三个人与布鲁克斯的尼亚加拉圣经会议之间的联系,标志着时代论学说开始与地缘政治纠缠。1878年,布鲁克斯创立了"十四点信条",其在1890年尼亚加拉圣经会议上被正式采纳。十四点中的最后一点:

> 我们相信,在当前的宽免下,世界不会皈依,但将很快成熟并等待审判,同时基督教内部会有可怕的变节;因此,主耶稣将亲自主持千禧年时代,届时以色列人将重新回到自己的土地……主耶稣和千禧年前的降临,是福音中摆在我们面前的蒙福,我们要不断寻祈。[18]

至此,达比及其追随者对犹太人的重返一直保持严格的不干涉立场。基督教徒认为,他们应该最多是对"被提"和"千禧年"进程感兴趣的观察员,但在"被提"和"千禧年"这两个时代之间的"大灾难"时代,他们应该将行为限制在拯救灵魂上。在任何情况下,他们都不会试图通过鼓励或帮助犹太人返回巴勒斯坦来触发这一进程。但是,这一被动的做法随着罗伯特·安德森、威廉·布莱克斯通、亚瑟·贝尔福、奥德·温盖特等基督教犹太复国主义者的出现而改变了。为了使犹太人重返圣地,他们使用了强大的修辞和政治力量,尤其是温盖特,他以英国军官的身份使用武力,以最暴力的方式违反了达比的不干涉政策。

和达比一样,安德森出身于爱尔兰贵族阶层,曾在都柏林圣三一大学学习法律,在英国内政部拥有卓越的职业生涯。他后来去往苏格兰场[①],指导"开膛手杰克"案件[②]的调查。在那个时代,他能够置身

---

① 英国伦敦警察厅的代称。——译者注
② "开膛手杰克",是1888年8月7日—11月9日英国伦敦东区的白教堂一带以残忍手法连续杀害至少5名妓女的凶手的代称。——译者注

于两个完全不同的群体（一个是时代论阵营，一个是统治贵族阶层），这是非比寻常的。因此，在当时以及后来土耳其统治巴勒斯坦时期，他在英国对巴勒斯坦的外交政策方面有一定的影响。尽管在英国，兄弟会已经是社会和神学上的弃儿，但安德森还是非常钦佩达比，他还认识司可福和穆迪。此外，他在任职于英国内政部的几十年里，还经常与各届首相接触，其中包括格莱斯顿、阿斯奎斯、索尔兹伯里，以及宿命般的贝尔福。[19]

安德森被普利茅斯兄弟会一位名叫本杰明·威尔斯·牛顿的人写的书迷住了。这本书名为《十大王国的前景》，出版于1863年，并不出名。书中，牛顿把关注点集中在《但以理书》中的10个脚趾上：当时的基督徒将泥足解释为罗马帝国，牛顿进一步认为泥足的10个脚趾代表了罗马帝国的10个民族或王国。牛顿设想，除了犹太人重返巴勒斯坦的古老预言以外，末日的第二个迹象，就是这10个古老的王国重新组成一个新的罗马帝国：

> 最后划分为10个王国，用10个脚趾表示，这是末日之前的事件，并且可能与以色列在自己的土地上建立国家同时发生。[20]

牛顿认为，拿破仑战争和1815年维也纳会议之后，欧洲各地建立的各个现代民族国家，构成了这个新罗马帝国。这些事件无疑预示着末日即将来临，因为：

> 英国、比利时、法国、阿尔及利亚、葡萄牙、西班牙、意大利、奥地利和希腊建立的政府，事实上或实际上是民主君主制的政府。君士坦丁堡①、埃及和突尼斯的人们对西

---

① 君士坦丁堡：东罗马帝国历史城市，今土耳其伊斯坦布尔。——译者注

欧国家的支持表明了这一时期的到来,即泥与铁的混合将恰如其分地代表整个罗马帝国的政府权力特征。²¹

由反基督者领导的十国组成了复兴的罗马帝国。这一概念是一个极好的确认偏见的例子。这一预言在时代论者中越来越流行,以至于几乎所有包含数字 10 的《圣经》经文都被视为古罗马重新组合的预言。例如,达比也对《启示录》中的十角兽①印象深刻:

> 路易·拿破仑是不是反基督者,这个问题引起了人们极大的兴奋,所以我补充一下。我毫不怀疑目前他是拉丁人②或十角兽的伟大代理人,他的行动清楚地标志着最后一幕的临近。上帝保佑!²²

1881 年,安德森在牛顿的启发下出版了《将临的君王》,它是一部大胆而富有挑衅性的预言著作,流传至今(所有时期的时代论者都是激进的;在这一点上,牛顿是一个独立的浸信会教徒,他强烈批评时代论)²³。安德森的社会地位,使他能够自主地发展一个预言体系,并且这一体系成为 20 世纪晚期杰瑞·法威尔和哈尔·林赛的可怕预言的基础,而同样以此预言体系为基础的蒂姆·莱希和杰里·詹金斯的小说则更为惊悚,且销量惊人。

19 世纪晚期,安德森对时代论的解释,直接源于《但以理书》9:24—27,对于理解今天美国新教原教旨主义的根源至关重要。《但

---

① 十角兽:《启示录》中的第一个怪物,这个怪物拥有 7 个头、10 个角,从海中出现,与巨龙结盟,与上帝对立。——译者注
② 拉丁人:来自拉丁语系国家如西班牙、葡萄牙、意大利或法国的人,这些国家的主要信仰是罗马天主教。——译者注

以理书》中的这四节,描述了犹太人从巴比伦流亡归来到弥赛亚降临这两个事件之间的"七十周"(或译作"七十个七")。令人困惑的是,书中将这段时间细分为三个阶段,分别是7周、62周和最后一周,最后一周又细分为两个半周。(安德森的书名参考的是《但以理书》9:26中的"将要来的君王",他是领导10国的反基督者。)

这让人想起千禧年主义对《但以理书》前一章,也就是第八章的关注。第八章提到了圣经中的2 300天,也就是从犹太人自巴比伦的归来到末日之间的时间跨度为2 300年,因此可以推算出末日时间是1843年或1844年。[24] 与此不同,安德森却把注意力集中在70个"周",也就是以《但以理书》第九章中的490天或年,作为从巴比伦返回到复临之间的时间跨度。从巴比伦结束对犹太人的囚禁到耶稣复临,安德森和千禧年主义对这一时间跨度的估计相差了1 810年,这体现出《圣经》预言所固有的棘手性,具体到这里,就是解经者应该如何处理这将近2 000年的认知失调。

处理安德森估计的1 810年的缺失需要一个巨大的谎言——把时间暂停。安德森,在耶稣受难的第六十九周按下了末日进程的时间暂停键,此时弥赛亚被"切断",当反基督者出现时,弥赛亚重新开始。第七十周末日的重新开始时间:

> 将会以另一位君主(反基督者)的到来作为预示,他将与犹太人签订7年契约(或条约);在周中(也就是3年半之后),他将违反条约并打压对方的圣殿朝拜和宗教教义。这一切都是那么简单明了,任何聪明的子民都能理解。(原文在括号里。)[25]

安德森毫不怀疑,目前已经处于这个序列的早期阶段,这一阶段将涉及:

未来某些欧洲大危机的后果，就是国家联盟得到发展，因此为可怕存在（指末日）的出现预备好了舞台，人类的伟大领袖即将结束外邦人至上的多事之秋时代。[26]

时代论者已经确定，有两个事件将标志着时间中断的结束（即时间的重启），以及上帝对犹太人的重新关注，并因此带来末日。这两个事件就是犹太人返回圣地、罗马帝国重新组合成反基督者领导的欧洲十国联盟。虽然达比留下了几十卷书，但由于他的散文晦涩难懂，因此读者群体限制在一小部分有文化且信仰坚定的核心真信徒中。而安德森的散文虽然不像红葡萄酒一样流传下来，但是他在《将临的君王》中准确预言了犹太人将返回巴勒斯坦①，这令此后20世纪的读者们兴奋不已。

1881年，《将临的君王》出版，这增强了其预言的真诚性。其出版时间比西奥多·赫茨尔出版《犹太国》进而推动第一届世界犹太复国主义大会召开并开创现代犹太复国主义运动早了10多年；比埃德蒙·艾伦比将军从奥斯曼土耳其人手中夺取耶路撒冷早了1/3个世纪。而在这些事件发生之前，在巴勒斯坦建立一个新的犹太国家这一前景看上去很渺茫，甚至安德森写道：

在许多人看来，以色列复国的预言就像一个世纪前我们的祖先对现在的电力和蒸汽的胜利所做的预言一样令人难以置信。[27]

---

① 本书中要明确巴勒斯坦地区和巴勒斯坦国之间的区别。巴勒斯坦地区泛指地中海、死海和约旦河之间的一个比较大的地理范围，而巴勒斯坦国是一个独立主权国家，建立于1988年11月15日，是由当时被以色列赶出巴勒斯坦地区或暂时生活在巴勒斯坦地区的阿拉伯人所建立起来的独立王国。——译者注

即使到今天，安德森关于在巴勒斯坦地区恢复犹太国家这一预言的实现仍然令人震惊。但是，他的新罗马帝国的预言就没有实现，这使得基督教原教旨主义的预言从此陷入困境。例如，理查德·格雷夫斯将1815年后兴起的欧洲君主立宪制国家认定为新罗马帝国；之后的一个半世纪之后，时代论者同样认定欧盟是那个新罗马帝国，但欧盟至今没有产生那个反基督领导者，也没有和以色列结成战略联盟，更不用说入侵以色列了。①

米勒末日预言的失败使人们"大失望"，原教旨主义基督徒吸取其教训，不再进行预言的日期设定。从达比开始，时代论者就被吸引，试图从时事中进行预言，特别是他们把国家集团列为新罗马，把个人列为反基督者。尽管在当时看来，圣经和时事之间的相似性似乎是合理和令人震惊的，但几十年后就能显示出预言家的预言是愚蠢的。

似乎是觉得这一切还不够复杂。达比具有丰富的时代论想象力，在返回圣地的犹太民族和新罗马帝国之间的最后一场战斗中，他又增添了一个主要角色：北方之王。《但以理书》中反复提到，北方之王是以色列的侵略者。达比认为北方之王是当时的俄国。（达比的计划还包括身份不明的"东方之王"和"南方之王"，后者很可能是埃及。)[28]

对像达比这样有才智的人来说，找到支持俄国入侵圣地的《圣经》文本很简单。《创世记》10:2中列出了雅弗六个儿子中的两个，也就是米设（Moscow）和土巴（Tobol'sk）；在达比狂热的想象中，他们分别代表莫斯科和托博尔斯克，后者位于乌拉尔山脉以东。[29]

19世纪中后期，强大的沙皇俄国对衰落的奥斯曼土耳其产生威胁，达比断言俄国将从土耳其窃取歌革的土地，然后入侵重建的犹太

---

① 只有一个短暂的例外：1956年，英国和法国在西奈–苏伊士入侵期间与以色列合作。美国德怀特·艾森豪威尔总统威胁要出售英国政府债券。

地区。在 20 世纪中后期，达比的追随者们继续渲染这个预言：犹太人会与反基督者领导的新罗马帝国结盟，以应对俄国的威胁，反基督者将在三年半后背叛犹太人，结束这个联盟。[30]

无论这个 19 世纪的神学推测在今天看来多么复杂、怪异和荒谬，它在近两个世纪中的演变对于理解美国最近的国内政治和外交政策至关重要。从达比、安德森、穆迪、司可福和加尔布莱恩到梅洛迪那只奶牛，再到最近美国时代论信仰的猛增，这条道路漫长而曲折。而接下来会出现一位关键人物，即一位名叫威廉·布莱克斯通的美国商人。

布莱克斯通可以被看作美国的罗伯特·安德森，他有很广的人脉，是一个热衷于犹太人返回巴勒斯坦地区的时代论者。尽管布莱克斯通出身卑微，但他从岳父那里继承了一大笔遗产，并通过保险业务、节俭、明智的投资以及图书销售，变得更加富有。[①] 和安德森一样，他与政府最高层有联系。

1841 年，布莱克斯通出生于纽约州北部，11 岁时皈依宗教，后来成为穆迪的亲密伙伴。1886 年，他出版了《耶稣来了》，宣扬的核心内容是犹太人回归巴勒斯坦并皈依基督教；这本书最终卖出了 100 多万册，并被翻译成 43 种语言。[31] 他非常相信时代论者的末日叙事，以至于在 1888 年左右的某个时候，他把几千本自己的书连同其他希伯来语、意第绪语和亚拉姆语的预言作品，藏在了今天约旦南部佩特拉的周围，这样，"总有一天，在反基督大屠杀中受到惊吓的幸存者们会乐于接受机会，阅读这些上帝的作品"[32]。[②]

---

① 他的家族认为自己是英国传奇法学家威廉·布莱克斯通爵士的后代，但目前仍缺乏这方面的文献资料。
② 几个世纪以来，佩特拉的奇异而又宏伟的古城遗址吸引了大量游客，电影《夺宝奇兵》便是以这里为拍摄场景的。

布莱克斯通致力于数秘主义和历史事件的结合,例如,7年乘以一年360天等于2 520天,这个数字与巴比伦占领的时间即公元前606年相加,得出耶稣复临的时间是1914年;而第一次世界大战正是从1914年开始的。但是,正如他在佩特拉周围藏书所表明的那样,他并不反对亲自推动末日时代的到来。

《耶稣来了》出版若干年后,西奥多·赫茨尔在瑞士巴塞尔组织了犹太复国主义者大会。随后的几十年中,布莱克斯通通过他的芝加哥希伯来人使团谨慎地与犹太复国主义者合作,甚至在他写完《埋葬在约旦》一书后,召集了一次基督教前千禧年主义者和犹太复国主义者的联合会议。在犹太教和基督教所达成的会议协定的基础上,他起草了一封写给美国总统本杰明·哈里森的信,这封信被历史称为《布莱克斯通请愿书》(以下简称《请愿书》)。信中,他简略提及了以西结和以赛亚,然后重点讲述了大屠杀下俄国犹太人的苦难。解决犹太人的苦难有一个显而易见的办法:"为什么不把巴勒斯坦还给他们?"

带着天真的乐观,《请愿书》建议奥斯曼人自愿放弃那块有价值的土地,条件是西方国家对他们的债务支持。更令人印象深刻的是《请愿书》的413名签名者,其中包括最高法院首席大法官、众议院议长、众议院外交事务委员会主席、众多其他国会议员、著名神学家、记者和行业领袖(如约翰·洛克菲勒、约翰·摩根)。

哈里森总统向布莱克斯通承诺,他将调查此事,并将信转给国务卿詹姆斯·布莱恩,后者向美国驻君士坦丁堡大使馆进行了问询。正如美国外交官们在那个时代惯常做的那样,他们忽略了犹太人的问题,《请愿书》随后从公众视野中消失;1903年,布莱克斯通把它重新提交给西奥多·罗斯福总统之后,它再次消失。

1916年,路易斯·布兰代斯被伍德罗·威尔逊任命,成为美国最高法院的第一位犹太人大法官。被任命后不久,布兰代斯偶然发现了这封信。但那时,已经很少有人知道这封信,以至于当布兰代斯在

国务院问询时,其官员否认对此有任何了解。用历史学家保罗·查尔斯·默克利的话说:

> (国务院的官员们声称对《请愿书》一无所知)似乎极不应该。很可能,他们只是不愿意让美国总统甚至美国国会花时间来处理"末日论"者提交的小册子。[33]

在接下来的几十年里,美国国务院提供了大量的证据,证明在大屠杀之前和期间,根深蒂固的反犹太主义阻碍了犹太难民从德国及其占领的欧洲地区逃离,并夺走了无数的生命。但上面的引文指出了美国国务院故意驳回由该国精英们签署的《请愿书》的另一个原因:

> 受过良好教育的人(指决策者)对神学单纯的人(指原教旨主义者)的蔑视。决策者们都是在圣公会、公理会、一位论派,偶尔还有长老会等这些圈子里长大的,在他们眼里,没有什么比末日论者的小册子更令人鄙视的了。只要"犹太命运"的唯一坚定拥护者是原教旨主义者,就没有必要在犹太复国主义上浪费时间。与简单、传统的乡村俱乐部式的反犹太主义者相比,受过良好教育的新教徒更加恐惧和厌恶原教旨主义者。[34]

美国国务院对《请愿书》的忽视令布兰代斯很震惊,他与布莱克斯通建立起友好的联系。1917年,两人重新向一位虔诚的新教教徒威尔逊总统提交了修改过的《请愿书》。但这时,中东的军事和外交形势已经超出了他们的掌控能力。

布莱克斯通在临死前已经是一个富翁,他送给布兰代斯(他也很富裕)一大笔钱,其中大部分是石油商米尔顿·斯图尔特捐赠、用以支持犹太复国主义工作的。1935 年，94 岁的布莱克斯通去世。去世前，他告诉布兰代斯，他把钱藏了起来，就像他在佩特拉藏的书一样，这样在他死后"如果被提真的来了，而你不在其中"，那么这些钱将用来支持未被提的犹太人，随后他们会皈依基督，并改变其他异教徒的信仰。（他还进一步劝告美国最伟大的法学家之一布兰代斯，"显然人类法律并没有为这些事件做准备"。）[35]

比布兰代斯的犹太复国主义和布莱克斯通的基督教时代论复国主义更令人关注的事件发生在亚瑟·贝尔福身上。从小，贝尔福就继承了父母的虔诚，并痴迷于《旧约》。幸亏如此，否则，他将只是一个典型的慵懒、超然的英国贵族，正如他的传记作者所言，他属于"一种容易辨认的类型，英国和法国的一些政治家将他们的名声归功于他们的才智所创造的印象，而不是任何具体的表现"[36]。

贝尔福的父亲是国会议员，父母都是福音派新教徒，尤其是母亲。贝尔福也受到了一位兄弟会成员的强烈影响，这位成员名叫威廉·凯利，和达比一样，凯利也毕业于圣三一大学，更重要的是，他编辑了全套的《达比文集》，并且像安德森一样，在保守党圈子里人脉很广。

贝尔福的舅舅索尔兹伯里勋爵曾三次担任英国首相，几乎是理所当然的，贝尔福在 1902 年接任了舅舅的职务。通常情况下，在英国，卓越的才智和机敏的辩论技巧有助于升职，却并不意味着拥有从政能力。贝尔福 3 年后辞职，主要原因是贸易问题。[37]

在他辞职的同时，他遇到了赫茨尔的一位助手，即年轻的犹太复国主义者查姆·魏兹曼，一位刚刚移居英国的化学教授。魏兹曼后来成为以色列第一任总统。据报道，这位年轻的化学家对犹太家园的憧憬让虔诚的贝尔福"感动到落泪"[38]。

在随后的 10 年里，贝尔福与犹太复国主义者的关系不断加深，1917 年 11 月 2 日，时任外交大臣的他给英国犹太社区最重要的人物罗斯柴尔德勋爵写了一封信，信的内容在一周后公开发布：

> 英王陛下的政府赞成犹太人在巴勒斯坦地区建立一个民族之家，并会尽力促成此目标的实现，但要清楚明白的是，不得有任何可能会伤害已经存在于巴勒斯坦地区的非犹太社群的宗教权利以及犹太人在其他国家享有的各项权利和政治地位的行为。[39]

《贝尔福宣言》使全世界的犹太复国主义者兴奋不已，并为30年后以色列国的诞生发挥了不小的作用。尽管贝尔福的宗教信仰明显推动了《贝尔福宣言》和随后的英国外交政策，但他与凯利等时代论者的接触是否直接影响了他对巴勒斯坦地区的政策，这一点是值得怀疑的。从那时开始，圣地的命运将不再由满足于站在一旁观察历史的神学家驱动，而将由那些希望自己塑造历史的人驱动。

圣殿山的争夺
末日叙事如何影响犹太人建国

犹太人确实回到了圣地，首先是19世纪末的缓慢迁移，然后在东欧大屠杀①后随着犹太复国主义影响力的增强而快速迁移，最后是在纳粹大屠杀之后，汹涌回归。

1948年，以色列建国。其后的几十年里，只有一小部分以色列公民赞同犹太版的末日叙事。犹太版与时代论版本一样，也是以犹太人回归和重建圣殿为特征。由于圣殿山异常的地区敏感性，这一小部分人不断制造内乱，其随时有可能引发地区冲突，甚至全球冲突。

充满时代论热情的基督教犹太复国主义者在20世纪后半叶如雨后春笋般出现，他们已经证明并将继续证明，无论是在圣地还是在其他地方，冲突危险都同样存在。

约翰·纳尔逊·达比和他当时的追随者，满足于从旁观者的角度观察事态发展。但20世纪30年代，在一位杰出的英国军官奥德·温盖特身上，时代论理论和现实政治发生了冲突。英国著名的军事历史学家巴兹尔·利德尔·哈特把温盖特描述为"犹太人的

---

① 指沙皇俄国对犹太人的大屠杀。——译者注

劳伦斯①"。¹

1920年，国际联盟授予英国对圣地的"委任统治权"。②1936—1939年，温盖特在英属巴勒斯坦托管地任职。在那里，他的时代论信仰与他的军事技能以及英国资源相结合，推动了千禧年时代的进程；但是他这样做，严重违反了授权中所规定的阿拉伯人和犹太人的平等待遇问题。

温盖特的外祖父曾经是一名苏格兰上尉，辞去英国军队的职务后，在当地建立了兄弟会分会。温盖特的父母也是兄弟会成员。温盖特从小听着父亲的时代论教会布道而长大，而母亲则更加教条主义。1921年，温盖特参军，1936年，他被宿命般地任命到巴勒斯坦，《旧约》是他的战地指南。著名以色列将军摩西·达扬描述了他们的第一次会面：

> 温盖特身材瘦长，中等个子，有一张坚毅而苍白的脸。他带着一把重型左轮手枪走进来，手里拿着一本小小的《圣经》。他的态度真诚而又令人舒适，目光犀利而又热烈。他说话时会直视你的眼睛，像是要把他的信仰和力量灌输给你。我记得，他是在日落前到达的，渐暗的光线给他的到来增添了一种神秘和激动人心的气氛。²

温盖特抵达巴勒斯坦的时候，正值阿拉伯人对犹太人定居点和英国授权部队发动了一系列暴力袭击。其中英国授权部队的主要任务

---

① 指托马斯·爱德华·劳伦斯（也称"阿拉伯的劳伦斯"），因在1916—1918年的阿拉伯大起义中作为英国联络官而出名，为阿拉伯民族主义解放事业做出了巨大的贡献。——译者注
② 该授权虽于1920年授予，但直到1923年才正式生效。

是阻止阿拉伯人和犹太人相互残杀，但温盖特对犹太人的绝对偏袒很快就扰乱了这项任务所需要的本就脆弱的外交。这激怒了他的指挥官们，他们在感情上更倾向于阿拉伯人。

温盖特认为犹太定居点在防御阿拉伯人的袭击中过于被动，并力劝犹太人开始进攻。他一生都喜欢在敌后进行突击队式的袭击；尽管最初被指派为情报官员，但他很快组建了夜间特种行动队，队伍大约有200人，其中3/4是犹太人，由英国军官指挥；队伍的任务是保护具有战略意义的从伊拉克通往地中海的石油管道。1938年夏，行动队对阿拉伯军队发动了一系列袭击，大部分都是成功的。

正如摩西·达扬所暗示的，把温盖特称为怪人未免太轻描淡写了。他习惯于赤身裸体或只戴着浴帽向他的部队讲话，讲话时还偶尔擦洗自己。他还生吃大量洋葱，并反复让自己和部队食用受污染的食物和水，因为他相信这会增强抗病能力。

温盖特家族的时代论神学推动了他在巴勒斯坦的行动。他曾经告诉他的岳母："犹太人应该在巴勒斯坦有自己的家园，这样，《圣经》预言就会实现。"[3] 温盖特也不反对将他的圣经愿望与世俗愿望结合在一起，他认为军事上强大的犹太民族将成为大英帝国的堡垒。

他对犹太复国主义的偏袒很快就招致阿拉伯人对他的报复和他的上级的不满。军队上级认为他的"打完就跑"策略以及"把犹太人打扮成英国士兵"是不道德的。最后，军方将他限制在耶路撒冷从事办公室工作，然后在1939年5月将他重新分配到英国的防空部队任职。[4] 他在英国待了一小段时间，随后第二次世界大战爆发，他被派往苏丹，然后是埃塞俄比亚，领导"基甸军"游击队袭击当地的意大利占领者。太平洋战争爆发后，他被调往缅甸（日占区），在那里他组建了最著名的敌后作战部队——"钦迪特"部队（也称为"温盖特的突袭队"），这支英国军队（由英国空军提供补给）不断突袭日军，以保护次

大陆①免遭入侵。1944年3月24日,他在印度的一次飞机失事中丧生。⁵

温盖特不仅扰乱了英国在巴勒斯坦托管地的中立性,而且他通过建立夜间特种行动队,积极主动地推动末日的到来,这严重违反了时代论禁令。在这个过程中,他的战术才华令他的犹太下属们敬畏。他指导过即将到来的1948年独立战争②和1967年六日战争中的几乎所有的以色列高级指挥官,包括摩西·达扬、伊加尔·阿隆、伊盖尔·亚丁和伊扎克·拉宾。他还创造了今天中东政治中的"既成事实"——占领土地并建立定居点。⁶用摩西·达扬的话说:"温盖特是我伟大的老师。他教的知识成为我的一部分,并已融入我的血液。"⁷在以色列,到处都是以温盖特名字命名的街道和公共场所,包括国家运动队的训练中心。

温盖特曾计划在战争结束时辞去英国陆军委员会的职务并回巴勒斯坦;以色列创始人之一、首任总理戴维-本-古里安认为他是指挥以色列军队的"自然选择"。⁸"如果他还活着"无疑是中东历史上最伟大的假设之一:如果温盖特还活着,那么他领导的以色列军队会在1948年独立战争中坚守耶路撒冷旧城吗?他的领袖魅力是否会让军队在那场战争中取得更彻底的胜利并占领约旦河西岸?还是他臭名昭著又反复无常的个人行为会导致新生犹太国家的失败?

温盖特的影响一直萦绕中东。2000年9月,在近千名武装防暴警察的保护下,在野党利库德集团③领导人阿里尔·沙龙坚持访问耶

---

① 在英语中,次大陆一般特指南亚次大陆(或称印度次大陆),包括巴基斯坦在内的印度半岛的全部。——译者注
② 独立战争:指第一次中东战争。以色列1948年5月14日宣布建国的第二天,为了争夺巴勒斯坦,埃及、伊拉克、约旦、叙利亚、黎巴嫩等阿拉伯国家便主动发动了针对以色列的攻击。战争的结果是以色列成为独立的国家,巴勒斯坦英帝国托管地的剩余地区分别由埃及和外约旦控制。——译者注
③ 字面意思是团结,以色列右翼政党。——译者注

路撒冷圣殿山，由此破坏了《奥斯陆协议》①，并引发了第二次巴勒斯坦大起义。沙龙在青少年时代便视温盖特为英雄；此外，温盖特曾经训练并指导过的一名年轻士兵阿夫拉哈姆·约菲，后来成为沙龙的导师。

沙龙的这次重要访问，突出了圣殿山作为世界上最具争议地区的地位。圣殿山是耶路撒冷错综复杂的220英亩旧城区中一块35英亩的土地，它本身就与末日叙事紧密相连，因此也与基督教、犹太教和伊斯兰教的宗教狂热紧密相连。圣殿山可以说是第三次世界大战最有可能爆发的地方，基督教、犹太教和穆斯林的千禧年主义，正是末日剧中的主角。

耶路撒冷旧城可以粗略地看作一个正方形，圣殿山在正方形的东南角（见图9-1）。从圣殿山顺时针方向沿着旧城周边绕行，你会依次经过犹太区、亚美尼亚区、基督徒区和穆斯林区，最后回到圣殿山。圣殿山是基督教和犹太教的极端分子都想建造第三圣殿的地方，他们有各自的末日版本。

第一圣殿由所罗门建造并被巴比伦人摧毁，没有人知道它的确切位置。但最常提到的地点是圣殿山上的岩石圆顶清真寺（甚至在犹太人占领迦南之前，岩石圆顶清真寺很可能已经是耶布斯人的礼拜场所，所罗门的父亲大卫曾征服过耶布斯人）。第二圣殿是在公元前6世纪末犹太人从巴比伦流亡归来后，在马加比家族的领导下重建并扩建的，大希律王将其大规模扩建到现在的圣殿山上。70年，第二圣殿被罗马人摧毁。

阿拉伯人在637年占领了耶路撒冷，并在692年建成了岩石圆顶清真寺。圣殿山的第二大建筑是阿克萨清真寺，其最初只是一个简陋

---

① 《奥斯陆协议》：1993年以色列总理拉宾和巴勒斯坦解放组织主席阿拉法特在挪威首都奥斯陆秘密会面后达成的和平协议。——译者注

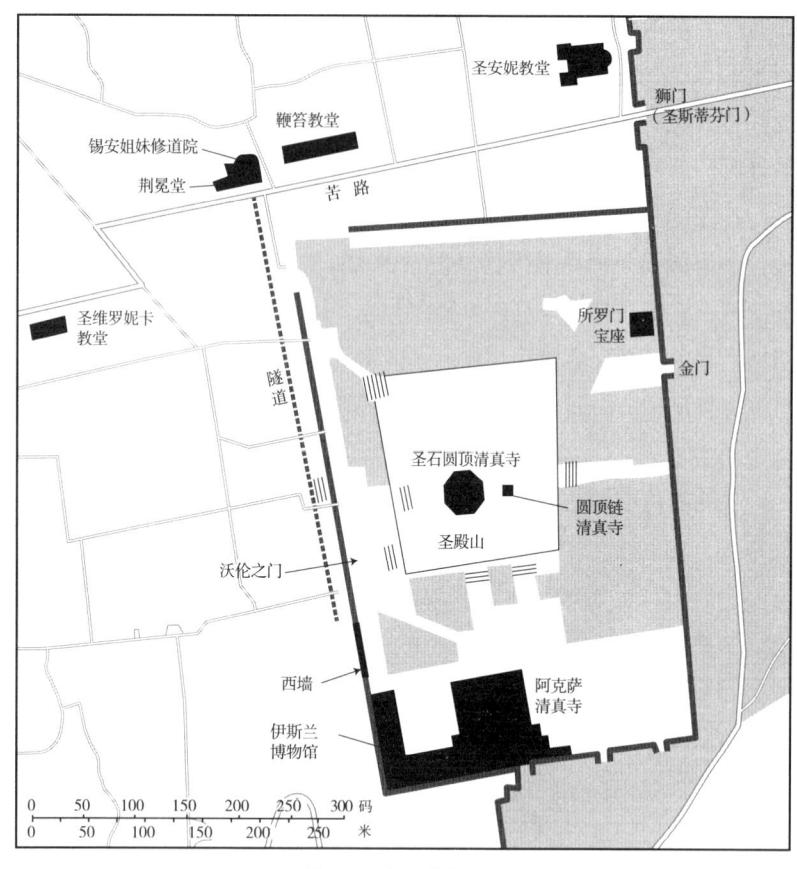

图 9-1 今天的圣殿山

的棚屋，在地震后重建了几次，直到 1035 年左右才最终定型。这座山对穆斯林的神圣性源自 621 年先知穆罕默德的一个梦，在梦中，他在一个夜晚骑着他的长翼坐骑布拉克到访了这座山，并登上了云霄。（第二天，穆罕默德"返回"麦加后，向将信将疑的居民讲述了他这段所谓的旅程。）

根据对当前圣殿山所持的不同观点，犹太教的学者分为三类。第一类是最大的群体，他们认为犹太人可以访问圣殿山，但不能在那里祈祷。第二类的人数少一些，他们认为应该禁止参观，由于献祭的红母牛还没有找到，约柜（至圣所）的确切位置也不确定，因此访问者是不纯洁的，可能会意外地污染这块方舟，无论它实际位于山内的什么地方。第三类是极右翼的一小部分人，他们想立即建造第三圣殿。① 9

抛开神学因素不谈，绝大多数犹太人不想重建圣殿，原因很实际：这将需要拆除岩石圆顶清真寺，可能还需要拆除阿克萨清真寺，犹太人对这些建筑的蓄意破坏将引发灾难性的地区冲突，甚至可能是全球冲突。理解这一点并不需要多么伟大的地缘政治智慧。

在这个容易引起争议的话题上，兄弟会和早期的时代论者几乎没有发表什么言论，他们有很好的理由：《圣经》各章节之间经常互相矛盾，《旧约》和《新约》对未来的圣殿，更准确地说，对在圣殿进行祭祀的必要性，有一些相互矛盾的建议。一方面，《以西结书》第40~48章描述了未来的圣殿，以及将在其中进行的祭祀；另一方面，《希伯来书》10:1-18 认为弥赛亚的祭品已经足够，动物祭品是没有必要的，因此重建圣殿也是没有必要的。10

漫长而纠缠的历史，使现代耶路撒冷这座城市具有爆炸性的地位。70年，罗马人摧毁圣殿并驱逐了大部分桀骜不驯的犹太人，而其余大部分犹太人在135年西蒙·巴尔·科赫巴领导的第二次起义失败后也被驱逐。随后，罗马帝国、拜占庭帝国、萨珊王朝、穆斯林

---

① 根据《圣经》，至圣所里只有一样东西，即约柜。约柜是犹太人的圣物，约柜放在哪里，哪里就代表有神的同在。但根据《圣经》记载，只有祭司可以靠近约柜，普通人因为不洁净，不能靠近约柜，若靠近就会马上死掉。1967年六日战争期间，以色列夺得耶路撒冷旧城的实际控制权，但根据以色列与约旦达成的协议，犹太人可以作为普通游客前往圣殿山，但不能在那里做祷告。多年来，以色列极右翼势力一直推动获得犹太人前往圣殿山祷告的权利，从而引发了巴勒斯坦人的强烈不满。——译者注

倭马亚王朝、阿拔斯王朝、法蒂玛王朝相继占领这座城市。1099年，十字军驱逐了法蒂玛人，屠杀了该城的犹太人和穆斯林居民；1187年，十字军向萨拉丁投降。随后的几十年里，基督教和穆斯林交替控制这座城市。13世纪后半叶，穆斯林马穆鲁克为争夺城市的控制权而和蒙古帝国开战，大约1300年后，马穆鲁克获胜，耶路撒冷迎来了长达6个多世纪的穆斯林统治。[①] 1516年，奥斯曼帝国从马穆鲁克王朝手中接管耶路撒冷，并一直保持控制权，直到1917年12月，埃德蒙·艾伦比将军率领的英国军队进入圣地（见图9-2）。

1929年左右，即国际联盟授予英国在巴勒斯坦的"委任统治权"生效6年后，犹太人和阿拉伯人开始互相残杀，包括对个人的袭击、大规模暴动和恐怖行动。整个20世纪30年代，从德国纳粹屠杀和迫害中逃离的大批犹太新移民受到阿拉伯人的强烈抵制，因此互相残杀不断。1947年，联合国提出巴勒斯坦地区的分治决议（见图9-3），但当犹太人在1948年5月14日午夜宣布建立以色列国时，周围的阿拉伯邻国与这个新国家之间爆发了全面战争。

分治决议不仅将巴勒斯坦地区大致一分为二，还设置了一个"独立主体"——耶路撒冷市，其由联合国管理，约占100平方千米，包括旧城、更现代化的西部商业区以及其他周边地区。

巴勒斯坦人和邻近的阿拉伯国家拒绝分治，他们想彻底摧毁这个新生的犹太国家。1948年5月14日，以色列宣布独立的那一天，阿拉伯人和犹太人分别从多个方向对耶路撒冷发动了袭击。

在旧城南部入口锡安门的一场关键战役中，22岁的军官大

[①] 1171年，萨拉丁推翻了法蒂玛王朝（909—1171年），在北非建立了阿尤布王朝（1171—1250年）。马穆鲁克军队是13世纪中后期整个西亚最精锐的穆斯林部队，主要效忠于埃及的阿尤布王朝。1249年，阿尤布王朝国王萨利赫病逝，沙贾拉·杜尔趁机左右朝政，并建立马穆鲁克苏丹国（1250—1517年，又称马穆鲁克王朝）。——译者注

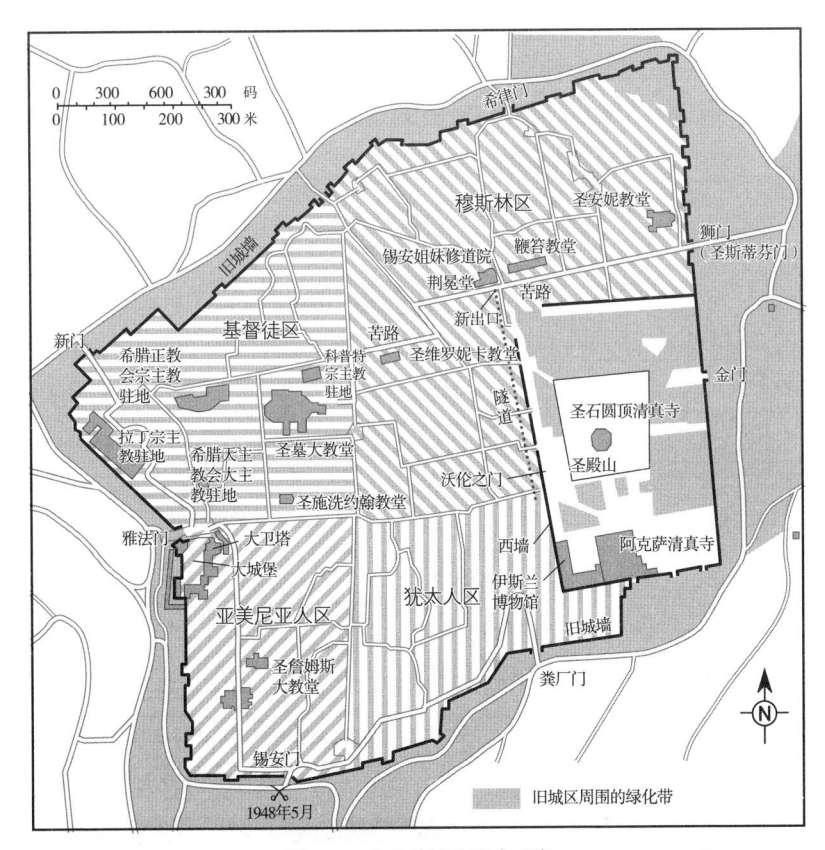

图 9-2　今天的耶路撒冷旧城

卫·埃拉扎尔①指挥犹太部队深入耶路撒冷犹太区，将犹太平民和受伤的军人救出。但这次行动也耗尽了埃拉扎尔的精锐部队，剩余部队被迫放弃并离开这个祖辈已经连续生活了大约 3 000 年的地方，旧城被约旦人占领。[11] 即使在穆斯林的统治下，犹太人也可以进入圣殿山，而西墙（哭墙）更是犹太教最神圣的地方。约旦军队开始夷平犹

---

① 大卫·埃拉扎尔于 1972 年 1 月 1 日—1974 年 4 月 3 日担任以色列国防军总参谋长。——译者注

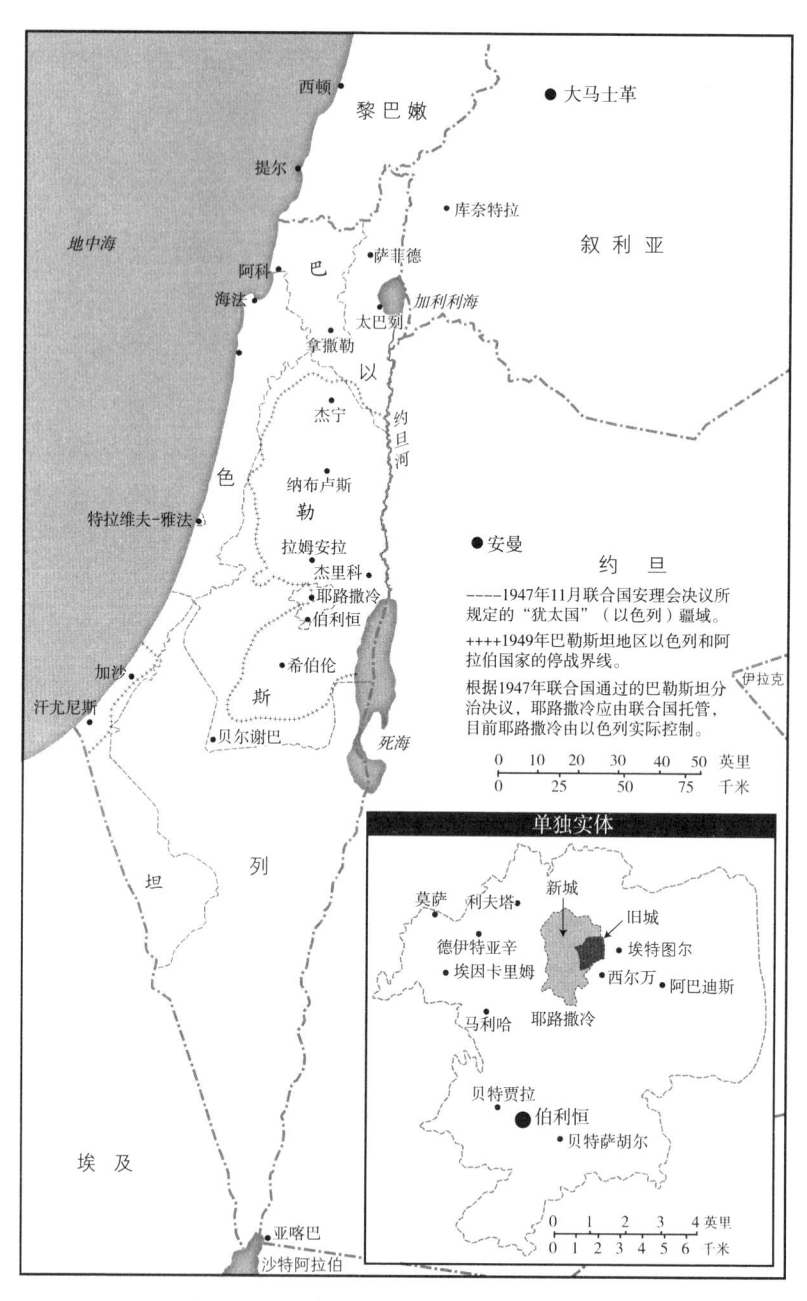

图 9-3　1947 年联合国提出的巴勒斯坦分治决议

太区。尽管失去了旧城,但这个新生国家幸存了下来,这令国际社会和许多犹太人深感意外。

美国基督教徒对以色列建国最初的反应充其量是温和的。例如,美国天主教徒追随梵蒂冈①的态度,拒绝犹太人对圣地提出的任何要求。1943年,梵蒂冈国务卿宣布不承认《贝尔福宣言》;而在1948年以色列宣布独立的同一天,梵蒂冈报纸《罗马观察报》声称:"现代以色列不是圣经中以色列的继承者。圣地和那些神圣的地点只属于基督教:真正的以色列。"[12]

主流新教徒的反应也不热情;他们大致同意梵蒂冈的观点,即代表新以色列的是基督教徒,而不是犹太人。此外,圣公会和长老会教徒支持阿拉伯人而不是犹太人,他们有一些其他理由,他们担心美国对新犹太国家的支持会妨碍他们在阿拉伯世界的传教活动以及教育机构的发展,特别是贝鲁特美国大学和开罗美国大学,那时,这些大学已经成为阿拉伯民族主义的温床。②最后一点也同样重要,圣公会和长老会教徒已经进入阿拉伯石油公司的管理层,这些石油业务越来越有利可图,对他们来说,具有重要的战略潜力。[13]

20世纪初,美国新教刊物《基督教世纪》不断发表反对犹太复国主义的社论意见。例如,1929年,它质疑:

> 犹太人在很多地区都受到尊崇,因为在那些地区的工业、商业、政治、艺术和文学等领域,犹太人都展现出他们的能力。他们真的想移民到巴勒斯坦这样一个资源贫乏的地方吗?[14]

---

① 梵蒂冈,全称梵蒂冈城国,位于罗马西北角的梵蒂冈高地上,是世界上国土面积最小的国家,是罗马天主教廷的所在地。——译者注
② 贝鲁特美国大学和开罗美国大学分别位于黎巴嫩首都贝鲁特和埃及首都开罗,是由美国教会注册的学术研究型的综合性美国私立大学。1956年,"阿拉伯民族主义运动"组织成立,其在贝鲁特美国大学和开罗美国大学都有良好的群众基础。——译者注

最令人震惊的是，希特勒在1933年掌权时，大多数主流新教徒都无视事实。当彻底的种族灭绝代替纳粹种族立法时，《基督教世纪》一再建议不要急于做出判决；编辑们认为需要更多的数据。10年后，该出版物认为，犹太人不信仰耶稣已经有2 000多年了，犹太人必须将耶稣带回他们的犹太教堂，从而表明他们对美国的忠诚，"一个简单的举动就是自愿庆祝耶诞节①"15。

1942年，关于放逐、集中营和大规模屠杀的一系列故事首次出现在美国报纸上。当美国犹太复国主义拉比斯蒂芬·怀斯开始全面宣传这些故事时，《基督教世纪》质疑他的指控是否有"任何好的目的"。该出版物尤其对怀斯的"犹太人的尸体偶尔被加工成肥皂"16这一断言感到愤怒，但是很悲惨的是这一断言后来被证明是真实的。

并不是所有主流新教徒都如此无视事实。其中最著名的是伟大的美国神学家雷茵霍尔德·尼布尔，和他的许多政治分析一样，他对犹太国家的早期评论经得住考验，对当前的中东局势很有意义。作为一名自由派新教徒，尼布尔拒绝接受《圣经》字面上的真理，并对犹太复国主义问题持有一种更加明智和务实的态度。早在第二次世界大战时期，他就撰文指出，犹太人应该建国，不是为了实现千禧年，而是为了更现实的原因。首先，"每一个民族都有权最终拥有一个家园，这个民族在这个家园里不是'有差异'的。在家园里，这个民族既不需要受到所谓善良人的庇护，也不会受到坏人的诽谤"。其次，很明显，没有一个国家能够吸纳纳粹压迫下的所有难民，巴勒斯坦应该对这些溢出的难民进行必要的疏导。17

关键在于，与温盖特以及基督教犹太复国主义者不同，尼布尔认

---

① 耶诞节，即圣诞节，世界上大多数基督徒认为耶稣诞生于12月25日，于是就把这一天定为圣诞，以此纪念耶稣。但因为宗教和历史的原因，犹太人是不会专门去庆祝圣诞节的，他们最重要的节日是光明节。——译者注

识到忽视阿拉伯人民是愚蠢的：

> （美国和英国是第二次世界大战的最终胜利者，它们）能够确保将巴勒斯坦地区留给犹太人，确保取消目前对移民的限制，并确保对阿拉伯人另有补偿。但犹太复国主义的领导者坚持认为犹太移民给巴勒斯坦带来了新的力量，而不会给阿拉伯人民带来"不公正"，这种想法是不切实际的。期望任何人将对其传统财产的主权限制视为"公正"都是荒谬的，不管这种限制会给他们带来多少好处。[18]

像大多数时代论者一样，说意第绪语的阿尔诺·盖布兰才华横溢。他将犹太人分为两类，他所崇敬的正统犹太人和他对之持有怀疑态度的更世俗的犹太人[①]。作为一名坚定的反纳粹分子，他深入研究反犹太主义欺诈中最臭名昭著的《锡安长老会纪要》。该书传播了很多犹太人控制全球经济、接管国家政府和杀害基督徒的巨大阴谋（最近，阴谋论在当前全球范围内的极右民族主义者中又卷土重来）[②]。

与此同时，在大多数主流新教徒和天主教徒都避犹不及的时候，盖布兰做出了一些关于大屠杀的评论，其具有很强的预见性。早在1932年，他就谴责希特勒反犹太主义的疯狂，并预言"显然他将走

---

① 一般而言，正统犹太人是指恪守犹太宗教传统，坚持在生活中采用犹太教习俗，坚信神启和弥赛亚终将到来的犹太人群。世俗犹太人是指仅从文化上认同自己的犹太身份，因在流散过程中与其他民族长期接触而已经被世俗社会同化，甚至不再信仰犹太教的人。——译者注
② 《锡安长老会纪要》是1903年在沙俄首度出版的一本反犹主题的书。该书用第一人称书写，以一个锡安长老的身份在长老会议上向新成员介绍如何掌控世界的具体计划，是纳粹德国反犹太主义和阴谋论的主要理论基础。——译者注

向末日，与《以斯帖记》中的哈曼命运相同"[①]。到 1942 年，他是最早传达欧洲纳粹大屠杀和希特勒灭绝犹太人新闻的人之一；到了第二年，他正确地估计出，那时德国人已经杀死了 200 万人。[19]

1948 年以色列建国时，哈里·杜鲁门和他的国务卿乔治·马歇尔之间体现出非常明显的宗教界限。前者是浸信会原教旨主义者，后者是主流新教徒。杜鲁门在 12 岁时已经读了两遍《圣经》，而马歇尔则是一个圣公会教徒。[20] 在英国对巴勒斯坦的托管权结束的前两天，杜鲁门会见了马歇尔，以及副国务卿罗伯特·洛维特和年轻的白宫法律顾问克拉克·克利福德。

那时，杜鲁门已经向时任犹太复国主义组织主席——魏兹曼做出了美国承认以色列的承诺，他让克利福德将他这样做的理由陈述给马歇尔和洛维特。但杜鲁门还没开始，马歇尔就打断了总统的话："我甚至不知道克利福德为什么会在这里。他是国内顾问，而（我们讨论的）这是一项政策问题。"杜鲁门回应道："将军，他在这里，是因为我邀请他来。"洛维特是耶鲁大学骷髅会[②]的成员，他的父亲是美国联合太平洋铁路公司的主席，他补充说，承认以色列"显然是为了赢得犹太人的选票"。杜鲁门和马歇尔互相攻击了一会儿后，马歇尔最后宣布："如果你听从克利福德的建议，那么我会在选举中投你反对票。"[21]

最终，马歇尔让步了，并承诺对自己的反对承认以色列的立场保密。杜鲁门的父母都是虔诚的浸信会教徒，杜鲁门小时候经常上主日

[①] 《以斯帖记》是《旧约》中"史传"的最后一卷。以斯帖是古波斯王后，是美丽善良的犹太女英雄，她为了挽救在波斯境内的犹太人的性命，运用自己的智慧，在当时波斯王的面前揭露波斯宰相哈曼的阴谋，使得哈曼获得被绞死的下场，而这个绞刑架本来是哈曼为阴谋绞死以斯帖的养父而制造的。——译者注
[②] 耶鲁大学骷髅会：耶鲁大学的精英组织，是美国富人和权力者的"秘密俱乐部"。——译者注

学校,成年后进行了再浸礼;无论他在哪里,他总会参加周日礼拜。在他的个人文章中,他记录道:"我是一名浸信会教徒,我认为这个教派给了普通人最近、最直接的接近上帝的途径。"[22]

离开白宫后不久,杜鲁门参观了美国犹太神学院,在那里,一位朋友将他介绍为"帮助建立以色列国家的人"。作为回应,杜鲁门提到了从巴比伦囚禁中将犹太人释放的波斯国王:"你说的'帮助建立'是什么意思?我是居鲁士,我是居鲁士。"[23]

1949年的停战协定将旧城和约旦河西岸交给了约旦人;在以色列国土最窄的"腰部"地区,约旦军与海相隔的距离仅为9英里。耶路撒冷较新的西部地区仍在以色列的控制之下,但约旦人控制着拉特伦,其距离新城和以色列其他地区的关键连接处的主要道路仅一箭之遥。独立战争期间,以色列人曾在拉特伦进行了一场激烈的战斗,但以失败告终。随后以色列人在南部几英里处修建了一条新公路,使得连接处的脆弱性略有降低。

美国的时代论者与主流基督教徒算是表亲,但与后者不同,他们对于以色列的建立欣喜若狂。其中最典型的是司可福,他曾就读于菲利普斯学院和普林斯顿大学,会说希伯来语和亚拉姆语,任费城圣经大学校长,后来花了10多年时间编写1967年版的《司可福串注圣经》。1949年,他宣称"弥赛亚时代即将开始"。此外,他认为以色列和英国之间的"迫在眉睫的联盟",可以看作犹太人和复兴的罗马帝国之间的时代论契约的开始。司可福似乎忘了,此前犹太人一直在攻击英国士兵,英国人可能并不想与犹太复国主义者结盟。还有其他一些时代论者更进一步,他们认为,上帝有意缩短富兰克林·罗斯福的寿命(他与阿拉伯人建立了密切的关系),这样可以使亲以色列的哈里·杜鲁门成为总统。[24]

虽然以色列的建国确实触动了学究型时代论者的灵魂,但在他们的核心圈子(司可福就是这个核心圈子里的典型代表)之外,引起的共鸣并不多。此外，尽管以色列的建国使犹太人回到了圣地，但犹太人并没有控制圣殿山，事实上，他们甚至都无法进入圣殿山，这是数千年来没有发生过的。因此，他们没有实现时代论的基本要求：在重建的第三圣殿中恢复礼拜和祭祀。

19年后，这种情况将会改变。1967年5月，阿拉伯暴徒涌上街头，要求摧毁以色列，埃及总统贾迈勒·阿卜杜勒·纳赛尔封锁了以色列进入红海的通道，并将联合国维和部队赶出西奈半岛。（1956年，通过与法国和英国的短期军事同盟，以色列占领了西奈半岛。根据随后达成的协议，西奈半岛又归入了埃及。并且根据该协议，纳赛尔的两次行动均构成战争行为。）关键是，纳赛尔还向拉特伦派遣了两个突击营，直接针对以色列的西耶路撒冷；5月底，他公开宣称要摧毁这个犹太国家。

纳赛尔估计，这一挑衅将引发以色列的进攻，最终导致这个小国被更强大的阿拉伯军队清洗。但他只估计对了一半。6月5—10日的六天里，以色列武装部队将尚未起飞的埃及空军摧毁在地面上，并占领了西奈半岛、西岸、戈兰高地以及旧城和圣殿山。

起初，以色列人并不打算攻占旧城。他们认为自己的国家处于毁灭的边缘，埃及对他们的生存威胁已经牵涉他们所有的精力和资源。因此，以色列国家领导人绝不想让约旦人加入战争，因为约旦人可能会在以色列脆弱的"腰部"将以色列一分为二。以色列在耶路撒冷地区的战略利益，主要集中于斯科普斯山飞地①内，该地区有一些小型驻军以及废弃的大学和医院，完全被约旦的领土包围。

以色列向约旦国王侯赛因传话：如果约旦不采取敌对行动，以色列就不会攻击约旦河两岸的军队。侯赛因却说他的答案将通过"空

---

① 所谓的"飞地"，是指某国或某市境内隶属外国或外市的，有不同的宗教、文化或民族的领土。——译者注

降"到达,很快,约旦通过战斗机和炮弹袭击了以色列。虽然侯赛因的空袭基本无效,但当约旦人炮击耶路撒冷和特拉维夫郊外的国家国际机场时,以色列人别无选择,只能做出回应。即使在那时,国防部长摩西·达扬为应对危机而刚刚上任三周,依然希望谨慎行事;但内阁鹰派,特别是梅纳赫姆·贝京①,要求军队占领耶路撒冷;在战争的前两天,达扬的克制政策占据了上风。25

能比摩西·达扬更好地应对旧城不断变化的动态的人几乎没有。这位独眼国防部长在一个农场长大,每天都与阿拉伯人打交道,会说阿拉伯语,与阿拉伯的童年伙伴们建立了友谊,并钦佩于伙伴们的父母安静的性格。独立战争期间,年轻的达扬曾作为一名中校,指挥耶路撒冷地区的犹太军队。在那场最终结束1948年冲突的微妙而漫长的停战谈判中,他与约旦谈判方阿卜杜拉·塔勒进行了广泛而越来越热情的接触。达扬非常信任他,在塔勒的陪同下,达扬穿着阿拉伯服装前往安曼②,并与侯赛因的父亲阿卜杜拉国王进行了谈判;几年后,当塔勒要求以色列的《巴勒斯坦邮报》(《耶路撒冷邮报》的前身)严厉地批评他,从而提高他在安曼的信誉时,达扬回报了他。26

随着埃及和约旦的外部威胁消除,战争即将停火,以色列内阁最终授权占领耶路撒冷旧城;当地的指挥官乌兹·纳尔基斯曾在1948年的旧城战役中失败,他命令伞兵军官莫迪凯·古尔执行最后一次袭击。

古尔的预备役部队,最初是计划部署到西奈半岛的,但随后其与约旦军队展开了一系列的血腥战斗,从而确保了旧城北部和东部郊区的安全。这些战争的另一个好处,是建立了一条通往斯科普斯山的通

---

① 第一位利库德集团出身的总理。——译者注
② 安曼是约旦首都。——译者注

道。旧城的约旦驻军紧急请求了支援,但以色列的飞机驱散了这支西行救援纵队,这使古尔的伞兵在 6 月 7 日相对容易地由通道进入了耶路撒冷。达扬铭记世界人民的信仰,没有授权对旧城的空中袭击,炮兵部队从圣殿山绕行,并仅向阿克萨宣礼塔内的狙击手进行零散的小型武器袭击。[27] 这是幸运的,因为约旦人在圣殿山附近储存了大量弹药,近距离战斗很可能会点燃这些弹药,带来灾难性的地缘政治后果。①

古尔占领了世界上最神圣的地方,用无线电向纳尔基斯发出:"圣殿山在我们手中!"这也许是现代希伯来语中最著名的一句话。纳尔基斯和什洛莫·戈伦跟着古尔登上了山,其中戈伦是独立之后的以色列的军队首席拉比,他欣喜若狂地登上山顶,高呼《圣经》经文,反复吹响他的羊号角(即朔法尔②)。

戈伦是想要重建第三圣殿的少数犹太人之一。他把纳尔基斯拉到一边商量。几十年后,就在戈伦去世之前,纳尔基斯向《国土报》提供了这次谈话内容:

> 戈伦:纳尔基斯,现在是向岩石圆顶清真寺投放 100 公斤炸药的时候了,就这样吧。
>
> 纳尔基斯:拉比,住手。
>
> 戈伦:纳尔基斯,这样做将翻开新的历史篇章。你没有领会这样做的重要意义。现在正是机会。明天,可能就什么都做不了了。

---

① 值得注意的是,历史上的雅典帕台农神庙废墟正是由 1687 年威尼斯围城期间奥斯曼帝国的一个军火库爆炸而造成的。
② 朔法尔是犹太教宗教礼仪用品,是由公山羊角制成的号,用于重要的公共和宗教活动。犹太教认为,号声有报警、敬畏和欢庆之意,象征着犹太民族对上帝的顺从和虔敬。——译者注

纳尔基斯：拉比，如果你不停下，我就立刻把你送去监狱。[28]

戈伦默默地离开了。达扬一听说占领旧城的消息，就立即前往耶路撒冷处理圣殿山事务。当时的圣殿山和现在一样，是中东政治炸弹的导火线。

正如达扬在他的回忆录中所描述的：

多年来，阿拉伯人一直禁止犹太人进入他们最神圣的场所，包括耶路撒冷清真寺院内的西墙和希伯伦的列祖之墓[①]。现在我们掌握了控制权，我们应该理解其他那些和曾经的我们一样有相同需求的人，允许各种信仰的人在圣地自由参观和朝拜。[29]

达扬到达圣殿山后，立即命令将岩石圆顶清真寺上的以色列国旗移走。第二天，他咨询了一位希伯来大学的伊斯兰历史学教授，探讨如何更好地接触管理此地的神职官员，也就是瓦克夫[②]。此后不久，他和工作人员登上圣殿山，前往阿克萨清真寺，进行了一次具有决定性意义的会面：

当我们继续登上圣殿山到达清真寺大院时，我们似乎……

---

① 广义的阿克萨清真寺可以指耶路撒冷圣区的所有地盘，因此包括西墙。希伯伦城中的列祖之墓，又被称为麦比拉洞，据说埋葬着犹太人始祖亚伯拉罕、妻撒拉及其儿子和孙子等人；还保存着易卜拉欣等伊斯兰教先知的墓穴，墓穴之上的哈利勒清真寺（又被称为易卜拉欣清真寺）是著名的伊斯兰教古迹。——译者注
② 瓦克夫是阿拉伯文 Waqf 的音译，原指伊斯兰教国家或穆斯林捐献给清真寺的土地和其他资产，像学校、医院、养老院等，其都属于宗教公产。此处表示管理宗教公产的神职人员。——译者注

进入一处阴沉的寂静之地。清真寺外接待我们的阿拉伯官员庄严地向我们致意,他们的表情反映出对战败感到悲伤,并恐惧于我可能会做的事情。[30]

达扬命令士兵们把鞋子和武器放在门口。经过瓦克夫的初步介绍后,达扬让官员们谈论未来,但他们沉默了。于是达扬和随从们盘腿坐在地板上,以阿拉伯的风俗和他们聊天。最终,官员们敞开了心扉:他们最关心的是战争期间的水电中断。达扬承诺将在48小时内恢复水电。

这时,达扬将他来这里的原因告诉了瓦克夫:他要让他的士兵离开圣殿山,圣殿山还将留在瓦克夫的手中。达扬要求他们恢复相关服务,并告诉他们,以色列人不会像约旦人那样审查传统的星期五礼拜;以色列的部队将从外部保卫这座山,但推土机已经将西墙附近的阿拉伯住宅清除;犹太教最神圣的地方——西墙,将继续掌握在以色列人手中。

达扬后来记录道:"瓦克夫和官员们并不喜欢我说的最后一句话,但他们知道无法改变我的决定。"[31] 达扬是一个惊人的好色之徒和考古窃贼,他不是天使。记者格肖姆·戈伦伯格观察到,"如果上帝真的干预了人类历史,那么他在选择圣徒时很有幽默感"[32]。达扬自己做出了这一安排,几乎没有采纳内阁的建议;因为即使是谨慎和持久的妥协,也通常无法达到各方都满意。

但这种匆忙的安排依然产生了一系列问题,每个问题都可能带来灾难性的后果。几乎从一开始,拉比戈伦就很能制造麻烦。他首先带领一小群追随者到圣殿山祈祷。起初,瓦克夫并没有反对,但在埃波月① 九日(这一天是犹太人纪念第一和第二圣殿被摧毁的日子),他

---

① 埃波月(Av)是犹太日历的第五个月份,在西历七至八月间。——译者注

做出了超越限度的行为。那天是1967年8月15日，这位惹事的拉比带着50个人和一个便携式方舟来到圣殿山，吹响了他的羊号角并祈祷。

城内的穆斯林开始焦躁愤怒，瓦克夫封锁了圣殿山的主要入口，并开始向犹太人收取进山费用；而戈伦的回应则是宣布下一个安息日会带来1 000名追随者。至此，以色列内阁已经厌倦了戈伦的这些危险行为，并做出决定：犹太人可以参观圣殿山，但不能在山上祈祷。而几乎同时，以色列最高宗教委员会的首席拉比直接禁止了犹太人参观圣殿山。虽然并非所有犹太人都承认拉比的权威，但大部分正统犹太人都承认，而且由于他们往往在意识形态上最为极端，因此这项禁令至少在一段时间内遏制了与圣殿山有关的紧张局势。[33]

少数犹太人想把穆斯林从圣殿山上赶出去，炸毁岩石圆顶清真寺和阿克萨清真寺，重建第三圣殿。他们感到愤怒，并将达扬称为叛徒（甚至还有更恶劣的称谓）。尽管历史证明达扬是正确的，但重建圣殿的狂热者或瓦克夫都不这样认为。

几乎从一开始，达扬的妥协就在很大程度上否定了古尔那个著名的感叹句①；圣殿山事实上在穆斯林社区手中，这种控制正是在自1967年战争以来的半个世纪里才得以巩固的，围绕上帝那一小块35英亩土地的政治动荡也随之加剧。

下一个圣殿山上的重大事件，由一名精神分裂的澳大利亚基督徒丹尼斯·迈克尔·罗恩引发。他充满了由精神病引发的宗教热情，于1967年8月21日进入阿克萨清真寺，将煤油倒在讲坛的楼梯上，并投掷了火柴。大火烧毁了清真寺的大部分室内装饰，还削弱了柱子的支撑力。

罗恩是赫伯特·阿姆斯特朗的信徒。阿姆斯特朗是美国原教旨主义上帝广播教会的创始人，也是20世纪30年代初最早利用广播新媒

---

① 指上文的"圣殿山在我们手中"。——译者注

介的传教士之一。阿姆斯特朗并不是时代论者,但他相信英国人和美国人是"10个消失的犹太部落"的后裔。尽管如此,时代论的普通信仰,即只有在重建的圣殿中恢复朝拜和祭祀才能使耶稣复临,激发了具有活跃错觉的罗恩,他采取了合乎逻辑的下一步:阿克萨清真寺是第一圣殿的所在地,它必须被摧毁,以便为新圣殿的重建让路(尽管大多数权威人士认为第一圣殿的遗址在岩石圆顶清真寺,而不是附近的阿克萨清真寺)。

两天后,当以色列警察终于在东耶路撒冷的小旅馆抓住罗恩时,他高兴地承认:既然上帝想让他建造这座圣殿,他就必须先摧毁阿克萨清真寺。最后,罗恩被审判、定罪,并被关押在精神病院,于1974年被驱逐回澳大利亚,一直在医院里住了20年才去世。

尽管罗恩和犹太人没有什么关系,但阿拉伯世界还是爆发了;纳赛尔和沙特国王费萨尔都向以色列宣布圣战。在这一特殊情况下,以色列人是幸运的,因为纳赛尔和费萨尔都锁定了最有可能接受号召的激进伊斯兰主义者。[34]

阿克萨清真寺的大火表明,圣殿山政治有最具爆炸性的两大特点。首先,它无处不在,总是充满偏执;尽管罗恩很明显只是个精神病人,并与犹太复国主义无关,但阿拉伯世界的许多人仍然指责犹太人纵火,并认为事实是以色列的消防队员向其泼汽油。而与此相反,以色列内阁部长则指责穆斯林为了挑衅而放火。其次,如果圣殿山的火药桶会点燃世界,那么它很可能伴随着宗教幻想的火焰,这种幻想可能来自犹太复国主义极端分子、激进的伊斯兰主义者、时代论基督徒或者普通的精神分裂症患者。

将这一原则应用于世界上所有的伟大信仰,并不算过分笼统。主流的犹太教、基督教和伊斯兰教,在落入受骗的真信徒或明显的精神错乱者手中之前,都是和平的宗教。关于精神错乱者,他们的主要症状是幻听,常常听到来自上帝的声音。[35]

并不是只有基督教徒才有末日错觉。犹太人在这方面领先了500年。伊斯兰教几乎是从穆罕默德本人开始，就有自己的末日错觉版本，这一版本最近在书店和战场上迅速发展。

绝望是末日叙事生长的沃土。公元前6世纪，被流放到幼发拉底河沿岸为奴后，古犹太人正需要休整。《以西结书》和《但以理书》记载了压迫犹太人的人被毁灭，但神学家们通常认为首次明确提到犹太弥赛亚的是《以赛亚书》。与《但以理书》相似，《以赛亚书》的写作时间是以赛亚生活的公元前8世纪之后的几个世纪，它可能是由一系列作家在巴比伦流亡期间以及回到犹大之后创作的。书中预言了一位救世主的出现，他将结束世界，在耶路撒冷建立一个上帝的普世王国。

弥赛亚主义是犹太历史上一个持续的主题，它有时像一条细红丝带，有时则像一块展开的能够蒙蔽理性的深红色布。它可能会带来一场全国性的运动，例如罗马时期，70年，奋锐党①策划的起义。起义中分裂出西卡里党，其暗杀了拒绝反叛的犹太人；其中一些西卡里人后来在死海之上的梅察达集体自杀。它还可能是某些虽有才能但被骗、偶尔有精神病的个人的作品，比如沙巴蒂·萨维，一位患有躁狂抑郁双相型障碍的塞法迪②拉比，他在1648年的狂躁间歇宣称自己是弥赛亚，并成为小亚细亚士麦那地区大型犹太社区的宗教领袖，然后在东地中海四处穿梭，聚集皈依者和会众。17世纪中期的大屠杀使欧洲大陆的犹太人口大量减少，沙巴蒂·萨维的弥赛亚救世承诺吸引了大批追随者，但当他被奥斯曼帝国监禁而面临死亡威胁时，他选择了皈依伊斯兰教，这一承诺也宣告结束。[36]

---

① 奋锐党，又名热烈派，是第二圣殿时期的组织，主张反抗罗马帝国对以色列犹太人的统治，目标是把以色列的外来者驱逐出境。——编者注
② 塞法迪人是历史上流散于西班牙、法国等拉丁国家的犹太人，他们保留了中东人种的基本特征，黑发黑眼，高鼻深目，说法语和西班牙语。——译者注

大屠杀后，难以控制的以色列独立运动中再次上演了奋锐党和西卡里党之间的戏剧版本。在独立前的冲突中，两个恐怖组织"伊尔贡"和"莱希"（前者一般不会谋杀犹太人同胞，但后者会），都参与了对阿拉伯人和英国官员的暗杀性袭击，最著名的是1944年在开罗暗杀英国副国务大臣莫恩勋爵，以及1946年炸毁耶路撒冷的大卫王酒店，造成91人死亡。

第二次世界大战爆发时，伊尔贡要求暂时停止对英国人的袭击，这激怒了更激进的成员，他们在亚伯拉罕·斯特恩的领导下联合成立了莱希（就是在英语世界中更为人所知的"斯特恩帮"）。像伊尔贡一样，莱希的目标也是阿拉伯人和英国公民，它们不仅对莫恩遇刺事件负责，而且对1948年的联合国代表福克·伯纳多特伯爵遇刺事件负责，因为当时它们担心伯纳多特会与阿拉伯人达成对它们不利的停战协议。（战争期间，伯纳多特曾帮助数万人从德国集中营获释，其中约有1 600名犹太人。）

除了第二次世界大战期间与英国的临时停火争议之外，还有两个方面的争论使伊尔贡和莱希分裂。与奋锐党和它的分支西卡里党的区别一样，伊尔贡人一般不会杀害他们的犹太人同胞，而莱希人则会这样做。过去的西卡里人和后来的莱希人都谋杀过犹太人的通敌者，偶尔还谋杀与他们仅仅有意识形态分歧的人。更重要的是，和西卡里人一样，莱希人也是热情的弥赛亚主义者，而伊尔贡人则更世俗化。

莱希的宣言，即《民族复兴原则》，列出了18条，其中最臭名昭著的是向犹太人承诺《出埃及记》中的土地"从埃及河到大幼发拉底河"，以及第三圣殿的重建。[37] 在被纳入以色列武装部队和情报机构之前，伊尔贡和莱希的最后领导人分别是梅纳赫姆·贝京和伊扎克·沙米尔。两人后来都成为以色列总理。

以色列人对弥赛亚主义团体的支持相对较少。那里的民众消息灵通，他们认为在晚间新闻时间给别人打电话是一件非常粗鲁的事情；

他们同样非常清楚，重建圣殿类似于一种自杀行为。尽管这个国家仍然是恐怖袭击的目标，最近尤其是伊朗部队打击的目标，但弥赛亚主义的原推动力——一种与巴比伦人、塞琉西王朝、罗马人、国社党或纳赛尔统治下的埃及人等规模相当的威胁——已不复存在；毕竟，以色列已经与埃及和约旦签署了和平协议，而剩下的威胁来源国叙利亚则陷入内乱。

即便如此，1967年对旧城的占领确实激励了以色列千禧年主义者中的一小部分人，特别是信仰者同盟（即坚信派），他们将《出埃及记》中的最大领土视为信仰：上帝将加沙、西岸、戈兰高地，甚至荒芜的西奈半岛永远留给了犹太人。1967年独立战争刚刚结束，坚信派就开始在约旦河西岸修建定居点，1974年，他们与新总理伊扎克·拉宾因为那里的修建工程发生了冲突；最终，坚信派通过拉宾的对手、建立定居点的支持者——国防部长西蒙·佩雷斯，迂回挫败了拉宾。3年后，梅纳赫姆·贝京成为以色列的领导人，他打开了西岸扩张的闸门。（1978年的《戴维营协议》①规定，将西奈半岛归还埃及。坚信派没能阻止该协议的实施。）

其他的犹太弥赛亚主义者则专注于圣殿的重建。伊斯拉尔·阿里尔就是这样一位圣殿狂热者，他是一位关注梅洛迪小母牛的拉比。1967年，年轻的阿里尔曾在攻占西墙的伞兵旅服役。对他和一小群极端正统的犹太人来说，弥赛亚（第一个也是迄今为止还没有到临过的）在圣殿建成并使用之前是不可能出现的。1988年，阿里尔协助建立了"圣殿研究所"，该研究所不仅致力于重建第三圣殿，而且致力于完成圣殿最精致的细节，包括亚麻长袍、乐器、古犹太教朝拜所用的仪式。

完成这些细节只不过是时间、技能和金钱问题，阿里尔和他的

---

① 1978年，以色列总理贝京与埃及总统萨达特在美国总统卡特的帮助下，在戴维营签订了关于和平解决中东问题的原则性协议。——译者注

同事们根本不缺。更难的是要找到祭司主持弥赛亚回归所需的祭祀仪式，而这代表了神学上的一个两难问题，因为祭祀通常只能由用红色小母牛的骨灰洁净后的祭司主持，这本身就需要屠宰这种稀有的牛。

约瑟夫·埃尔博伊姆是另一个弥赛亚团体"重建圣殿运动"的拉比，他试图通过创造"从未与死尸在同一屋檐下"的洁净祭司，来克服无法找到合格红色小母牛的困难。他从古代祭司种姓科哈尼姆的后裔中挑选出自愿的孕妇，她们将在一个特殊的院子里分娩，那里高于地面，以避免另一个祭司的禁忌，即"不能错误地踩在一块没有标记的坟墓上"。该项目允许家长探访，但男孩们永远不能走出大院；他们可以在一个升高的庭院玩耍。男孩们将接受包括祭祀技术在内的祭司培训，在成年礼后的某一天，他们将成为转基因红母牛的屠宰者。[38]

1975年，像8年前戈伦和他的追随者做的那样，一小群犹太弥赛亚主义者进入圣殿山，在一扇禁止他们进入的大门内祈祷。[①] 阿以联合警察部队将正在祈祷的这群民族主义者赶走，但以色列法庭做出了有利于这群人的裁决。这引发了骚乱，数名阿拉伯人死亡，几十人受伤。阿拉伯国家在联合国发出了抗议，瓦克夫规定，包括西墙在内的整座圣殿山都属于清真寺。以色列高等法院最终废除了允许犹太人在圣殿山祈祷的决定，但随后利库德集团的3位总理梅纳赫姆·贝京、阿里尔·沙龙和本雅明·内塔尼亚胡发誓要改变这一裁定。但最终没有人兑现这一煽动性的承诺。

1982年，两个犹太极端主义团体分别试图在圣殿山放置炸药；第一个是由拉比梅厄·卡赫纳领导的反阿拉伯种族主义团体，叫作"卡赫运动"，其试图在岩石圆顶清真寺的墙壁附近引爆炸弹。第二个是名为

---

① 圣殿山有18扇门；其中6扇门是封闭的，另一扇门已打开但禁止公众使用。穆斯林教徒可以使用剩下的11扇门。但非穆斯林只能通过其中的一扇门进入，即西南角的穆格拉比门，它靠近西墙。

"利夫塔帮"的神秘团体,其试图炸毁岩石圆顶清真寺和阿克萨清真寺。①为此,哈佛大学国际事务中心进行了一次地缘政治模拟,并得出"如果岩石圆顶清真寺真的被摧毁,那么这将触发第三次世界大战"的结论。

更危险的是另一个团体"犹太地下组织"。到20世纪80年代初,其成员已经杀害了希伯伦的5名阿拉伯学生,并企图暗杀约旦河西岸的市长们,炸毁清真寺和阿拉伯公交车。这些行为非常危险。1984年,他们对岩石圆顶清真寺进行了广泛的侦察,并获得了先进的炸药,但后来计划取消。正如后来的一个极端组织的成员所说,30个成员的行动,可以被称为一个地下组织的行动;300个成员的行动,就是一场运动;3 000个成员的行动,那就是一场革命。[39] 第二年,一家以色列法院判处了27名地下组织成员监禁,监禁时间从几年至终身不等,罪名是对圣殿山有企图并进行了其他恐怖袭击。然而,到1990年,在以色列右翼团体的压力下,他们全部获释。[40]

直到1994年去世之前,拉比戈伦一直在制造麻烦。从第一次造访圣殿山,他就开始勘测。在他去世前几年,他公布了那些测量数据,并发表了一篇圣经评论,宣称山的南部有一大块土地不受圣殿的洁净限制,因此其适合修建犹太教堂。该评论文章忽略了一个事实,即该地目前被阿克萨清真寺占据。

与地上的祈祷一样,在圣殿山土层下进行的考古活动也会激起阿拉伯人的愤怒。尽管当时有大量的历史和考古学证据,但穆斯林通常否认第一和第二圣殿曾经存在过,并将任何挖掘圣殿山土层的行为视为犹太人试图为建立第三圣殿找证据。

几个世纪以来,人类的居住地积累了连续的沉积层,因此考古学家挖掘得越深,能够追溯到的时间就越早。罗马和耶路撒冷等具有悠

---

① 8年后,卡赫纳在布鲁克林被埃尔·塞伊德·诺塞尔暗杀。诺塞尔是一名美国公民,出生在埃及,在巴基斯坦接受了由奥萨马·本·拉登创建的组织的培训。

久历史的古城中,偶尔会有这方面的生动体现。在这些现代城市的街道下方,12~24英尺的地方发现了可追溯到基督时代的挖掘物。

这意味着,耶路撒冷的考古学家们在挖掘时首先会遇到奥斯曼帝国时期的文物,然后是更早的穆斯林王国的文物,然后是罗马、希腊、犹太人的文物,如果幸运的话,就还有迦南统治者的文物。1967年以色列占领耶路撒冷后,希伯来大学的考古学家本杰明·马扎尔领导的犹太研究人员首次进入了圣殿山周围的地区。

马扎尔最重要的发现是希律王第二圣殿晚期的一个大型公共区域,那里有大量的房屋、宽阔的街道和毗邻圣殿山的复杂水利系统,以及通往圣殿山的巨大台阶。这可能是考古学家们发现的证明第二圣殿存在过的决定性证据。

瓦克夫向联合国教科文组织投诉,认为挖掘破坏了圣殿山的稳定性。联合国教科文组织任命了一系列独立调查人员,但没有发现山结构被破坏的证据,还赞扬了考古结果。只有其中一位与会者批评了挖掘工作没得到阿拉伯土地所有者的许可。[41]

更严重的问题来自西墙隧道。以色列从1969年开始,沿着圣殿山的西面从地下挖掘,这毁坏了马穆鲁克时期的多个建筑,令瓦克夫很心烦;联合国大会对挖掘进行了谴责,随后对以色列进行了制裁。但美国及其盟国为了抗议联合国的制裁,不再向联合国教科文组织缴纳会费,这差点儿使该组织破产。

19世纪,英国考古学家查尔斯·沃伦在圣殿山地上和土层下进行了大量挖掘,众多发现之一是西墙地下的一扇古老大门,它通往地下的隧道,然后是一段台阶,其通往岩石圆顶清真寺附近的地面。后来,沃伦写了一本小册子《应许之地》,建议成立一个"类似于过去东印度公司"的欧洲财团,它可以和犹太人一起殖民巴勒斯坦地区。[42]

1981年,在拉比耶胡达·盖茨的指导下,西墙隧道的工人再次遇到了"沃伦之门",并发现了其外的东行隧道,盖茨认为这条隧道将通向至圣所,甚至可能通向丢失的约柜。他的团队开始向东、圣殿山下岩石圆顶清真寺的方向挖掘,这显然是在以色列宗教事务部的合作下进行的。盖茨发现东行隧道几个星期后,瓦克夫的卫兵听到地下挖掘传来的声音,便下到蓄水池查看,他们在那里与犹太人发生了冲突。[43]

果不其然,戈伦宣称,新隧道比西墙还要神圣。而另一方面,阿拉伯人看到了犹太人想要控制圣殿山的赤裸裸的企图。面对阿拉伯人的强烈敌意,以色列人用一堵厚厚的混凝土墙封锁了隧道,永久性地阻止了进一步的调查。

20世纪80年代中期,西墙隧道完工后不久,以色列人就将其向游客开放。通道很狭窄,游客们必须从靠近哭墙的南部入口进入,参观完后从同一门口走出,这种往返造成的拥挤严重影响了游客的参观。为了解决这个问题,以色列人在隧道北部终点修建了一个出口,这再次激怒了阿拉伯民众,他们认为新出口企图破坏和摧毁圣殿山;愤怒的人群聚集,工程被迫暂停。

1996年9月23日午夜,以色列人打通了隧道北部的出口,使隧道与地上街道相通,并迅速在那里安置了一扇铁门。两天后,整个巴勒斯坦地区爆发了骚乱,以色列军队和根据《奥斯陆协议》新组建的巴勒斯坦国家安全部队之间爆发了激烈冲突;双方都有几十人丧生,数百人受伤。[44]局势十分紧张。克林顿总统不得不召开了一次国际首脑会议,但会议没有最终结果。随后,骚乱平息,出口仍然敞开;今天,游客走出隧道出口后会惊奇地发现,以色列警卫在那里迎接他们,并将他们护送回哭墙。

1967年以色列对旧城和约旦河西岸的占领,不仅改变了中东和阿以关系的政治局面,而且给美国和以色列的政治、宗教和文化带来了越来越大的冲击。其影响力是当年事件中的直接参与者无法预测到的。最令人震惊的是,美国的时代论主角将被一个如此幻想的、脱离现实世界事实的信仰体系驱使,让约翰·纳尔逊·达比都自愧不如。

《启示录》的开创者
畅销书与美国核武政策

为了深入了解美国当前的文化两极分化,我们可以观看一部美国 B 级电影《末世迷踪》,尼古拉斯·凯奇在里面饰演航空公司飞行员雷福德·斯蒂尔。在从纽约飞往伦敦的途中,斯蒂尔飞机上的数十名乘客莫名其妙地失踪,且飞机与一架显然无人驾驶的客机相撞,随后在斯蒂尔女儿的引导下,不可思议地在一段废弃公路上紧急迫降。

影片在飞机上和地面上的混乱场面之间不断转换镜头,观众们可以分成两组:那些认为情节离奇并后悔观看的人,以及那些认为影片讲述了一个有趣的故事的人,其中的故事就像《十一罗汉》或《卡萨布兰卡》中的故事一样。

没有什么比时代论更明显地分裂了美国的文化:对其中一方来说,它提供了一种能够从末日苦难和永恒诅咒中被拯救的可能性;而对另一方来说,这似乎只是一个信仰体系,就他们所理解的程度而言,就像《末世迷踪》那样杂乱无章。

2001 年 10 月 7 日,美国总统乔治·布什向全国发表讲话,宣布在阿富汗采取军事行动。这次讲话可以很好地说明这一文化分歧。在世俗人看来,这次讲话的风格宽容而温和,几乎不包含任何宗教内容，只是在美国真诚认可并给予其近 20 亿教徒美好祝愿的时候提到了伊斯兰教。

而另一方面，福音派听众却从一些话语中听出了相当不同的信息，如"孤独之路"（出自《以赛亚书》）、"杀害无辜者"（出自《马太福音》）和"没有和平"（出自《耶利米书》《以西结书》《历代志》《以赛亚书》），它们暗示了犹太－基督教上帝的愤怒。宗教学者布鲁斯·林肯观察到，"留意到这些话语的人很清楚地听到了，但是缺乏《圣经》知识的人可能听不到"[1]。布什的讲话像是一声响亮刺耳的狗哨；正如布鲁斯·林肯发表那些言论之后《今日基督教》所评论的："可悲的是，我们再也不能在布什讲话时，偷偷地相互点头和眨眼了。"[①][2]（布什本人显然对他的时代论信仰保持沉默；官方显示他是卫理公会教徒，大多数观察家将他归类为主流新教徒。）[3]

时代论幻想的盛行，是美国与其他发达国家的一个很大不同，并埋下了潜在的不幸。

以色列只有一小部分人是犹太弥赛亚主义者，其他绝大多数人害怕重建第三圣殿，因为他们非常清楚，重建圣殿必须首先摧毁穆斯林的清真寺，而这么做的后果是灾难性的。但是，对美国福音派教徒来说，情况并非如此。由于达比和他的继承者的影响，美国怀有弥赛亚式梦想的基督教徒比犹太人还多，他们希望在重建的圣殿里恢复祭祀。

这样做的神学理由并不充分。不知道什么原因，时代论者通常会引用繁杂冗余和模棱两可的《帖撒罗尼迦后书》2:4 的内容：

他抵挡神，抬举自己，高过一切被称为神和受人敬拜

---

① 2014 年，《今日基督教》认为，芝加哥大学宗教史教授布鲁斯·林肯在《波士顿环球报》发表的一篇文章，破解并揭露了乔治·布什一直暗中与福音派对话的密码。——译者注

的，甚至坐在神的殿中，自称为神。

《穆迪月刊》是穆迪圣经学院的内刊，1967年六日战争后，该刊物的大部分文章都与占领旧城以及重新获取圣殿山的预言意义有关。在确认偏见的一个典型例子中，该刊物上发表了一篇圆桌式文章，其中一位作者将冲突的意义总结如下：

> 《圣经》几乎是中东各种事件的百科全书，现在的中东无疑是人们关注的焦点。对我来说，这些事件证实了《旧约》和《新约》预言的字面解释。[4]

在同一篇文章中，达拉斯神学院院长约翰·瓦沃德讨论了恢复圣殿的动物祭祀问题，指出"许多人由此预测胜利的以色列国家将尽早恢复圣殿活动"，并且"这肯定是神力所致，表明时代的终结"[5]。

瓦沃德并不是一个家喻户晓的名字，与安德森、司可福和盖布兰一样，尽管他的作品非常有名，但他过着简朴、平静的生活。宿命般地，瓦沃德文章的下一页是哈尔·林赛的文章。林赛是一位更不为人所知的达拉斯神学院的毕业生，1958—1962年曾是瓦沃德的门生。[6]

短短几个段落的引言之后，林赛开始罗列当时的各种"灾难"：越南战争、美国国内种族暴动、第一次洲际弹道导弹发射失败的核悲剧、共产主义中国的崛起、全球人口过多导致的数十亿人挨饿。

根据林赛的说法，自由新教对《圣经》字面真理的否定和对上帝已死的传播，同样是灾难性的。在他狂热的想象中，地缘政治中的明星国家与《但以理书》和《启示录》完美契合：复兴的罗马帝国／欧盟，"北方之王"苏联，"南方之王"埃及，最后是"东方之王"中国。根据林赛的说法以及《启示录》9:13—21 的预言,一个庞大的东方部落(用林赛粗野的措辞,就是"黄祸"①)将出现:"最近在红色中国境内拍摄的一部电视纪录片说,目前有 2 亿中国人处于战备状态。这是一个有趣的巧合吗?"[7]

实际上,《启示录》的章节并没有提到"东方之王";它的 9:16 提到了 20 万来源不明的骑士,而不是 2 亿。20 世纪 70 年代,处于鼎盛时期的中国人民解放军大约拥有 400 万士兵。尽管这些与事实不符的点不断出现,但对林赛而言一切都很清晰,据他所说,那个时代一连串无法抗拒的全球恐怖事件:

> 是由一块块巨大的拼图碎片组成的,经过许多模糊之后,拼图终于拼好了。我们正生活在一个神圣拼图中的碎片突然回到它们所属位置的时代。当然,最重要的发展是,在经历了近 2 000 年的全球离散之后,以色列在原来的土地上重建了国家,以及自此之后中东发生的事件。[8]

林赛的这篇文章,暗示了时代论者从被动观察到积极参与末日序列的过程,这一过程是由大规模虚构的、荒谬的地缘政治主张所推动的。林赛提到了一位"以色列历史学家",当这位历史学家被问及"如果圣殿重建,那么岩石圆顶清真寺怎么办"时,他含糊其词地回答:"谁知道?也许会发生地震。"[9] 听到这句话的以色列人可能会大笑:这位被提问的"以色列历史学家"就是伊斯雷尔·埃勒达德,一位莱希党右翼理论家,他起草了该组织的《民族复兴原则》,该原则

---

① 黄祸:殖民主义时期美国和欧洲殖民主义国家煽动对亚洲民族,尤其是对中国人的偏见的一个用语。这个词源于东亚人皮肤的颜色,本身极具攻击性以及种族歧视的敏感性。——译者注

宣称犹太人有权拥有尼罗河和幼发拉底河之间的所有土地，并主张立即修建第三圣殿。

《穆迪月刊》在时代论圈子里很有名，但在美国公众中没有多少读者。尽管如此，但林赛对末日审判情景引人入胜的断奏方式展示出他的散文天赋，他将在未来半个世纪里向数千万美国人传递时代论信息。在此过程中，他将获得财富和世界知名度，并改变美国的宗教格局。更令人难以置信的是，他独特的地缘政治幻想会影响到美国的政治团体。

林赛于1929年出生在休斯敦，从小接受传统的南方原教旨主义教育，但他似乎并不怎么投入；受洗3次之后，他发现宗教无关紧要并令人失望，"所以我就离开了"[10]。他稀里糊涂地完成了得克萨斯大学的商科学习，然后被安排到海岸警卫队做了一段时间的密西西比河拖船船长，还结束了一段失败的婚姻；这些经历让他对世界感到悲观。当他几乎处于自杀边缘的时候，他读了一本基甸版《圣经》，并受到启发：如果他接受了上帝的真理，他就将获得精神上的重生。

他被吸引了，但仍不确信，于是他自学了希腊语，并沉浸在《圣经》中，而他曾经以为《圣经》充满了历史错误。不久，他遇到了一位名叫杰克·布莱克韦尔的年轻传教士。这位年轻传教士向他介绍了《圣经》预言："我心中点燃了一团火，从未熄灭。"[11]

他的新信仰引领他进入了达拉斯神学院，在那里，他获得了神学硕士学位，并再婚。一毕业，这对新婚夫妇就开始了校园传教士的工作，在动荡的20世纪60年代，他们在美国加利福尼亚大学伯克利分校和旧金山分校等学校传播时代论叙事。向持怀疑态度的左翼校园听众布道的经历，将他的修辞技巧磨砺得像一把神学手术刀；一位观察家记录了他让观众席上挤满符合征兵年龄的年轻人的方法：对这群年轻人来说，哈米吉多顿末日并不是一个抽象概念，英俊、有魅力、表达清晰的林赛用黑板上的绘制的地图快速地呈现时事，这让他们非常

着迷。¹²

后来,他和妻子厌倦了大学城的喧嚣,选择在洛杉矶定居,集中精力在加利福尼亚大学洛杉矶分校工作。受《穆迪月刊》成功的鼓励,他决定写一本书。在著名宗教作家卡罗尔·卡尔森(与比利·葛培理共事过)的指导下,他开始了这项工作:

> 写书的时候,我会想象自己坐在一个年轻人(一个愤世嫉俗、不信教的人)的对面——我会试图说服他《圣经》预言是真的。如果你能让一个年轻人理解,那么其他人也会理解。年轻人会为了某件事情毫不犹豫地给你打电话,这会迫使你与那些不属于宗教"俱乐部"的人打交道。¹³

结果,他的《消失的伟大地球》与任何福音派文学作品都不一样:它延续了1967年《穆迪月刊》中的那篇文章的风格,轻松融合了当前的地缘政治学、令人惊叹的未来主义技术和当前的流行文化,并巧妙地覆盖于时代论框架之上。书店没有把它放在发霉的宗教书的架子上,而是把它放在畅销的新纪元板块的架子上,它与《易经》《超觉冥想》《反射疗法》等作品相邻。

林赛和卡尔森掌握了文学传播的艺术,他们的作品吸引了读者。不到一年,这本书就卖出了1 000万册,到现在至少已经卖出了3 500万册。罗纳德·里根总统和他的几位内阁秘书手中都有这本书。随后他们又出版了类似的书,销量也达到了数百万。

这本书的影响力非常大。美国最受尊敬的神学观察家之一,已故的保罗·博耶说:

> 我认为,哈尔·林赛实现了一种突破,他使对《圣经》预言感兴趣的人群超出了真信徒的范围,使《圣经》预言成

为一种更广泛的文化现象。而那些从来没有关注过预言的人也听说了这本书,于是他们拿起了平装本。当他们看到林赛将时事编织在一起,而《圣经》文本似乎预示着这些事件时,他们说:"哇,这太神奇了。这里面一定有什么道理。"……(林赛)似乎不仅对公众产生了相当大的影响,对政府的一些最高级别官员也产生了相当大的影响。

该书于1970年首次出版。在这本书中,林赛将达比、安德森、司可福和加尔布莱恩的作品综合成了轻松、流畅的叙事阐述,而且他更擅长推销《圣经》的无误性。他一次又一次地讲述那些几十年甚至几百年后以不可思议的准确性实现了耶稣和先知的预言。

确认偏见不仅包括积极寻找有利的证据(无论这些证据多么模糊),而且包括故意对相悖的数据(存在大量没有实现的《圣经》预言)视而不见。仅举几个例子:《圣经》预言埃及将成为永久的荒地、尼罗河将蒸发(《以西结书》29:8–15和30:12);埃及人将使用迦南语(《以赛亚书》19:18);最著名的是,一个犹太王国将出现,从尼罗河向东延伸几百英里到幼发拉底河(《出埃及记》23:25–31)。

林赛的影响力,从最谦卑的信徒延伸到美国政治的制高点。罗纳德·里根从小就从虔诚的母亲内莉那里传承了虔诚的宗教信仰;虽然大多数美国人都知道里根毕业于尤里卡学院,但很少有人知道他与基督徒教会的关联,那是里根家族的教会。虽然基督徒教会是一个主流新教教派,但该教会深受社会和经济保守主义的影响。

到成年时,里根已经成为一名福音派新教教徒。在政治生涯的早期,他热情地宣布自己对基督的忠诚;在担任加利福尼亚州长期间,他成为《消失的伟大地球》的书迷。[15] 他还定期会见当时最著名的时代论者和福音派人士,包括杰瑞·法威尔、金·贝克、帕特·罗伯逊和比利·葛培理。这些人都记得曾与这位崭露头角的政治家在末日论方面进行过热烈的讨论。在葛培理和里根之间的末日论对话中,一位目击者对这位州长如何"坚持自己的观点"感到惊讶。[16]

里根不只和福音传道者探讨末日论。1971年,他对加利福尼亚州参议院民主党临时主席詹姆斯·米尔斯说:"有史以来第一次,哈米吉多顿末日之战和基督复临的一切条件都已经准备就绪。"他提高音调,继续说道:

> 很快了。以西结说,上帝子民的敌人将遭受烈火和硫黄。那一定是指他们将被核武器摧毁。以前没有核武器,现在有了。[17]

里根甚至强行和犹太人讨论这个问题。1981年,这位新当选总统与美国以色列公共事务委员会的托马斯·戴恩探讨了末日论:"我看了你们《旧约》中的古老预言①,以及预言世界末日的迹象,我想知道,我们这一代人是不是将要看到末日到来的那一代人。"此后不久,他向亚拉巴马州参议员豪厄尔·赫福林重申了这一想法,并补充道:"苏联将卷入其中。"[18]

里根尤其被林赛的时代论叙事中的苏联角色吸引;并非巧合的是,在1983年他向全国福音派协会发表的著名演讲中,他称苏联为"邪恶的帝国","圣经和主耶稣要求我们抵制这种邪恶",使这些邪恶之物不再挡道,他接着说:

> 苏联庞大而空前的军事建设将会被施行核武器冻结。然而,让我们祈祷救赎那些生活在极权主义黑暗中的人,

---

① 《旧约》是基督教《圣经》的上半部分,而犹太人则只承认《旧约》部分,不承认基督教系统的《新约》内容。因此里根此处用到了"你们《旧约》"的措辞。——译者注

祷告他们能发现认识上帝的欢愉。但是，在他们这样做之前，我们要意识到，尽管他们宣扬国家至高无上，宣扬国家利益高于个人利益，并做出最终将统治地球上的所有民族的预测，但他们是现代世界邪恶的焦点。[19]

人们不禁要问，对于里根这样一个沉迷于"千禧年"时代辉煌、接待厅里谈论的都是核灾难的人，苏联领导人会有何感想。情报报告也会让苏联领导人知道，里根的任职多年的国防部长兼搭档卡斯帕·温伯格也是虔诚的末日信仰者，是哈尔·林赛的狂热支持者，是一名虔诚的圣公会教徒。温伯格对《圣经》的最后一本书印象深刻："我读过《启示录》，是的，我相信世界将结束——这是上帝之力，我期待，而且每一天我都觉得时间到了。"[20]（除了里根和温伯格，当时的内政部长詹姆斯·瓦特和司法部长埃德温·米斯也是林赛的粉丝。）[21]

里根的时代论影响是双向的。福音派领袖支持里根的末日信仰，里根也反过来为他的福音派盟友提供信息。1983年，他让国家安全委员会为法威尔准备了一份核武器简报，而法威尔则将这些信息进一步简化到道德多数派①赞助的报纸广告中："我们不能在国防上排名第二！但遗憾的是，这就是我们今天的位置，而且这一排名还有继续下降的趋势！"②[22]

1983年之后，里根的末日论和鹰派思想都消失了，这对地球来

---

① 道德多数派：由杰瑞·法威尔于1979年6月创立，其法人组织由4个单元组成，包括教育、游说、支持参政候选人及法律协助。其成员大多是法威尔的电视传教节目《昔日福音》的赞助者。——译者注
② 但并非所有的福音派教徒都是防御鹰派；1987年，自艾森豪威尔以来一直担任总统顾问的比利·葛培理将军备竞赛称为"疯狂"，不仅支持第二阶段的《限制战略武器条约》（SALT），而且支持"第十阶段的《限制战略武器条约》"。

说是一件幸事。总的来说,这位前总统并不是消息灵通的人;他的传记作者之一卢·坎农说:

> 1982年初,比尔·克拉克成为里根的第二任国家安全顾问,他发现总统对世界许多角落发生的事情几乎一无所知。他知道总统会对视觉辅助的展示方式做出反应,并推断最容易让总统接受的形式是电影。于是他带里根去看电影。[23]

美国广播公司制作了一部电视电影[①]《浩劫后》,电影讲述了堪萨斯州劳伦斯市在一次核战争中汽化,这尤其触动了里根。之后他在日记里写道:

> 电影效果很好,让我非常失落。到目前为止,该剧还没有做任何广告,我知道这是为什么。我本人的感触是,我们必须尽己所能去阻止,确保永远不会发生核战争。[24]

里根没有在日记中提及该电影未做广告的原因:杰瑞·法威尔认为该电影是反核活动家的宣传行为,展开了一种抵制核武器潜在赞助商的威胁活动。里根随后在日记里详细记录了与参谋长联席会议主席小约翰·威廉·维西上将的谈话,维西将核战争规划称为"一次最节制的经历"。[25]

很明显,里根看的电影和军事简报都低估了热核战争[②]的后果。那时,武器专家们已经知道,热核爆炸所产生的火风暴将比最初的冲击波和随后的放射性沉降物产生更大的杀伤力;《浩劫后》播出几个

---

① 在西方国家,电视电影是指只在电视台播出而不在院线上映的电影。——译者注
② 热核是指氢弹。此处是指战争双方互投氢弹。——译者注

月内,《科学》杂志上发表了一篇具有里程碑意义的文章,文章指出,火风暴产生的平流层烟尘将持续数年,并导致全球气温急剧下降,这可能导致更多的人死亡,甚至比最初爆炸产生的冲击波、火风暴和放射性沉降物造成的死亡人数还要多。[26]

1984年,在里根的总统连任竞选中,面对对手沃尔特·蒙代尔,里根的末日信仰成为一个颇具争议的话题。10月21日,在总统辩论中,记者乔吉·安妮·盖耶和马文·卡尔布就这一问题向他施压,里根的回复是建议"一些神学家"信仰世界末日,但他不认为任何国家都能够在核战争中获胜,以此低调处理了自己的末日信仰问题。(据说南希·里根①听到卡尔布的问题时咕哝了一声"哦,不"。)[27]

到了第二任期,里根非常惧怕核战争的后果。他的苏联事务顾问、外交官小杰克·马特洛克怀疑里根是否会对核袭击进行报复:"我认为,在他内心深处,即使美国遭到核袭击,他也不会(用核武器)进行报复。他从没有这样暗示过,但我似乎感觉到了。"[28] 里根的摩尼教式反苏立场已经消退,甚至在1986年雷克雅未克峰会上,他向米哈伊尔·戈尔巴乔夫提议全面禁止核武器。尽管两位领导人未能实现这一突破,但美苏紧张局势有所缓和,并且一年后他们签署了影响深远的《中导条约》②。

神学家们和出版行业都惊叹于林赛的巨大成功,但对林赛书中不断出现的事实性错误并不关注。[29] 在某处显眼的段落中,林赛描述了1942年一支庞大的日本侵略军开足马力向西穿越印度洋、向北非挺进,"没有什么能阻止他们"。但幸运的是,山本五十六大将在最后一刻决定改变舰队的方向,转而入侵美国西海岸。美国海军在珊瑚海拦截了这支特遣舰队,并在那里打败了日本人,从根本上扭转了战争局势。[30]

---

① 南希·里根:里根的妻子,与里根结婚前,也是好莱坞的一名演员。——译者注
② 历史上第一个销毁核武器(中程和中短程导弹)的国际条约。——译者注

在真实的第二次世界大战中,日本人没有试图入侵北非,甚至没有入侵美国西海岸的计划。珊瑚海之战是一场规模相对较小也没有决定性的海军行动,如果按细节评估,那么日本应该是战胜方,更何况从印度洋开往美国西海岸的日本联合舰队根本不会到达该片水域。在另一段落中,林赛描述了希特勒在一场"政变"中夺取政权。他将"政变"这个单词大写,其指的是1923年希特勒在奥佩拉·布菲啤酒馆里那场失败的暴动;事实上,在接下来的近10年时间里,希特勒的民族社会主义者①并没能通过合法的议会选举而获得权力。这本书还预测,地热资源将给以色列带来巨大的财富,这进一步说明了林赛经常幻想式地理解日常事件:

> 我正在和一位著名的洛杉矶工程师谈话……我们讨论了对廉价能源的需求……他确信,在以色列周围的土地上,有足够多的蒸汽被困在众多的断层之下,可以为运行涡轮机提供动力,从而更经济地发电。他将这一新工艺称为地热能。在不久的将来,以色列将发明一种生产廉价能源的方法,以充分利用这座丰富的金矿。[31]

"一位著名的洛杉矶工程师"这种模糊的引用,是林赛许多断言的典型来源。(他还常爱引用:"一部电视纪录片"、"科学家告诉我们"、"新闻类杂志上的图表"、"一家大型电视台",或者,只是简单地说,"它告诉我"。)地热发电已经不是一项新技术;几个世纪以来,人类一直在用地面蒸汽为房屋和建筑物供暖,1904年左右出现了地

---

① 民族社会主义者,是指国社党。其基本主张包括:种族优秀论,"优等种族"至上;一切领域的"领袖"原则,"领袖"是国家整体意志的代表;反对英法资本主义体系以及共产主义思想体系,抵制共产主义理论;等等。——译者注

热发电。另外，以色列并没有多少地热喷口，它的财富的真正来源是它的智力资本，而不是林赛反复错误引用的自然资源。以色列奥玛特科技公司确实是世界上最大的地热设备生产商之一，但该国没有足够的地热潜力来支持该公司的任何工厂。[32]

更为严重的是，从解读《圣经》的角度，林赛反复提到了《但以理书》中公元前550年左右所谓的成功的预言，即该书正确预言了4个世纪之后马卡比人成功地反抗了塞琉西帝国。然而，如本书第一章所述，圣经学者认为，《但以理书》的成书时间比书中所说的要晚，也就是说，成书时间是在马卡比人成功反抗塞琉西帝国之后，而书中虚构说成书时间是流亡初期，是为了增强其预言的真实性。[33]正如达比所做的那样，林赛将《圣经》中米设的位置确定为莫斯科，但现代历史学家认为莫斯科建立于1174年，比《圣经》编写的时间要晚得多。[34]

林赛在事实依据和分析方法上缺乏严谨性，因此他的预言经不住考验，这并不令人惊讶。在书的一开始，他就强调，由1948年以色列建国所引发的末日迫在眉睫。他引用了耶稣在《马太福音》24:34中的话："我实在告诉你们，这世代还没有过去，这些事①都要成就。"他尽可能地按字面意思解释这段经文：

> 哪个世代？显然，根据《圣经》，这个世代将有预兆——最主要的预兆就是以色列的重生。《圣经》中的一代的时间大约是40年。如果这一推论正确，那么在1948年往后的40年左右，所有这些事情都可能发生。许多一生都在研究《圣经》预言的学者相信事实就是这样。[35]

---

① 指犹太人回到以色列。

达比和他的追随者们对米勒的"大失望"记忆犹新，因此他们永远不会做出时间如此精确的预测。一个多世纪后，随着米勒那场混乱远离时代论者的意识，林赛又将时事和《圣经》解读结合起来，预言末日将不晚于 1988 年到来。

在这本书中，林赛还预言了一种世界范围内单一宗教的崛起，这种宗教合成了主流新教和天主教的普世主义以及新纪元运动的"占星术、唯灵论甚至还有毒品"。[36] 在地球的第七十个"周"（在时代论日历中是七年）开始时，以色列与具有无上权力的欧洲联盟的强大独裁者（反基督者）结盟，并且犹太人在重建的第三圣殿里恢复了祭祀。由于拥有丰富的自然资源，以色列成为地球上最强大、最繁荣的国家之一，但三年半之后，这位欧洲独裁者/反基督者背叛了以色列人，开始屠杀基督教徒。这时，苏联人与因圣殿山被亵渎而愤怒的阿拉伯联盟一起，分两路入侵以色列，一路穿越伊斯坦布尔海峡和地中海进行攻击，另一路穿越高加索地区和土耳其进行陆路远征攻击。林赛用详细的入侵路线图对叙述进行了有益的修饰。

然后苏联人背叛了他们的阿拉伯盟友，入侵埃及。欧洲独裁者/反基督者对事件的这一转变感到震惊，呼吁"红色中国人"提供帮助，中国人带领上文中提到的 2 亿人的强大部落行军穿过亚洲，袭击以色列。（林赛通过一份"印度报告"预言了这次袭击，该报告讲述了 1.2 万名中国军人修建了一条穿越西藏和巴基斯坦的道路，以便于军队的大规模调动。）苏联军队在入侵埃及的战争中分散了精力，于是返回以色列，但在那里被摧毁（不清楚是被上帝还是被欧洲人）。随后，欧洲人和中国人在美吉多（《圣经》中的哈米吉多顿，位于今天的以色列）展开了最后的激战。世界各地的战争回应了这场激战，地球处于毁灭性的大灾难之中；然后耶稣回归，结束世界。这场大屠杀有一个令人兴奋的亮点，即 1/3 的犹太人皈依了基督教，因此拯救了自我。唉，剩下的 2/3 被烧死。[37]

林赛引人入胜的散文风格以及 20 世纪 60 年代末时世界末日般的社会和地缘政治氛围，打开了致富的文学之窗。《消失的伟大地球》如此畅销，以至于纽约的互助保险公司开始售卖某类保单，该保单可以让"被提"者的受益人得到补偿。[38]

很快，其他人也开始争相参与大灾难这一主题。其中一位是林赛曾经的老师、达拉斯神学院院长约翰·瓦沃德。到林赛的书出版时，他已经担任院长近 20 年，但在大众市场领域的著作相对较少。受林赛的启发，瓦沃德出版了大量畅销书，其中最著名的是《哈米吉多顿、石油和中东危机》。该书于 1980 年首次出版，在 1991 年第一次海湾战争后进行了必要的修改，最终售出 200 多万册，目前仍在印刷中。[39]

这本书追溯了与《消失的伟大地球》同样的现代时代论叙事：犹太人重返以色列，反基督者领导的新罗马帝国崛起，苏联人和中国人的接连入侵，随后是被提、大灾难、耶稣复临和最终审判。和林赛一样，瓦沃德热情地将一条时事的粗红线编织进他的叙事。在林赛和瓦沃德这两本书出版间隔的 4 年间，1973 年的赎罪日战争①引发了阿拉伯国家的石油禁运，进而使世界财富和权力向欧佩克卡特尔组织，特别是阿拉伯国家和伊朗大规模转移。正如时代论作家们惯常做的那样，瓦沃德抓住了"石油禁运"这一引人注目的时事，以作为即将到来的末日故事的导火索。

透过时代论的有色眼镜，瓦沃德清楚地看到，由于全球经济实力的转变，美国在世界舞台上的地位不可挽回地下降，取而代之的是拥有至高权力的穆斯林联盟，该联盟由逊尼派沙特阿拉伯和什叶派伊朗

---

① 即第四次中东战争，发生于 1973 年 10 月 6 日，战争的双方是以色列与埃及、叙利亚联盟，背后的支持者分别是美国和苏联。最终结果是以色列占据了上风（应该称得上胜利）。于是，阿拉伯国家联合起来，以石油为武器，对支持以色列的西方国家发起石油禁运，这造成西方社会陷入了二战后最为严重的经济衰退，即著名的第一次石油危机。——译者注

联合领导，尽管这两个教派在过去 14 个世纪里一直互相残杀。反基督者将领导欧洲，而欧洲将受到比美国更大的石油禁运威胁，然后穆斯林和欧洲联盟将促成一项包容各方的中东和平计划，该计划也会得到以色列人和阿拉伯人这两个变得和谐的群体的热烈拥护。

三年半之后，反基督者见利忘义地废除该计划，并引发了完整的时代论场景：苏联人和 2 亿"红色中国人"入侵、大灾难、耶稣复临和最终末日。和林赛一样，瓦沃德预言了"世界教会"的崛起，这将是撒旦的工具，是一个更荒谬的泛基督教徒、占星家、其他新纪元运动者甚至穆斯林的融合。

凭借学术研究方向，瓦沃德比林赛更能把握历史事实。例如，他清楚地认识到，哈米吉多顿的小山谷容纳不了 2 亿中国战士，因此他将战场扩大了数百英里，这是林赛没有做到的。[40] 然而，他对历史和地理的更好的理解并没有提高他的预测准确性，也没有限制他的幻想。

正如多萝西·马丁和她的飞碟一样，当林赛和瓦沃德的预言与未来不符时，他们加倍努力，修改了自己的叙事。林赛利用《消失的伟大地球》的巨大成功，又出版了几本类似的书。[41] 他的《20 世纪 80 年代：世界末日倒计时》首次出版于 1980 年，包含了世界末日级灾难的常见元素：大范围的革命、战争和饥荒。在林赛夸大其词的某个典型例子中，"以色列最杰出、最具侵略性的将军之一"告诉他，赎罪日战争中最可怕的时刻之一，是摩西·达扬向果尔达·梅厄总理建议："第三圣殿正在倒塌。请准备发射世界末日武器。"[42] 以色列人在 1967 年和 1973 年的战争中确实考虑过使用核武器，而达扬可能说出了上文中的第一句话，但没有证据证明他还说出了 B 级电影般的第二句话，尤其是他的回忆录中没有记载。

《20 世纪 80 年代：世界末日倒计时》的类似的错误出现的频率甚至比《消失的伟大地球》还要多。林赛告诉读者："自 1950 年以来，每 10 年发生的地震数量比上个 10 年大约翻一番。"[43] 如果这是真的，那么到现在地震发生的频率将是1950年的约100倍。毫无意外，权威的全球地震频率研究显示，在过去的一个世纪里，地震频率没有增加。[44]

正如那句众所周知的谚语：就算一只表停了，它一天都能准确表示两次时间。林赛偶尔也能打中靶心，例如，在《20世纪80年代：世界末日倒计时》中，他正确预言了埃及领导人安瓦尔·萨达特被暗杀的风险。[45]（实际上，中东国家的领导人一直处于高风险的位置。）而接下来几年的事件则全部否定了林赛耸人听闻的预言；虽然全球性灾难事件越来越多，这一基本旋律没有变化，但歌词需要修改。1991年苏联解体，意味着苏联东欧社会主义体系消失，这迫使林赛寻找新的妖怪。《地球——公元2000》适时确认了新的世界末日威胁：上文所提到的什叶派和逊尼派的泛伊斯兰联盟，以及可怕的自然灾难，尤其是艾滋病的蔓延。（其中一章的副标题是《没有人能够安全》。）就连电视节目《星际迷航》也成为林赛的操练对象，他猛烈抨击了"进取号"船长詹姆斯·柯克对世俗哲学概念和诸如"轮回"等东方宗教信仰的喜爱。[46]

如今，建立泛穆斯林联盟似乎像猫王复出一样不可能实现；自"9·11"事件以来，右翼恐怖分子杀害的美国人的数量是伊斯兰恐怖分子杀害数量的两倍，比雷击和窒息致死的数量少了一个数量级。[47]预防和治疗措施的进步基本可以预防和控制艾滋病。（数据统计显示，艾滋病的死亡率和感染率在1996年该书出版时达到顶峰，此后一直在缓慢下降。）[48]到我写这本书时，90多岁的林赛依旧在互联网视频和几乎无人知晓的有线电视频道上宣扬末日论和时代论。[49]

林赛支持哪个政治阵营，这很少有争议，但他通常避免直接支持；也许他选择了更多地关注未来世界，而不是当下这个世界。不管原因是什么，将时代论信仰注入日常政治的责任落到了其他人身上。其中，最成功的是时代论传教士杰瑞·法威尔。

法威尔的家族起源于1669年的弗吉尼亚州。他的父亲是一位成功的、不信教的商人,经营着许多家企业,其中一家是公共汽车公司,汽车上非常有特色地安装着电池动力的电影放映机。不过,他的父亲在55岁时因酗酒而死。法威尔追随着他虔诚的母亲,母亲每个周日一大早就开始播放查尔斯·富勒的《昔日广播》节目,声音响彻全屋。

法威尔在父母身上看到了善恶之争的缩影,在20岁出头的时候,被任命为牧师。他从富勒的广播剧本中借鉴了一页,创作了自己的《昔日福音》电视节目。该节目于1956年首次亮相后,吸引了大量的追随者。尽管他个人反对民权立法,但他坚守那个时代的福音派信条——拯救灵魂,但远离政治。[50]

1973年1月22日,在美国联邦最高法院宣布罗诉韦德案①的判决后,他改变了:

> 我永远不会忘记1973年1月23日的早晨……我不敢相信,法庭上的7位法官竟然对人类生命的尊严如此冷漠。他们得到了错误的信息吗?他们被误导了吗?难道他们把这个国家带入了一个黑暗和羞耻的时代,却连自己在做什么都不知道吗?我知道还有很多事情要做,我越来越相信我必须成为做这件事的人之一。[51]

几年后,法威尔的政治盟友之一保罗·韦里奇对他说:"法威尔,在美国,道德上的大多数人在这些基本问题上的意见是一致的,但他

---

① 1973年的"罗诉韦德案"的影响被美国人视作第二次内战。1972年,得克萨斯州两个年轻的女权主义者萨拉·威丁顿和林达·科菲试图挑战当时的堕胎政策。她们选中了一名希望堕胎的21岁女子,其化名为简·罗,韦德则是当时达拉斯县的检察官。几经周折,1973年1月22日,美国联邦最高法院最后以7∶2的表决,确认妇女决定是否继续怀孕的权利受到宪法上个人自主权和隐私权规定的保护,这等于承认堕胎的合法化。——译者注

们没有被组织起来。"于是法威尔和韦里奇建立了"道德多数派",其以反对堕胎和同性恋权利的姿态出现在全美舞台上,他们决心"整肃"电视和电影市场,并热情支持以色列。

在1980年的选举中,道德多数派为罗纳德·里根和几十位共和党国会候选人的顺利当选做出了重要的贡献。在1984年共和党大会上,法威尔本人做了开篇祝祷,他称赞里根是"自林肯以来最伟大的总统"。[52]

不到10年,运动失败,"道德多数派"解散。首先,里根总统在任期内似乎没有改善国家的道德问题,相反,电影和电视节目的内容越来越淫秽,而福音布道者吉米·斯瓦加特和金·贝克则以他们肮脏的性丑闻和财务丑闻羞辱了福音派。该运动失败几年后,参议院对比尔·克林顿的无罪判决促使韦里奇写信给他的支持者:也许根本没有"道德上的大多数人"。[53]

法威尔和他的时代论同僚们带来的这场政治运动,其最持久、最具危险性的影响,可能就是美国对以色列空前狂热的支持。其中,以美国以色列公共事务委员会为代表的强大的亲以色列团体的游说发挥了很大作用,但基督教福音派对美国中东政策的影响很容易超越美国以色列公共事务委员会。正如加利福尼亚大学洛杉矶分校政治学家史蒂文·施皮格尔在2002年《国会季刊》中简洁指出的那样:"在美国对以色列政策的力量方面,如果你只关注(国会的)犹太成员和犹太团体,你就错了。"[54]

《国会季刊》的这篇文章还引用了美国众议院原教旨主义基督教成员的话。印第安纳州新当选的代表迈克·彭斯说:

> 我对以色列的支持很大程度上源于我个人的信仰。在《圣经》中,上帝向亚伯拉罕承诺:"我会祝福那些祝福你的人,我会诅咒那些诅咒你的人。"所以在某种程度上,我

并不完全理解（美国的政策）。我相信，我们自己的安全，与我们愿意和以色列人民站在一起的意愿息息相关。[55]

代表詹姆斯·英霍夫的话则更简洁。当被问及以色列为什么有权占领加沙和约旦河西岸时，他回答："上帝是这么说的。"[56] 文章最后以法威尔的话结束：

美国大约有200 000名福音派牧师，我们通过电子邮件、传真、信件、电话，要求他们走进讲坛，利用他们的影响力支持以色列和它的总理。[57]

然而，没有人能像帕特·罗伯逊那样成为典型，他将原教旨主义带入具有潜在灾难性的地缘政治舞台。他被外交官兼记者迈克尔·林德称为"美国政治史上最重要的阴谋论传播者"[58]。

罗伯逊出生于一个保守的南方特权家庭，他的父亲是阿布萨隆·威利斯·罗伯逊。为了推动1965年《民权法案》的顺利通过，伯德夫人到弗吉尼亚州访问，但老罗伯逊冷落了她，这惹怒了总统林登·约翰逊，老罗伯逊20年的参议院职业生涯也宣告结束。他又重新参与1966年的参议院初选，并成功击败了对手。①

从耶鲁法学院毕业后，年轻的罗伯逊未能通过纽约律师资格考试，于是进入商业领域。对曼哈顿灯红酒绿的生活大失所望之后，他回到弗吉尼亚州，借了37 000美元，并于1960年创办了后来的基督教广播网。这家媒体公司的成功出乎他的意料，在鼎盛时期，是美国

---

① "伯德夫人"是美国总统约翰逊的妻子。1965年的《民权法案》规定，美国企业、学校等不得基于种族、宗教、性别进行歧视。以老罗伯逊为代表的南方参议员对于该法案持反对意见。——译者注

的第三大有线电视集团。[59]

罗伯逊从事各种职业，从滑稽的信仰治疗表演，到控制年收入1.5亿美元的全球媒体和商业帝国，后者使他拥有数亿美元的净资产。[60]他坚持时代论的基督教犹太复国主义基本叙事，但其中重要的两点除外：他不相信被提；他实行"蒙受神恩的福音传道"（这是一种花哨的说法，表示他拥有治愈疾病的能力，能说外语①，能与上帝交谈，或者至少能听到上帝的声音）。

20世纪80年代中期，他决定寻求1988年的共和党总统候选人提名。最初，共和党的当权派视他为边缘候选人并将他排除在外，但很快就发现他的电视传教可以产生数千名"帕特兄弟"的志愿者，并能聚集20个州的领薪职员。1987年，当他控制了当年的密歇根州共和党大会、击败了两位领先者——副总统乔治·布什和魅力四射的自由论者、足球明星杰克·坎普时，他令政治观察家们感到震惊。那年晚些时候，他在艾奥瓦州、南卡罗来纳州和佛罗里达州的党团会议和代表会议上表现出色，并将继续赢得夏威夷州、阿拉斯加州、华盛顿州和内华达州的初选。

然而，最终，罗伯逊的竞选由于三个政治暗礁而搁浅。作为一个不完全赞同时代论时间表的魅力派，他未能统一原教旨主义右翼。尽管他确实获得了法威尔和吉米·斯瓦加特的支持，但金·贝克对他的支持并不热烈，而另一位坚定的时代论作家蒂姆·莱希则坚决抵制他，而支持杰克·坎普。[61]

他的福音派同僚们没有做到真正团结，而且世俗政治团体的反应也正在减弱。克里斯托弗·希钦斯在1986年罗伯逊的群众集会上报道说：

---

① 此处的外语是一种灵言，不是真正的如汉语、法语、英语、印度语等这类自然语言。——译者注

愚蠢有点儿可怕；尤其是有组织的群体愚蠢。把罗伯逊介绍给人群的人是哈拉尔德·布里德森。布里德森将自己定义为"福音派－蒙受神恩的基督徒"，具有五旬节派①的能力，能说外语。[62]

此外，他确实从斯瓦加特和金·贝克那里获得了部分福音派的支持，但后来，当这两个人各自的性丑闻和财务丑闻曝光时，他们的支持反而适得其反。斯瓦加特的丑闻的曝光时间非常糟糕，正好在1988年"超级星期二"初选②前夕。（两年前，斯瓦加特曝光了一位牧师同事通奸，这正给他自己惹祸上身，这位牧师同事随后就报复性地用长焦镜头监视了斯瓦加特最喜欢的巴吞鲁日市某旅馆。）

罗伯逊在"超级星期二"两个月后正式暂停竞选活动。但他的总统竞选至少在短期内增强了他在州和地方层面的影响力。他帮助参议员杰西·赫尔姆斯赢得了1990年的连任竞选。在1993年的阿肯色州副州长选举中，他帮助福音派迈克·哈克比开创了政治事业；这对罗伯逊来说是一次特别甜蜜的胜利，因为他鄙视比尔·克林顿，而比尔·克林顿支持哈克比的对手纳特·库尔特。[63]

在罗伯逊长寿的一生中，最突出的方面就是他在中东政治中的影响力。20世纪60年代，当他的电视网，特别是广受欢迎的《700俱乐部》新闻节目走进美国人的客厅时，福音派已经对中东事务产生了一定的影响力。1977年，以色列议会选举梅纳赫姆·贝京为总理，受此鼓舞的福音派于1980年成立了耶路撒冷国际基督教徒大使馆，

---

① 五旬节派是基督教新教派别之一，强调神恩作用，如治病的能力、说外语的能力。其中的外语如上条译者注所述。——译者注
② "超级星期二"这一用语从1988年开始流行，当时美国南方各州联合起来，举行了第一次有影响力的大规模地区初选，以期提升南方各州在总统候选人提名程序中的重要性。——译者注

历届利库德集团政府都迎合该大使馆。例如，1982年，勤勉的圣经学者贝京接受了美国达拉斯福音教堂的邀请，打算在这个亲以色列集会上发言，但由于妻子去世，集会在最后一刻取消。

耶路撒冷国际基督教徒大使馆甚至批评1978年《埃及-以色列和平条约》将西奈半岛归还埃及，认为这违反了《圣经》的承诺：根据《圣经》，迦南的所有土地都属于犹太人；耶路撒冷国际基督教徒大使馆还大力支持1982年以色列对黎巴嫩南部的入侵。①64

每年从圣诞节到新年，罗伯逊都会沉浸在《圣经》中学习，并祈祷：

> 在这期间，我恳求主将任何关于下一年的洞察和趋势赐予我。有时，他对我说的话非常准确，随后将令人惊讶地全部实现。另一些时候，要么是我的灵性感知缺失，要么是其他人随后的祈祷或行动，导致了与我预期不同的结果产生。65

如果中东发生了一场灾难性的战争，很可能就是上帝想把不同的事情告诉不同的人。从这一角度看，罗伯逊一直是十分危险的，因为他经常听错上帝的话。例如，上帝告诉他，世界将在1982年结束，海啸将在2006年袭击太平洋西北部，2007年将发生全球范围内的大规模恐怖主义屠杀，米特·罗姆尼将赢得2012年总统选举。66（他也从除上帝以外的其他地方听到一些奇怪的信息：1984年，在《700俱乐部》节目上，他提到了一些神秘的消息来源，说美国军队刚刚入侵了黎巴嫩。当主流消息来源反驳他这一说法时，罗伯逊险恶地回应说，显然国务院或中央情报局在隐瞒这件事情；1988年，在他的幻

---

① 即黎巴嫩战争，也称为第五次中东战争。——译者注

想中，苏联在古巴部署了 SS-5 和 SS-24 导弹中队。）[67]

20 世纪八九十年代，是罗伯逊影响力最大的时候。那时他在以色列的影响力与在美国的影响力相当；他还与以色列圣殿活跃分子保持密切联系，特别是"圣殿山忠诚者"组织的领导人格申·萨洛蒙，这一组织主张驱逐穆斯林、拆毁清真寺，并在圣殿山重建第三圣殿。罗伯逊会见过八位以色列前总理中的六位，他与强硬派本雅明·内塔尼亚胡的关系尤其密切。[68]

罗伯逊的由神学驱动的外交政策产生了地缘政治危险，其影响远远超出了中东地区。例如，当一位极具魅力的基督教徒何塞·埃弗拉因·里奥斯·蒙特通过军事政变成为危地马拉总统时，罗伯逊欣喜若狂。即使在里奥斯·蒙特很明显地开始了一场针对该国原住民的血腥种族清洗运动、杀死了几千人并使数十万人流离失所之后，罗伯逊还是视若无睹："我了解里奥斯·蒙特，他不会允许他的军队官兵杀害、强奸和折磨 4 000 多名男子、妇女和儿童……有些人希望看到（蒙特）被共产党人取代。但我更偏向基督教徒。"[69]

时代论在美国具有独特而广泛的影响，一个传统的解释是，美国的宗教性比其他国家更强。2012 年，当全国民意研究中心调查世界各地公民的宗教信仰时，81% 的美国人完全同意"我现在相信上帝，我永远相信上帝"这一强烈而明确的陈述，而英国人的这一比例只有 37%，日本人只有 25%，法国人只有 29%。[70]

过去几十年里，即使在美国，宗教信仰也在减少，虽然其不如世界其他地方那么明显；例如，1967 年，对于盖洛普调查中的"你相信上帝吗？"这一更简单、稍欠明确性的问题，98% 的美国人的答案为"是"；到 2017 年，这一数字已降至 87%。[71]

新教福音派的热情也是如此；2004—2018 年，皮尤调查显示，自我认同的福音派教徒（其中大多数是时代论者）的人口比重从 23% 下降到 15%（见图 10-1）。但是，尽管他们的人数有所减少，但他

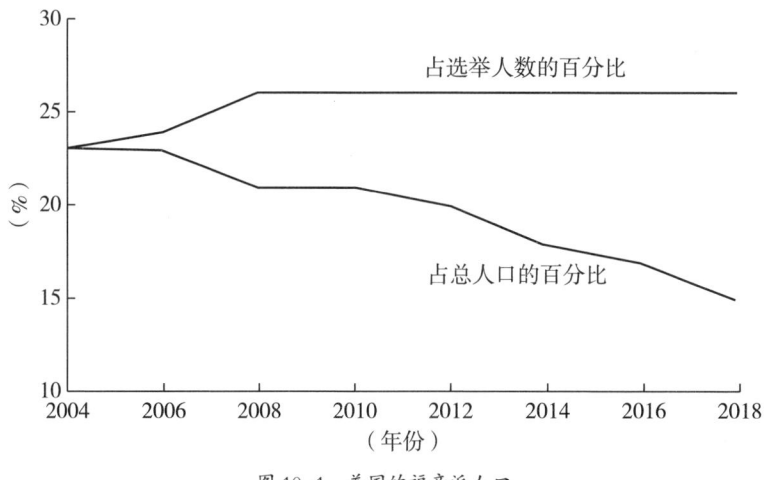

图 10-1　美国的福音派人口

们的选举人数比重已从 23% 增加到 26%，实际上影响力更大了。一个必然的结论是，在人数减少和选举参与率增加的情况下，福音派教徒已经不仅仅是维持政治权力这么简单了。

尽管发达国家的宗教信仰和参与度有所减少，但发展中国家的情况并非如此。社会学家早就知道，随着社会更加富裕以及人们受教育程度的提高，人们的宗教信仰也会减少，这就是所谓的世俗化假说。由于较贫穷的发展中国家的人口出生率高于富裕的发达国家，因此世界上有强烈宗教信仰的人口的比例正在增加，而不是减少。[72]

宗教信仰随着社会的富有而减少，其原因有很多，包括生存安全的提升，以及国家对社会福利职能的承担（以前是由宗教组织承担的），但就美国而言，发达国家日益世俗化的最重要的驱动力是科学知识的扩展，这取代了对自然现象进行宗教解释的需求。[73]

人类对自然界有着永不满足的好奇心，特别是对自然界中最可怕的现象，如暴风骤雨、洪水、干旱、瘟疫和地震，对自然界中最神秘的现象，以及对地球生命的起源。今天，受过良好教育的人几乎不再需要神学来解释这些问题。当然，我们对物质世界的认识还存在不足,而且很可能永远存在不足,但是,随着科学不断缩小认知差距,在解释自然世界方面,宗教越来越落后于科学。

受教育程度较高的人,宗教信仰较少。乍一看这种影响并没有那么大:根据皮尤论坛2014年的另一项调查,66%的没有受过大学教育的美国人绝对相信上帝;在大学毕业生中,这一比例仅略降至55%。[74]

然而,在顶层人才中,科学教育的影响要大得多,他们对上帝的信仰已经萎缩到少得可怜的程度。1914—1916年,心理学家詹姆斯·路巴调查了500名美国科学家;他的研究结果提供了一个缩影,展示了当普通民众对上帝的信仰近乎普遍时,美国领先的生物学家、化学家和物理学家的宗教信仰会如何。

路巴根据科学家们的地位和成就,将他们分为"较低"和"较高"两个级别,并分别研究了物理学家和生物科家(见表10-1)。

表10-1 1914—1916年美国科学家对上帝的信仰

	物理学家	生物学家
较低	50%	39%
较高	35%	17%

数据结果令人印象深刻:最有成就的科学家对上帝的信仰最低,特别是精英生物学家,他们对生命起源和生物多样性的宗教解释需求,可能比化学家和物理学家要少。在任何情况下,所有科学家对上帝的平均信仰肯定远远低于同时代的普通人群。

1998年,两位美国历史学家在著名的国家科学院的员工中重复了这项研究。这些员工相当于路巴实验中的"较高"科学家。在路巴的研究过去了80年之后,此时生物学家中信仰上帝的仅占5.5%,物理学家中占7.5%,最有趣的是,数学家中占14.3%,可能是因为他们对进化和分子生物学的掌握不如生物学家。[75] 2013年,一项针对英国皇家学会研究员的研究的结果几乎与此相同,也出现了生物学家和物理学家之间的这种区别:76%的生物学家强烈认为上帝不存在,只有3%的人强烈认为上帝存在;而物理学家的这一比例分别为51%和7%。[76]

因此,许多美国人能够包容像林赛和罗伯逊这样的人以及时代论的一般信条,是不是因为比起其他发达国家的公民,他们对事实了解得更少?

美国人对时代论叙事的敏感性,以及与其他发达国家的人相比的高度宗教性,有其复杂的原因。显然,除了缺乏事实性知识之外,其他因素也推动了他们的虔诚,其中最主要的是他们的社会和家庭环境;社会学家早就注意到,信仰体系尤其可以通过与其他信徒之间紧密的社会关系得到很好的传播。[77]但当考虑到社会因素时,一个人储备的一般性知识越多,这个人越不可能接受充斥着林赛或罗伯逊般赤裸裸事实错误的时代论叙事。

在经合组织的国际教育评估中,美国的排名一直处于发达国家的末尾;与其他发达国家的公民相比,美国人对自己国家和世界其他地区的了解少得可怜。2015年完成的最新国际教育评估显示,美国学生排名第40位,远远落后于斯洛文尼亚、波兰、越南、俄罗斯、葡萄牙和意大利等国家,更落后于新加坡、中国香港、日本和韩国这些排名靠前的国家或地区。[78]

一项开始于1994年的研究有助于解释这个问题:对于5个有代表性的世界基本事实,37%的美国人错误地理解了所有5个问题,而德国人的这一比重只有3%。(在西班牙人中,32%的人5个问题都错了;墨西哥人,28%;加拿大人,27%;法国人,23%;英国人,22%;意大利人,18%。)没有上过大学的意大利人和德国人的分数超过了上过大学的美国人。①[79]

---

① 20世纪90年代提出的5个问题分别为:俄罗斯总统是谁(叶利钦);哪个国家威胁退出《不扩散核武器条约》(朝鲜);布特罗斯·布特罗斯·加利是谁(联合国前秘书长);谁正在袭击波斯尼亚的穆斯林(塞尔维亚人);与以色列人签署《奥斯陆协议》的另一方是谁(巴勒斯坦人)。

受访人的分数与接触电视新闻的多少呈负相关。正如这项研究的作者所说:"美国电视因其跳动剪辑、广告和断奏风格而导致显著的认知繁忙①,而认知繁忙使一些人更难吸收信息。"作者指出,美国研究人员"通常不愿意问太多的事实性问题,因为害怕让受访者尴尬,进而导致他们终止采访或由于过于慌乱而无法回答其他问题"。这或许可以解释为什么德国人的表现如此出色:比起其他6个被研究国,德国人更常阅读报纸。[80]

2009年,另一项研究广泛调查了美国人、英国人、丹麦人和芬兰人。调查显示,美国人对国内和国际时事,甚至国际流行文化知之甚少。最明显的例子是,只有37%的美国人知道《京都议定书》与气候变化有关,相比之下,英国人、丹麦人和芬兰人的这一比重分别是60%、81%和84%。只有在国内流行文化这一领域,美国人的得分与英国人、丹麦人和芬兰人几乎持平,略低于平均水平。[81]

这项研究的作者还将这种差异归因于媒体结构的国际差异:在美国,媒体的使命更多地集中于娱乐而不是教育,而斯堪的纳维亚②政府则大力支持高质量的新闻和信息节目。英国拥有一个享有盛誉并资源渠道充足的公共新闻机构,即英国广播公司,还拥有繁荣的私人媒体部门,其排名处于美国之前,仅次于斯堪的纳维亚国家。

这项研究的另一个重要发现,是受教育程度高和受教育程度低的美国人之间的知识差距远远大于其他三个受调查国家:受教育程度低的英国人、丹麦人和芬兰人,比受教育程度低的美国人更了解他们周围的世界(见图10-2)。[82]得出的结论:与其他国家相比,那些受教育程度低的美国人,特别容易受到时代论叙事的影响,而在其他发达

---

① 认知繁忙:指没有能力处理加工负荷水平过高的认知任务。——译者注
② 斯堪的纳维亚半岛位于欧洲西北角。此处指实验中的丹麦和芬兰。——译者注

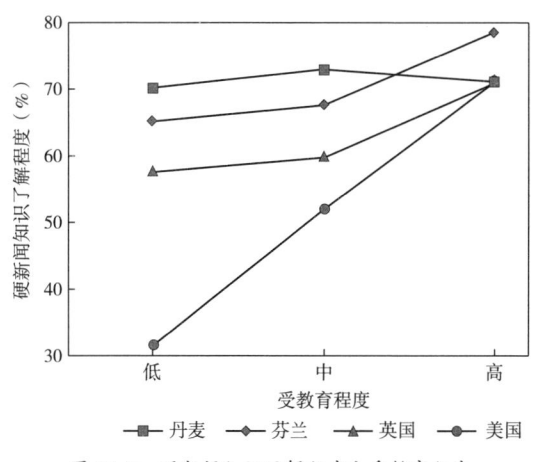

图 10-2 硬新闻知识了解程度和受教育程度

国家中,即使是受教育程度最低的人也会抵制这种叙事,因为他们对于日常客观事实有更好的理解。

记者格肖姆·戈伦伯格提出了一个与此相关的观点。20 世纪 90 年代末,时代论者越来越痴迷于电脑的"千年虫"问题(Y2K);许多人认为,当日历指到 2000 年时,可能会触发世界末日;与往常一样,哈尔·林赛出版了一本如何在 2000 年末日时生存的书,书名为《面对千禧年子夜》。[83] 戈伦伯格评论道:

> 我猜想,未来的历史学家将研究那令人讨厌的一天(2000 年 1 月 1 日)、电脑没有崩溃时的高潮,那是美国文化史而不是技术史的一部分。问题不在于这一小故障,而在于,与西方其他宗教信仰较少的国家相比,在这个充斥着千禧年信仰的国家里,其言论是多么刺耳。[84]

具有深刻说教性的时代论末日叙事强加了社会成本。自历史学家理查德·霍夫施塔特①出版《美国政治中的偏执风格》(The Paranoid Style of American Politics)一书以来，人们就广泛地意识到，美国明显地倾向于阴谋论。两位政治学家J.埃里克·奥利弗和托马斯·伍德最近的研究表明，两个互为相关的因素最能有效地说明美国对阴谋论的敏感性。第一个是末日叙事信仰。第二个是将人类存在视为一种摩尼教式的善恶斗争的倾向，这是福音派，尤其是时代论者典型的神学特征：他们相信，自己和认同自己的人是善良与光明的典范，而那些不认同自己的人则与魔鬼结盟。奥利弗和伍德指出，右翼倾向于支持关于撒旦和上帝的时代论叙事，但是，左翼则更支持关于看不见的世俗力量的叙事，如"9·11"阴谋论。[85]

人类不仅是一种盲目模仿、偏爱故事而不是事实和数据的猿类。而且，最黑暗的是，人类还是一种会在道德上谴责他人的猿类。有时人类就像一种摩尼教怪兽，构建一种荒唐的复杂神学，以奉承自己、妖魔化他人。这种摩尼教式思想渗透至极右翼和极左翼的政治派系中，并且一端的真信徒会转向另一端，这并不为奇——"串联真信仰"。阿道夫·希特勒指出，尽管他永远无法将工会会员或社会民主党转变为国社党，但他总是可以将一名德国共产党员转变为国社党员："我已经……下达命令，要求德国共产党员立即加入国社党。"[86]最近，许多著名的新保守主义者，如欧文·克里斯托尔、内森·格雷泽、阿尔伯特·沃尔斯泰特和西德尼·胡克开始信奉马克思主义。

进化心理学家认为，摩尼教式的思维方式很可能是从早期狩猎社会对部落凝聚力的需求演变而来的。如果部落成员之间彼此无私，与此同时，却以残忍的方式杀害其他部落的成员，那么本部落就会受

---

① 也常被译作侯世达。——译者注

益。心理学家将这种群体内/群体外的二分法称为"结群性",它是由这样一种观念促成的,即自己所在的部落体现了各种美德并受到神灵的青睐,而其他部落则体现了邪恶并与邪恶势力(或在一神教社会中是魔鬼)结盟。[87]

有一个经典的心理学实验,根据高中生的衬衫或头发颜色将他们分为地位高和地位低两组;很快前者就会对后者进行贬损。[88] 1954年,社会学家穆扎弗·谢里夫和他的同事以一种更优雅的方式展示了这一现象:著名的(至少在社会学家中是如此)"罗伯斯山洞"实验。

这个复杂实验的地点设在俄克拉何马州偏远、树木繁茂的罗伯斯山洞州立公园的一个野外训练营地,集聚了22个11岁左右的男孩。谢里夫已经筛除有心理问题的候选人,而且所有被选中的都来自双亲白人新教家庭。这些精选的男孩的平均智商远高于人类平均水平(112);关键是,在他们聚集在公园营地之前,彼此都不相识。

实验分三个阶段进行。第一阶段,谢里夫将22人配对,使他们在运动、烹饪和音乐等各个领域的技能能够旗鼓相当。为了使每组都能平等地掌握全套技能,他将每对男孩分开,将其随机分到两组中,每组11人。

在为期一周的时间里,每组分别参加了夏令营活动——游泳、徒步和其他体育活动,也参加了需要广泛讨论、制定战略并合作的问题解决练习,如烹饪,搭建帐篷和绳桥。每一组都不知道另一组的存在,在这一阶段结束时,这两组人分别为自己的队选择了名字:响尾蛇队和老鹰队。谢里夫随后制作了带有这些图案的衬衫和旗帜。

在第二阶段,响尾蛇队和老鹰队一起参加了为期几天的多项目比赛(就是许多夏令营老兵所熟悉的"色彩争战")。与普通色彩争战不同的是,实验中获胜的队伍获得了奖牌、奖杯和精美的小刀,所有这些奖励都将在用餐时间展示在非常突出的位置。败队则一无所获。

几乎立刻,两队人开始互相嘲弄;最早,老鹰队烧毁了响尾蛇队的队旗,又撕碎了其换上的新队旗,接着是响尾蛇队晚上的报复性暴力袭击。当响尾蛇队威胁要用石头攻击对方时,实验人员进行了干预。这两支队伍都用"禁止进入"的标识牌对自己的领地进行了标注,而且几乎每天晚上都会互相偷袭。

两支队伍几乎立即形成了典型的"外群体歧视",将对方称为"臭虫""吹牛者""娘娘腔",并反对在同一个食堂用餐。[89]老鹰队在比赛中获胜后,这两个群体仍互不往来,并明确避免混合。当两队人一起吃饭时,老鹰队通常会让位给响尾蛇队,说"女士优先"。谢里夫广泛地调查了男孩们对彼此的看法,毫不奇怪地发现,他们对队内同伴的评价远远高于队外人员。

第二阶段的比赛结束后,马上进入第三阶段,谢里夫探索了如何减少第二阶段产生的群内/群外行为。虽然两队人聚在一起吃饭,或参加看电影等被动性娱乐活动,但敌对情绪依然存在。然后,他让两支队伍一起完成关键任务,比如恢复营地的供水。营地的供水被故意切断,营员们口渴时发现食堂没有水。完成一系列这样的任务之后,结群性显著减弱,尽管并没有完全消失。例如,在第二阶段结束时,响尾蛇队的朋友选择中只有 6% 是鹰队成员;到第三阶段结束时,这一比例上升到 36%。[90]

按照衬衫颜色分组以及罗伯斯山洞实验中的这种分组,都是一种随机和无意义的区分,但它们展现出戏剧性的"外群体歧视"。而时代论神学与其他主流宗教有很大的不同,因此,摩尼教式思维渗透到时代论者的意识中也就不足为奇了。

虽然最初几代的时代论者有意回避参与政治,但到《贝尔福宣言》时,这一约束已经基本消失。到了 20 世纪 70 年代,林赛、法威尔和许多时代论作家将那些左倾的偏离他们的人都视为邪恶,在某些情况下视为反基督;他们进一步把耶稣转变成一个摩尼教式、具有鹰派右翼政治思维以及社会保守主义的完美典范。

1991年苏联解体后不久，林赛猜出俄罗斯和德国已经签订了一项秘密协议，分割了位于两国之间的欧洲土地。林赛一直在寻找撒旦文化的象征，在他的《地球——公元2000》一书中，他将此认定为海底探险家雅克·库斯托，他认为库斯托温暖而舒心的海洋环境保护主义的背后是"世界一体的社会主义"的中坚核心。（时代论的这种散布恐惧的做法并不新鲜；早在20世纪初，原教旨主义基督徒就将世界语①视为撒旦全球主义的工具。）[91]

《地球——公元2000》甚至还猛烈抨击美国社会安全网和环境保护中最无争议的方面。林赛显然没有意识到信鸽、渡渡鸟和世界鱼类种群的命运，他断言："私人手中的资源总是可以受到最好的保护。"他将地球臭氧层变薄列为预示末日的众多灾难之一。虽然他承认人造氟氯化碳导致了臭氧层的消耗，但他认为限制全球氟氯化碳生产的《蒙特利尔议定书》是政府对个人自由的一种不必要的侵犯。此外，罪魁祸首是火山活动，而不是氟氯化碳，"可怕的是，我们无法采取任何措施修复受损的臭氧层"[92]。

火山爆发确实会减少臭氧层，但只是暂时的。它们已喷发了数亿年，却没有永久性地使臭氧层变薄。臭氧层变薄是一种更现代的现象；最近的数据表明，《蒙特利尔议定书》确实在缓慢地修复臭氧损害。[93]

多年来，林赛越来越多地鼓吹自己的影响。在他于1980年写的《20世纪80年代：世界末日倒计时》一书中，他未经证实地宣称，自己曾被一名以色列飞行员邀请到美国空战学院讲授预言，并在那里受到了"热情的欢迎"。一年后，他被邀请回国演讲，他继续写道：

---

① 世界语（Esperanto）：波兰籍犹太人眼科医生拉扎鲁·路德维克·柴门霍夫在印欧语系的基础上于1887年发明创立的一种人造语言，他希望其能够帮助人们跨越语言、肤色、种族、地域等界限，但他并不打算用之取代任何民族语。——译者注

"我惊讶地发现房间里竟挤满数百人,外面的人也试图挤进来。所有人都想听听先知们关于人类的命运说了些什么。我讲完后,反响非常热烈。"⁹⁴ 之后,他又为"一个肩负着可怕责任的精英团体"做了一次演讲,但他无权透露那些成员的身份。再一次,这些高层听众明显地被他的预言"感动了"。"在我们见面的前几天,他们用电脑预测出的事件和结果竟然与《但以理书》相同。不用说,他们对此非常惊讶,但我对此并不惊讶。"⁹⁵

言归正传,在过去的几十年中,福音派越来越多地渗透到美国各级军队中。虽然军队中自称是福音派或五旬节派的总体比例似乎与普通民众中的比例大致相同——约为22%,但其实际影响力远大于该数字所显示的,尤其是在军队牧师和空军高级指挥部里的影响。⁹⁶

从20世纪50年代开始,福音派的反共言论得到军方高层的青睐。20世纪六七十年代,福音派对越南战争的支持与主流新教教会的反对形成鲜明对比,军队-福音的契合进一步加强。正如历史学家安妮·洛夫兰所说:"军队曾经对福音派持怀疑态度,但后来,福音派因支持兵役、战争和参战的人而在军队中赢得了尊重和影响力。"⁹⁷

军队牧师本来应该满足遭遇恐怖战争的青年男女的精神需求,但福音派更多地将其视为帮助他们找到耶稣的人。《美国福音派联盟》杂志上的一篇文章指出,一半的应征士兵没有明显的宗教背景,其余的大部分是主流新教徒、天主教徒或犹太人:"军队牧师工作的地方,是收获的禾场。"⁹⁸

为了避免出现美国宪法所禁止的国教,军方依靠"支持代理"从宗教派别中选取牧师候选人。1987年以前,军队按教派分配牧师;如果5%的应征者是圣公会教徒,那么5%的牧师也是。1987年,调整后的规则不仅将所有新教徒归为一个类别,还允许福音派和五旬节派的支持代理指定牧师。到2009年,大约80%的现役牧师是福音派或五旬节派教徒。⁹⁹

另外，在过去的几十年中，美国军方文化的核心一直位于梅森－迪克逊线①以下。由于南方白人军官和应征士兵强调的种族优越性越来越不被接受，福音派取代了肤色，成为一种主张优越性的方式。[100]

美国所有4个武装部队分支都经历过传教丑闻。首先发生在空军学院，位于政治和宗教保守的科罗拉多州的斯普林斯市。早在21世纪初，该学院就已经爆出过性侵犯丑闻；几年后，福音派教官对于公开的反犹太主义视而不见，并告诫学员们自己是为"耶稣队"效力，并公开授权观看梅尔·吉布森的煽动性电影《耶稣受难记》。它是一部暴力、道德说教式电影，因暗含反犹太主义而受到福音派基督徒的盛赞和世俗观众的批评。②[101]

令人欣慰的是，20世纪80年代的美国总统放弃了世界末日的信仰体系，但危险仍然存在于其他领导人中；若某位美国、苏联、以色列或巴基斯坦高级军官像圣殿山纵火犯丹尼斯·迈克尔·罗恩那样精神错乱，挥舞的不是煤油而是核武器，那该怎么办？

---

① 梅森－迪克逊线：由英国测量家查尔斯·梅森和英国测量家、天文学家杰罗米·迪克逊共同勘测后确定，是美国宾夕法尼亚州和马里兰州的分界线，也是南北战争之前美国的南北区域分界线。这条分界线被看作美国文化和经济的分界线。——译者注
② 笼统地说，福音派在政治上是亲犹太主义者，在宗教上是反犹太主义者。——译者注

11

时代论的灾难
大卫教派的悲剧

    1964年，核战争策划者丹尼尔·埃尔斯伯格（不久后，他将因未经授权就发布五角大楼文件而出名）与他的兰德智库老板哈里·罗恩"出于职业原因"，一起观看了电影《奇爱博士》。这部电影是导演斯坦利·库布里克的代表作，讲述了苏联的"末日机器"（装在掩埋的"钴钍G"容器中的几枚热核炸弹，将在遭遇敌方第一枚原子弹攻击时自动引爆）；以及一位疯狂的美国空军基地指挥官杰克·里珀，他向苏联启动了战略轰炸机。所有启动的轰炸机都被成功召回，除了其中的一架；电影的结尾是，那架轰炸机的飞行员（由斯利姆·皮肯斯扮演）骑着一枚氢弹，像骑着一匹野马一样，从轰炸机的弹舱里飞下。①

    与此同时，彼得·塞勒斯饰演的奇爱博士向美国总统和苏联大使解释了他的后末日时代深矿井生存计划。伴随着核爆炸蘑菇云的腾起，"我们会再见面的"的声音响起。埃尔斯伯格写道："看完电影后，我们走出放映室，站在下午的阳光下，被光线和电影弄得头晕目

---

① 这架飞机的核弹头在投射时卡壳了，尽职尽责的飞行员手工修复了投射系统，骑着核弹头冲向了大地，从而引爆了苏联的"末日机器"。——译者注

眩,我们都认为刚才看到的基本上是一部纪录片。"这部电影真实地描绘出了美国当时的绝密核指挥程序,埃尔斯伯格和罗恩对此印象特别深刻;事实上,这部电影是根据一部小说《红色警戒》改编的,该小说由皇家空军军官彼得·乔治撰写,他后来担任了这部电影的编剧之一。

那时,埃尔斯伯格早已清楚美国核权力分散的危险性;因为早在几年前,他就参观了美国的军事基地。他清楚地知道,核战争可能意味着人类灭绝,然而他很羞愧地发现,一名上将,甚至在有些情况下只要一名少校,就足以自行发动核袭击。[1]

埃尔斯伯格和罗恩并不是第一批对《奇爱博士》和《红色警戒》印象深刻的核策划者;在这部电影制作的 5 年前,他们的同事约翰·鲁贝尔向五角大楼远程导弹科学咨询委员会的每一位成员都发送了一份这部小说的副本。

即使没有这种宗教狂热式的、精神错乱的指挥官,世界上的核武器指挥系统也极不稳定,容易发生事故。几乎从最初的核时代开始,世界上的核武器,也就是现实世界中的"末日机器",几次将世界带到玉石俱焚的边缘。艾里克·施洛瑟的名著《指挥与控制》,记录了数十起恐怖的核事故,从携带热核武器的飞机和导弹的丢失,到大规模敌方攻击的错误警报。

1961 年,一架载有两枚 400 万吨级热核炸弹的 B-52 轰炸机由于机翼油箱漏油而失去平衡,飞机无法控制地剧烈旋转。飞行员扔掉了两个他以为没有安装炸弹的武器;其中一枚氢弹上的降落伞未能打开,坠入美国北卡罗来纳州法罗附近的潮湿地面下 70 英尺深。引爆装置和"初级"钚核心被回收,但"次级"铀——核威力的来源——从未找到。另一枚氢弹上的降落伞的确打开了,但当撞击到地面时,氢弹机头传感器发送了一个引爆信号,爆炸前需要通过的几个安全装置中,除了其中一个,其他均已打开。

如果第二枚氢弹被引爆，那么这将形成"触地爆炸"，产生的放射性沉降物将远远超过广岛和长崎原子弹的"空中爆炸"，后者的威力不到 B-52 所携带氢弹的 1%。如果爆炸时正在刮南风，那么致命的沉降物将覆盖东北部的大部分地区，并使北卡罗来纳州大部分地区不再适合居住。²

更令人震惊的是，1962 年古巴导弹危机期间，一名过于心急的美国驱逐舰船长向苏联潜艇 B-59 投下了深水训练炸弹①，但他不知道这艘潜艇上装备了核鱼雷。作为反击，苏联潜艇的艇长和政委都想向驱逐舰发射一枚核鱼雷，幸运的是，苏联舰队总指挥官瓦西里·阿尔希波夫也在船上，不同意发射。几十年后，当这段插曲公之于众时，阿尔希波夫被大家称为"拯救世界的人"。³ 总体来说，苏联领导层将其核权力链控制得比美国要短得多。普林斯顿大学的布鲁斯·布莱尔是当今核控制领域的权威，"俄罗斯的核控制和安保体系结构比美国的更令人赞赏"⁴。

好消息是，1981 年罗纳德·里根就任美国总统后，他的国家安全机构充斥着防守鹰派，他们有意识地、热情地用几乎连续不断的挑衅来扰乱苏联。美国战略空军司令部每周会派出轰炸机飞越北极，或者派出短程轰炸机威胁华约②领空或苏联的亚洲边境。当时负责军事援助的副国务卿小威廉·施耐德回忆道："苏联人不知道这是什么意思。一个美国空军中队直飞苏联领空，苏联的雷达被点亮，部队进入警戒状态。但是最后一分钟，中队撤离并返回美国。"⁵

---

① 当时美舰投掷的只是训练弹，目的是逼迫苏联潜艇浮出水面，但这些训练弹依旧具有一定的爆炸威力，加之投掷精准，苏联人以为自己遭到了实弹攻击，险些发射核鱼雷还击，引发美苏两国的核战争。——译者注
② 华约，是指华沙条约组织，1955 年东欧社会主义国家为对抗北大西洋公约组织（简称北约）而成立的政治军事同盟。1991 年 7 月 1 日，华沙条约组织正式解散。——译者注

在有些情况下，雷达系统会错误地发出大规模导弹袭击的警报。1980年6月3日凌晨2点30分，正值苏联入侵阿富汗、美国抵制莫斯科奥运会的紧张冷战局势，美国国家安全顾问兹比格涅夫·布热津斯基被他的军事助手比尔·奥多姆叫醒，奥多姆向他报告说有220枚导弹来袭。布热津斯基让奥多姆去确认，战略空军司令部警戒小组是否正在冲向他们的B-52并启动引擎，然后给他回电话；他决定不叫醒他的妻子，这样她将会在睡梦中毫无意识地被核武器汽化。几分钟后，奥多姆打电话给布热津斯基，说现在有2 200枚导弹来袭。只剩下几分钟的时间激活国家核武器库，布热津斯基当时正要给卡特总统打电话，奥多姆第三次打电话，报告说其他系统未能确认攻击。事实证明，只差一分钟世界就会被焚毁，因为有人错误地将一盒训练磁带插入了计算机指挥系统。[6]

随着国家核武器规模的扩大，意外事故风险也在增加。政界领导人面临着与军事指挥官之间的艰苦斗争，因为后者更关心的是确保核武器能够发射，而不是防止意外发射；而确保核武器能够发射，会更有可能导致意外发射。例如，许可操作链接（PAL）的引入，使用8位代码和有限进入功能，从理论上防止了未经授权的核武器启动。然而，为了避免错误代码阻碍核武器发射，战略空军司令部的高级指挥部将所有代码都设置为易于记忆的8位数"0000 0000"，这就消除了这种保护。①[7]

与汽车防抱死制动器一样，系统中引入的安全功能通常会增加用户信心，却降低了系统安全性。正如研究复杂系统中"正常事故"的著名理论家查尔斯·佩罗所指出的那样，这些看似有益的变化"往往只会让操控者更快地启动系统，或者在恶劣天气下启动系统，或者以更大的威力启动系统"。[8]

---

① 此外，地下基地的许可操作链接只锁定了导弹，而没有锁定弹头。

任何指挥官或领导人都会面临一种情况，即那些最重要的决定都必须在几分钟内根据不完整的数据做出。幸运的是，他们不会因为相信自己的选民会在核爆炸前"被提"而使自己的决定受到影响。《奇爱博士》中的精神病将军里珀，出于对氟化供水的担忧，启动了轰炸机袭击苏联，并发表了电影界最著名的独白之一："我不能再坐视共产主义的渗透、共产主义的灌输、共产主义的颠覆，以及国际共产主义的阴谋逐渐侵蚀和玷污我们珍贵的体液。"如今，氟化水仍然是时代论右翼的一个禁忌，尤其是金·贝克，他的网站重复了一个可笑的说法："美国人死于氟化水的数量超过了整个国家的军事死亡人数。"[9]

除了这种由精神错乱的或宗教狂热式的军事指挥官所带来的非常明显的危险之外，时代论叙事也带来一种更微妙、也许更严重的末日危险。林赛和法威尔等时代论者强烈反对任何军备控制，他们支持膨胀的核武器库，这些武器库的增长纯粹是数量扩张，会增加意外毁灭的可能性。

这非常强烈地体现在林赛的《20世纪80年代：世界末日倒计时》一书中。在林赛看来，《限制战略武器条约》并没有降低核灾难的风险；相反，它摧毁了美国的军事优势，将美国置于致命危险之中，并将允许苏联"横扫欧洲"。美国政府只不过是阴谋论者大恶魔——三边委员会①（一个高调的非政府组织，以洛克菲勒家族和兹比格涅夫·布热津斯基为主角）的傀儡。更糟糕的是，美国愚蠢地抛弃了它忠实的盟友，如蒋委员长、伊朗末代国王巴列维和实行种族隔

---

① 三边委员会成立于1973年，是由北美、西欧和日本3个地区14个国家的学者以及政经要人联合组成的国际性民间政策研究组织。美国政府中的很多要职都由三边委员会成员所占据，它对于美国对外事务的决策起着举足轻重的作用，对西欧国家、日本等各国政府也有不同程度的影响。——译者注

离政策的南非政府。[10] 林赛想象出以下场景：

> 苏联总理可能很快就会给美国总统打电话。总理会说："我们可以摧毁你们的导弹发射井，我们可以用激光束拦截和摧毁所有来袭的潜射弹道导弹，我们可以用我们的米格-25 战斗机和 SS-5 地空导弹摧毁你们那些过时的轰炸机。所以，总统先生，你会投降吗？还是让我们摧毁你的国家？你有 20 秒的时间做出决定。"[11]

林赛在《地球——公元 2000》一书中也敲响了主战之鼓，他将已被遗忘很久、位于旧金山普雷西迪奥①的戈尔巴乔夫基金会，看作撒旦世界新秩序摧毁美国影响力的证据。不明飞行物不是外星飞船，而是撒旦的恶魔。[12]

此外，"常态化"的末日风险可能成为一个自我实现的预言。正如末日神学权威观察家保罗·博耶所说：

> 我个人的感觉是，如果平民的预言信仰与核武器政策之间有联系的话，那么这也是隐蔽的和间接的联系。1945 年后的预言信徒们，很少有意识地主动推动世界末日。相反，他们相信《圣经》已经预言了末日，并确信信徒们将幸免于难，因此倾向于消极地接受核军备竞赛和冷战对抗。[13]

20 世纪 80 年代初，小说家格雷丝·穆杰塔巴伊前往得克萨斯州

---

① 普雷西迪奥：位于加利福尼亚州旧金山的金门国家休闲区内的一座公园，早在西班牙和墨西哥殖民期间，就一直被视为一个军事哨所，至今已有 200 多年的历史。——译者注

的阿马里洛镇，调查这座宗教信仰浓厚的小镇与附近的潘特克斯核武器工厂之间的关系。潘特克斯工厂负责装配和维护美国所有的核武器。最终，穆杰塔巴伊将她的杂志文章改编为一本书《有福的确据》。她是犹太人，最后定居在了阿马里洛镇。

她发现，时代论信仰如此彻底地渗透到了这座城镇，即使是镇上报纸的出版商，一位受过良好教育的自由民主党人，也认同其信条。20世纪80年代，该工厂的任务广为人知，阿马里洛人立即明白，整个地区已经成为核攻击的主要目标，将在核战争的最初便从地球上消失。该镇的最大教派第一浸信会，本身并不认同时代论；然而其成员都平静地接受了这种风险，甚至感到有些安慰，因为他们认为被瞬间汽化比其他更痛苦的死亡方式更可取。

该镇较小的教派禧年礼拜堂的领导者罗伊斯·埃尔姆斯牧师的观点则不同。根据穆杰塔巴伊的记录，埃尔姆斯告诉他的教区居民根本不需要害怕核战争，因为教区居民会在其他人被上帝烧死之前"被提"：

> 你们知道，他们在太空计划上花了一大笔钱。一大笔钱！看吧，我的朋友们，他们还不如把这个计划全部关闭，然后等待号角之声，那么他们将进入另一个太空计划中！我甚至从来没有想过让我的名字出现在他们正在做的这个小计划的宇航员名单里。但是我的名字，在上帝的恩典和帮助下，已经出现在另一个宇航员计划中……当火箭起飞时……我们将留下一道圣灵之火的痕迹！

"再见！再见！"这位牧师向即将被氢弹汽化的阿马里洛、休斯敦、达拉斯和洛杉矶喊道。埃尔姆斯所在教区的一位居民相信自己会乘坐同一艘火箭逃离核末日，她为此而感到欣慰，但也为可能会抛下自己的孩子和孙子而感到痛苦。[14]（穆杰塔巴伊所著书的书名《有福的确据》指的是信众们将免于面对恐怖的核灾难。）

和博耶一样，穆杰塔巴伊只是简单地想到了具有宗教狂热的潘特克斯工人可能会通过获得核武器来推动千禧年进程。而且，和博耶一样，她也担心普通居民会和她已经非常了解的阿马里洛人一样，已经接受了摩尼教式的时代论世界观，并且在核战争的风险中麻痹自己。

如果世界可以区分绝对的善与恶，可以区分上帝的追随者与撒旦的追随者，那么与敌人之间的妥协或谈判就不可能存在。在一个绝对两极分化的世界里，人类和平是无法实现的，战争不可避免。[15]

在1982年美国宗教学会上，神学家戈登·考夫曼在主席演讲中进一步指出了时代论对人类的威胁。他指出，人类有史以来第一次拥有灭绝整个物种的能力，因此时代论的末日世界观"最终逃避了我们作为人类的责任，恶魔般地援引神的意志作为逃避的理由"。考夫曼进一步将"被提"描述为"切断人类责任的神经"[16]。也就是说，拯救自己免于被灭绝的能力掌握在上帝手中（即使在很小的程度上），这种信仰削弱了我们阻止它的意愿，从而增加了它发生的风险。

幸运的是，核武器和时代论的交集所固有的危险，迄今为止仍然停留在推想阶段。但是，有一位具有米勒精神的继承人，他的末日信仰将推动他和大量无辜追随者走向悲惨的结局。自有记载的历史出现以来，弗洛伊德的"微小差异的自恋"已经产生了源源不断的宗教变异①，基督复临安息日会也会在新教繁茂之树上产生一株有毒的分枝。

20世纪20年代，一个名叫维克多·豪迪夫的基督复临安息日会

---

① 如前文所述，弗洛伊德的"微小差异的自恋"是指为了确证自我，两者的实际差异越小，在他们的想象中就会显得越大，通过寻找彼此差异的方式，以自恋式的解读夸大差别，以打击他人，说明自己的独特。此处是指在宗教领域，两个信仰之间存在的微小差异，就会造成激烈的矛盾和教派的分裂。——译者注

教徒开始宣扬他对《圣经》的独特解读。他是一个学历只有三年级的推销员，被《启示录》耸人听闻的叙事吸引，特别是，他和之前的许多人一样，关注《启示录》中第七章的144 000名信徒，12个各有12 000名信徒的希伯来部落，"在我们上帝的仆人们额上盖上了印"。

基督复临安息日会教徒认为自己就是那144 000名信徒；豪迪夫认为，随着该教派的人数远远超过了这个数字，它已经失去了热情和献身精神，这就是问题所在。作为时代论者的典型，他抨击沉迷于"海滩派对和电影放映"等现代罪恶文化活动的基督复临安息日会的兄弟们。[17]正如异端人士惯常做的那样，他编撰了一份教会"可憎之事"清单；在他看来，自己的使命是将基督复临安息日会的信徒减少至144 000名，使之达到必要的纯度。

豪迪夫并不是要建立自己的教派，而是要改革原来的教会。但随着极具魅力的他开始吸引追随者，他那些过去的"兄弟们"感到惊恐，并在1934年将他逐出了教会（就像1845年罗汉普顿的浸信会将米勒逐出教会那样）。

最初，他的教派被称为"牧羊人之杖"（豪迪夫宣言的题目），或者简称为"杖"。为了表明对古代圣地大卫王国中心地位的信仰，教派更名为大卫基督复临安息日会（简称大卫教）。1935年，随着成员人数的增加，大卫教徒在美国得克萨斯州韦科的迦密山中心建立了总部。尽管该中心只有37名追随者，但豪迪夫预计，世界末日将在一年内到来，届时他将带领144 000名追随者前往巴勒斯坦。

由于他追求虔诚而纯粹的复临主义，因此他和继任者们的传教活动只针对基督复临安息日会的信徒，而不包括那些无法救赎的普通民众。[18]1955年，豪迪夫去世，此时他已经吸引了数千名信徒，但大卫教并没有前往巴勒斯坦（那时该地区已经在以色列的统治之下）。此时，大卫教已经壮大，它向东迁移了9英里到达得克萨斯州的埃尔克，即"新"迦密山。

《圣经》是历史上被分析和讨论最多的书，数百年来共有几十亿读者。根据概率论，其中一定有几百万读者具有极高的智商，也一定有几十万读者接受过《圣经》解读方面的学术培训。豪迪夫的学历只有三年级，但是，他认为自己发现了一个以前所有读者都没有发现的《圣经》意思，并将自己选为"东方升起的天使"，以在末日带领144 000名信徒前往圣地。从豪迪夫开始，大卫教产生了类似的一系列极端自我主义的领袖，他们将在美国联邦执法机构的推动下，带领该教派走向灾难。

1955年11月5日，豪迪夫死后不久，他的遗孀弗洛伦丝宣布，她进一步解码了《启示录》的末日时间序列：1 260天之后，也就是1959年4月22日，耶稣就要来了。[19] 她的预言吸引了900名追随者来到迦密山迎接末日，在那里，怀着期待的信徒们再次上演了米勒"大失望"的小规模版本。和1844年的"大失望"一样，该教派随后分裂为各个相互竞争的团体，其中最大的团体由豪迪夫的助手、一位名叫本·罗登的人领导，他接管了迦密山。[20]

罗登继承了豪迪夫的自我中心主义，并宣称，按照上帝给他的启示，他就是"分支"(《撒迦利亚书》和《约翰福音》用"分支"这个词来描述上帝的仆人)，他将带领这个团体迎接耶稣复临，因此这个团体的新名字就是大卫支教。他规劝真信徒们"离开那根枯树枝，到活分支上来"[21]。

1978年罗登去世后，他的妻子洛伊丝（根据上帝的透露，她就是圣灵）和他们精神反复无常的儿子乔治之间发生了一场权力斗争。最终，洛伊丝在一个名叫弗农·豪厄尔的年轻人的帮助下获胜。在此之前，豪厄尔一直过着混乱的生活；他的妈妈14岁时便未婚生下了他，当他还是个孩子的时候，曾转换于不同的家庭，饱受阅读障碍[①]

---

① 简单来说是一种阅读和拼写障碍。其患者智力正常，但是在学习过程中出现流利阅读和精确理解等困难。——译者注

和孤独之苦，最后在读九年级时辍学。

豪厄尔笨拙但英俊，他只对三件事物有兴趣：他的吉他、他的《圣经》和性。1981年，他让一位15岁的女孩怀孕了，但是他向基督复临安息日会的兄弟们宣布，上帝打算让他娶另一位年轻女子，她是一位牧师的女儿。他总是有"见证"的癖好，有一次打断了一场仪式，登上讲坛布道，这些活动很快将他驱逐。他曾在迦密山做过木工活儿，1983年，他在那里定居。[22]

在那里，豪厄尔被洛伊丝·罗登的领导职位和半神地位吸引，他找到了自己的家。他是在基督复临安息日会长大的，被迫阅读《圣经》；而洛伊丝被豪厄尔对《圣经》的敏锐理解和外貌吸引。很快，豪厄尔就和这位当时已经67岁的寡妇共享了大卫支教的领导权，以及她的床。

在大卫支教内，号称拥有神权的女性不会像主流新教教派中的女性那样引起人们的注意；但豪厄尔崇拜基督复临安息日会的创始人之一艾伦·怀特，后者被认为是一位女先知。《圣经》几乎指导了豪厄尔生活的方方面面；他说，他与洛伊丝结合，希望实现《以赛亚书》8:3中的预言，即他去见女先知，然后女先知怀孕了，并生了一个儿子。后来他半开玩笑地说，如果他"让一个70岁的女人怀孕了，那么他一定是上帝"[23]。

如前文所述，历史学家查尔斯将《启示录》描述为"整套《圣经》中最难读的一卷"，并警告说"不仅略读，即使认真研读，读者也依然会觉得困惑"[24]。直到1983年左右，豪厄尔可能也同意这一评估。1983年，这位高中就辍学的24岁的年轻人认为，他和豪迪夫一样，不同于大众识字时代以来几个世纪里的几十亿《圣经》读者，他能够解开7个封印，从而揭开《启示录》的真正含义。豪厄尔认为，《启示录》是掌控《圣经》其余部分的关键。

1984年1月，豪厄尔与一个大卫支教成员的14岁女儿结婚，也因此与洛伊丝决裂；那年晚些时候，乔治·罗登已经与母亲和好，用枪口指着豪厄尔和他的支持者们，并将他们赶出了大院，将教名改为罗登维尔。豪厄尔和几名追随者在东边100英里处的得克萨斯州帕勒斯坦市的一个条件恶劣的小屋里定居下来。出于空闲和对更好环境的渴望，他去了以色列。

在以色列期间，他似乎得了"耶路撒冷综合征"。这是一种在以色列游客中很常见的精神错乱，由于终于能够直接接触到一生都在读和听的圣地和圣殿，因此他们过度兴奋，充满宗教热情，常常把自己想象成《圣经》中的人物。[25] 其中一个"耶路撒冷综合征"患者是患有精神分裂症的健身游客，他相信西墙位于错误的位置，并试图移动其中一块巨石，这是"参孙综合征①"。阿克萨清真寺的纵火犯丹尼斯·迈克尔·罗恩可能当时也处于类似的状态。

离圣殿山只有几英里的卡法尔·沙乌勒精神病医院，专门研究这种精神错乱。1980—1993年，那里的精神病医生治疗了470名患者，其中的绝大多数患者之前就存在精神机能障碍，例如那个"参孙综合征"患者和罗恩，但另外42名患者（约占研究样本的9%）没有精神病史。有精神病史的人（占91%）广泛分布于犹太人和主流基督教派中，但42名没有精神病史的人中有多达40名是福音派新教徒。不超过10年，悲剧将展现在韦科镇。[26]

从以色列回来后，弗农·豪厄尔有了明显的变化。在以色列，上帝已经告诉他，他是上帝的仆人；随后，他的布道变得有活力，他开始更善于将《圣经》的各段落联系并融合在一起。如今，每当他阅读《圣经》经文时，立刻会有上帝的声音告诉他这些经文的真正含义。去以色列之前，他曾告诉别人，他希望能尽快收到上帝的"完整信

---

① 参孙：《圣经·士师记》中的一位犹太人士师，借着上帝所赐的极大的力气，因徒手击杀雄狮并只身与以色列的外敌非利士人争战周旋而著名。——译者注

息",但这一愿望没有实现。从以色列回来后,很可能是受到耶路撒冷综合征的影响,他终于从上帝那里收到了信息。[27]

从19世纪40年代末的诞生开始,预言便是基督复临安息日会固有的一部分。在豪迪夫和罗登领导下的大卫教,以及在豪厄尔领导下的大卫教,也是这样。大卫教的人努力使本教派或多或少地持续"处于信息中"——接收来自全能者的一连串预言。他们认为,现代的基督复临安息日会已经放弃了预言,因此已经成为叛徒。

《启示录》14:6-9中描述了3位预言天使,这尤其吸引了豪厄尔的注意,不管出于什么原因,总之豪厄尔认为实际上有7个预言。前两个是威廉·米勒关于末日和巴比伦已经沦陷的开创性信息。第三个是艾伦·怀特关于以星期六为安息日的信息;第四个是维克多·豪迪夫的预言;第五个是本·罗登的;第六个是洛伊丝·罗登的。上帝告诉豪厄尔,他现在是第七个预言的传递者,是即将到来的末日之前的最后一位天使。

1987年豪厄尔从以色列返回后,发生了古怪的一幕。当时仍控制着迦密山的乔治·罗登挖了一名追随者的坟墓,这名追随者叫安娜·休斯,25年前被埋葬,享年85岁。乔治向豪厄尔发起挑战,要求他参加让休斯复活的比赛;而豪厄尔和7名追随者则突袭了迦密山大院并给休斯的尸体拍了照,想以此指控乔治虐待尸体。双方发生了45分钟的枪战,但没有造成死亡或重伤。1988年,豪厄尔和他的7名同伙因谋杀未遂而受审,陪审团宣布7名共犯无罪,对豪厄尔的控诉也因证据不足而流审。

这一判决结果使乔治的精神开始错乱,法庭档案中记录了他对豪厄尔发出的各种怪诞的诅咒和威胁,他因犯藐视法庭罪而入狱。乔治被监禁后,豪厄尔支付了大卫教总部的房产欠税并搬回总部。乔治在1989年获释后又用斧头谋杀了室友,因为他怀疑室友是豪厄尔派来杀他的;他被关进精神病院,并多次逃离;1995年再次逃离后不久便死于医院，死因是心脏病发作。

在接下来的几年里，豪厄尔根据《以西结书》《但以理书》《马太福音》《启示录》提炼出他的末日路线图。随着世界末日（他尚未确定日期）的临近，他将带领追随者们前往以色列，在那里，他的大卫教徒将使犹太人皈依基督教，从而引发一支从北方而来的美国领导的联合国部队，大卫教徒将支持现在已经皈依的以色列人并与之共战共亡。虽然没有记录表明豪厄尔读过哈尔·林赛的书，但考虑到这一时期林赛的书的普遍性，因此这些牵强的叙事可能并不是豪厄尔自己从《圣经》中提取出来的。后来，豪厄尔将末日大灾难的地点从以色列转移到美国迦密山。

豪厄尔的"耶路撒冷综合征"所激发的《圣经》光辉让听众深受震撼。在美国和其他国家的传教之旅中，他让大约100名信徒加入了迦密山。尽管收获了来自澳大利亚和英国的皈依者，但以色列人对此更持怀疑态度，并对《圣经》感到厌倦，因此他没能让以色列人皈依。

这是一个兼收并蓄的多种族团体，其中包括24名英格兰皈依者。1990年，豪厄尔在加利福尼亚州提交了法庭文件，合法地将自己的名字改为大卫·考雷什。其中"大卫"源自他想象的由自己领导的圣经王国，而"考雷什"是"居鲁士"的希伯来语，像500年前的扬·博克尔松那样，他通过让其他男性成员单身、自己享受一夫多妻制，来满足自己日益增长的性欲。他另外"娶"了5位年龄从12岁到20岁不等的女性，为了避免被起诉重婚，他的男性追随者们在名义上娶了这些女性。他在澳大利亚旅行期间，一对夫妇如此敬仰他的神性，在双方都愿意的情况下，妻子和19岁的女儿都与他发生了性关系，这样她们就可以"为上帝生孩子"[28]。

为了迎接末日，他要求大院的已婚成员通过性节制来实现净化，并"取消"新迦密山上所有夫妻的婚姻关系，其中可能包括他的5位侧妻和她们的"丈夫们"。另一方面，与考雷什发生性关系成为一项神圣的仪式，在"前夫们"完全同意的情况下，他和许多"前妻们"发生了关系。

他预言他所生的孩子（至少有12个）将在耶路撒冷的新王国享有优待地位，这使这些追随者很高兴。其中一位"前夫"解释道："你根本不明白。作为大卫支教的人，我们对性不感兴趣。性如此具有攻击性，如此具有侵略性。考雷什为我们消除了这一负担。"就考雷什而言，他认为，与追随者们生育是他的一项严肃而神圣的责任。不过有时，他的确向他的性伴侣们坦白了自己的性欲，并羞怯地说是上帝使他这样的。

他解释说，这种恰当的肉体安排源自《启示录》4:4 中的一项特别命令，该节描述了 24 位戴着金王冠的长老，他们向上帝高呼，"让我们成为国民，做祭司，归于神。让我们在地上执掌王权"（5:10）。考雷什在《圣经》解读方面取得了革命性进展：他认为，"让我们成为国民"这几个字意味着《启示录》预言他要成为 24 位长老的父亲，这 24 位长老将在千禧年时代统治世界。因此，被选中怀上这 24 个孩子的妇女是神圣的容器，这就要求考雷什控制她们生活的方方面面，包括她们的饮食。不用说，从来没有哪位著名的圣经学者能够以如此"宜人而时尚的方式"解释《启示录》的第 4 章。[29]

考雷什的魅力在于他的"圣经教学"可以持续几个小时，他能准确地回忆和清晰地解释《圣经》。尽管他九年级就辍学了，但他对《圣经》的精彩解释甚至能够吸引那些受过良好教育的人，包括一位哈佛法学院的毕业生和其他几位硕士期间接受过神学培训的人。

考雷什认为，《启示录》5:1 中所提到的 7 个封印掌握着末日事件和大卫支教通往救赎之路的钥匙："我看见坐宝座的人的右手中有书卷，其里外都有字，用 7 个印封严了。"

考雷什将这本"书"命名为"上帝之意"，它是上帝迄今为止委托给"羔羊"人类的秘密计划。考雷什此时已经将自己认定为"羔羊",并根据其他《新约》和《旧约》推断出了打开 7 个印的线索,因此具有向其追随者们揭示"上帝之意"的独特能力。[30](大卫教认为"基督"是上帝在某项任务中指派的,其有多种动态表现形式:有时是耶稣;有时是羔羊;而根据考雷什的说法,有时是他自己。)[31]

早在 1987 年,大卫教就引起了瑞克·罗斯的注意。罗斯是一位高调而又备受争议的"邪教破坏者",几十年来帮助数百人摆脱了邪教的侵害,并在多个关于邪教的案件中出庭作证。在相关亲属的要求下,罗斯在纽约帮助两名考雷什信徒消除了所受的毒化思想,随后他又接到了其他家庭的求助电话。罗斯列举了"危险性邪教"的 6 个认定标准:绝对而又不负责任的权威人物、对领导人意愿的满足、对外部信息的过滤、"我们反对他们"的心态、对组织之外的人的诋毁,以及以《圣经》或哲学借口为领导人的财富和性贪婪做辩护。[32] 虽然考雷什没有过滤外部信息,但他确实符合其他 5 个标准。

从 20 世纪 80 年代末开始,考雷什和几位追随者囤积了大量武器,并在一些不需要背景审查的枪支展上交易武器,由此筹集资金。到 1991 年,一位名叫马克·布劳尔特的澳大利亚追随者,其对考雷什囤积武器、浮夸的神学和对年轻女孩的性剥削的不满,引起了媒体的广泛关注,首先是澳大利亚的媒体,然后是在一个监护权程序中,一名儿童被从迦密山带走引起了美国媒体的关注。布劳尔特和罗斯都向 BATF(美国烟酒枪炮及爆炸物管理局)转达了他们的担忧,BATF 计划于 1993 年 2 月底对该大院进行一次突袭。到那时,BATF 至少已获得 300 件武器,包括 60 支 M16、60 支 AK–47 和 30 支 AR–15 突击步枪。[33]

酷爱枪支的考雷什在这次突袭前曾说过:"如果有人来我家,在我的孩子们面前挥舞枪支,那么他一定会被打爆头。"得克萨斯州的法律允许公民向使用"不正当武力"的警官开枪。[34]

罗斯还联系了《韦科论坛先驱报》,该报于 1993 年 2 月 27 日发表了《罪恶的弥赛亚》系列的第一篇文章，引发了轰动效应，全国媒体很快对此进行了报道。这些文章控诉考雷什虐待儿童、与未成年女孩发生性关系、对其他男人的妻子拥有神授的权利——他至少有十几个这样的侧妻。[35]

事实上，得克萨斯州的儿童福利机构在上一年已经调查过该大院，发现孩子们都很快乐，且他们得到了很好的照顾，几乎没有受虐迹象，除了偶尔被用勺子打打屁股，而这在得克萨斯州是可以接受的。但《韦科论坛先驱报》对考雷什性行为的指控基本属实。[36]

第二天，即2月28日上午9点45分，BATF执行了搜查令，其依据不是《罪恶的弥赛亚》中耸人听闻的指控，而是非法持有枪支。当时，在得克萨斯州拥有和使用自动武器是合法的，但这些武器需要在联邦当局进行合法登记；而考雷什没有登记。①

这时，BATF的无能就体现出来了。它将搜查计划透露给了电视记者，电视记者随后向一名邮递员问路，而这名邮递员正是考雷什的姐夫。BATF通过大院内的一名线人知道，计划已经暴露，因此武装冲突不可避免。但BATF仍决定继续突袭。事先得到风声的考雷什首先下令举行祈祷仪式，然后在各个入口处部署了武装人员。后来，不知道是谁先开的枪，但考雷什在前往其中一个入口时曾经告诉追随者，他要出去和特工谈谈。根据随后的财政部调查，考雷什打开门，问特工们"发生了什么事？"他们回答："别动！"考雷什砰的一声关上了门，子弹穿透门和窗户从里面射出。另一名从大院外观察的特工报告说，他看到考雷什开了两次枪，这意味着考雷什一定打开了门，但他可能并不是第一个开枪的人，也不是BATF后来声称的对他们进行伏击的人。[37]

---

① 目前，机枪所有权、操作和注册方面的联邦法和州法非常复杂，参见 https://thefederalist.com/2017/10/02/actual-federal-laws-regulating-machine-guns-u-s/。

持续的枪战席卷了整个大院,4名特工和6名大卫教徒被杀,其中两名分别是考雷什16个月大的孩子以及另一名教徒的婴孩;几十人受伤。BATF的特工们没有为突袭做充分的准备,以至于大卫教徒的火力和武器补给都超过了他们;弹药不足时,他们便撤退了。[38]

大多数记录者都认为,如果大卫教徒愿意,那么他们可以杀死更多的BATF特工。后来的政府调查特别指出,大卫教对袭击的反应是一种典型的"防御性暴力",其特征符合"希望从主流文化中退出的群体"[39]。事实上,那天最引人注目的交流是韦恩·马丁——那位毕业于哈佛法学院的教徒给韦科警局办公室打的一个慌乱的电话。他说:"告诉他们,这里有妇女和儿童,让他们停下来!"——这不像是有人执意于末日暴力。[40]更令人痛心的是,BATF在此之前就经常因一些小型武器违规而进行挑衅性的破门袭击,其知道考雷什经常在附近独自慢跑,想趁这个时候发出逮捕令,以轻易地逮捕他。[41]

惨败之后,FBI(联邦调查局)解除了BATF的职务。在接下来的51天里,FBI与手腕中弹的考雷什进行了谈判。从一开始,FBI就将围攻原因描述为解救人质,但在BATF突袭后不久,20名儿童在几名成年人的陪同下离开了大院,随后有大量证据表明,剩余的大卫教徒都不想要或不需要联邦政府的解救,而联邦政府则以经典的时代论方式,将这里称为"巴比伦"。

全国都在关注这次行动;遭到BATF袭击后,考雷什立即通过当地广播电台和CNN(美国有线电视新闻网)与公众直接沟通,沟通中他引用了英王钦定版《圣经》中的长篇大论。虽然他的追随者和基督教神学家对这本《圣经》很熟悉,但对世俗观众来说,他仿佛在讲斯瓦希里语①。有一次,他对一位深感困惑的电台采访者说:"我们现

---

① 一种非洲语言。——译者注

在在第五个封印中。"

神学家詹姆斯·泰伯也听到了这次采访,他在1993年之前并不知道考雷什。2月28日晚,他与几百万美国人一起收听CNN,当时CNN中断了常规广播,报道BATF袭击后的情况。这位年轻的大卫教领袖喋喋不休,泰伯的注意力突然被他提到的7个封印吸引。泰伯不仅知道这是《启示录》里的重要内容,而且还知道"考雷什"是希伯来语中"居鲁士"的意思;泰伯快速地查阅了《以赛亚书》第45章,发现居鲁士已经被上帝认定为弥赛亚,弥赛亚的希伯来语"Mashiach"翻译成希腊语就是"Christos",也就是"基督"。考雷什称自己为"羔羊",是基督复临主义的表现——泰伯更加确定,考雷什的信仰基础正是《启示录》。

随着对峙事态的发展,泰伯很清楚地意识到,FBI对考雷什的末日叙事一无所知。泰伯打电话给另一位神学家菲利普·阿诺德,后者联系了FBI特工,特工们承认,他们已经被考雷什的《圣经》独白弄糊涂了。

一些特工甚至开始阅读他们酒店房间里的基甸版《圣经》中的末日启示类内容,这是一项甚至让专业神学家都无法承受的任务。正如泰伯所说,特工们疯狂翻阅《圣经》的景象"几乎滑稽可笑,但同时也令人恐惧"。泰伯和阿诺德立即意识到,大卫教徒们认为自己在有7个封印的世界中航行;他们还意识到,第5个封印,即考雷什认为大卫教目前居住其中的封印,是7个封印中最暴力、最危险的一个。

泰伯和阿诺德认为,要想和平解决对峙事件,就必须在考雷什的信仰基础《启示录》上与他交手。政府允许泰伯和阿诺德接触了一位被监禁的大卫教徒,他叫利文斯通·费根,是考雷什派往迦密山代表其公众形象的。费根证实了泰伯和阿诺德的分析:大卫教徒生活在混乱的第5个封印中,但上帝让他们等待。在4月1日的一个电台脱口秀节目中,这两位神学家出现了,他们详细讨论了《启示录》的末日论，并暗示了和平的结局。他们知道考雷什经常收听这个节目，为了确保考雷什能听到，他们还让考雷什的律师发给考雷什一份录音带。

4月14日，不管是否由于受到电台节目的影响，上帝终于再次向大卫·考雷什发出了指示，考雷什现在明白了一切。那天，他写了一封信给他的律师们，宣布他正在写一封宗教长信，要向全世界通报"7个封印的解码信息"。写完后，他将公布一份副本。"我会出来，然后轮到你们处置这只野兽。"阿诺德和泰伯很高兴；也许终究可以避免这场即将发生的灾难。然而，这将是全世界从考雷什那里听到的最后一次交流。[42]

不是只有泰伯和阿诺德理解考雷什的虔诚并希望能够和平解决对峙事件；更多的福音派人士也是如此。在围攻初期，美国全国基督教协进会和浸信会联合委员会的要员们给克林顿总统写了一封信，他们在信的开头衷心地恳求："请让得克萨斯州韦科的冲突非军事化。"这封信指出"复仇的威胁以及军队和坦克的集结，只会向这群'忠实的信徒'证明世界的力量都在与他们作对"，并有先见之明地指出"如果政府在这场失败的局面中投入了如此多的资金和信誉，却没能彻底铲除犯罪教派，那就更是一场悲剧"[43]。

然而，在7周多的对峙之后，在司法部长珍妮特·雷诺的支持下，FBI中的强硬派获胜。雷诺批准直接出击。

虽然泰伯和阿诺德能否让考雷什走上正途还未确定，但是FBI内的强硬派认定考雷什是一个骗子，以"对《圣经》的胡扯"作为拖延战术；对没有经过神学训练、已经听考雷什讲了几个小时的《圣经》的特工们来说，似乎情况确实如此。[44] FBI的人嘲笑考雷什4月14日的那封信，尤其嘲笑这名九年级辍学者要写一封"宗教长信"的狂妄，认为这又是一种拖延战术。考雷什的律师们说他们正在拟一项投降协议，但是FBI的人根本不理睬。[45] FBI没有针对"预言"问题与考雷什沟通——这对考雷什来说很重要——而是直接切断了大院的电源，摧毁了信徒们停放的汽车，还开始放震耳的音乐，用强光探照灯照射院子。

4月19日，FBI结束对峙，开始行动。从那天早上6点左右开始，特工们用装甲车反复撞击大楼，并使用CS催泪瓦斯（一种类似于麦加大清真寺的围攻者们使用的化学武器）。中午过后不久，大院起火了；大火迅速蔓延，吞没了大院，烧塌了屋顶。76名大卫教徒，其中包括两名孕妇，在大火中丧生，只有9人逃脱。大多数人从大火中逃到地下室，被发现时已经被烧死。至少有20名成员死于枪杀，其中包括考雷什，显然是为了避免被直接烧死。

尽管随后的多项政府调查都得出结论，认定大卫教徒在FBI突袭之前就纵火企图自杀，但幸存的大卫教徒坚决否认任何自杀的说法，因为他们认为自杀是一种罪行。他们还说，当FBI切断电源时，他们使用油灯照明，但装甲车将油灯撞倒。此外，4月19日，风速高达每小时30英里，大风很快就通过打开的窗户和被FBI车辆撞出的洞，使火势从一个房间蔓延到另一个房间。火灾发生后两周，FBI将现场夷为平地，但这也没能提高FBI的可信度。[46]

其中一名幸存者随身携带了一张数据盘，上面有考雷什4月14日的信中所提到的未完成的手稿，而FBI曾经认为所谓的手稿只是一个拖延时间的诡计。打印出来的信一共包括13页纸，其中包括对第一个封印的介绍和讨论；这封长信可能还需要几个星期才能写完。[47]

用詹姆斯·泰伯的话说：

> 考雷什是一个具有个人色彩的《圣经》解经大师。从大卫支教的神学角度来理解，他的信息具备系统性、一致性和内在的逻辑性。然而，对一个不了解《圣经》预言细节的人来说，他的信息以一种典型的、没有停顿的方式传递，并引用了钦定版《圣经》的长篇大论，似乎毫无意义。[48]

我们永远无法知道，考雷什是否会如4月14日信中所承诺的那样和平投降，但很明显，FBI从未试图认真处理他所关心的神学问题。灾难发生后6个月，司法部成员向副司法部长提交了一份长篇报告，该报告的修订版长达489页。其对神学知识缺乏关注在目录中就能体现出来。目录中列出了宗教学者们的咨询内容，仅有4页，除了学者们的身份介绍之外，几乎没有传达任何有用的信息。这4页之后是心理咨询师的分析内容（共28页），几乎所有的咨询师都认为考雷什是个骗子。其中一位是FBI国家学院的行为学专家兼讲师皮特·斯梅里克，他甚至反对神学家参与这次事件。[49]

随着对峙事件的推进，大部分公众与FBI一样，认为大卫·考雷什是一个自私自利的骗子。然而，真相可能更加微妙。与乔治·哈德森、塞缪尔·英萨尔、威廉·米勒以及几乎所有群体错觉的传播者一样，考雷什真诚地相信自己的叙事，这种自欺欺人使他对追随者进行灾难性误导的能力更加强大。

在过去500年中，人类的模仿倾向和寻找引人入胜故事的倾向都落脚在末日错觉上——这是所有叙事中最让人着迷的一种。由此产生的神学叙事通常将其信徒限定在和平、繁荣的社区中，但这种叙事也会时不时跳出正常行为的护栏，由此产生诸如闵采尔领导的农民战争、博克尔松的疯狂的再洗礼派的暴动、文纳的第五君主国派的暴动和考雷什的大卫支教引发的大屠杀等灾难性后果。

与一个半世纪前的威廉·米勒及其追随者一样，考雷什怪诞的神学、强烈的性欲和与未成年人发生的性关系，使他被媒体和公众妖魔化——这一妖魔化反过来导致了过度执法的悲剧。如果BATF最初的反应能够更加灵活，如果FBI能更加熟悉末日叙事的细微差别，那么韦科对峙事件可能不会以悲剧告终。

正如结局所体现的，相当一部分公众都将责任归咎于联邦政府，大卫支教的悲剧并没有就此结束。电视直播了这场大屠杀，但大火最重要的目击者——一位名叫蒂莫西·麦克维的年轻退伍军人——近距离目睹了这场大屠杀。麦克维早已经愤怒于上一年的政府围困鲁比山事件。与韦科围攻事件类似，鲁比山事件起源于美国特种部队老兵、福音派教徒兰迪·韦弗受到的武器指控；这场对峙导致韦弗的儿子萨米和持有强烈末日信仰的妻子维姬的死亡。韦科对峙期间，麦克维正在那里分发枪支权利小册子。当韦科的火焰升起时，他发誓要为无辜死亡的男人、女人以及孩子们报仇。在韦科袭击两周年之际，他和同伙特里·尼科尔斯使用卡车炸弹对俄克拉何马市的联邦大楼进行了袭击，这导致 168 名无辜者丧生。麦克维之所以选择这个目标，是因为大楼里既有 FBI 办公室，也有 BATF 办公室，此外，还有大量其他部门的联邦雇员。[50]

"被提"类小说
末日文学为何畅销

到了新千年初,大卫支教的灾难和林赛不靠谱的预言再次让人们意识到,过于精确的预言和日期设定是有风险的,时代论者也越来越倾向于一种不受质疑的类型:末日类小说。

早在20世纪初,基督教作家就开始创作正义者"被提"、反基督者崛起、大灾难、世界末日和最终审判等主题的小说。1905年,俄亥俄州一位名叫约瑟夫·伯勒斯的医生出版了已知最早的被提类小说《泰坦,土星之子》。书名中的泰坦是一个现在大家很熟悉的反基督者的人物形象,"一个年轻的希腊人,他将联合激进的社会党人,在世界范围内致力于摧毁基督教会"。伯勒斯在序言中说,这部小说不仅仅是他想象力的产物,而且打开了"一盏探照灯,照耀出教会未来即将发生的一连串事件"[1]。

尽管被提之景象和泰坦/反基督者崛起的故事吸引了读者,但整本书的各个章节都在讲述令人腻烦的《圣经》解读。其销量还不错,一共印刷了10次,10年内的销量超过1万本——也很体面,但不能算是一本畅销书。[2]

但是,这本书展现出了被提类小说和美国福音主义的一般性特征:仇外心理、仇视伊斯兰教以及意识形态和道德上的恐慌。伯勒斯小说中的民族英雄名叫英格兰，孤身一人对抗由反基督者领导的十国联盟。可悲的是，美国因为"2 500万在欧洲出生的美国公民"而无法援助母国。美国的"萨克森人"急于帮助英格兰，但被黑暗联盟的势力压倒，现在又被穆斯林"安拉！安拉！安拉！"的高呼声援助。欧洲的穆斯林势力入侵美国，将"萨克森人"文化溶解于外来的社会主义中。[3]

随后的几十年里，被提类小说家们从时事中提炼出引人注目的叙事，并将其加入小说中，以此改进他们的作品。[4]到20世纪80年代，最重要的时代论小说家是弗兰克·佩雷蒂，他是一位文学巧匠，最有名的著作《当前的黑暗》销量超过200万册。

这本书首次出版时，正值苏联解体、东欧剧变，时代论者需要找一个新的敌人。他们被迫选定了另一个末日祸根：新纪元运动，尤其是那些散发出一丝撒旦主义气息的运动。

故事发生在和平美丽的虚构大学城阿什顿，其中出现了两位英雄，虔诚的牧师汉克·布舍和老练的新闻记者马歇尔·霍根，他们与一位极其富有的城市骗子亚历山大·卡瑟夫对抗，后者出于莫名的原因想要控制这座小城镇。

卡瑟夫的盟友包括一群红眼睛的、鳞片皮肤的长着翅膀并呼吸硫黄的恶魔，他们吸食普通人的意志，但幸运的是，他们特别容易受到虔诚信徒的攻击，尤其是布舍。但这些生物与当地大学的女权主义教授朱琳·兰斯特拉特的撒旦潜力相比，根本不值一提。兰斯特拉特试图通过"神和女神意识入门"等课程破坏霍根女儿的宗教信仰。卡瑟夫密谋陷害布舍和霍根，把他们关进同一间牢房里，但他们联手打败了卡瑟夫及其下属，不管是人类的还是非人类的。[5]

佩雷蒂所体现的道德恐慌并不是什么新鲜事物。例如，林赛把达尔文、康德、马克思和弗洛伊德的著作看作毁灭现代社会的"思想炸弹"，并引导了一场文化圣战。在撰写《消失的伟大地球》的前一年，他出版了《撒旦好端端地活在地球上》一书，其中有对洛杉矶一位"警察指挥官"的采访，这位指挥官描述了在圣莫尼卡海滩上的一次"接吻行动"，让林赛想起了"非洲野蛮人的宗教仪式"：

> 大约有400人紧紧地挤在一起，像一团人，随着鼓声和诡异的音乐晃动……他们中的一些人开始脱衣服。有些人开始沉浸在公开的性行为中，对周围的人视而不见。我们注意到，他们中的大多数人的脖子上戴着饰物。他们信仰精神世界，会欣然承认魔鬼对他们来说是真实存在的。[6]

历史上，越是在最糟糕的时期，末日运动就越蓬勃发展：巴比伦流亡时期犹太人的被奴役和流亡；两次犹太人反抗罗马的大屠杀和大规模实体破坏；中世纪欧洲宗教战争和俄国大屠杀的恐怖。生活在繁荣、安全、和平的现代国家中的末日信徒，不得不将他们的义愤发泄在不太明显的社会祸患上：占星术、对进化论和地质科学的认知失调、普世主义、性、毒品、摇滚乐和永远存在的撒旦。

这种末日恐惧的散播远非无害。20世纪七八十年代，时代论者对新纪元的唯灵论和占星术的厌恶，演变成了经典的"道德恐慌"——这是一种群体错觉——对本不存在的撒旦式儿童性侵和大规模谋杀的群体错觉。大量自称撒旦教专家的人，包括重要的执法官员，在全国出名，他们谈到有数万名儿童成为宗教仪式的受害者。据说，撒旦教徒绑架年轻女性，强迫她们成为"生育者"，以此供应婴儿祭品；新生儿在填写出生证明之前就被从医院抱走，这样"他们就不会被怀念"[7]。

泰德·冈德森就是这样一位"专家"，他曾是FBI的官员，参与玛丽莲·梦露自杀案和约翰·肯尼迪总统暗杀案，并领导FBI的洛杉矶、孟菲斯和达拉斯办事处。冈德森认为，美国每年有4 000名儿童死于宗教仪式：

> 有人告诉我，这些团体从医院、孤儿院、购物中心和远离街道的地方绑架受害者（通常是婴幼儿），这是很常见的事。据我所知，撒旦主义者已经成功地影响了夏令营的孩子们，近年来，他们通过渗透教练团队以及在美国各地建立幼儿园，集中精力招募少年棒球联盟队员……一位博伊西①的警察认为，每年有五六万的美国人失踪，他们成为撒旦团体的人类祭品。大多数受害者被焚烧，因此尸体和证据都没有。我知道加利福尼亚州洛杉矶有一家神秘用品店，其出售便携式火葬设备。我已经向FBI、美国司法部和国会议员报告了这些事实，并建议联邦政府对此进行调查，但我的要求没有得到回应。[8]

1988年，在全国多家电视台播出的《杰拉尔多·瑞弗拉秀》的节目，推出了一个名为《恶魔崇拜：曝光撒旦的地下活动》的纪录片，其讲述了所谓的大规模谋杀；对这一现象的"调查"甚至出现在主流媒体节目中，如《20/20》和美国国家公共电台的《早间节目》。[9]

1985年的麦克马丁审判案，是现代社会中最臭名昭著的事件。当时，一位年轻的、患有精神病的母亲（这让人联想到患有精神分裂症的丹尼斯·迈克尔·罗恩）向警方报告，她刚学会走路的孩子在幼儿园被鸡奸。她的故事听上去不像真的：孩子们被引诱到飞机上和隧道里，在那里，马被屠杀，教师装扮成女巫在空中飞行；孩子们在仪式中受到性虐待，其被录制成儿童色情作品。

---

① 美国爱达荷州的首府，也是该州最大的城市。——译者注

幼儿园的经营者是一位很不幸运的女士，名叫佩姬·麦克马丁·巴克利。所谓的撒旦虐待"专家"和社会工作者们聚集到学校，他们很快从孩子们那里提取了关于虐待的描述，但这些孩子年龄太小，根本不能准确表述所发生的事情。这场对巴克利和其他6名幼儿园工作人员的审判耗时7年，耗资1 500万美元，并毁掉了被告们的生活：在等待审判的过程中，巴克利在监狱里待了两年，她的儿子待了五年。最终，调查人员没有发现任何隧道或儿童色情制品，孩子们的父母也没有看到过所谓的死马，成为证据的一件黑色长袍最后被证明是巴克利女士的毕业礼服。[10]

这起审判只是20世纪80年代席卷全美的十几起大规模撒旦主义/托儿道德恐慌事件中的一起，最后判定被告无罪。还有许多其他案例，被告被判重刑，但随后的上诉和调查审判表明了这些控诉的虚假性，也突出了道德恐慌的错觉特征。此后福音派偏执狂又转向了其他领域，各种起诉便消失了。《纽约时报》记者玛格丽特·塔尔博特警告说，"犹豫是一种很难维持的心理状态；人们总是急于用更摩尼教式的愿景取代它"，尤其是当反基督者和末日隐约出现时。[11]

《当前的黑暗》和佩雷蒂的一系列后续书籍只是一个开始，更大的出版业奇迹还在后面，也就是前文提到的蒂姆·莱希和杰里·詹金斯的《末世迷踪》系列。莱希出生于1926年，就读于南卡罗来纳州格林维尔市的鲍勃·琼斯大学，那里的氛围与他的宗教信仰相符。该校的建校与原教旨主义者强烈反对主流新教教会接受现代科学特别是进化论有很大的关联。在1924年的一次圣经会议上，威廉·詹宁斯·布赖恩俯首向福音传道者鲍勃·琼斯说："如果学校不停止讲授进化论，那么我们的国家将成为无神论者的国家。"[12] 布赖恩非常关注世俗邪恶对美国高等教育机构的影响，而琼斯清晰地听出了布赖恩的担忧，并于1927年创立这所大学。而这一年的布赖恩，作为前国务卿、两届总统候选人、著名演讲家，则继续在臭名昭著的"猿猴诉讼案"①中起诉斯科普斯。

20世纪50年代初,刚刚拿到鲍勃·琼斯大学毕业证的莱希,在全国各地奔波,为各种教堂会众服务,最后在加利福尼亚定居。在加利福尼亚,他为耶稣和养家而奋斗,这种热情可能与他9岁时失去父亲有关。他和妻子一起,参加了电视节目《莱希的家庭生活》,他抨击同性恋、世俗主义和女权主义,成为一名老练的文化战士。多年来,他出版了一系列小说和非虚构类书籍,书中明确警告国家妇女组织、联合国和美国公民自由联盟的危险性。[13]

20世纪80年代中期,在飞往某个预言研讨会的航班上,莱希注意到航班机长正在和空姐调情。机长戴着结婚戒指,而空姐没有。莱希自言自语道:"如果'被提'发生了,航班上的上百人就会突然消失;这时飞行员意识到,当他回到家时,他的基督教妻子和儿子也会失踪。那不是很有趣吗?"[14]

事实上,在莱希的作品之前,已经至少有两个被提类叙事中出现过失踪的乘客和机组人员:塞勒姆·柯班的小说《666》和威廉·詹姆斯的文章《当数百万人消失时》。[15]撇开独创性不谈,历史上最成功的宗教性多类媒体尝试——末世迷踪现象已经诞生。

莱希最初设想了一部"被提三部曲",但他知道自己缺乏必要的小说叙事技巧,因此文学经纪人为他联系了一位经验丰富的作家、代笔人——时代论者杰里·詹金斯。后者在其漫长的职业生涯中写了190本书。风度翩翩的莱希在年龄上与詹金斯的母亲相仿,两人立即建立了联系。莱希提供该系列的神学框架,詹金斯撰写书的文本。[16]

---

① 20世纪20年代初,美国社会兴起了一场反进化论运动。1925年,布赖恩向法院起诉,指控当地年轻的生物教员斯科普斯在课堂上讲授进化论,违犯了该州法律。控告书上这样写道:"要是人是由猿猴进化而来的,那么上帝干什么去了?"斯科普斯被裁决有罪并被罚款(后被驳回)。——译者注

1995年，两人出版了他们的第一本书，名为《末世迷踪》。

詹金斯以前的作品，从儿童小说到体育新闻报道，无所不包，他对营利性文学艺术的精通体现于该系列作品的每一页，例如书的开头：

> 雷福德·斯蒂尔的心里一直想着那个他从未碰过的女人。当满载747名乘客的飞机在大西洋上空自动驾驶，按照预定路线将于第二天早上6点在伦敦希思罗国际机场降落时，斯蒂尔已经从脑海里抹去了自己还有家庭的事实。春假期间，他将会和妻子以及12岁的儿子在一起，他们的女儿也会从大学回来。但现在，他的副机长正在昏昏欲睡。他正想象着哈蒂·德拉姆的微笑，并期待着快点儿见到她。德拉姆是斯蒂尔航班上的资深空姐。他已经一个多小时没见到她了。[17]

迄今为止，斯蒂尔一直忠实于他的妻子艾琳。艾琳是一名狂热的宗教信徒，她随时都期待着被提。但现在的斯蒂尔已经鼓起了勇气，将飞行控制装置留给昏昏欲睡的副机长，然后漫步走到飞机上的厨房里与德拉姆幽会。令他失望的是，他发现她正在抽泣且情绪异常激动，她告诉他，数十名乘客失踪，他们的座位空着，只留下了衣服。一个接一个地，醒来的乘客尖叫着，因为他们注意到了消失的同伴和仅剩的衣服。德拉姆请求斯蒂尔做出解释，斯蒂尔假装不知道，但"可怕的是他知道一切。艾琳是对的。他和大多数乘客都在末日前被留在了地球上"[18]。

全世界陷入了混乱，无人驾驶的飞机像被击中的野鸡一样垂直落下，无人驾驶的车辆冲出公路路肩；几百万人失踪，更多的人死亡。虔诚的地铁司机突然失踪，造成了撞车事故。纽约市作为世界无信仰者的中心陷入交通瘫痪。欧洲关闭了空中交通,因此斯蒂尔将他的飞机开回美国芝加哥的一个运转正常的机场(不同于电影版中不太真实的高速公路着陆)。

电视新闻镜头捕捉到了被提的怪异景象。例如,一位临产妇女的肚子突然瘪了,婴儿直接升入天堂,与此同时,护士的衣服掉到了地板上,护士也与婴儿一起升入了天堂。回到家后,斯蒂尔发现他的妻子和年幼的儿子都离开了,而他的持有不可知论的大学生女儿克洛伊被留下了。当然,艾琳所在教堂的所有会众也都离开了;牧师意味深长地为剩下的人留下了一张"我告诉过你"的DVD,DVD制作得非常用心,它影响了雷福德·斯蒂尔,使他立即皈依并获得重生。

巧合的是,斯蒂尔航班上的一位乘客名叫巴克·威廉姆斯,是一位著名记者,正在调查被提事件。大约一年前,他去以色列采访了一位生物学家,这位生物学家不仅发现了一种能将沙地变成肥沃农田的化学肥料,还掌握着另一个神秘而极具价值的科学秘密,正是这个秘密使以色列成为地球上最富有的地区。威廉姆斯在以色列期间,俄罗斯人试图对该国进行大规模核袭击,但他们所有的导弹和轰炸机都奇迹般地在半空中爆炸。

小说中的第三位主角是反基督者,即一位名叫尼古拉·卡帕西亚的罗马尼亚人,他精通九种语言,外表英俊,能力出众,极富魅力。在他还是一名政界新星时,威廉姆斯采访过他。他迅速升迁,很快成为联合国首脑,并将联合国安理会改组为时代论者所熟悉的十国联盟。卡帕西亚现在是世界上最强大的人,他建立了全球货币体系和经济联盟,实现了核军备的全球性裁减,与以色列签订了七年和平协议,并将现在拥有至高权力的联合国迁移到了古巴比伦所在地区。通常情况下决策缓慢的世界组织,却在几个小时内同意了卡帕西亚提出的所有要求。卡帕西亚随后宣布成立一个统一的世界性宗教。

威廉姆斯发现了卡帕西亚的真实身份,并开始与克洛伊联手。克洛伊母亲所在教堂的会众几乎都被提了，与之形成鲜明对比的是，克洛伊所有斯坦福大学的左翼朋友们都被留下承受灾难；克洛伊和威廉姆斯重获新生后结婚，并与她的父亲联合组建了"灾难之光"，该力量利用技术魔力与卡帕西亚作战。[19]

书中到处都是国际主义者的阴谋。几十年前，一位全能型生物技术金融家乔纳森·斯托纳加尔对卡帕西亚的母亲人工授精，于是能够迷惑人类的卡帕西亚诞生，斯托纳加尔的邪恶野心得到推进。军方故意无视专业飞行员的不明飞行物报告。斯托纳加尔重新安排了世界的领导者，几乎每天都制造高层"自杀"事件，但他自己最后也为卡帕西亚所杀。卡帕西亚洗脑了所有目击者，使他们相信斯托纳加尔是自杀的，除了受到上帝保护的威廉姆斯。

这本书充斥着莱希的摩尼教式文化战士风格：那些反对堕胎并投票支持共和党的人会被提，而仅仅过着舒适生活或阅读新纪元书籍的人将被烧死。

威廉姆斯引人入胜的探索过程，将原本难以理解的时代主义末日论分成了容易理解的小部分。这本书保持了一种高度传神的叙述流，通过交替的段落既描述了威廉姆斯对卡帕西亚真实身份的不懈追查，又阐述了如今重获新生的斯蒂尔对时代论末日计划的探索。

1995年版的《末世迷踪》出版后，在接下来的12年里，莱希和詹金斯又写了15部续集和前传，它们共同涵盖了整个时代论序列，从邪恶的卡帕西亚在基因工程中出生，到（最终的）王国降临。

前几部书的每一部都售出了几十万册，到了第四部，由于口口相传，该系列已经在《纽约时报》畅销书排行榜上名列前茅。[20] 到了第八部，首印总量已经达到250万册。2001年"9·11"事件之后，第十部销量飙升，取代约翰·格里森姆的《油漆的房子》成为全年最畅销小说，这是格里森姆自1995年以来首次失去此殊荣。更值得注意的是，畅销书排行榜一般都不会将宗教性书店的销量计算在内，而这本书在宗教性书店的销量占总销量的 1/3。大约 1/10 的美国人读过该系列的书，1/4 的美国人知道这些书。[21]

《末世迷踪》系列的总销量超过 6 500 万册。2002 年，莱希和詹金斯登上了《时代》杂志（以及 2004 年《新闻周刊》）的封面；随后，两位作者分别推出了各自的系列，莱希也从宗教导向的廷代尔出版社转到主流的兰登书屋，后者支付了 4 500 万美元向他预约了另一个系列的书。[22]

如此巨大的成功引起了时代论者对它的批判性审查。尼古拉斯·克里斯托夫在《纽约时报》中写道：

> 美国最畅销的小说系列《末世迷踪》，热情地描绘了耶稣复临并杀死所有非基督徒的情景。世界上的印度教徒、穆斯林、犹太人和不可知论者，以及许多天主教徒和一神论者，都被扔进了永恒的火焰中……天哪，多么令人振奋的一幕啊！

克里斯托夫随后将注意力转移到林赛的各种有缺陷的预言上，并得出结论，"明明是错的，却罕见性地获得了如此巨大的成功"[23]。另一位世俗评论家则轻蔑地认为詹金斯融合了"杰瑞·法威尔和汤姆·克兰西①的风格。[24] 其他一些评论家认为，被提类小说普遍缺乏同情心，它们以极大的快乐描述被烧死的数亿人。

杰里·詹金斯展现出一个随和、不带意识形态的平民作家形象。在接受《新闻周刊》采访时，他提道：

---

① 汤姆·克兰西（Tom Clancy）：美国小说家，尤其擅长创作以美苏冷战时期为背景的政治、军事及谍战类惊悚故事。书迷们喜爱他作品中纠结的阴谋、对于军事科技认知之准确以及谍报活动的生动描写。——译者注

平庸的文字，单薄的人物形象——我接受批评。我就是给平庸的人写的。我也是一个平庸的人。我尽己所能写作。我知道我永远不会被尊为经典作家。我不会自称C.S.刘易斯①。对于那些文学类型的作家，我很佩服他们。你们知道吗？我也希望自己能足够聪明，能写出一本难读懂的书。25

詹金斯对C.S.刘易斯的提及并不是随意的；根据神学家马克·沃德的说法，"基督教出版细则要求，每一本基督教书中至少有其中一章的开头要引述C.S.刘易斯的话"。詹金斯也没有吹嘘他的读者群，他提到，有一次他在沃尔玛山姆会员店遇到一位购物者，她买了一本他写的书还有一瓶威士忌，詹金斯得出结论：不管以哪种方式，那天晚上她一定睡得很好。26

相比之下，在《新闻周刊》的同一篇文章中，莱希则表达了强硬的神学确定性和对国家文化精英们和宗教精英们的强烈不满："我试图接触的数百万人都从字面上理解《圣经》。但神学家们把我们的想法搞得一团糟，他们认为我们必须找到背后的神学原因。知识分子瞧不起我们这些普通人，这让我很烦。"27

莱希所说的"普通人"主要居住在美国南部和中西部，占《末世迷踪》系列读者的71%，而在东北部的占比仅为6%。28 莱希的核心读者区域正是反堕胎、反同性恋的社会保守主义大本营，这些保守主义为美国时代论者和福音派人士注入了能量。杰瑞·法威尔和帕特·罗伯逊都来自弗吉尼亚州，哈尔·林赛来自得克萨斯州，吉米·斯瓦加特来自路易斯安那州，金·贝克来自密苏里州。

---

① C.S.刘易斯是指克莱夫·斯特普尔斯·刘易斯（Clive Staples Lewis），英国著名文学家、学者、杰出的批评家，也是公认的20世纪最重要的基督教作者之一，堪称英国文学的巨擘。——译者注

越来越多的时代论教区居民,其中有很多是林赛、莱希和詹金斯的书迷,涌向以色列,特别是耶路撒冷,沉湎于他们的千年信仰;2017年,以色列的360万游客中,大概有1/8是福音派教徒。许多以宗教为导向的旅行者预订了时代论旅行路线,其中最精彩的是参观耶路撒冷圣殿研究院的游客中心,那里展示了为重建圣殿而建造的器皿和工具。用学者约西·梅克尔伯格的话说,大多数游客"完全无视故事中的巴勒斯坦一方。这可是涉及宗教的;有友如此,何需敌人?①" 29

重建第三圣殿的核心环节是出现一只没有杂色、没有瑕疵且没有负轭的红色小母牛。乳房部位长出的白毛,使梅洛迪小牛失去了作为天启之牛的资格,但它的出生启发了一位更认真的时代论者来到以色列。他名叫克莱德·洛特,是美国密西西比州的一名牧场主,1989年,他读到了《民数记》19章中的相关段落,并思考如何才能繁殖出这样一只完全合格的动物祭品。他认为,这并不难,尽管这种小母牛在欧洲和亚洲很少见,但美国的红色的安格斯牛几乎接近这一要求。

第二年,他访问了密西西比州农业和商业国际贸易办公室,该办公室向一位国务院贸易专员发送了以下备忘录:

> 克莱德·洛特打算提供一种红色的安格斯牛作为《圣经·旧约》中的祭品,它不会有任何瑕疵或浅色毛发,遗传性红色使其有红色的眼睛,黑色的鼻子,一只一岁的小母牛的体重约为700磅。这些牛将很快适应中东气候,而且牛肉质量也很好。30

---

① 有友如此,何需敌人:这句话经常用来形容那些表面是朋友,实则并不真心相待的人;这里形容不可靠、帮倒忙的朋友。——译者注

最终，这份备忘录传到了圣殿研究院的拉比们那里，该研究院院长哈伊姆·里奇曼高兴地注意到，有着《圣经》中著名地点——索多玛①之称的地方也饲养了牛。[31] 在随后的几年里，洛特和里奇曼在以色列互访。1996年，梅洛迪的出生引起了轰动，这鼓励他们制订一项重大计划：他们要在1997年12月，将500只怀孕的母牛运往危险一触即发的约旦河西岸。该计划可能产生一整群真正的天启之牛，但由于陷入繁文缛节和财政困难而未能启动。洛特哀叹道：

> 我内心深处认为，上帝希望我成为以色列的福音，但这很复杂。我们只是还没准备好把红母牛送到那里。如果有一位至高无上的神亲自掌管人类事务，那么这将会发生，而且这将是一个关键性的事件。[32]

在时代论的计划中，一条细细的红线将"关键性事件"和"灾难性事件"分开。梅洛迪、索多玛和里奇曼，这些关键词概括了一种奇怪的神学戏剧，不同的参与者在同一舞台上表演，并阅读几乎完全相同的剧本。在结束之前，参与者们愉快地支持着彼此的演出，但到结束时，他们的命运完全不同。在犹太教的剧本中，弥赛亚第一次出现，并在耶路撒冷建立了永恒的犹太国家和圣殿；而基督教的剧本中增加了几个场景，上帝再临复仇，使1/3的犹太人放弃旧信仰而改信新信仰，并烧死了另外2/3的犹太人。

不用说，这出戏涉及大量见利忘义的互相利用。以色列极端分子

---

① 索多玛（Sodom）是《圣经》中提到的一个耽溺男色而淫乱、不忌讳同性性行为的性开放城市。此处所说的"索多玛"指的是美国，因为同性恋问题，很多人把美国称为现代的"索多玛"。——译者注

想获取犹大人和撒马利亚人①的《圣经》权利并重建圣殿,但无法获得多数选民对他们的支持,于是他们很乐于接受福音派基督教徒在财政和政治上的帮助,而这些基督教徒则相信,这出戏结束时,一定可以通过犹太人的转皈依或被焚烧而实现对他们的新犹太盟友的清洗。用记者格肖姆·戈伦伯格的话说:

> 也许这本无所谓,但有些善意的人认为犹太人重建圣殿将导致世界杀戮,他们有时会插手这些极端分子的事务,因为这些极端分子的行动不是出现在神话领域,而是出现在一个真实的国家,真实的冲突是会夺走真实生命的。[33]

---

① 所罗门死后,古以色列王国分裂为北方的以色列王国和南方的犹大王国,其中北方的以色列王国定都撒马利亚,后来北国以色列为亚述所掳后,南国犹大人称北方人为撒玛利亚人。因此此处的犹大人和撒马利亚人指的就是古以色列人。——译者注

资本主义的慈善家
从环球电讯、安然公司到互联网泡沫

在克莱德·洛特和哈伊姆·里奇曼沉溺于各自的基督教和犹太教末日幻想时,美国的投资者们在一场金融投机狂欢中丧失了集体智慧。

2000年初的一个晚上,在曼哈顿市中心的《财富》杂志办公室工作了一天之后,记者杰森·茨威格乘出租车回家。当出租车驶入车流时,被四位身穿昂贵西装的年轻人拦住,其中一人砰砰地敲着司机的车窗,要求搭车前往只有几个街区远的目的地。当出租车司机告知他已经有乘客时,这位年轻人把一张100美元的钞票扔到司机的脸上,说:"把他赶出去,我们给你100美元。"

出租车司机关上车窗,正如茨威格先生记录的那样:"我们两个像少女逃离匈人阿提拉①的帐篷一样快速逃离了现场。"令茨威格这位老纽约人目瞪口呆的不是那些年轻人用100美元撵他下车,而是他们步行完全可以更快地到达目的地。¹

像布朗特、哈德森和英萨尔一样,这些盛气凌人的年轻人也沉醉在暴富所带来的狂妄中,或许也有更世俗的心境。他们很富有,根据

---

① 阿提拉(406—453年),古代亚欧大陆匈人的领袖和帝王,被认为凶猛野蛮,是文明社会的公敌。直到当代,大量电影与艺术品对他的描绘也是如此。——译者注

物质社会的逻辑，他们聪明而且重要，尽管他们的财富很可能来自狗屎运或者欺诈伎俩，或者两者兼而有之。

这场让这四位年轻人如此陶醉的金融狂热，大致从20世纪90年代中期持续到2005年，然后在随后的两年半时间里缓慢崩溃，所带来的通货紧缩的时间长度基本上与1929年黑色星期四之后的通货紧缩相同。它带来了广泛的破坏力：总计1亿投资者共损失了5万亿美元（约占股市财富的1/3）。其中最激进的股民是数百万美国人，他们被蒙蔽，认为自己在互联网股票和共同基金中找到了年轻人的财富源泉，就像1929年的埃德加·布朗一样，他们在风暴中失去了大部分积蓄。[2]

与之前的狂热一样，泡沫的病理生理学基础是海曼·明斯基提出的4个因素——技术替代、信贷宽松、对上一次泡沫的健忘以及放弃旧的估值方法，也适用于本次狂热。

泡沫的原因是互联网。作为那个时代巨大的技术替代，互联网真的改变了一切。[3] 1969年，美国国防部高级研究计划局把加州大学的洛杉矶分校和圣巴巴拉分校，以及犹他大学和斯坦福研究院的4个"节点"联系起来，互联网诞生。这种新的"信息高速公路"刺激了投资者。但由于它不仅速度缓慢而且操作困难，再加上第一代个人电脑的昂贵和笨重，因此在最开始的20年中，互联网对日常生活几乎没有什么影响。最初的常用网络，如美国在线和美联网，一开始甚至没有连接到更广域的互联网，即使后来连接上了，它们的功能也只是像围墙内的花园，不允许直接导航到域外网页。

这种情况在1990年得以改变。当时，位于瑞士和法国边界、研究高能粒子的欧洲核子研究组织[①]的计算机科学家蒂姆·伯纳斯·李，

---

① 也称为欧洲粒子物理学实验室。——译者注

发明了第一款原始浏览器，他预知性地称之为万维网。那时，他只是试图将该设施中无数台不同的计算机连接起来；但是偶然地，他连接了世界。这轰动了金融市场，也改变了我们的生活方式。[4]

伯纳斯·李的第一款浏览器在满足普通用途时仍需要很多专业技术，但这个问题很快就被其他程序员改善。1993年，美国伊利诺伊大学的NCSA（国家超级计算应用中心）发布了马赛克浏览器，它是一种基于微软操作系统的、相对容易安装和使用的浏览器。马克·安德森领导了NCSA团队，他当时还只是伊利诺伊大学的学生；毕业后，他搬到了加利福尼亚州，并在那里与持有计算机科学博士学位的吉姆·克拉克一起合作。

那时的克拉克已经于10年前创立了视算公司，其主要制造高性能计算机。在技术术语上，这种设备是一种"计算机工作站"，是为特定任务设计的一种设备，通常需要运行专有的操作系统和软件。20世纪80年代，工作站制造商赚了几十亿美元。但对大多数公司来说，这种盈利能力只是一个黄金陷阱，因为它们的产品很快就会被功能更强大的个人电脑取代。克拉克预见到了这种结果，但他无法说服公司管理层相信这一点，于是他沮丧地离开了视算公司，因为他不仅对自己一手创建的公司偏离方向而感到愤怒，而且不满于自己的股份仅值2 000万美元，用他自己的话说："在一个创造了巨大个人财富的行业里工作了十几年，相对于付出的创造力、领导力和辛勤工作，以及承担的风险，这一股值较少。"[5]他发誓，下次一定要有更多的控制权，得到更好的回报。

1994年，克拉克和安德森成立了马赛克通信公司。伊利诺伊大学不满于他们使用马赛克这个名字，要求他们换个新的公司名称；于是他们改名为网景通信公司。和马赛克通信公司一样，网景通信公司的浏览器也是免费提供的，并很快传播开来。到1995年中，数以百万计的用户为电脑屏幕右上角带有字母N的地球图标而兴奋不已，这意味着他们在线且可以从全球任何地方访问网页。

明斯基的第二个病理生理学因素——信贷宽松,为泡沫提供了原始燃料。在现代社会的部分准备金体系中,一国的中央银行——就美国而言是美联储——扮演着货币供应的看门狗角色。美联储的任务是提供充足的货币供应,进而保持经济繁荣,但美联储还有一个任务,用前任主席威廉·麦克切斯尼·马丁那句著名的话说,就是要"在聚会开始时把大酒杯拿走①"⁶。

大多数情况下,美联储委员会关心两个问题:以 GDP 增长和失业率衡量的整体经济状况,以及控制通货膨胀。股票价格不太受到关注,而且经常成为前两个问题的"无辜旁观者"。

到了 20 世纪中期,美联储的主要工具是联邦基金利率,即成员银行之间的隔夜拆借利率,这一利率事实上成为政府证券的短期利率。当作为安全性证券的政府证券的利率比较高时,这会吸引投资者买入,进而导致资金从股票等风险资产中转移出来,并使股票的价格降低;相反,当美联储降低利率时,寻求更高回报的投资者会购买股票,从而提高股票价格。②

20 世纪 90 年代初,一场相对严重的经济衰退导致了两个事件。首先,它使乔治·布什没能连任;正如胜利者比尔·克林顿的竞选口号所言:"笨蛋,关键是经济!"其次,经济衰退引发了美联储大幅放松信贷,这助长了股市泡沫。

在艾伦·格林斯潘担任主席期间,美联储通过买进美国国债来应对 20 世纪 90 年代初的经济衰退,这使联邦基金利率从 1990 年 1 月

---

① "把大酒杯拿走"是指央行采取行动减少其对经济的影响。——编者注
② 联邦基金利率实际上只是一个参考利率。实际的隔夜拆借利率由借贷银行协商确定;美联储通过在公开市场上买入国库券(倾向于降低利率)或出售国库券(倾向于提高利率)来影响利率。

的 8.3% 降至 1992 年底的 3% 左右，并持续了整整两年。降低的利率助长了初始阶段的股市繁荣，投资者们开始谈论"格林斯潘看跌期权"，即美联储主席积极维持一种高股价状态。①

按理说，美联储应该在 1997 年左右"把大酒杯拿走"，那时经济运转顺利，通货膨胀率下降到 3% 左右。似乎格林斯潘正打算这么做，但被一系列事件打断。随后发生的事情与 20 世纪 20 年代本杰明·斯特朗通过降低利率来保护英镑、不经意间引发了美国股市狂热非常相似。

1997 年和 1998 年，一系列全球性事件使美国的大酒杯保持满溢。货币危机和债务危机席卷了全球金融市场，从泰国货币——泰铢的崩溃开始，像多米诺骨牌一样蔓延到马来西亚、印度尼西亚和中国香港。最初，不断演变的传染并没有引起格林斯潘的警戒，因为这些亚洲经济体的规模相对较小。但到 1997 年底，韩国，一个驻有数万美国军队的富裕国家，也陷入金融危机，格林斯潘被迫做出反应。美联储和财政部强有力地支持美国银行以尽可能低的利率保持向韩国贷款，而且不仅对韩国，对其他亚洲国家也是如此。国外较低的利率降低了这些外币的汇率，使美元升值。早在 1997 年初的经济繁荣时期，美联储已经开始提高利率，但为了防止美元升值，还是维持了相对稳定的低利率；与 20 世纪 20 年代一样，持续相对较低的利率助长了当时本已存在的股市狂热。

国际金融的多米诺骨牌继续倒下；1998 年底，俄罗斯经济状况恶化，导致债务违约和卢布贬值。这直接影响到了美国，因为有一家

---

① "看跌期权"是指以给定的底价出售某项证券的权利，从而确保不会遭受重大损失。

大型知名美国对冲基金公司——长期资本管理公司[①]在俄罗斯国债上下了很大的赌注。该基金公司持有的大量债券价值蒸发，这威胁到了美国金融体系的其他部分，并重创了世界各地的股价（见图13-1）。

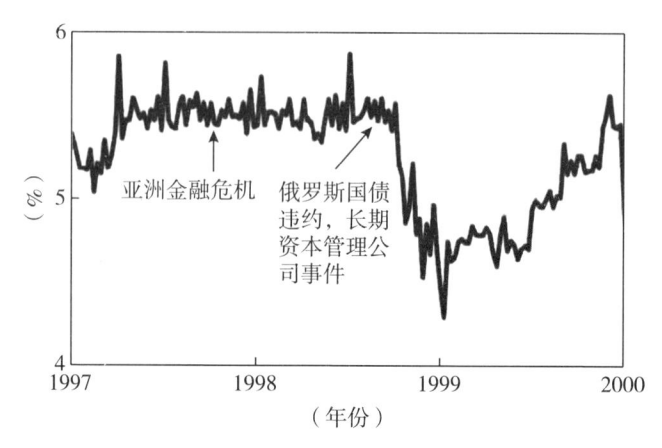

图 13-1　1997—2000 年的联邦基金利率

那时，格林斯潘已经获得近乎神话般的"大师"地位，市场把20世纪90年代的经济繁荣归功于他，正如鲍勃·伍德沃德后来将他的畅销书以这位主席的名字命名一样。格林斯潘认为，长期资本管理公司的倒闭可能带来灾难性的后果，威胁他的良好声誉。他组织私人银行对该公司进行救助，还通过大幅降低联邦基金利率放松信贷，并将其维持在低水平整整一年。这又把股票价格推到了最高点。[7]

[①] 长期资本管理公司（LTCM），是当时的国际四大"对冲基金"之一。1998年亚洲金融危机时，长期资本管理公司认为，发展中国家债券和美国政府债券之间的利率相差过大，因此它预测，发展中国家债券利率将逐渐恢复稳定，与美国政府债券之间的利率差距会缩小。这一预测比较合理。然而，同年8月，小概率事件却发生了，由于国际石油价格下滑，俄罗斯国内经济不断恶化，俄政府宣布卢布贬值，停止国债交易，投资者纷纷从发展中国家的市场退出，转而持有美国、德国等国家的风险小、质量高的债券品种。由于长期资本管理公司走错了方向，它到了破产的边缘。9月23日，美林、摩根出资收购了长期资本管理公司。——译者注

到20世纪末，泡沫的第三个病理生理学因素——金融健忘症——已经发展了几十年。1929—1932年的熊市如此猛烈地侵蚀了家庭和机构的财富、灼伤了国民的心理，以至于在此后的几十年里，股票都被看作不稳健的投资；比如，直到1945年，根据可靠的统计数据，个人投资在股票上的平均金额（主要统计富人的储蓄）仅在30美分左右，而且持有大量股票的主要是少数几家企业养老基金。

1929—1932年股票熊市发生时，虽然只有约10%的美国人持有股票，但是随后的大萧条影响了所有人。⁸几乎所有特定年龄的美国人身上都有大萧条时期留下的阴影（就本文作者而言，即使他母亲在餐馆里用餐后剩下一点儿芦笋，也要仔细包装并拿回家）。对几百万美国人来说，1929—1932年的残酷记忆仍然历历在目，这在一代人的时间甚至更长的时间里削弱了股票的吸引力。

不过20世纪50年代末至60年代初，确实发生了一场类似的股票泡沫。围绕几十年前物理学家威廉·肖克利领导的贝尔实验室团队发明的半导体晶体管，越来越微型化、功能越来越强大的电子设备开始爆炸式发展。到1959年，在公司名字后加上"tronics"（英文单词"电子"的后七个字母）有助于激发公众的兴趣，并使股价上涨，就像几十年后在公司名字后加上".com"的做法一样。美国音乐协会是一家专注于留声机和黑胶唱片的制造商，它只需将名字改为"Space-Tone"，就以7倍的价格上市了。还有一些类似的公司名称，包括"Astron""Vulcatron"，还有几个以"sonics"结尾的名称，最令人印象深刻的是"Powertron Ultrasonics"。①投资银行大量配股给内部人士，同时限制广大公众可购买的数量，这更激发了公众的热情。

---

① 当时很多公司玩改名的游戏，因为电子的英文是"electronics"，于是一时间出现了无数加"trons"和"onics"等后缀的公司，比如本段中的"tronics""Space-Tone""Astron""Vulcatron""sonics""Powertron Ultrasonics"，这表示公司与"电子"有关。——译者注

1962年，像所有以前的泡沫那样，狂热的买主都已耗尽，公众热情崩溃。[9]

电子狂热只涉及股票市场的一小部分，而且由于那个时代持有股票的美国人相对较少，因此它在公众记忆中几乎没有留下什么持久的印象。[10]到20世纪90年代，对普通美国人来说，1929—1932年的全社会股票泡沫已经过去了两代人的时间。当泡沫再一次来临时，只有三类小群体有能力识别：拥有完整记忆的90多岁的老年投资者；经济史学家；那些阅读了《非同寻常的大众幻想》、吸取并保留了前三章教训的人。

20世纪90年代，泡沫的第四个病理生理学因素，是放弃传统的股票估值标准。20世纪20年代末，不仅最优秀的股票产生了稳定的利润流，而且除了少数几家"高科技"公司（最著名的是美国无线电公司和雷明顿兰德公司）外，其他所有公司都提供了健康的股息。[11]相反，到20世纪90年代，只有少数几家新技术公司的收入足以承担其人员和设备的巨额支出。至于股息，科技类股票投资者认为，那是遥远的马鞭和马车时代的遗留物。微软于1986年首次向公众发行股票，但直到2003年才宣布派息；截至本书撰写之时，互联网的两大赢家亚马逊和谷歌从来没有派过息。20世纪90年代，不知何故，投资者们认为，收益和股息根本不重要；他们认为，公司股票的真正价值在于一种更模糊的衡量标准，即能否博得数百万眼球的关注，或是否有数十亿次点击量。

正如20世纪那位伟大的投资者约翰·邓普顿所说："英语中最昂贵的一句话是'这次不一样'。"20世纪90年代，新兴的数字世界看起来确实不一样，许多曾经听起来最疯狂的承诺都在那时兑现了：几乎覆盖全球的宽带，无处不在、几乎免费的语音和视频电话，以及吞噬了许多传统实体店的高效的在线购物环境。

遗憾的是，这些技术的普通投资者却并未获利。在20世纪90年代末上市的数百家公司中，只有少数幸存下来。幸存下来的，只有亚马逊一家成为主导性经济力量，但即使是亚马逊，也尚未显示出投资者对其零售业主导地位所期望的收益。[12]

和英国铁路泡沫以及20世纪20年代的泡沫一样，20世纪90年代的科技繁荣尽管打击了金融投资者，但也给社会留下了宝贵的基础设施。如上文所述，我们根据盈利能力和社会效益构建了一个三级金字塔式结构，以理解这些泡沫公司（见图13-2）。

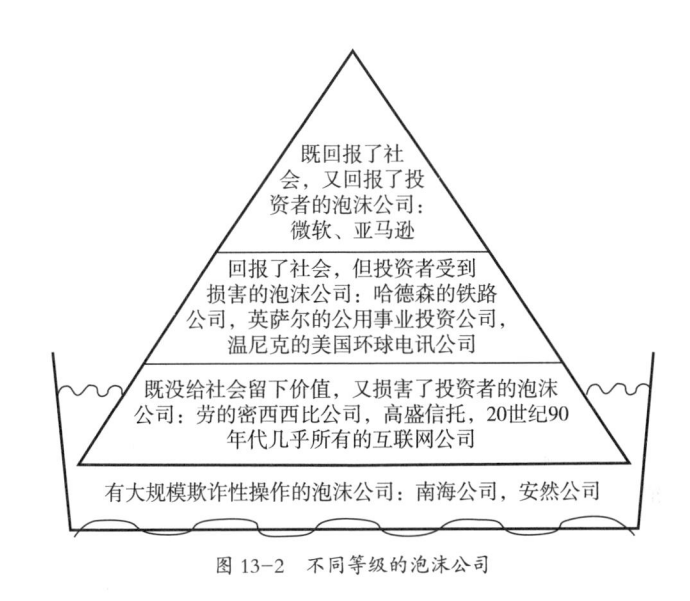

```
        /\
       /  \
      /既回报了社\
     / 会，又回报了投 \
    /  资者的泡沫公司： \
   /    微软、亚马逊      \
  /------------------------\
  / 回报了社会，但投资者受到 \
 /  损害的泡沫公司：哈德森的铁路 \
/   公司，英萨尔的公用事业投资公司， \
/    温尼克的美国环球电讯公司        \
--------------------------------------
  既没给社会留下价值，又损害了投资者的泡沫
  公司：劳的密西西比公司，高盛信托，20世纪90
  年代几乎所有的互联网公司
--------------------------------------
 有大规模欺诈性操作的泡沫公司：南海公司，安然公司
```

图13-2　不同等级的泡沫公司

金字塔最顶端的公司不仅造福于社会，也让投资者们更富裕了，比如东印度公司或英格兰银行，到目前为止，还有亚马逊和谷歌。金字塔第二层，或许是最重要的一层，是那些让社会受益却让投资者赔钱的公司，比如乔治·哈德森的铁路帝国和塞缪尔·英萨尔的公用事业投资公司。

美国环球电讯公司是科技泡沫时代的这种公司的典型代表。当今全球50万英里的海底光缆，大部分铺设于1998—2002年的互联网投资热潮时期，其中的近 1/3 是由加里·温尼克贡献的。

温尼克曾是一名债券销售员，是"垃圾债券之王"、被判重罪的迈克尔·米尔肯的门徒。他与商业祖先布朗特、哈德森和英萨尔有着同样的天赋：能通过股票和债券从轻信的投资者那里筹集几十亿美元。

不幸的是，他没有哈德森和英萨尔那样的商业头脑；在 1997 年成立环球电讯公司之前，正如一位记者所说，他掌握的电信知识并不比"打推销电话的能力"多很多，此外他也从未经营过大型企业。[13] 环球电讯公司的失败是由于他的无能和渎职，还是由于运气不好，这仍然没有定论。虽然温尼克倾向于不参与公司的日常事务，但他和其他高级管理人员确实在公司倒闭前有意识地抛售了数亿美元的股票。民事诉讼和监管行动剥夺了他的大部分非法所得，但最终检察官并没有起诉他。

温尼克的罪责并不是我们讨论的重点。尽管环球电讯公司严重冲击了投资者的财富，但它为当今互联世界的形成做出了不小的贡献。在围绕环球电讯和其他互联网股票的市场狂热达到顶峰时，环球电讯公司的市值超过 400 亿美元，其中温尼克拥有 60 亿美元。（1999 年的《福布斯》封面大肆宣扬他的"光速致富"。）[14]

他的项目既没有欺诈也不缺乏远见，因为他对全球网络带宽重要性的评估是正确的。但是，和商业史上许多有远见的人一样，他低估了两个会导致利润降低的问题，而这两个问题会时刻存在。首先，利润会带来竞争，使供应增加，进而压低价格和随后的利润，这和死亡以及税收一样，是必然存在的。例如，温尼克在 1997 年完成了两条大容量、跨大西洋的光缆的铺设，但随后 6 年内又出现了 10 条竞争性电缆。其次，技术进步也增加了商品的供应，进一步压低了价格。就海底电缆而言，在随后的几十年中，"干设备"（即电缆两端的光发射机和光接收机）的改进使原来铺设的电缆的承载能力增加了 7~10

倍。尽管2003—2014年没有铺设新的跨大西洋电缆，但现在的全球数据流量大约比2002年大1 000倍；平均而言，目前世界海底电缆容量的利用率只有不到1/4。[15]

像泡沫时期总是会发生的那样，投资热情导致环球电讯公司的投资者为自己的行为付出了巨大的代价。2002年1月28日，该公司申请破产，随后两家亚洲公司用2.5亿美元收购了温尼克公司的控股权，这个价格相当于1便士兑1美元。虽然重组后的该公司最终仍然运营着互联网主干网的一大部分，但最初的股东们只获得了法律和解中的一些碎屑，其他什么也没有得到。

这场巨大损失的波及范围很广：除了个人投资者，养老金和共同基金池损失了几十亿美元。小学教师琳达·洛奇在股票交易中损失了12万美元，在评论温尼克先生适时卖掉他自己的股票时，她说："我不知道这家公司的管理层为什么能做得这么好，而小股东们却做得这么差。"[16] 环球电讯公司的许多员工在他们的401（k）计划①中持有本公司的股票，他们比洛奇更悲惨，不仅失去了储蓄，还失去了工作。[17]

除了环球电讯公司的高管，还有一些人通过适时出售股票而获利。1999年3月，美国前总统乔治·布什向该公司高管发表了演讲；代替8万美元的演讲费，他持有了该公司的股票，并于几个月后以大约450万美元的价格出售了这些股票，据《华尔街日报》推测，这些股票可能用于支付他在肯纳邦克波特镇②上公寓的维护费用。[18]

---

① 401（k）计划：始于20世纪80年代初，是一种由雇员、雇主共同缴费建立起来的完全基金式的养老保险制度，账户内的钱可以用于投资证券。——译者注
② 肯纳邦克波特（Kennebunkport）是位于美国缅因州约克县肯纳邦克河畔的一个镇，乔治·布什的夏季住宅就在那里。——译者注

虽然环球电讯公司严重损害了像洛奇和公司普通员工这类人的金融利益,但它通过提供超量带宽使世界受益。金字塔的最底层就不是这样了,几百家互联网公司消失得无影无踪,不仅践踏了投资者,也没有留下任何社会价值或经济价值。在这些公司徒劳地追求关注度的过程中,可能最精彩的故事就是韦伯万事件了,它是一种1995年之前所无法想象到的大惨败。

路易斯·博德斯是一个有着古怪想法的20多岁的技术人员。他先是创立了一家同名连锁书店。1997年,从书店领域退出5年后,他成立了一家投资公司。当时,他从网上订购的稀有香料邮包到达他的家门口(当时网购还是很新奇的事物),他脑中闪过一个想法:能不能说服美国人通过这样的方式购买食品?

博德斯的理想很大。为了向几百万消费者提供生鲜商品,他需要建立一个新颖而庞大的物流系统。他在奥克兰建立了第一个配送设施,其面积是一个标准超市的20倍,铺设了4.5英里长的传送带,可以运送各种各样的生鲜食品,包括700多种肉类和鱼类。[19]然后他聘请了全国最大的建筑公司柏克德工程,以超过10亿美元的总成本,计划打造一个由26个类似建筑群组成的全国性网络,这对一家在上一年还不存在的公司来说,是一个了不起的成就。

博德斯曾在麻省理工学院学习数学,他预计,每个配送设施每天能完成825份订单,每年收入将达到10亿美元的1/3;人工"挑拣者"们将被策略性地安置在一组装有食品的旋转传送带中间,他们将把顾客购买的东西放在一起,然后通过几英里长的传送带将食品送到空转的冷藏卡车上,这些食品可以在订购后一小时内送到家。由于规模大,预计韦伯万公司只需要将收入的不到1%用于实体仓库,而即将过时的传统超市的这一比例则为6%。博德斯计划在征服零售食品行业之后,转向视频、消费电子产品和干洗行业。[20]

韦伯万公司吸引了高盛、甲骨文、惠普、奈特·里德等一系列公司的金融支持，同时也引发了一场公众投资狂热。为了继续煽动这场狂热，其在首次股票发行时，只出售了公司的一小部分股票；如果出售的是全部股票的话，那么总市场估值将达到84亿美元，是西夫韦①公司的一半，这对最终建成时将以26个超大型超市为中心的运营来说并不差。[21]

两个问题注定了这是一次冒险。第一，韦伯万并不是第一个互联网食品销售商；它有几个竞争对手，其中包括规模更大、更成熟的家用杂货公司HOMG，HOMG背后的支持者包括亚马逊的杰夫·贝佐斯。第二，系统不好用；这项未经测试的技术被证明不听使唤，而且即使系统运行顺利，消费者也不相信该公司能为他们挑拣出易腐产品并做到按时交付。韦伯万和HOMG都公布了多月的亏损。[22]

HOMG管理得更好，但韦伯万激发了更多的热情，因此也吸引了更多的资金，这意味着HOMG首先出现资金枯竭。实力较差但资金较多的韦伯万并购了HOMG，但这更加速了新合并的公司的现金消耗；2001年7月，该公司宣布破产，几十亿财富蒸发，3 500名员工失业。[23]

20世纪90年代的三级泡沫金字塔，坐落在渎职和欺诈的泥潭中，就像安然公司那样。作为美国历史上欺诈金额最大的企业之一，安然导致的投资者损失高达700多亿美元。这一事件充分体现出那个时代一夜暴富的氛围。与讨人喜欢、乐善好施又有远见的温尼克不同，安然的管理层有意识地实施了大量制造金融泡沫的犯罪行为，其主角们扮演了典型的恶棍角色，如道貌岸然、有社会野心的肯尼斯·莱，运动机能亢奋的杰弗里·斯基林，还有阴暗、犯盗窃罪的安德鲁·法斯托。

---

① 西夫韦：美国的四大零售业巨头之一。——译者注

与环球电讯和互联网公司不同,安然最初从事的是经济中最不起眼的商品之一——天然气的经营①。20世纪中期之前,天然气经常被当作废物烧掉。相比之下,该公司的负责人则很耀眼,用记者彼得·埃尔金德和贝萨尼·麦克莱恩精辟而又令人难忘的话来说,他们是"房间里最聪明的人"[24]。

1942年,肯尼斯·莱出生于阿肯色州极度贫困的农村地区,他在11岁之前都没有住过有卫生间的房子。然而,从11岁起,他的好运来了,他跟随父亲搬到密苏里州哥伦比亚市,在那里,家里的3个孩子都以很低的学费进入公立密苏里大学。莱在那里遇到了经济学家平克尼·沃克,后者给他带来了巨大的好运。

毕业后,莱开始在埃克森公司的前身——亨伯尔石油公司工作,并通过在夜校学习获得了经济学博士学位。接着,他加入海军服兵役,服兵役期间的1969年,沃克帮他在五角大楼获得了一份武器采购工作。此后不久,尼克松总统任命沃克为联邦能源委员会成员,莱作为沃克的助手一同前往。这位年轻的助手给尼克松留下了如此深刻的印象,尼克松任命他担任内政部主管能源事务的副秘书长。

公用事业贯穿公共通行权。自19世纪末其诞生以来,各州和联邦政府就对该领域进行严格监管。但到了20世纪70年代初,管制开始放松了。依靠在华盛顿的人脉,莱在得克萨斯州和佛罗里达州的能源公司找到了自己的定位,最终,1984年,作为休斯敦天然气公司的CEO,他策划了与内布拉斯加州奥马哈市的著名管道公司北方内陆公司的合并。莱聘请的咨询公司给合并后的公司命名为恩朗(Enteron);令人尴尬的是,《华尔街日报》指出,这个新名字是"胃肠道"的同义词。于是这个名字被缩短为安然(Enron)。[25]

---

① 安然公司在成立之初,拥有37 000千米的州内及跨州天然气管道,主要从事天然气的采购和出售,因此下文也将其称为"管道公司"。——译者注

莱从管制放松中看到了巨大的利润。可悲的是，他身上的某些特征将会使"安然"这个名字变成公司渎职行为的同义词：他热爱奢华和威望，这一弱点使他无法控制他雇用的那些才华横溢而又傲慢自大的年轻人；他具有一种道德上的盲目性，将自己的私利等同于公司和整个社会的利益。由于需要花费更多的时间与华盛顿特区和曼哈顿的高层们交往，他在公司总部休斯敦的时间越来越少，于是他逐渐退出了公司的日常运营。尽管莱获得了丰厚的薪酬（2001年超过1亿美元，包括股票期权和"贷款"），但他的社会和物质野心推动他陷入债务深渊，到安然破产时他的债务超过1亿美元。[26]

我们从安然公司的喷气式飞机上可以窥见公司的行为。购买公务机本身并不意味着公司管理不善，更不意味着渎职或过度使用。[27]但安然公司中有六辆车被莱的妻子和孩子视为他们的私有财产，即"家庭出租车"，这支车队在公司内部广为人知。在超级富豪中，飞机的大小、航程和速度代表着飞机所有者的权势等级；在20世纪和21世纪之交，私人航空领域的典范是配有三个引擎的猎鹰900。安然公司有两架猎鹰900，莱的家庭优先使用。例如，1999年的某一次，莱的女儿罗宾打算从法国返回时，公司派了一架猎鹰900专门过去接她。2001年，公司即将崩溃，莱热情地拉住即将成为CEO的杰弗里·斯基林，询问他对另一架新订购飞机的内饰的意见。[28]

莱的家庭车队影响了其他高管的消费行为。高管中的许多人拥有豪华车队、多套豪华度假住宅和位于曼哈顿的公寓。公司也有一个过度消费文化的例外：冷静而能干的高管理查德·金德，其地位仅次于公司CEO。但莱迫使他以个人原因为由辞职。随着1996年金德离开安然，阻止公司崩溃的最后一道防线也随之而去。（金德随后帮助成立了另一家能源公司金德－摩根。该公司没有私人飞机，当金德需要私人飞机时，作为一个亿万富翁，他就自己掏钱租一架。）[29]

莱的公司愿景远远超出了国内的管道领域；他希望通过雄心勃勃

的海外基础设施项目和进军诱人的能源期货交易新领域，扩大公司的业务空间和范围，一旦成功，他就要从头开始创建一个互联网带宽的期货市场。一旦公司征服了这些行业，他就将继续进军钢铁和造纸等大规模工业，以及货物运输等服务业领域。[30] 为了实现这一愿景，公司需要借入大量资金，而这又需要证明其早期盈利的能力；由于公司的新项目实际上都遭受了巨大的损失，因此只要制造表面上的利润就足够了。

接下来杰弗里·斯基林出场了。他在新泽西州和芝加哥郊区长大，在20世纪70年代初就读于南卫理公会大学，学习电气工程。他很快发现，金钱能使他感到兴奋，而电路却不能。在某节课上，他偶然发现了一篇博士学位论文，该论文描述了如何将期货合约"证券化"并使其成为可以销售的金融产品，这种方式类似于后来的次贷危机中抵押贷款被打包出售给轻信的投资者。斯基林发现了一种从数学抽象中赚钱的方法，而他非常擅长数学抽象。此后不久，他进入哈佛商学院，并于1979年以优异的成绩毕业。

作为哈佛商学院的顶尖毕业生，斯基林顺利进入了麦肯锡公司。在最近的丑闻之前，麦肯锡公司是全球最负盛名的咨询公司，在那里，冷静的抽象推理比其他所有技能都更受重视。不到10年的时间，斯基林就升职为休斯敦办事处的负责人，经常为安然公司提供咨询服务。1990年，安然公司将他从麦肯锡挖了过来。

和其他大多数公司一样，安然在天然气销售收入入账时才将其计入财务报表。对斯基林这样的高级咨询行业从业者来说，这种似乎过时的、仅仅从销售一种商品中获利的观念是有问题的。例如，他设想，管道公司与其客户之间的长期合同，可以像其他证券一样在金融市场上买卖。更为关键的是，在收入入账时才计入财务报表，这不符合斯基林的智慧。如果客户签订了未来十年购买天然气的合同，他就认为可以将收入提前计入。

这种被称为"按市值计价"的会计技术，正处于合法性的边缘，因此在使用之前，他请求美国证券交易委员会许可。令人难以置信的是，1992年，委员会竟然给出了许可。斯基林获得了一种最接近印钞许可证的东西：签署长期合同，一次登记所有收入，从而立即报告可观的收入，根据这些虚假的收入，再去借入资金建设天然气输气管道，凭此管道，就可以签订更多的合同，然后立即计入更多的未来收益，并为进一步扩张借入更多的资金。[31] 这就好比洛克希德·马丁公司计划在未来10年内以超过1万亿美元的价格向美国武装部队出售2 500架F-35战斗机，签署协议后立即登记收入，根据这些预计收入借入资金生产汽车，然后登记汽车未来销售的预计收入，再建立一个全国范围内的连锁医院。

安然公司已经借入了大量资金拓展公司业务，其经营范围远远超出了普通的天然气输送。在接下来的10年中，其投资项目还包括：在孟买南部的达博尔建造了一座大型燃气发电厂；成立了阿祖里克斯，即一家遍布全球的水务公司，远至罗马尼亚、秘鲁和摩洛哥；建立了天然气交易平台和电力交易平台，其中最诱人的，是为科技投资者建立互联网容量交易平台（最后一个平台意味着，其与温尼克的环球电讯公司有业务联系）。

和温尼克一样，安然的员工擅长会计骗术，迷惑了那些粗心的股票分析师和小投资者。也和温尼克一样，安然的员工中很少有人懂得如何经营实体企业。安然的每一个项目几乎都损失了大量资金，其中最引人注目的是达博尔发电厂，其发电成本如此之高，以至于当地供电局拒绝使用，随后该发电厂被搁置了5年。安然水务公司的国际业务拓展，由一位名叫丽贝卡·马克的极具魅力的高管负责，但她对于水务事业几乎没有任何经验，该公司最终以更快的速度走向崩溃。最令人难以置信的是，安然公司签订了向全世界2.8万个地点供应电力的合同，这被休斯敦总部的理智者嘲笑为"见鬼的业务"，由于其在电力方面缺乏经验,因此必须雇用技术和管理专家来完成这项工作。尽管斯基林设想了一个高科技的全球宽带交易平台,但据说他对此一窍不通,甚至必须依赖于秘书为他打印电子邮件并为他打开电脑终端。[32]

斯基林没有向股东坦白公司的损失和债务负担,而是命令28岁的新员工安德鲁·法斯托隐瞒这些损失和债务。为了借入资金,公司不仅需要证明有能力盈利,还需要证明没有背负已经存在的债务。斯基林此前已经通过"按市值计价"的会计技术"解决"了盈利问题;法斯托将通过隐藏公司的大量已存在债务来解决借款难题。

法斯托的前雇主是大陆银行,他在那里学到了贷款证券化方面的专业知识。证券化涉及贷款和其他债务的组合,这些组合可以出售给买家和交易员。这些高度复杂和模糊的安排,即所谓的SPE(特殊目的实体①),承担了安然迅速增加的债务,因此这些债务在理论上已经从安然的账目中消失了;分析师、机构投资者、小投资者,甚至安然自己的董事会,在公司资产负债表上已经看不到债务,这一骗局让人觉得该公司似乎没有负债累累。

法斯托建立了3 500多个这样的SPE公司,名字诸如马林、皮鞭、勇敢的心、猛禽、绝地武士、楚巴卡(以星球大战中长着毛发的角色楚巴卡命名)以及LJM1、LJM2和LJM3(LJM分别是法斯托的妻子以及两个孩子名字的首字母)。还有许多SPE公司专门将资金从股东、贷款人,甚至公司内的较低级别员工那里,转移到法斯托和其他高管的个人账户。[33]

斯基林和法斯托的会计骗局,将安然的债务垃圾一脚踢开。这些

---

① 特殊目的实体:通常采用公司、信托或合伙形式,可以通过一系列专业手段降低证券化的成本,解决融资困难的问题,而且通过风险隔离降低了证券交易中的风险。——译者注

垃圾形成了一个巨大的垃圾堆，最终无法再隐藏。值得注意的是，为什么股东和分析师花了这么长时间才意识到这件本来应该很快就显现的事情？

最终第一个意识到并采取措施的人是詹姆斯·查诺斯，他运营着一个对冲基金，专门从事所谓的"卖空"交易。在正常情况下，股票购买者希望他们可以低价买入，然后高价卖出，从而获利。与直觉相反，"卖空"交易者可以做相反的事情：先以高价卖出，然后以较低的价格回购股票以获利。为了做到这一点，其必须首先向其他人借股票；股票出借者收取一定的费用，而借入者独自享有卖空操作的回报以及风险。[①]

查诺斯并不是第一个意识到安然财务报告有问题的分析师；但他的优势在于更好地处理了社会公认的安然叙事与相反的财务数据之间的认知失调，并采取了行动，即做空安然的股票。[34]安然所取得的贷款取决于其信用评级，这又取决于法斯托能否利用各个SPE公司隐藏安然的债务。这些贷款还取决于安然的股票价值，因为股票是贷款的抵押品；当欺诈的消息最终传出时，公司股价下跌，银行收回贷款，纸牌屋倒塌。2001年10月16日，安然终于坦白了自己的损失；而在6周后公司宣布破产之前，肯尼斯·莱一直对公司的前景保持乐观。当他和助手们根据《美国破产法》第十一章的规定，前往纽约提交申请破产保护的文件时，他们乘坐公司的喷气式飞机飞过去，并入住了奢华的四季酒店。[35]

和查理·米切尔的纽约城市银行的倒闭一样，安然的倒闭打击了内部普通员工，这些员工被鼓励用401（k）计划账户里的资金购买公司的股票；例如，2005年，2万名前安然员工获得了8 500万美元

---

① 为了保护股票出借者，卖空者必须向其提供高于所借股票价值的现金担保。

的集体诉讼赔偿金,这相当于1美元的实际损失只能收回几分钱。(这笔钱是保险公司和银行出的,而不是从倒闭的安然公司那里收回的。)[36]

雪上加霜的是,在股价跌幅最大时,员工们在一个月内都无法出售用退休账户购买的股票,名义上是因为账户在不断发生变化。但另一边,安然的高层在股价崩溃前集体抛售了股票,例如,斯基林卖出了高达7 100万美元的安然股票。当另一家公用事业公司德能提出并购安然时,安然的高管们要求它承担总额超过1亿美元的奖金和支出,其中大部分是要支付给莱的,于是德能拒绝了并购。[37]

与布朗特、哈德森和米切尔不同,这一次,正义得到了伸张:包括斯基林和法斯托在内的多名高管都被判入狱(他俩的刑期分别为11年和6年),而莱在宣判前死于心脏病发作。

安然事件和那个时代的其他类似丑闻,如丹尼斯·科兹洛夫斯基的泰科国际公司和伯纳德·埃伯斯的世界通信公司的丑闻事件,都处于会计操纵监管调整的转折时期。

1993年,为了控制过高的高管薪酬,美国国税局将CEO薪酬的公司税扣减额限制在100万美元①;这推动了CEO的报酬形式转向股票期权,随着股价的上涨,股票期权将更有价值。这项政策的出发点是好的,从理论上讲,期权支付使CEO和股东的利益一致;但这是"意外后果定律"②的一个经典案例,期权支付也让CEO为使公司显示出持续而可靠的收益增长而伪造季度收益数字。

在其他情况相同并给定平均收益水平的条件下,将两个季度的收益进行微小调整,就会使股票更有价值。由于现实中的公司收益波动很大,这种对收益报告进行的别有用心的"管理",对很多CEO来说

---

① 公司在申报所得税时,可以从中减免CEO薪酬部分,即同等情况下,CEO薪酬越高,公司交的税就越少。——译者注
② 意外后果定律是指有些出发点很好的做法,却会带来一些意外的后果。——译者注

太有吸引力了。

这种做法合法但不正派。通用电气就是一个典型,作为一个正常运营而又经营广泛的企业帝国,会不可避免地产生一些损失,通过将损失从一个季度重新安排到另一个季度,就可以产生平稳、可靠的收益增长流。[38]这种伎俩的发明者是杰克·韦尔奇,他没有做什么不同寻常的事情,更不用说欺诈了;相反,金融界和大众媒体都赞颂他,认为他是第二个托马斯·爱迪生。

尽管如此,但有一点无论怎么强调都不为过,即19世纪的铁路、20世纪初的无线电和汽车等革命技术所产生的股票泡沫,为推动经济发展和提高社会福祉提供了自由流动的资本。

20世纪90年代的互联网泡沫也是如此。尽管金字塔底部留下的是没什么价值的公司,如韦伯万,以及欺诈性公司,如安然,但将这些都考虑进去,当今不可估量的在线知识、娱乐、购物和网银交易,依然受益于这场泡沫中对技术进行的投资——其中大部分来自遭受损失的投资者。因此,泡沫投资者为了更大的公共利益而无意识地、悲惨地牺牲了自己的财富,把他们称为资本主义不知情的慈善家,这也不算太牵强。

到了20世纪末,大型投资银行——为新公司和已存在的公司制造股票和债券的机构——已经成为泡沫的主要发起者。早在美国内战期间,金融家杰伊·古尔德就通过出售政府债券为联邦军队融资,成为行业的开创者。1929年大崩盘后,佩科拉委员会揭发了查理·米切尔的纽约城市银行肮脏的投资银行业务,并制定了1933年的《格拉斯-斯蒂格尔法案》,禁止商业银行发行股票和债券,禁止投资银行从事普通公民的存贷款业务,由此将商业银行和投资银行的业务分离。

随后的几十年里,投资银行的游说逐渐削弱了《格拉斯-斯蒂格尔法案》的执行力。在菲尔·格拉姆(自由市场空想家)等共和党议员的推动下,在实行"三角策略"①的民主党总统比尔·克林顿的默许下,该法案最终在 1999 年泡沫最严重时被废除。

在这场科技泡沫中,投资银行加快了对新公司股票发行的速度;而通过网景浏览器,公众第一次欣喜若狂地连接到互联网(虽然比今天的宽带连接速度慢一万倍),不需要被劝说就会主动购买这些股票。当网景创始人马克·安德森和吉姆·克拉克意识到巨人微软也在开发浏览器时,他们迅速采取行动,通过 IPO 融资。

20 世纪 20 年代,摩根公司一直没有涉事其中,之后的《格拉斯-斯蒂格尔法案》迫使摩根公司将其投资部门剥离出来,使其成为一家投资银行,即摩根士丹利。到 20 世纪 90 年代,摩根士丹利成为美国最大的新股发行商,它发行了网络泡沫中最引人注目的网景的 IPO。

到这时,摩根士丹利已经发生了变化;该公司的一位高管弗兰克·夸特罗内,来自意大利移民家庭,说话仍然带有浓重的口音,在此之前已经为互联网核心硬件的主要生产商思科公司进行了公开募股。随着网景公司在 1995 年 8 月 9 日首次募股,夸特罗内也使自己成为阳光查理(与查理·米切尔一样,夸特罗内在一系列审判中险些入狱,其中有一次因妨碍司法和阻拦证人被定罪,但在后来的上诉中,罪名被推翻)。

困扰着夸特罗内、克拉克、安德森和刚刚被聘为网景公司 CEO 的吉姆·巴克斯代尔的一个主要问题:投资者应该为公司的股票支付多少?合理定价 IPO 是一门艺术。在理想情况下,为了保持热情,一只股票在交易首日应该经历发行价格的大幅"弹"起;如果发行价格过高,股价可能就会在首个交易日下跌,从而打击散户投资者的信

---

① "三角策略"是指克林顿时期的白宫所采取的在国会民主党和共和党之间的立场,与两党议员都保持等距离,而不是只站在民主党一边。——译者注

心；如果发行价格设置得太低，公司及其创始人就会受损。最后他们4个人决定，每股为28美元（在此价格上，公司估值将约为10亿美元）。当天早上市场开盘时，他们都屏住了呼吸。

对该股票的需求如此之大，导致当纽约证券交易所上午9:30的开盘钟声响起后，摩根士丹利的交易员无法得出合理的价格；某家经纪公司很快增加了一个新的电话提示音："如果您的电话内容是关于网景公司的，那么请按1。"太平洋时间上午9点（按东部时间的话，证券交易此时已经开始两个半小时），不知所措的克拉克没有意识到这种疯狂，他看了看他的显示器，发现股价持平在28美元。他打电话给摩根士丹利的一位经纪人，经纪人告诉他存在"交易失衡"。克拉克不能完全理解这意味着什么，他想知道IPO是否失败了。

"交易失衡"根本无法描述出摩根士丹利的纽约IPO服务桌上震耳欲聋的情景。其中心大约有200个工作站，每个工作站上都有一个交易员，每个交易员都拼命地努力接起几个同时响着的分机，而每个分机的通话内容都是关于如何购买网景股票。

克拉克打电话后不久，经纪人回电告知他，该股票开盘价为71美元，这意味着他的净资产猛然突破了5亿美元，而公司筹集到的资金则更多，正如《克拉克回忆录》中某一章的标题——《10亿美元是最好的报复》。[39]

"感恩而死"乐队的杰里·加西亚在当天晚些时候死于严重的心脏病发作。他的最后一句话据说是，"网景是什么时候开盘的？"[40]

数字时代暴富梦的推手
投资分析师、大众、媒体与政治家

> 不是每天早上起床时,我们都认为生意不好。
> ——罗杰·艾尔斯[1]

许多人忽略了泡沫的明显迹象,特别是忽略了安然的财务垃圾堆,主要是因为受到"投资银行家"的影响。过去几十年里,这一职位已成为"赚了一大笔钱的人"的代名词。投资银行发行 IPO 时,它的佣金是进款的 5%~7%。网景 IPO 的佣金是 1.3 亿美元,韦伯万 IPO 的佣金是 3.75 亿美元;之后其他公司的 IPO 又为投资银行赚了几十亿美元。投资银行的雇员从这块馅饼上分了一大部分。1998 年,弗兰克·夸特罗内从摩根士丹利转到瑞士信贷银行,第二年,他分到的个人份额上涨至约 1 亿美元。[2]

20 世纪 90 年代之前,股票分析师在投资公司内部属于默默无闻、辛苦劳作的人,所获报酬一般。而互联网时代的一个很奇怪的特征是,曾经地位低下的股票分析师上升为名流阶层,互联网泡沫将其中一些人推向了超级明星运动员和电影演员那样的知名度,因为,热切的公众关注着他们关于这个或那个网络公司前景的每一个公告。其中最著名的两位,是摩根士丹利的玛丽·米克尔和美林证券公司的亨利·布罗吉特。问题在于，这些"分析"股票和债券的家伙，是由发行股票和债券的公司雇用的。

金融业是美国经济中的一股强大的力量，占全国 GDP 和股票市值的近 1/5。由于投资银行的业务是这一比重的最大来源，因此，正如美林证券公司的安然股票分析师约翰·奥尔森理解的那样，那些没有给出一系列"买入"建议的分析师，可能会承受压力。

安然的高管们紧盯着公司股价，尤其是法斯托本人，因为他的项目依赖于公司股价。安然的主要投资银行的兴趣则在于债券发行，而债券发行又推动了安然疯狂的全球扩张。这些发行为投资银行带来了巨额收入，安然不断用此事实提醒其投资银行。一位分析师说，该公司曾向他表示："我们每年的投资银行业务超过 1 亿美元。如果你（推荐客户）买了很多，那么你也会得到一些收入。"[3]

但奥尔森没有遵循那个剧本。与詹姆斯·查诺斯不同（查诺斯在卖空安然股票的事件中被怀疑有欺诈行为），奥尔森并没有过分否定安然，他只是报告说，自己不了解安然的会计核算，并在一次媒体采访中指出："他们对于如何赚钱不太坦率……我没听说过有哪位称职的分析师能认真分析一下安然。"[4] 安然的董事长莱鄙视奥尔森，并给奥尔森的上级唐纳德·桑德斯写了一张便条："唐，约翰·奥尔森对安然的看法 10 年来一直是错误的，现在仍然是错误的，但他始终坚持己见。"（桑德斯向奥尔森出示这张便条时，奥尔森注意到，莱可能已经老了，不中用了，但他至少知道如何拼写"坚持己见"这个单词。）[5] 最终，两位美林的投资银行家向公司总裁赫伯特·艾利森抱怨，后者向莱道歉。美林开除了奥尔森，并继续跟随安然赚大钱。[6]

20 世纪 90 年代，几千名演员在几百个舞台上上演了不同版本的美林/安然/奥尔森大戏，尽管每个剧本都不一样，但情节始终如一，股票分析师放弃了自己的职责，成为投行同僚的啦啦队长。1997 年，一位研究人员仅用一年时间就汇编了 15 000 多份股票报告；只有不足 0.5% 的报告建议卖出股票。[7]

除了发起者，投资大众处于金融狂热的第二个解剖学位置。在互联网泡沫爆发前的几年里，越来越多的美国人成为自己的投资经理，一方面，收入和财富的增加推动了这一现象，但另一方面，他们不得不这样做。

1929 年金融危机后的几十年里，美国的经济和社会结构发生了深刻的变化，其中最主要的是预期寿命逐渐延长，随之而来的是退休时期的延长。1889 年，当奥托·冯·俾斯麦在德国建立养老金制度时，欧洲成年人的平均预期寿命只有 45 岁，比 70 岁的合格年龄少几十年，而且那时，家庭成员通常都会照顾他们的年老成员。到 20 世纪末，美国人的预计退休时期已经长达 30 多年，而且随着日益增加的人员地域流动，家庭护理往往很难实现。这些因素都增加了个人为其日益昂贵的退休时期准备资金的压力。

有一些最幸运的美国人，他们工作的大公司里提供"养老金固定收益计划"，该计划向雇员提供养老金，直到雇员或他们的配偶去世（假设公司没有在他们有资格领取养老金之前解雇他们，这种做法非常普遍）。汽车制造商斯蒂庞克公司就是这么仁慈的雇主，但 1963 年，当它关闭了在美国的最后一家工厂时，这引发了国会的一系列调查，最终促使 1974 年的《雇员退休收入保障法案》产生，该法案至今仍在管理养老金的运营。该法案中有一个较为晦涩的部分，其提出建立个人退休账户，这是第一次允许雇员可以以不缴纳所得税的方式积累储蓄，直至退休时取出；1981 年，政府放宽了对个人退休账户使用的最初限制，使其对雇主更具吸引力，并可适应于更多的雇员。

大约在同一时间，一位名叫特德·本纳的养老金福利顾问，对自己的工作越来越不满意，因为他的雇主总会让他回答以下问题："我怎样才能在法律上获得最大的税收减免？怎样才能给我的员工最少的工资？"[8] 这让虔诚而慷慨的本纳很苦恼，他想寻求一种方法，让公司对员工更加慷慨。

本纳注意到，1978年的《国内税收法》新增了一条模糊的分项——401（k）条款，允许雇主将工人的工资直接递延到退休储蓄中。本纳认为，如果雇主能够提供与工人贡献相匹配的缴费，那么这可以促使更多的工人建立401（k）个人账户。本纳在国税局有关系，国税局批准了这项计划。401（k）个人账户如雨后春笋般涌现；如今，401（k）资产已有数万亿美元，与个人退休账户资产大致相当。⁹

这些个人账户允许公司放弃传统的固定收益计划①；随着地域流动增加所带来的代际联系的减少，工人和小商人突然成为自己的养老金经理。但这项工作需要一定的数字量化技巧、历史常识和情绪自律，连金融专业人士都很少能具备，更不用说普通人了。

很显然，普通投资者无法胜任这项投资工作，这一点可以从共同基金的经营数据上看出。目前最常见的退休账户投资工具是共同基金，其基本上是固定缴款计划［如公司401（k）计划］中唯一可用的选择。如果投资者能胜任，那么他们在这些投资工具上的"内部收益率"（IRR，即所有基金份额的买卖）应该与基金自身的回报率完全相等。但是，研究人员发现，平均而言，员工购买和销售基金的时间安排非常糟糕，以至于他们的内部收益率几乎总是低于基金自身的回报率。¹⁰换句话说，小投资者往往高买低卖，没能获得某只基金的全部利润。

---

① 美国的商业养老金计划分为固定缴款计划和固定收益计划两种，401（k）计划和"个人退休账户"都属于固定缴款计划，皆采用递延式纳税机制；其账户中的资金交给第三方进行管理，管理人员负责帮助工人开设账户，工人可以将资金投入共同基金、债券、货币市场等，具体投资组合方式由工人自己决定，因此下文说，"工人和小商人突然成为自己的养老金经理"。而固定收益计划是指雇主在员工退休或丧失就业能力后，按工龄、职位等因素确定一个固定的（可按通货膨胀率调整）退休津贴数额，通常按月发放直至受益人去世。——译者注

互联网泡沫的第三大解剖学视角——媒体，其典型是 CNBC（美国全国广播公司财经频道），CNBC 在电视商业和投资信息领域的前身是 FNN（财经新闻网）。FNN 从 1981 年开始运营，当时正值漫长而残酷的熊市尾声，是一个错误的时间，是公众投资兴趣的低谷；10年后，FNN 破产。1989 年，急于提高萎靡收视率的 NBC（美国全国广播公司）感受到公众对投资的新兴趣，成立了财经频道。

这一时机再好不过了，因为市场开始转好，数千万人开始关注股市，既是出于需要，也是出于兴趣。最初，该频道的节目令人昏昏欲睡：主播们在牌桌后面对着摄像机，播放一些如何准备晚餐和如何处理孩子们发脾气的节目。[11] 1991 年，NBC 接管了破产的 FNN 及其大部分人才，命运略有改善，并将频道名称用首字母缩写表示为 CNBC。

1993 年，罗杰·艾尔斯接管了 CNBC，媒体之神更加眷顾新生的 CNBC，而艾尔斯对电视原生情感力量的传奇掌握和利用也达到了顶峰。艾尔斯出生时患有血友病，还有一个喜欢体罚他的父亲——这是一个特别不幸的组合——频繁受伤使他不得不长时间地被监禁在家，他真正的教室是 20 世纪 50 年代的电视机，他花了很多时间分析电视节目。不出所料，他在大学里主修媒体研究，毕业后在当地东海岸电视台从事制作工作。[12] 随后，他在《迈克·道格拉斯秀》这一在全国播出的节目里担任道具助理；不到 3 年，他就成为制作人。晋升后不久，1968 年，他在节目演播室里遇到了正值第二次总统竞选的理查德·尼克松，尼克松表达了对"一个人必须使用噱头（比如电视）才能当选"的反感，艾尔斯回应说，"电视不是噱头"。那次会面后不久，尼克松的助手伦纳德·加门特雇用了艾尔斯。[13] 由此，艾尔斯开启了他 20 多年的共和党总统媒体顾问生涯。他使 1968 的尼克松更受欢迎，并在 1988 年帮助乔治·布什击败了迈克尔·杜卡基斯。

成为 CNBC 的总裁后，艾尔斯保留了原 FNN 的节目格式做法，特别是屏幕底部实时滚动的股票行情信息,这将成为金融泡沫肥皂剧的隐喻背景。除此之外,他从各个方面彻底改造了CNBC的外观和体验感,后来又将同样的技术应用到为国家政客和商业巨头提供的新服务上。他不再简单地用主题音乐宣告新的节目片段,而是通过增加带有主持人小头像的话外音。关于食谱和孩子们发脾气的节目都没有了;取而代之的是杰拉尔多·瑞弗拉[①]和迷人的政治评论员玛丽·马塔林。艾尔斯亲自指导摄像师恰当地塑造企业高管的形象,并让其看起来更具活力,敦促编剧们想出更吸引观众的"不切换频道"模式,并派主持人在证券交易大厅快速报道价格走势。演播室的嘉宾越美艳越好。正如《纽约客》的约翰·卡西迪所说:

> 他们理想的演播室嘉宾曾是一位选美比赛冠军,她报道科技股,用简短的陈述句讲述,并与唐纳德·特朗普约会。由于能找到的这种女性的数量不多,制片人通常只能安排那些尊敬艾伦·格林斯潘并尽力说英语的秃顶中年男性。[14]

艾尔斯教导他的主播和制作人员:要将金融视为一项群众爱看的体育运动。在股票市场经历了一周的异常残酷之后,他用一段广告剪辑将CNBC与竞争对手相比较:"道琼斯指数在大量交易中暴跌。但请先看今天的天气。CNN告诉你,你的衬衫是否会被淋湿;CNBC告诉你,你是否还能买到一件衬衫。"他还将从CNN挖过来的玛丽亚·巴蒂罗姆提升为主播,她同时满足了他对性和金融的需求;凭借酷似索菲亚·罗兰的长相、浓重的布鲁克林口音和露骨的性感,她很

---

① 杰拉尔多·瑞弗拉:这位主持人一反新闻报道严肃的特性,在摄像头前从不正襟危坐,在报道激动时不是失声痛哭就是大声怒骂。这种嬉笑怒骂的新闻报道风格掀起了新闻收视热潮。——译者注

快成为大家熟知的"金钱宝贝"。[15]

1996年，由于艾尔斯对其他员工的欺凌行为，CNBC迫使他离开，这一事件也将困扰他后来的职业生涯。但那时他对CNBC的改造已经证明是有利可图的。到20世纪90年代中期，CNBC已经在欧洲和亚洲开设了电视网，世界资本市场中真实或虚构的大戏从未落幕。

艾尔斯凭直觉认为，他的观众更喜欢像棉花糖一样的娱乐性新闻，而不是像菠菜一样的信息和分析性新闻；而最棒的是味道像糖果又能带来无限财富的新闻。在艾尔斯的领导下，CNBC掌握了这种体裁，将乏味的主流金融世界转变为极其成功的娱乐世界，掌握了现代文化炼金术的技艺。互联网成为新的聚集场所，利用互联网，小投资者可以通过电子交易和达泰科等在线经纪公司，根据刚刚在CNBC看到的内容，即时买进或卖出。这种方式受到短线投机者的青睐。

调查性报道被抛弃；它不仅会耗费大量资金，还会得罪极其重要的投资银行，而投资银行是广告份额的最大购买者。最好是在电视节目时段插入那些热情谈论自己公司的企业高管，以及那些谈论股票走向的权威性"市场策略分析师"的采访。最重要的是，这些高管和分析师都是免费出场的，他们乘坐租用的汽车，穿过哈得孙河，到达新泽西州利堡镇的CNBC工作室。

在节目中，这些公司高管和大多数分析师的谈论内容都体现出一致的乐观，因此，CNBC的节目缺乏批判性审查。2000年和2001年，CNBC主持人马克·海恩斯分别采访了肯尼斯·莱和杰弗里·斯基林。海恩斯毕业于宾夕法尼亚大学法学院，自称是一个敏锐的审问者，但面对历史上最严重的安然欺诈案的肇事者，他只问了一大堆与赞扬和吹嘘有关的问题。[16]

当IBM（国际商业机器公司）、Sears（西尔斯）和AT&T（美国电话电报公司）等大公司解雇数万名员工时，CNBC为这些公司上浮的利润欢呼，而忽略了大规模解雇的人力成本。当公司犯下明显重罪时，只要由此产生的丑闻没有出现在报纸头版，CNBC就装作没看见。例如，2012年5月，CNBC对摩根大通向股东隐瞒20亿美元交易损失的报道视而不见。[17]

CNBC对观众的利益也没产生多大好处。两项代表性学术研究密切关注了按照节目嘉宾名单和推荐目录买入股票的结果；它们的结论并不令人鼓舞。第一项研究是关于股票价格对公司CEO出现在CNBC节目上的反应，第二项研究是关于CNBC目前最受欢迎的节目之一《我为钱狂》的选股表现，其节目主持人是狂热而有活力的詹姆斯·克拉默。如图14-1所示，两项研究的结果几乎相同：相对于整个股票市场，被推荐的股票在节目当天或次日的价格上涨达到峰值，然后下跌。尽管之后的价格下跌令人担忧，但之前的上涨意味着，事先知道节目日程安排的参与者与CNBC的观众就像在玩跷跷板。克拉默虽然外表滑稽，但他并不傻，他很了解这种动态。至少有一次，他卖掉了一家在《巴蒂罗姆秀》中被大肆吹捧的公司的股票，几天后又在价格回落时买回。[18]

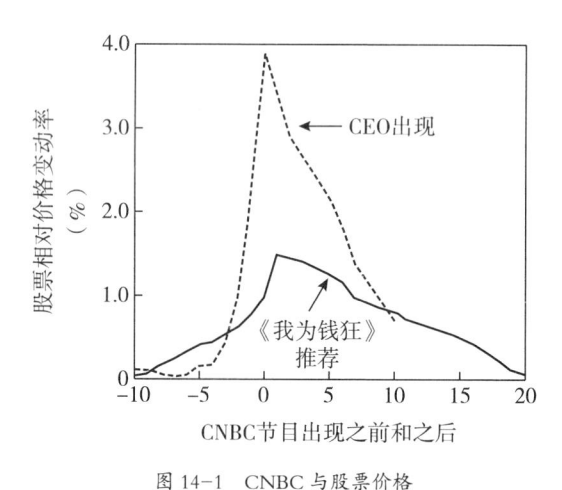

图14-1 CNBC与股票价格

更能说明问题的是那些选择不来凑热闹的CEO。杰夫·贝佐斯是这一时期最成功的 IPO 公司亚马逊的董事长兼创始人,他喜欢与见多识广的记者们往来,甚至经常接受小型出版物的采访。不过,他认为在 CNBC 上露面没什么意义,因为他知道 CNBC 只关注短期的公司股价,他觉得这毫无价值。他认为,只要能照顾好消费者,无论股价如何波动,公司从长远来看都会兴旺繁荣。[19]

互联网泡沫的第四大解剖学视角,是政治领导人。在密西西比公司、南海公司和英国铁路泡沫事件期间,包括法国和英国君主在内的最高级别领导人都置身其中。从 19 世纪末开始,由于公众监督和反腐败立法的增加,很少有政客成为杰出的投机者;20 世纪 20 年代,他们对泡沫传播的直接政治参与程度不超过民主党全国委员会主席约翰·J. 拉斯科布[①]。

20 世纪 90 年代,数以千万计的 401(k) 计划和个人退休账户的参与者,每个人都是自己的小资本家,这一前景吸引了保守派[②];受安·兰德、米尔顿·弗里德曼和弗里德里希·冯·哈耶克理论的影响,保守派在新的"所有权社会"中大放异彩。这场科技泡沫没有产生任何重大的政治性法案——一种彻底的贪污和腐败——政治不作为占据了中心舞台,20 世纪 30 年代佩科拉审判之后的各项监管保障措施,没能很好地得到落实;到 20 世纪 80 年代,《格拉斯-斯蒂格尔法案》将商业银行和投资银行业务严格分开的做法,也基本处于失效状态,到 1999 年,该法案被最终废除。

CNBC 从内容和基调上大肆赞美牛市的意识形态基础。主播劳伦斯·库德洛在《库德洛报道》栏目的开场白中说道:"记住,伙

---

① 也是杜邦和通用汽车公司的财务主管,见本书第 7 章内容。——译者注
② 美国保守派提倡有限政府、低税收、低福利,在经济上给个人充分的自由、让个人更多地拥有和享受自己创造的财富,而在社会、家庭、道德生活上,保守主义强调自我约束,但也不主张政府或者用法律管理人,而是提倡宗教、家庭在道德和价值观上发挥作用。——译者注

计们,自由市场资本主义是通往繁荣的最佳道路!"[20]保守派记者詹姆斯·格拉斯曼或许比其他任何人都更坚信科技泡沫与自由市场意识形态之间的联系。作为一个著有很多投资类书籍的著名作者,他一直都偏爱保守主义阵营,尤其是《华尔街日报》。20世纪90年代,他热情地提到,市场的迅速崛起仅仅是自由市场资本主义丰饶的序幕。因此,当2000年4月股市开始崩盘时,他指责美国政府扼杀了市场。针对一项支持政府对微软提起反垄断诉讼的裁决,他评论道:

> 没有人知道为什么一只股票会在某一天下跌,但我对纳斯达克指数暴跌的解释是,投资者被关于微软的裁决激怒,他们意识到了政府干预的威胁。如果政府没有干预,他们就会更好。(副总统兼总统候选人)艾伯特·戈尔也是如此。克林顿政府喜欢把过去10年里股市翻了两番归功于自己,但其对纳斯达克指数的崩溃也负有责任。[21]

乔治·吉尔德曾是理查德·尼克松和纳尔逊·洛克菲勒的演讲稿撰写人,他坚定地相信,20世纪90年代大牛市和自由市场优越性之间的关联,是20世纪90年代持有科技热情的最极端例子。2000年1月1日,他在《华尔街日报》上发表了一篇著名社论,认为互联网不仅改变了一切,而且改变了"全球经济的时空网格"。他运用夸张的比喻,提及了原子内部的广袤空间,"对物质内部结构的操纵",甚至还在杂志编辑们面前悄悄使用了量子力学和"离心力"的内容。他得出结论:只有广泛运用信念、爱和宗教信仰,人类才能在崭新的新数字时代取得胜利。[22]《铁路时报》的编辑们一定会在天堂为他鼓掌。

吉尔德、库德洛和格拉斯曼,他们都拥有强大的智力,又有常春藤盟校①的教育经历，为什么他们却在20世纪90年代末大错特错？从20世纪起，心理学家开始意识到，人们利用分析能力不是为了分析，而是为了合理化——使观察到的事实符合他们先入为主的偏见。（经济学家早就注意到，"如果你折磨数据足够长的时间，那么它们最终会招供"②。）人类的这一倾向有两个主要原因，这两个原因正是理解个人和群体幻想的核心。

我们所有人——不管是聪明的人、愚笨的人还是普通人——都有这种非理性倾向，原因之一是，真正的理性是很难做到的，很少有人能做到。另外，理性能力和IQ（智商）之间没有什么关联。21世纪初，在相对较新的决策科学领域获得博士学位的谢恩·弗雷德里克，提出了一种著名的范式，证明了绝对的严密分析是多么困难。

获得博士学位后不久，弗雷德里克写了一篇经典论文，描述了一份简单的问卷调查，心理学家称之为"认知反应测试"，它测量的是理性能力的商，即RQ，而不是IQ。问卷调查只有3个问题，其中最著名的（至少在经济学界）是，假设一个棒球和一根球棒的价格加起来是1.1美元，而球棒的价格比棒球贵1美元，那么这个棒球多少钱？大多数人，即使是非常聪明的人，也会很快回答0.1美元。但这不可能，因为这意味着球棒的价格为1.1美元，因此总价格为1.2美元。正确答案是，棒球的价格必须为0.05美元，球棒的价格为1.05美元，两者的总成本为1.1美元。③

---

① 常春藤盟校：美国8所一流名校的联盟。——译者注
② 这句话的隐含意思是，只要人们想尽办法去拟合，总能得到希望的结论。——译者注
③ 弗雷德里克问卷中的另外两个问题：(1) 如果5台机器需要5分钟来制造5个小部件，那么100台机器制造100个小部件需要多长时间？答案是5分钟。(2) 湖里有一片睡莲叶子，每天，叶子的大小都会翻番。如果需要48天才能覆盖整个湖泊，那么需要多长时间才能覆盖一半湖泊？答案是47天。在过去的10年里，在经济和金融领域，棒球/球棒问题已经如此众所周知，以至于现在很难用它来难倒这些领域的人。

如果你认为棒球/球棒问题以及脚注中的另外两个问题很简单,那么你可以试一下另一个更具挑战性的问题,它已经存在了半个世纪,即沃森的四卡片问题测试。测试中有四张一面是字母、另一面是数字的卡片。第一条规则:"如果卡片的字母面是一个元音,那么它的数字面是一个偶数。"四张卡片现在显示:K、A、8和5。你会翻开哪两张卡片来证明或反驳这条规则?

绝大多数受试者会凭直觉选择A和8,但正确答案是A和5。沃森是"确认偏见"概念的先驱,他用典型的学术性语言低调地陈述道:"这项任务被证明是非常困难的。"要想得出正确答案,首先必须认识到,这一规则并不排斥偶数卡片的另一面可以有元音或辅音,所以,把8这张卡片翻过来是没有用的。要驳斥这条规则,我们必须翻开5这张卡片,如果它的背面是一个元音,我们就能推断出这个规则是错误的;同样地,很简单,翻开A并找到一个奇数,这也将证明原规则是错误的。[23]

人们需要付出相当多的努力才能拥有理性思维。几乎所有人都是精神上的懒惰者或"认知吝啬鬼",用心理学语言来说,即他们凭直觉寻找分析捷径,例如使用卡尼曼和特沃斯基所描述的启发式方法。要做到彻底理性,需要强烈的认知努力,这一点儿都不令人愉快,因此大多数人都不这样做。正如一位学者所说,我们"只有在其他一切方法都失败的时候才开动大脑——甚至通常那时都没有开动"。[24]

因此,IQ和RQ分别测量不同的方面。IQ衡量处理抽象语言和定量技术的能力,特别是算法,而RQ则集中在应用这些算法之前的一些问题:在分析事实之前,有没有仔细列出问题的逻辑,并考虑到了其他的替代性分析方法?在得出答案之后,是否考虑到了该答案可能是错误的,并估计出错误的概率,进而预测出这个错误将会导致的后果?事实证明,高智商并不能防止人们掉入这些陷阱。基思·斯坦诺维奇是RQ测试扩展问卷——CART(理性思维综合评估)的提出者,在他的评估中,"理性和智力经常分离"[25]。

我们倾向于非理性行为的第二个主要原因是,我们常常将智力用于合理化,而不是合理性。一般来说,我们合理化的是我们的道德和情感框架,我们的认知过程包括一个快速移动的系统1——位于大脑深处的边缘系统,即我们的"爬虫脑",以及一个缓慢的系统2——这一系统主宰着CRT(认知反应测试)和CART所需要的理性分析。

在人类历史的大部分时间里,这两个大脑系统为我们提供了良好的服务。用心理学家罗伯特·查容克的话来说:"一位明智的设计师为我们的每一个过程分别提供一个系统,而不是为我们提供一个多用途系统,就像既能烤肉又能烤面包的机器一样,最后任何一项功能都执行不好。"[26]

在后工业世界,尤其是在规划周期延伸到未来几十年的金融事务中,我们所面临的选择和我们的祖先在非洲大草原上所面临的生存性问题(需要使用系统1来解决)越来越不同,反而CRT和CART的扭曲思维问题(需要使用系统2来解决)越来越相同。这个问题由于以下事实而更加复杂:我们经常利用系统2对系统1已经得出的情绪化的结论进行合理化。换句话说,或者用丹尼尔·卡尼曼的话来说,被大肆吹嘘的系统2的主要功能是作为系统1的"新闻秘书"。[27]

这意味着我们需要付出更多的认知努力。但即使是最优秀和最聪明的人,也无法胜任我们所面临的预测性和决策性社会任务。20世纪70年代,卡尼曼、特沃斯基和其他人已经意识到人类在预测方面做得很差,但直到最近,研究人员才开始衡量我们做得到底有多差。

从20世纪80年代末开始,心理学家菲利普·泰洛克考察了284名专家(来自政治、经济、国内策略研究等领域)所做的2.8万个预测,并对这些所谓"专家"的预测能力进行量化。首先,也是最重要的,他发现专家们的预测能力非常差——竟然落后于"基准概率"

这一简单的统计规则。所谓基准概率就是事件过去的发生频率。

例如，当投资"专家"被问及来年市场崩溃的可能性（比如将崩溃定义为价格下跌超过20%）时，他可能会讲述美联储政策、工业产出、债务水平等如何影响这种崩溃的可能性。泰洛克认为，最好忽略他的这种叙事性推理，只是简单地查找市场崩溃的历史频率。例如，自1926年以来，每年发生股市月平均价格下跌超过20%的概率是3%，这个简单的方法在预测崩溃概率方面比基于叙事的"专家"分析更准确。

泰洛克还发现，某些专家的表现尤其糟糕。根据社会和政治理论家以赛亚·伯林在著名论文《刺猬与狐狸》中所描述的内容，[28] 泰洛克也将专家大致分为刺猬型和狐狸型两类，刺猬型专家是思想家，他们根据统一的世界理论来解释所看到的一切，而狐狸型专家则会有许多相互冲突的解释。狐狸型专家比刺猬型专家更能容忍模棱两可的情况，也较少被迫得出确定的结论。刺猬型专家对自己的预测更有信心，并且会做出更极端的预测；关键是，当面对相悖的数据时，他们改变观点的频率要比狐狸型专家低，这种低频率会腐蚀预测的准确性。

刺猬型专家的分析也同样适应于政治右翼和左翼：例如，时至今日，激进的环保主义者依然支持保罗·埃利希在20世纪70年代关于迫在眉睫的全球饥饿和自然资源短缺的著名预测，自由主义者也依然支持著名经济学家马丁·费尔德斯坦对比尔·克林顿的预算和社会政策将破坏经济的高调警告。

自远古祖先开始信仰萨满以来，人们就试图通过咨询专家，在一个不确定的世界中寻求确定性。泰洛克测试了三类群体的预测能力：大学本科生、预测领域的权威人士，以及在某一领域很有见解但在该领域之外进行预测的"业余爱好者"。毫不奇怪，本科生表现最差。更值得注意的是，专家的表现并不比业余爱好者好；此外，当泰洛克把专家分为狐狸型和刺猬型时，发现拥有某领域的专业知识似乎更有利于狐狸型专家的预测,但使刺猬型专家的预测结果更差。

也就是说,狐狸型的环境科学专家也许能比刺猬型的军事专家更好地预测军事结果,反之亦然。这个结果的原因似乎是,虽然专家和业余爱好者都倾向于高估极端结果的概率,但专家这样做的次数更多,并使他们的总体预测准确率降低。业余爱好者看起来更像狐狸,至少在他们的专业领域之外。因此,用泰洛克的话来说,知识的最佳点似乎位于"《经济学人》《华尔街日报》《纽约时报》等高质量新闻出版物的读者附近,因为很多业余爱好者都报告说,这些出版物是他们获取专业以外话题有用信息的来源"[29]。

泰洛克有一个惊人的发现,即专家们一般会利用自己的知识来合理化数据,使之符合他们先前持有的世界观。刺猬型专家更严格地坚持他们先前的观点,因此他们更坚决地为自己的错误辩护。例如,泰洛克发现"话唠",即列举大量支持性论据的能力,是预测不佳的标志。泰洛克提出了一个识别专家类型的简单经验法则:刺猬型专家使用"此外"一词多于"然而"一词,而狐狸型专家则相反。[30]

大多数人都持有强烈的自我肯定倾向,渴望对自我的赞赏,因此会错误地认为自己的预测比实际更准确;相反,我们错误地认为对手的预测不太准确。不过,刺猬型专家有一种特别明显的倾向,泰洛克列举了一些他们所用的最著名的借口:"一个突如其来的晴天霹雳破坏了我的预测","我几乎是对的","我没有错,我只是太早了",最后,当其他一切都失败时,"我的正确性还没有被证明"。泰洛克简明扼要地总结了这一倾向:"当他们认为自己对的时候,我们很难问,他们为什么做错了。"[31]

最后,泰洛克发现了特别有效的预测死亡之吻:媒体名气。就媒体而言,其寻找的是"繁荣派和末日派";也就是其喜欢极端预测的刺猬型专家,这类专家比模棱两可的狐狸型专家更能吸引观众。进一步地,媒体的关注会使他们过度自信,而过度自信本身会腐蚀预测的准确性。其结果是出现一个媒体-预测的死亡螺旋,即媒体寻找极端的、糟糕的预测者,媒体曝光又会使该预测者的预测更加不准确。泰洛克说道:"三大主角——听上去像权威的专家、关注收视率的媒体和专注的公众——可能因此被锁定在一个共生的三角关系中。"[32] 回顾过去,科技泡沫的意识形态啦啦队员库德洛、吉尔德和格拉斯曼,已经击打出泰洛克的三重奏:喜欢极端预测的媒体的宠儿刺猬型专家。

互联网时代展现出金融泡沫的所有经典迹象和症状:股票投资话题在日常对话中占据主导地位,放弃有保障的工作转而全职从事投机性工作,真信徒对怀疑论者的蔑视和嘲笑,以及极端预测的盛行。

在电视屏幕以及越来越多的网站上,人们如此密切地观察并实时记录极端的市场繁荣及随后的灾难。市场繁荣感染了高科技产业的神经中枢——硅谷、华尔街,以及位于利堡镇的 CNBC 工作室,但日常闲聊中感受到的市场热情在主街、社交聚会和投资俱乐部中最为强烈。

在马萨诸塞州科德角的丹尼斯镇,有一家理发店是男性工人阶层聚集的堡垒。那里上演了一段由狂热所引发的底层故事,令人心酸。在正常情况下,理发店的聊天内容主要涉及体育和政治,如果店里有电视机,电视就一定会转到播放棒球、足球或篮球比赛的频道。但20世纪末并非正常时期,比尔·弗林拥有的这家理发店——弗林理发店,也并不是一家普通的理发店。

到 2000 年,弗林已经当了 30 多年的理发师,对股票市场并不陌生。他的曾祖父也是一名理发师,给了他极好的建议:把收入的 10% 存起来,然后投资于股票。事实证明,弗林这方面的智慧运用得并不好,因为他和很多人一样,偏爱彩票式的结果。20 世纪 80 年代中期,椰菜娃娃风靡一时,大量儿童和成人"投资"了它们,不顾及它们可以被随意制造的事实。在狂热的顶峰时期,弗林以保证金形式购买股票,也就是说,用借来的钱购买了制造椰菜娃娃的科尔克公司的股票。

1988年,科尔克公司破产,弗林的积蓄大大减少,但他继续将剩余收入投入股票市场。10年里,他猛砸了10万美元,将其投资于他认为最具魅力的高科技公司:美国在线、雅虎、亚马逊等。到2000年,他的积蓄已增至60万美元。弗林告诉自己,当投资组合达到百万时,他将退休;考虑到自己做得很好,他认为这个目标很快就会实现。[33]

如果说狂热是一种流行病,那么"互联网改变了一切,它将使我们所有人变得富有"这句话就是病毒,比尔·弗林是科德角的零号病人。到2000年,理发椅上讨论的话题已经从红袜队、凯尔特人队和爱国者队转向了弗林最喜欢的两只股票——EMC(易安信)和安根尼克斯。电视转到了CNBC频道。

24小时不间断的金融娱乐和即时在线交易,正是弗林理发店上演的毒性组合。弗林编造了引人入胜的故事,并诱导顾客们购买他推荐的公司的股票。[34] 2000年冬天,《华尔街日报》记者苏珊·普利亚姆第一次来到这家理发店,当时正值市场触顶之际,大家谈论的话题一直都围绕科技股。弗林向一位顾客推荐了生物技术公司安根尼克斯的股票,店里其他人则主动说起自己购买了Coyote科技公司的股票和NTAP(企业级网络存储解决方案提供商)的股票,或者更低风险的话,杰纳斯资本集团提供的共同基金也可选择。杰纳斯是一家专注于科技投资组合的投资公司。

弗林最喜欢的是数据存储公司EMC的股票:"我想我已经介绍了100个客户购买EMC。"弗林并没有通过严格的证券分析,而只是通过另一位理发师的推荐,决定购买这家公司的股票,但顾客们似乎都不在乎。到2000年中,股票遭遇了几次严重下跌,但弗林和他的顾客们仍充满信心。正如一位画家/壁纸设计师所说:"即使股票真的下跌30%,也会马上恢复。"弱者受到嘲笑。弗林指着停车场的一个顾客说："看到那个家伙了吗？他两年前留了5 000美元，我让他买EMC。如果他听了，那些股票现在就值18 000美元了。"[35]

3个月后，当普利亚姆女士再次来到理发店时，科技股刚刚从严重下跌中恢复，但仍比峰值低40%左右。弗林说："我不是只买生物技术或高科技类股票。"但他仍然坚持他的候补选项EMC。他还购买了更多的安根尼克斯，其股价已经强劲反弹，他的投资组合价值也达到了新高。[36]

2001年2月，他所钟爱的、以保证金购买的EMC股票，跌到了经纪人不得不给他平仓的地步。该只股票在普利亚姆女士第一次来访后不久达到了145美元的峰值，最终在2002年底跌至4美元以下。弗林的理发店曾经是镇上的社交中心，现在一片寂静，空无一人。一个顾客说："每个人都知道弗林损失了很多钱。他不想谈论太多。"[37]

并不是所有顾客都被剪羊毛；例如，有一个顾客用卖掉EMC股票所得的现金购买了一套新房子。但总体而言，损失已经造成；2000—2002年的熊市让弗林意志消沉，直到2007年，在一位股票经纪人的建议下，他才开始再次购买股票，当时他购买了伊士曼柯达公司的股票。5年后，伊士曼柯达公司破产了；2013年，73岁的弗林仍在给别人理发。即使在股票崩盘后，EMC的高管们也会在暑假期间顺便来理发。他们越来越喜欢弗林先生了。[38]

在大多数情况下，弗林和他的顾客们交易的都是单个公司的股票，这是一种历史悠久的做法，经常采用保证金的形式。但20世纪90年代，越来越多的美国人通过另一种途径持有股票，即共同基金。共同基金是20世纪20年代信托投资基金的直系后裔，不仅可以通过拥有大量不同公司的股票轻松实现风险分散，而且还提供了所谓的资深经理人选择股票的机会。1990—2000年，美国的股票共同基金资产增加了近20倍，从2 000亿美元左右增加到3.5万亿美元，也就是说，股票共同基金占股票总市值的比重从7%左右增加到23%左右。[39]

和弗林理发店的常客们一样，共同基金的投资者也越来越倾向于那些排名靠前的基金。雅各布互联网基金是最受欢迎的基金之一，在1998年暴涨了196%。范·瓦格纳新兴增长基金在1999年暴涨了291%。杰纳斯资本集团运营着一系列以科技股为主的国内和国际基金，其中许多基金在那一年也实现了三位数的回报。

这些基金的强劲表现吸引了更多的资产，特别是迅速增长的401（k）账户中的资产，其发起人意味深长地向参与者提供了基金业绩统计数据，以便后者能从近期回报率最高的基金中做出选择。

几股交织的逻辑共同推动了人们对科技类基金的狂热。最明显的逻辑是，表现最好的基金吸引了最大的资产流，这进一步推高了股票的价格，也进而提高了基金的表现。这些共同基金公司对其管理的资产按比例支付报酬，并大量发行新的科技基金。最后，投资者的投资期限越来越短，这推动了基金经理们更加狂热地进行交易。1997年，美国公共电视网著名的《前线》节目拍摄了范·瓦格纳新兴增长基金的经理——加勒特·范·瓦格纳向手机发送的近乎连续的交易流。[40] 该节目正好说明了媒体是如何附和的，其中包括著名金融记者约瑟夫·诺切拉对范·瓦格纳的热情洋溢的描述：

> 竞争非常激烈，顶级共同基金经理就像现代炼金术士，创造了神奇的市场收益。现在，没有人比这个人——加勒特·范·瓦格纳——更能点石成金了，他在旧金山单独运营着一只基金。[41]

如果你在1997年1月1日买入了10 000美元的范·瓦格纳新兴增长基金，那么到2000年3月，该基金将增长到45 000美元（回报率为350%），然后，将在2002年9月跌至接近市场底部的3 300美元，即从10 000美元下降了67%，从45 000美元下降了93%（可参考同时期纳斯达克综合指数的表现,见图14-2)。这些令人沮丧的数字也依然低估了损失。尽管属于"前线"类,但1997年时,该基金刚刚起步,了解该基金的投资者相对较少。仅在1999年,基金规模就从1.89亿美元增至15亿美元。因此,更多的投资者承受了93%的损失,而不是令人兴奋的350%的上涨。最后,诺切拉是对的:范·瓦格纳确实是一位炼金术士,但他是将黄金转化为铅的术士;2008年,他最终辞去了以他名字命名的投资组合的经理职务。在所有积极管理的共同基金中,该投资组合的10年业绩表现是最差的,价值损失了66%,而整个股市的收益率为72%。[42]

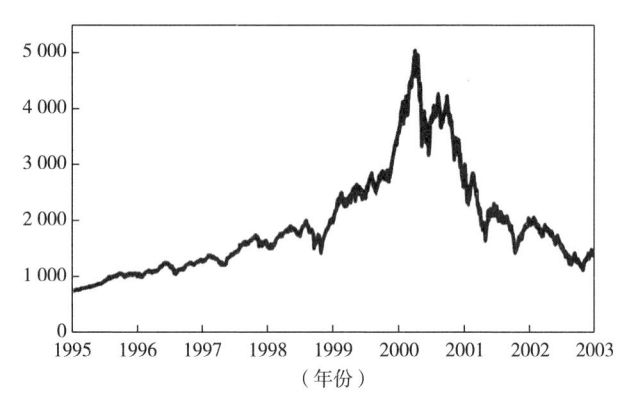

图14-2 1995—2003年纳斯达克综合指数的表现

英国铁路泡沫、20世纪20年代的泡沫以及之后的互联网泡沫中,有一条引人注目的主线:它们背后的核心技术发挥了作用。依赖于新铺设的铁路,哈德森能够迅捷地从办公室、建筑工地、股东大会到达议会;在20世纪20年代的泡沫期间,即使是远洋班轮上的投机者,也可以通过阅读由无线电信号提供的股票价格收报机及外部信号在船上交易台进行交易。互联网聊天室和在线交易扩大了对互联网公司股票的狂热,这些互联网公司的股票就是通过互联网交易的。

第二个标志性的泡沫症状——放弃舒适体面的职业转而全职从事投机——也在互联网泡沫期间显现出来。20世纪90年代的交易大部分是日内交易，因此，数以百万计的人（绝大多数是男性）请假，甚至完全辞职，坐在电脑显示器前，每天进行数十次甚至数百次的交易。

日内交易涉及股票的一连串买卖，目的是获取大量微利。在理想的日内交易中，典型的例子是，以 $31\frac{1}{2}$ 的价格购买1 000股股票，并在当天（有时在几分钟内）以 $31\frac{5}{8}$ 的价格卖出，由此产生的毛利润为125美元。事实上，大多数日内交易者的平均回报率接近于零，每笔交易都会被扣佣金，在成百上千笔交易中，即使是稳健成功或幸运的参与者，也会被佣金毁掉。

在上瘾方面，没有什么能与在线交易相媲美。参与者一直盯着自己的终端。正如一位观察家所说：

> 我不知道你们中是否有很多人在拉斯维加斯（或任何其他地方）玩过视频扑克。我玩儿过，这让人上瘾。尽管你输了，例如，在一段合理的时间内（玩儿上一个或两个小时，十次中有九次你都输了），但它仍然让你上瘾。现在，想象一场对你有利的视频扑克。也就是说，所有的小铃铛、按钮和蜂鸣器仍然在那里提供即时反馈和乐趣，但你不会赔钱，而是变得更富有。如果拉斯维加斯是这样的话，你就得用救生钳才能把人们从座位上撬下来。人们会随身携带便盆，这样就不用离开座位了。在这种视频扑克面前，强效可卡因都要让位。在我看来，这正是在线交易的现状。[43]

1997年以前，只有大型机构从事这种日内快速交易，因为小投资者无法从证券交易所获得必要和准确的定价；1997年出现了"二级报价",电脑屏幕上可以显示限价挂单①,以供散户投资者参与和使用。

与弗林理发店的顾客不同,大多数日内交易者都精通技术,有数字天赋,受过高等教育。问题是,当有人购买股票时,意味着有其他人卖出,反之亦然。换言之,证券交易类似于与隐形伙伴打网球;大多数日内交易者没有意识到的是,网络另一端的几乎都是投资界的威廉姆斯姐妹②,即精明的机构参与者,对他们来说,公司不仅仅是一个可以压倒人类交易者的符号或计算机算法。

到20世纪90年代末,大约有100个公司开设了"培训项目"。花几千美元,"受训者"就可以参加三天的入职培训和"新兵训练",然后是一周的"模拟交易"。"培训师"很乐观:只要遵守这些规则,任何人都可以成功。正如一位培训师所言:"这就像打高尔夫一样。如果你对如何放置双脚、如何举起球杆以及如何持球都很小心,那么你将有更好的机会打直线球而不是曲线球。同样的原则也适用于日内交易。"[44]

到20世纪90年代末,大约有500万美国人在网上交易,尽管全职交易的人数估计要少得多。[45]只要市场行情上涨,日内交易者就有一半的机会,但就像20世纪20年代和铁路泡沫期间的暴跌一样,当海浪汹涌时,大多数人的财富都会被卷走。

与弗林理发店的顾客或办公桌上痴狂的日内交易者相比,比尔兹敦镇"女士投资俱乐部"的女士们没有很大的不同,但她们的发展轨迹更为壮观,代表一种典型的淘金热氛围,这种氛围让那些缺乏金融

---

① 限价挂单是指小投资者可以设定一个符合要求的价格,设好止损止盈,然后下单确定,限价挂单可以实现在下单的点位及时交易。——译者注
② 威廉姆斯姐妹是指美国网球运动员维纳斯·威廉姆斯和塞雷娜·威廉姆斯,她们姐妹俩在网坛创造了大满贯赛事的历史。——译者注

专业知识的人相信,她们在这一领域有着光明的前景。

在任何其他时代,都不会有人注意到这个传统的投资俱乐部。它由伊利诺伊州比尔兹敦镇的中老年家庭主妇组成,遵循相对保守的传统,已经保持了几十年:聚在一起吃饼干、喝咖啡,研究已存在的、收益可靠的公司,并长期持有这些公司的股票。

她们甚至并不接受重金:会员首先支付100美元,之后每月支付25美元。当她们开始向全国性组织——全国投资者协会——报告回报率时,问题来了。该协会连续6年向她们颁发了"全明星投资俱乐部"奖。1984—1993年的10年间,她们报告了惊人的23.4%的年化回报率,其比股市的年化回报率还高出4%。

她们击败华尔街的故事,与20世纪90年代那种随意投资便过上舒适生活的故事不谋而合。该俱乐部的成员摆脱了小镇家庭主妇的身份,成为全职金融大师。她们乘坐喷气式飞机环游世界,经常向比她们家乡人数(5 766)还多的观众发表演讲,这些观众有时在雨中等票,而她们可以从投资公司赚取丰厚的顾问费,还卖出了80万册《比尔兹敦镇女士投资俱乐部常识性投资指南》,这是一本她们的"秘诀"概要。其中一个成员感慨道:"我在休斯敦下了飞机,豪华轿车司机向我道歉,因为他必须使用一辆特大型轿车。以前,当豪华轿车经过我身边时,我会说'我想知道里面坐了谁'。好吧,现在是我坐在里面了。"[46]

她们突然成了名人。但是有一个问题:23.4%的回报率,已经将她们每月的会费计算在内了。如果一个人一开始只有100美元,那么一分钱也赚不到,但半路上又增加了25美元,这时不能说她获得了25%的回报。大约1998年,也就是该书出版两年多后,出版商注意到了这一错误,然后插入了一条免责声明,即"该回报率可能与共同基金或银行计算的回报率有所不同"。

在牛市期间,新闻从业技巧退化;直到该书的1998年版上架,

《芝加哥》杂志的记者沙恩·特里奇注意到并报道了出版商的免责声明。但该杂志并不是投资类报道的前沿阵地。女士们起初很愤怒,她们的出版商亥伯龙公司的一位高管称特里奇先生是"恶意的",一心想抹黑"人们遇到的最诚实的群体"[47]。

不管是不是无心之过,在这10年里,这些女士的年化回报率并没有达到23.4%,9%更接近事实。最终,亥伯龙公司召回了这本书,并同意用出版社的任何一本书换回它,从而解决了一场官司,而这些女士则消失在人们的视线中。

尽管存在以上问题,但实际上这些女士的表现并不算糟糕:审计人员经过正确计算后发现,1983—1997年的整整15年间,她们的账户每年有15.3%的收益,仅比指数基金的收益低2%;她们已经很值得尊敬了,当然也比弗林理发店的人和日内交易者做得好。尽管如此,也只有20世纪90年代才会发生类似的事情,即一个数学错误把一群赚取平庸股市回报的普通女性变成文化偶像。

到了20世纪90年代末,和比尔兹敦镇的女士们、日内交易者以及弗林理发店的顾客一样,数百万美国人认为自己是股市天才。摩根士丹利有学问又有见解的巴顿·比格斯最能捕捉到这种情绪:

> 社会迹象非常糟糕。每个人的儿子都想为摩根士丹利工作。没用的姐夫们打算创立对冲基金。我认识一个50岁的人,他什么都没做过。他打算创立对冲基金。他正在向人们散发宣传册。我在某处找到了一个。[48]

泡沫的第三个症状,是对怀疑者持有激烈的愤怒情绪,这在20世纪90年代中期变得明显。在罗杰·艾尔斯将CNBC打造成媒体巨头的几十年前,多达3 000万观众会在每周五晚上观看《与鲁凯瑟讨论华尔街的一周》,这是美国公共电视网在全国播出的一个小组秀节目,主持人是路易斯·鲁凯瑟,他温文尔雅、机智幽默,是一位受人尊敬的金融记者的儿子。

鲁凯瑟严格编排节目。节目中最令人向往的角色,是由股票经纪人、分析师和时事通信作者轮换组成的小组成员,他们在节目开始时与鲁凯瑟逗乐,然后询问本周的特邀嘉宾是谁。逊色一点儿的角色是荧幕外的"精灵"小组成员,他们声称可以预测未来的市场方向。鲁凯瑟清楚两点:首先,行情看涨不仅让他的品牌受益,其中包括两个时事通信和路易斯·鲁凯瑟海上巡游投资,而且对他的节目有益;其次,对经纪人和分析师来说,有幸获得一个小组中的固定席位,便是一个无价广告。因此,他严格限制专家组成员,特别是在科技泡沫时期。

20 世纪 90 年代末,瑞银华宝的投资分析师、鲁凯瑟两个节目小组的常客吉尔·杜达克开始觉得不安。她读过查尔斯·金德尔伯格的书,并意识到他的泡沫标准,特别是"技术替代"和信贷宽松,正符合当前的市场情况。她警告她的客户,但其中一人指责她不爱国,就像她的公司创始人保罗·沃伯格在 70 年前被诽谤那样。因此,她知道了泡沫期间怀疑者是如何被对待的:"你会被鄙视,被恐吓,当泡沫开始破裂时,公众会非常愤怒。这需要一个替罪羊。"1999 年 11 月,即泡沫破裂前 5 个月,鲁凯瑟以最具敌意的方式解雇了她——在一个她不再出现的节目的夜晚,她的照片上多了一顶高纸帽。鲁凯瑟用一位迷人的达特茅斯前篮球运动员艾伦·邦德代替了她。4 年后,邦德因偷窃养老金而被判入狱 12 年。[49]

互联网泡沫对"价值型投资者[①]"的打击最严重,他们购买成熟

---

① 价值型投资者:更考虑长期内在价值,赚的是企业盈利增长的钱。与之相对的是交易型投资者,其更多地关注技术指标和股价走势,赚的是市场情绪博弈的钱。——译者注

实体公司和制造业工厂的股票，这些股票定价合理，在股票狂热时期落后于大盘。著名的价值导向型对冲基金经理朱利安·罗伯逊被迫关闭了他的老虎基金，该公司在20世纪90年代中期之前创造了令人羡慕的业绩。罗伯逊先生说："这种方法行不通，我不明白为什么。我已经67岁了，谁还需要这个公司？"罗伯逊先生宣布公司将于2000年3月30日关闭；以科技股为主的纳斯达克在3周前达到了5 060点的峰值，但当时罗伯逊并不知道，这是未来15年内都不会达到的水平。[50]

最后一个泡沫的识别性特征，是一些极端性预测的产生。正常情况下，专家预测的某一年的市场涨跌幅度很少超过20%。超过这个幅度的预测可能会使预测者被认为是疯子，而且大多数预测都是以个位数的幅度上下波动。但泡沫期间并非如此。1999年，詹姆斯·格拉斯曼和凯文·哈塞特合著了一本书，预测道琼斯工业平均指数在几年内将上涨超过2倍，从目前的约11 000点上涨到36 000点。其他人也不甘示弱，将估计数值提高到100 000点。[51]

格拉斯曼和哈塞特得出的这个上涨超过2倍的预测，说明将泡沫时期的高价进行合理化的努力已经做了很久。他们通过操纵股票和债券所使用的投资折现率来实现这一点。不严格地说，折现率是投资者在承担持有证券的风险之前所要求的回报率；证券的风险越高，购买证券所要求的回报率（折现率）就越高。例如，2019年中，非常安全的长期国债收益率为2.5%，而持有更高风险的股票所需的回报率约是其3倍，而1990年前约为10%。

长期资产（如30年期国债或股票）的价格与折现率近似成反比：将折现率减半（例如从6%减至3%），价格就会翻番。（因为股票没有到期日，至少在理论上，它甚至比30年期的国债更"长期"。）相反，当经济或全球地缘政治地位恶化时，投资者要求更高的回报率，即持有股票的折现率，因此其价格暴跌。

格拉斯曼和哈塞特对道琼斯工业平均指数 36 000 点的预测表明，投资者已经演变成一种新型的理性经济人，他们认为股票从长期来看风险不大，因为其总会从价格下跌中恢复过来。因此，这种新型的理性经济人决定对股票采用类似国债的 3% 的折现率，而不是历史上大约 10% 的折现率；这在理论上使股票的价格上升了 2 倍多（10%/3%）。[52]

格拉斯曼和哈塞特已经忘记了邓普顿所警告的"这次不一样"这句话的高昂代价。几乎在他们的书出版的同时，2000 年，互联网泡沫在突然回归的风险中破灭，标志着有史以来最大的金融狂热结束。在不到两年的时间里，美国股市市值损失了 6 万亿美元，就好像整个国家 7 个月的经济产出都消失了一样。1929 年，只有 10% 的家庭持有股票，但到 2000 年，个人经纪业务和共同基金账户、个人退休账户和基于雇佣关系的 401（k）计划的扩张，使持有股票的家庭的比例上升到 60%。数千万人原本认为自己在经济上很宽裕，但他们现在发现情况并非如此；另有数百万人认为自己的储蓄足以退休，但他们现在被迫延迟退休。

一个从金融市场诞生之日起便存在的故事重现，2000—2002 年，投资者们再次意识到，自己已经陷入遭受突然经济损失时的难以形容的痛苦之中。用幽默作家弗雷德·施韦德的话说：

> 有些事情是无法用文字或图片向没有经历过的人充分解释的。我在这里所能提供的任何描述，都无法接近那种失去曾经拥有的一大笔钱的感觉。[53]

伊斯兰国的兴衰
马赫迪与哈里发

互联网泡沫拉开了 20 世纪流行性狂热剧的舞台帷幕。随着 21 世纪的到来,世界上最年轻的亚伯拉罕宗教,用现已被熟知的末日叙事,吸引了世界各地的信徒,其能力和暴力程度震惊了世界。

2014 年 11 月 16 日,伊斯兰国组织斩首了一个名叫彼得·卡西格的美国人以及 18 名叙利亚俘虏。卡西格是美国陆军前突击队员,一直从事人道主义工作。肇事者公布的录像中,没有显示卡西格被杀的过程;更确切地说,卡西格的断头就放在"圣战者约翰"的脚下。"圣战者约翰"是一个名叫穆罕默德·埃姆瓦兹的英国公民,他带着英国口音缓慢而庄重地说:"我们正在达比克埋葬第一支美国十字军,并焦急地等待其他部队的来临。"[1]

在过去的一年里,伊斯兰国用巧妙而有效的社交媒体活动,吸引了数千名战士和其他志愿者,很多人甚至是从繁荣和平的西方来到了世界上最糟糕的地方之一。"圣战者约翰"提到的城市达比克,以及同名的伊斯兰国宣传杂志《达比克》,对理解其招募新兵所取得的巨大成功有很大帮助。①

---

① 2014 年 6 月 29 日,阿布·巴克尔·巴格达迪宣布建立"哈里发国",该组织名称被缩短为伊斯兰国(IS,达伊沙)。在此之前,它通常被称为 ISI(伊拉克伊斯兰国)、ISIL(伊拉克和黎凡特伊斯兰国)或 ISIS(伊拉克和大叙利亚伊斯兰国)。

达比克是叙利亚西北部的一座城镇。1516年，奥斯曼土耳其人在那里打败了埃及马穆鲁克人，进而控制了黎凡特。对现代圣战者来说，这标志着哈里发政权的重生——一个由穆罕默德的继任者领导的国家，统治所有的穆斯林，这将持续4个世纪。尽管该镇看上去并不引人注目，战略地位也不重要，但是，与奥斯曼哈里发帝国之间的联系，使该镇处于伊斯兰教末日叙事的前沿和中心。

犹太教、基督教和伊斯兰教的末日叙事彼此相似。鉴于它们的起源相同，这并不奇怪。中世纪早期，拜占庭人和穆斯林都根据《但以理书》的同一节内容，预测到了对方的作战计划。[2] 达比克由于其军事历史，成为伊斯兰教的末日发生地点，在那里，反基督力量（在伊斯兰教中经常被称为"达加尔"）将与代表正义的军队作战。

这些末日叙事也是有区别的。基督教的末日叙事主要来源于几个很容易界定的《圣经》文本，特别是《以西结书》《但以理书》《启示录》中的文本，而伊斯兰教的末日叙事却来源于更为分散的、不容易界定的圣训，即先知穆罕默德的言行录（对应阿拉伯语中的"传述"或"报道"）。与基督教末日论不同，穆斯林的根本经典——《古兰经》几乎没有什么预言，并且和圣奥古斯丁以及后来的天主教神学传统一样，特别警告不要计算末日时间。

但是，和基督教徒一样，穆斯林不可抗拒地被末日时间诱惑，他们的末日叙事就像沙漠野花一样从圣训中蹦出来。[3] 由于数量众多，伊斯兰教的末日论甚至比基督教的末日论更混乱。例如，逊尼派的传统与大约1万条圣训有关，而不同的观察家对每一条圣训的报道方式往往不同。仅某位中世纪学者，就列出了3万多条圣训。先知[①]于632年去世，之后的几个世纪里，学者们根据真实性对其言论进行了

---

① 本章中的先知，特指穆罕默德。——译者注

分级和分类，从"真实的圣训"一直到"捏造的圣训"。

先知没有留下遗嘱，这使事情复杂化了。他的前四位继任者，也就是哈里发——阿布·巴克尔、奥马尔、奥斯曼和阿里，见证了穆斯林的领土迅速扩张，其远远超出了阿拉伯的西部边界，进入拜占庭和波斯。接下来的几个世纪里，阿拉伯帝国与这两个相邻的异教大国之间展开了战斗。此外，第四任哈里发阿里（先知的堂弟，也是女婿）遇刺，随后阿里的小儿子侯赛因及其追随者在现代伊拉克的卡尔巴拉被杀，从而引发了一场血腥的宗派分裂，一直持续到现在。这场伟大的伊斯兰教冲突，一方是侯赛因的追随者——什叶派，他们将先知的继承权限制在血统上；另一方是卡尔巴拉之战的胜利者，他们演变成逊尼派，不承认领导权的血统限制。

政治学家塞缪尔·亨廷顿在其极具争议的著作《文明的冲突与世界秩序的重建》中，将伊斯兰国家之间大量的武装冲突以及它们与邻国非伊斯兰之间的冲突列成表格，并得出结论："伊斯兰的边界是血腥的，其内部也是如此。"[4] 批评者指责他"东方主义"[①]，并指出伊斯兰世界的现代战争源于西方的统治。虽然西方殖民主义在现代中东问题上确实扮演了重要角色，但亨廷顿这句骇人听闻的名言同样适用于中世纪的伊斯兰世界。中世纪时，伊斯兰是世界上最有智力、最富裕、最强大的文明之一的拥有者，那时的西方依然落后无能，基本不会给它造成什么困扰。

下面开始讨论伊斯兰教末日论的魅力。美国和欧洲的基督教徒生活在相对繁荣、安全和地缘政治稳定的社会中；此外，他们的宗教在

---

① 东方主义奠基人是爱德华·萨义德，东方主义是一种想象、夸大和弯曲东方文化（尤其是阿拉伯-伊斯兰世界）的方式。根据萨义德的说法，东方主义为欧洲殖民主义提供了一种合理性，在其历史逻辑中，西方对东方发起侵略战争具有天然的合法性。——译者注

文化上占主导地位。因此，西方基督教末日论者只能被迫在一团乱的道德恐慌中挑选其中一些作为危情时刻（末日）的迹象：普遍的性行为、社会主义，以及撒旦主义（或者至少是占星术）。

相比之下，自1497年瓦斯科·达伽马首次绕过好望角、击败穆斯林主导的极度繁荣的印度洋贸易，之后的伊斯兰在政治和经济上一直相对衰落。因此，对虔诚的穆斯林来说，末日迹象非常明显并令人痛苦，漫长的屈辱和失败需要末日时刻的正义，仅在20世纪的屈辱就包括：1916年，法国和英国之间的《赛克斯-皮科协定》秘密瓜分了穆斯林核心地带；1948年，以色列成立；1967年，以色列占领约旦河西岸和耶路撒冷旧城及其神圣的圣殿山；1979年，以色列和埃及之间达成了和平协议；1990年，第一次海湾战争尴尬地暴露出西方军队在中东地区的存在，尤其是在沙特阿拉伯（该宗教最神圣的圣地守护者）。与基督教徒和犹太人相比，穆斯林更加渴望一场能够颠覆现有世界秩序的末日大灾难。我们不能忽略穆斯林的末日论者及其追随者所感受到的痛苦和愤怒。其中一人写道：

> 因此，犹太人在基督教徒脸上的掌掴仍在继续，但后者显然享受并允许这种羞辱。西方国家的十字军继续像一个被施虐的妓女，直到被殴打和羞辱，尤其是被她的皮条客——基督教欧洲的犹太人——殴打和羞辱，她才能从中获得快乐。他们很快就会因为犹太阴谋而被埋在砖瓦之下。[5]

和所有的末日追寻者一样，穆斯林的末日论者渴望回到赫西俄德的"黄金种族"时代，也就是他们的萨拉菲时代，即穆斯林的前三代，包括先知的伙伴及其后代，他们是伊斯兰教的开国元勋。因此，今天的穆斯林末日论学者和领导人钻研圣训，想从中寻找灵感，使伊斯兰教恢复作为世界主流神学的合理地位，这就不足为奇了。大量的圣训提到了与拜占庭人之间的战争，特别是其中的君士坦丁堡战争，这些战争发生在先知死后的几个世纪，当时他的言行录被首次记录。这就解释了为什么伊斯兰国对叙利亚北部尘土飞扬的达比克小镇如此痴迷，因为最著名、最受尊敬的末日圣训中提到了达比克："在拜占庭人袭击阿马克或达比克之前，最后的末日不会到来。"[6]

圣训学者的主要任务是确定传述的出处，使真实的圣训可以追溯到先知时期。这是一个依靠世代口传的游戏。两位波斯学者，艾布·侯赛因·穆斯林和伊斯玛仪·布哈里，在先知死后200年，出版了最受人尊敬的汇编。据报道，布哈里梦见自己拍打先知周围成群的苍蝇，醒来后决定将自己的一生奉献给对不真实圣训的驱逐。在他严格的筛选标准下，只有1%的传述被认为是真实的圣训。[7]穆斯林和布哈里的圣训集录是公认最权威的，任何伊斯兰教神职人员、政治领袖、军事领袖或评论员的权威在很大程度上取决于其对圣训的掌握，特别是这两位学者编写的圣训。

不用说，即使是最真实的圣训也要经过几代人的口头传播，用阿拉伯学者威廉·麦坎茨的话说：

> 末日预言对杜撰者来说，是一个特别诱人的目标。早期，在那些分裂穆斯林团体并自相残杀的战争中，双方都试图通过预言自己的必然胜利和对方的注定失败，来为自己的政治辩护。借先知的嘴把预言说出来，这是最好的办法……几个世纪以来，新政治将赋予剩余部分新的含义，这一现象是基督教《启示录》的读者所熟悉的。[8]

伊斯兰教的许多末日叙事，都是由那些对卡尔巴拉之战的胜利者——倭马亚族感到不满的人发展的。倭马亚族建立了第一个强盛的穆斯林王朝，并定都大马士革。因此，能将虔诚的教徒从大马士革日益腐败和专制的统治者手中解救出来的核心人物，就是穆斯林的弥赛亚，在阿拉伯语中就是"马赫迪"，其意思是"正确引导的人"。

反对倭马亚王朝的阿拉伯人和波斯人散布预言：从呼罗珊（大致位于现代的伊朗东部和阿富汗所在地区）升起黑旗的士兵，将从那个方向横扫过来，打败倭马亚人，"如果你看到呼罗珊地区升起了黑色旗帜，那么即使需要爬过冰面，你也要立即前往，因为其中有哈里发马赫迪"[9]。750年，悬挂黑旗的叛军推翻了倭马亚王朝。叛军领袖是先知的叔父阿拔斯的后裔，他建立了以巴格达为首都的帝国——阿拔斯王朝，其统治将持续500年。

每一则圣训都和上述胜利的阿拔斯叛军所引用的那一句类似，往往残缺而简短，通常是一句话或一段话的长度，很少出现一两页。正如美国最著名的穆斯林末日文学学者戴维·库克所说：

> 由于穆斯林的传统没有明显的文本依据，只有后人提供的冗长背景（基本上由学者们将材料按照可利用的时间顺序排列），因此，末日出现之前的各个事件的发生顺序存在相当大的分歧，这并不奇怪。[10]

换言之，数量众多且内容简短的圣训，使无限多的末日叙事成为可能；将一天的头条新闻倒入面糊中，并添加大量的确认偏见，聪明的伊斯兰学者比他的基督教时代论表亲更容易写出理想的世界末日叙事。

然而，源自圣训的穆斯林的末日论，确实与基督教的末日论有共同特征：世界将在某个时刻终结。耶稣是一位先知，而不是上帝之子，他返回地球，通常手扶两位白人天使的肩膀，降落于大马士革倭马亚清真寺的东尖塔。他与达加尔作战。达加尔一般都是犹太人，而且常常是犹太人的弥赛亚。与基督教末日论中迷人的反基督者不同，达加尔具有令人厌恶的个性,长相丑陋,有一个巨大的钩状鼻子,一只畸形、鼓起的眼睛和大小不一的双手——这是解剖学上证明对称美感的最好机会。[11]

反犹太主义是穆斯林末日论的既定组成部分,它甚至包括最具欺骗性的种族主义谣言。已故沙特国王费萨尔经常向外国政要大谈共产主义-犹太世界的阴谋,会面结束时,他总会问礼宾官:"他们拿到书了吗?"他指的是《锡安长老会纪要》。有一次,美国大使向他指出,假定犹太人密谋统治世界的《锡安长老会纪要》这本书,是沙皇的秘密警察伪造的。费萨尔回答:"胡说。"沙特王国用多种语言印刷了这本书,并扩大其发行量。从过去到现在,费萨尔一直不是唯一的反犹太主义者;事实上,对所有的穆斯林末日论者来说,《锡安长老会纪要》就是犹太人背信弃义的头号展品。[12]

穆斯林的末日论者也和基督教的时代论者一样,从当前事件中寻找预示末日时刻的迹象。这些迹象主要有两种类型。第一种被称为"较小的迹象",如性开放等,这正符合林赛和莱希的观点。甚至连歌舞、钱财和男性的丝绸服装也被看作一种末日迹象,汽车也是,因为女性可以驾驶。其他较小的迹象包括地震、洪水、干旱和财务不当行为,特别是收取利息和女性雇用男性(最后一个迹象忽略了一个事实,即年轻时候的先知正是被寡居女商人赫蒂彻雇用的,后来赫蒂彻成为先知的妻子和首位追随者)。

一则特别著名的圣训说,"最后时刻"将会出现"两个人物打起来",尽管这两个人物宣讲的是同一件事;当30个假弥赛亚出现时;当所有的宗教知识消失时;当杀戮变得频繁时;当每个人都很富有、没有人会接受施舍时;当坟墓如此壮丽,以至于活着的人都希望自己在里面时。

穆斯林的末日论者也在寻找"更大的迹象",即更具体的预言事件。在穆斯林早期阶段,位居榜首的预言是穆斯林征服了信奉基督教的君士坦丁堡（但尚未实现）。历任穆斯林统治者利用圣训为屡次的攻城失败做辩护；1453年，奥斯曼帝国最终取得了胜利，但末日并未随之来临，神学家们于是将预言中的末日之战的地点转移到其他地方，最近的预言是在达比克。

与基督教犹太复国主义者一样，另一个"更大的迹象"是犹太人重返圣地。从犹太人的角度，基督教版本已经令人不快——要么皈依和改变信仰，要么被摧毁。而穆斯林版本则更残酷：安拉将把犹太人送回巴勒斯坦。用一位穆斯林末日论者的话来说，"通过把他们聚集（到巴勒斯坦），来宣布将临上帝的复仇"：这是穆斯林末日版本的最终审判。[13]

其他"更大的迹象"包括达加尔的出现和太阳从西方升起。圣训中也出现了歌革和玛各，还有一个被称为苏菲亚尼的伊斯兰教特有的人物（在叙利亚横冲直撞的强大的逊尼派暴君）。作为逊尼派，他受到什叶派穆斯林的斥责；但并不是所有人都斥责逊尼派，例如，在巴格达阿拔斯王朝（倭马亚王朝的对手）的哈里发辖地，他受到崇拜。[14]

苏菲亚尼的最终目标是杀死世界末日的主角马赫迪，但通常他很快就会被地球吞噬。在大多数圣训下，直到耶稣处理了达加尔，马赫迪才带领伊斯兰军队取得胜利，并建立对世界的正义统治。什叶派相信，10世纪时失踪或"隐藏"的第十二任伊玛目[①]穆罕默德·马赫迪，将如他的名字所示，在世界末日时再次出现。[15]

1978年，安瓦尔·萨达特和梅纳赫姆·贝京签署了《戴维营协议》，这直接导致了1979年的《埃及-以色列和平条约》的签订。伊

[①] 伊玛目（Imam）：在伊斯兰教的什叶派中，伊玛目是指宗教领袖。940年，第十二任伊玛目穆罕默德·马赫迪神秘失踪，派内人士认为他是"隐遁伊玛目"，相信他会在世界末日重新降临。但在逊尼派中，伊玛目一词没有宗教领袖的含义，多用于称呼教义学、教法学、圣训学、经注学、哲学等领域的高级学者，以及各伊斯兰教学派的思想、理论奠基人。——译者注

斯兰教徒憎恶《埃及-以色列和平条约》，尤其是1987年，一位不出名的埃及记者赛义德·阿尤布写了一本书，名为《反基督者》①，书中传达了一个简单的信息：犹太人背信弃义，毒害了整个人类历史，他们将在一场末日之战中被伊斯兰教势力击败。

20世纪80年代之前，穆斯林的末日文学是一种沉睡的文学体裁，侧重写马赫迪和千禧年，较少写歌革和玛各，也较少写耶稣与达加尔之间的战争。《反基督者》在伊斯兰世界的影响与哈尔·林赛的书在基督教世界的影响相同。类似于《消失的伟大地球》带来的基督教末日类文学的转变，阿尤布的书强调恐怖、血腥及最终战胜犹太人，并淡化随后的善良和光明，这种做法为该类型的文学体裁注入了活力。[16]

根据阿尤布的说法，达加尔在地球上的犹太代理人首先是门徒保罗，其次是君士坦丁一世②，然后是共济会成员、在美国的犹太人阿塔图尔克③，再次是美国、北约，最后是以色列。阿尤布写道："地震、火山爆发和干旱将先于反基督者出现，（而且）气温将明显升高。"接下来是一场最后的大战，其中的幻觉性细节让《启示录》和林赛都甘拜下风。末日时刻，以色列被摧毁，占世界主导地位的伊斯兰教将首都从大马士革迁往耶路撒冷。书中，阿尤布还谴责罗马教皇访问犹太教堂，并否认纳粹大屠杀。

与基督教时代论小说一样，圣殿山在该书中占据主导地位。根据

---

① 《反基督者》：原书名为 *Al-Masih ad-Dajjal*，音译为《麦西哈和达加尔》，其中麦西哈是指"假弥赛亚"或"犹太人的弥赛亚"。——译者注
② 君士坦丁一世：罗马转换到基督教的第一个君主，被称为君士坦丁大帝。——译者注
③ 凯末尔·阿塔图尔克：土耳其共和国第一任总统、总理及国民议会议长，在执政期间施行了一系列改革（史称"凯末尔改革"），包括废除哈里发制度、推行土耳其现代字母、提倡妇女权利等，使土耳其成为世俗国家。——译者注

从丹尼斯·迈克尔·罗恩和拉比戈伦那里得到的提示,阿尤布写道:"达加尔的住所在耶路撒冷的圣殿里。由于这个原因,他们有时试图焚烧阿克萨清真寺,试图进行考古发掘,甚至试图通过美国共济会购买土地。"[17] 三大亚伯拉罕宗教的末日叙事有着惊人的相似之处,正如以色列记者格肖姆·戈伦伯格所写:

> 末日剧场涉及三方,在所有三方的末日论信徒眼中,一场伟大的戏剧已经上演。声音系统是希望和恐惧;每次其中一个演员讲话,都会引起强烈反响。正在上演的有三个剧本。在基督教剧本中,犹太弥赛亚扮演主角;在穆斯林剧本中,犹太人和基督教徒也有自己的角色。一方认为的繁荣修辞可能正是对另一方的战争提示。[18]

和林赛的书一样,《反基督者》在阿拉伯世界非常畅销,之后阿尤布又写了一系列类似的书,这催生了一大批模仿者。其中的一些书,把几乎每个人(包括马丁·路德)都看作犹太人;模仿者之一法赫德·萨利姆在书中慷慨地承认萨达姆·侯赛因①不是犹太人,但侯赛因的一位亲密伙伴的父亲是犹太人,因此他的政权被玷污了。最著名的模仿者是另一位埃及记者穆罕默德·伊萨·达乌德,他为沙特媒体撰稿。

达乌德显然认为阿尤布的书对犹太人过于冷静和宽容,1991年,他出版了《当心:反基督者从百慕大三角入侵世界》,其中百慕大三角既是达加尔旅居北美的一个中间地点,也是复仇的伊斯兰空军的飞碟基地。[19]

---

① 萨达姆·侯赛因:伊拉克政治家、军人,第五任伊拉克总统。2006年12月30日被美军处决。——译者注

流行的末日类文学书籍遍布开罗、利雅得、贝鲁特、巴格达①和东耶路撒冷的阿拉伯露天市场，摆满了从摩洛哥到印度尼西亚的书店书架。更重要的是，随着社交媒体的出现，这些书籍更加容易获得，影响力也越来越大，为21世纪的圣战主义提供了有效的背景音乐。[20]伊斯兰教学者让-皮埃尔·菲利于描述了该体裁日益反犹和反西方的基调：

> 这种愈演愈烈的谵妄并不是无害的，因为它充满了深深的怨恨和报复……第三个千年的救世主们提炼出了具有末日信仰的人的仇恨胆汁。美国对伊斯兰教持有一成不变的敌意以及马基雅维利主义②，因此注定要惨死；伊斯兰教是真理、不可抗拒的力量和永恒的胜利。[21]

几个世纪以来，穆斯林将摆脱羞辱和压迫的希望寄托在救世主马赫迪身上。这种叙事和基督教千禧年主义者一样，都关注整数日期。马赫迪主义总会在穆斯林的新世纪之初爆发。

穆斯林历法始于先知从麦加迁移到麦地那的622年，即"希吉来"元年，而希吉来历的14世纪始于1882年11月12日。③希吉

---

① 开罗、利雅得、贝鲁特、巴格达，分别是埃及、沙特、黎巴嫩、伊拉克的首都。——译者注
② 马基雅维利是意大利的政治家和历史学家，因主张为达目的可以不择手段而著称于世，马基雅维利主义（machiavellianism）也因此成为权术和谋略的代名词。——译者注
③ 伊斯兰年的阴历周期为354或355天，因此从公历到希吉来历的转换不是一个简单的减法问题；每过一个世纪，公历和希吉来历之间的差距就减少大约两年。（这有点儿违反直觉；在希吉来元年，公历和希吉来历之间的差距显然是622-1=621年。在这本书出版的2021年，根据确切的月份，其对应于希吉来历的1442年左右；因此公历和希吉来历之间的差距已经缩小到2021-1442=579年。）

来历13世纪末，相当于公历19世纪70年代末，一位名叫穆罕默德·艾哈迈德的苏丹苏非派①神职人员被埃及统治者的宗教异端激怒。这些宗教异端虽然向奥斯曼土耳其上交象征性贡金，但事实上更受惠于英国人。艾哈迈德认为，1882年11月12日是末日的预兆，为了给自己足够的时间在喀土穆②建立统治，迎接新世纪的到来，他在1881年宣布自己为马赫迪。22

艾哈迈德的起义最初成功了，如果不是后来英国的查尔斯上将——"中国的戈登"③——在艾哈迈德围困喀土穆的时候被杀，那么艾哈迈德的政权可能会幸存下来。戈登在英国国内已经是受欢迎的英雄，他试图保卫整个喀土穆城市，这超越了他帮助埃及军队和政府撤离的这一职权，从而惹恼了英国王室和最高指挥部。

1898年，民众对戈登之死的愤怒，迫使英国不计成本地派遣了一支由霍雷肖·赫伯特·基奇纳领导的远征队，以收复喀土穆。与此同时，艾哈迈德死于斑疹伤寒；基奇纳在恩图曼战役中击败了艾哈迈德的继任者阿卜杜拉·塔希。在恩图曼战役中，英军动用先进武器，屠杀了1.2万名穆斯林士兵，而自己仅有轻微损失。23（温斯顿·丘吉尔也参加了这场战斗，当时他还只是一名年轻中尉；这场战争以及19世纪晚期的其他殖民地战争的压倒性胜利，激发了诗人希拉尔·贝洛克的创作灵感："无论发生什么，我们都有马克沁机枪，而他们还没有。"）24

---

① "苏非"这个词来自阿拉伯语Sufi，意思是"穿羊毛衣的人"，穿这种衣服是为了表示自身的"俭朴"。由此出现的"苏非派"，是指伊斯兰教内以"苏非"规范自身宗教生活的虔信者。苏非主义是伊斯兰教的神秘主义，起源于禁欲主义。——译者注
② 喀土穆：苏丹的首都和最大的城市。——译者注
③ "中国的戈登"是指维多利亚时代的英国工兵上将查尔斯·乔治·戈登（Charles George Gordon），由于其在殖民时代异常活跃，被称为"中国的戈登"，有时也被称为"喀土穆的戈登"。——译者注

喀土穆是伊斯兰教历14世纪之初的起义地点,在穆斯林地理上是一个边缘地带。伊斯兰教历15世纪初的骚乱事件则发生在伊斯兰的震中——麦加大清真寺。这座清真寺的历史可以追溯到610年伊斯兰教诞生之前,据说,大天使加布里埃尔在其家乡麦加城外的希拉山上,向先知口述了第一段《古兰经》经文,当时这位激动到颤抖的先知还只是一位成功的商人。

麦加的财富来源于"克尔白"。后者是一座花岗岩建筑,据说是亚伯拉罕建造的,其中嵌的黑石可能是陨石。早在穆罕默德之前,朝圣者就开始朝觐并绕行克尔白和黑石,此地很可能是伊斯兰教创立之前、阿拉伯人的多神信仰中的主要神——安拉的神殿。①

当时,穆罕默德作为一个出身卑微的小商人,是在未来妻子赫蒂彻的护助下才获得成功的。但实际上,他的血统也来自麦加的统治部落古莱西,只不过他出身于该部落的一个小分支而已。他的宗教热情,特别是他致力于清除克尔白360个异教神灵的偶像崇拜图腾,威胁到了麦加的朝圣交易,因此激怒了古莱西的精英们,他们迫使他于622年逃到了耶斯里卜(就是后来的麦地那),这一年就是伊斯兰教历元年,众所周知的"迁移"。630年,当他最终作为胜利的伊斯兰教势力之首返回麦加后,拒绝非信徒进入这两座城市这一禁令一直持续到今天。②

从那时起,阿拉伯半岛就受到富裕和奢侈的商人精英与虔诚和禁欲的信徒之间紧张关系的间歇搅动。18世纪初,一位名叫穆罕默

---

① 伊斯兰教刚兴起时,阿拉伯半岛各部落大都以安拉为最高神灵,但也崇拜各自的自然或偶像神灵。当时半岛部落众多,均将自己部落的神灵供奉在克尔白神庙内,以作为安拉的配神。伊斯兰教主张只尊奉安拉为最高的唯一神,后来其他神像均被摧毁。——译者注
② 现在,这一禁令适用于整个麦加地区,但在麦地那仅限于先知清真寺周边地区。——作者注

德·伊本·阿卜杜勒·瓦哈比的法学家开始宣扬一种激进的伊斯兰教，其核心围绕着两条原则：回归先知的原始教义，坚决反对巴格达、大马士革、伊斯坦布尔和开罗的贵族们享受奢侈和财富。舞蹈、珠宝甚至烟草都是"哈拉目"（伊斯兰教禁止的）；什叶派也是"哈拉目"，什叶派信徒必须在皈依和死亡之间做出选择。

伊本·阿卜杜勒·瓦哈比与一位可怕的勇士穆罕默德·本·沙特结盟后，法学家的神学才能和勇士的军事力量实现协同增强，他们将"瓦哈比思想"从其诞生地——地处内陆沙漠深处、受太阳炙烤的阿拉伯空旷地带——向外传播，直到几乎控制整个阿拉伯半岛甚至更远的地区。

随着奥斯曼帝国在19世纪的衰落，穆罕默德·本·沙特的后裔阿卜杜勒·阿齐兹（在西方被称为伊本·沙特）于1902年占领了位于利雅得的奥斯曼要塞，并建立了至今仍存在的沙特王朝。新政权的突击部队，是极端虔诚的"伊赫万"，其字面意思是"兄弟"，由历经几百年沙漠劫掠和战争流血的贝都因人组成。1924年，围攻麦加的伊赫万军队屠杀了邻近城镇塔伊夫的400名居民，包括孕妇，吓得麦加人不战而降（见图15-1）。

对伊赫万人来说，很不幸的是，第一次世界大战改变了中东政治格局。英国是一战的胜利者，现在英国基督徒隐隐出现在阿齐兹的北部边境，阿齐兹需要安抚他们。此外，要想成为伊斯兰圣地的合法守护者，他需要得到更广泛的伊斯兰世界的认可，不仅包括叛乱的什叶派，还包括苏非派和不太拥护他的逊尼派。因此，阿齐兹开始远离具有"瓦哈比思想"的伊赫万盟友。

国王阿卜杜勒·阿齐兹热情地接受现代社会产品，特别是汽车和电话，这伤害了他与瓦哈比信徒之间的关系。瓦哈比信徒打算清除东部的什叶派，结果却被阿齐兹镇压。由于被阿齐兹的异端行为激怒，瓦哈比信徒中最保守的伊赫万人叛变；1927年，他们对科威特发动

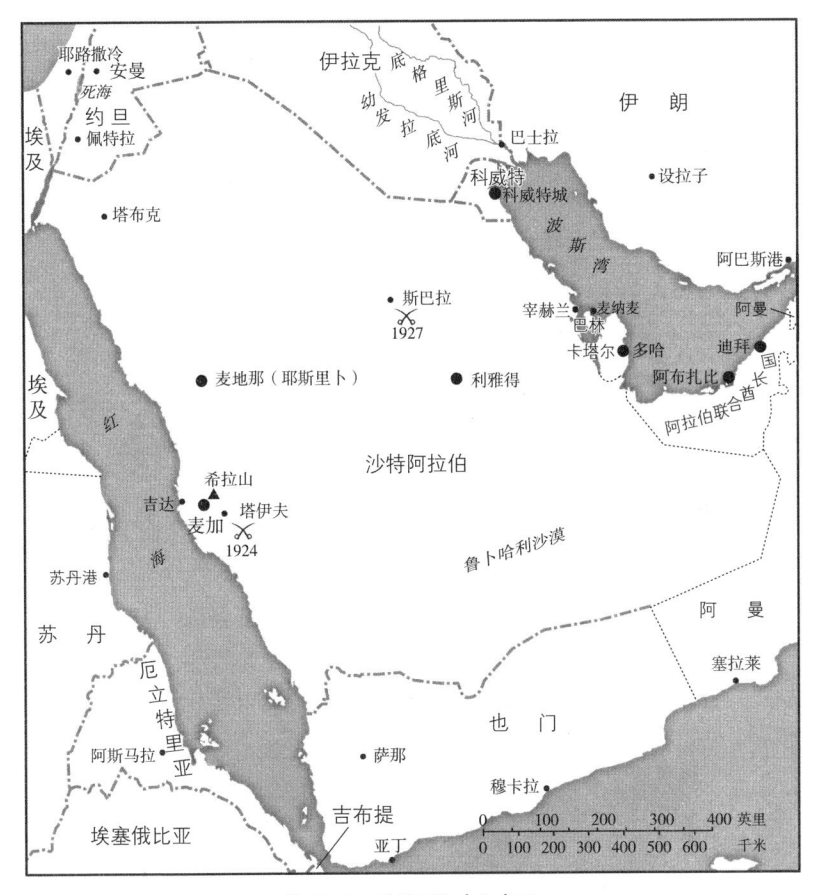

图 15-1 伊赫万和麦加起义

了一次袭击，却被另一个现代社会产品——英国军用飞机——羞辱。两年后，当时已经受够了伊赫万人的阿齐兹，开着装有机枪的汽车，从利雅得出发，向北驶向内陆绿洲斯巴拉。在那里，他要求伊赫万人投降，但骑着马和骆驼的伊赫万人拒绝投降，招致了阿齐兹的屠杀。25

伊赫万叛乱的火焰被抑制，但并未完全熄灭。穆罕默德·本·赛义夫·乌特比是一位在斯巴拉大屠杀中幸存下来的伊赫万人；屠杀发生多年之后，1936年，他有了一个儿子，这个婴儿长着一张似乎总在愤怒的脸。沙特人喜欢粗俗易懂的名字，于是乌特比给他的儿子起名为朱海曼，其意思是"愤怒的脸"，后来的朱海曼也没有辜负这个名字。[26]

朱海曼出生两年后，美国石油工人就在宰赫兰地区钻出了第一口喷油井，还参观了这个当时贫穷而虔诚的国家。这是一次伟大的自然经济实验，为阿卜杜勒·阿齐兹的后嗣和追随者带来了难以想象的财富。阿卜杜勒·阿齐兹有6个儿子，他们由其不同的妻子所生，自阿卜杜勒·阿齐兹1953年去世后，这些同父异母的兄弟一个接一个地统治着这个王国。

这些儿子中第二个担任国王的是费萨尔。1962年，他废除奴隶制；1963年，他允许女孩接受教育；1965年，他将电视引入王国。这些都进一步激怒了瓦哈比信徒。10年后，费萨尔被一名王室成员暗杀，暗杀者的理由是他的亲属在引入电视所带来的暴乱中丧生。

在沙特王国，精英们的儿子都可以加入陆军和空军，但是，更虔诚的伊赫万人被调往声望较低的国民警卫队。朱海曼成年后，在警卫队服了18年兵役，直到1973年才作为下士被调离。虽然平庸的国民警卫队的服役经历并没有提升他的社会或物质地位，但强烈的宗教倾向驱使他研究更卓越的事物，特别是伊斯兰教的末日论。

从警卫队退役后，他在麦地那定居，并加入了一个瓦哈比组织："指挥正确、禁止错误"的萨拉菲组织。该组织尤其受到阿卜杜勒阿齐兹·本·巴兹的影响。本·巴兹是一位才华横溢、魅力四射、有野心的伊斯兰教学者，自8岁起就双目失明，他反对沙特王国一头扎进现代社会。

当时，王室尤其喜爱法国和西班牙的地中海式奢侈生活，这激怒了本·巴兹；本·巴兹还猛烈地抨击烟草、理发店和公共活动中的鼓掌行为。[27]在本·巴兹和其他伊斯兰教徒的精神指引下，萨拉菲组织直接在弗洛伊德的"微小差异的自恋"中建立了一套神学:信徒们开斋①不是因为日落,而是因为所有光明的消失。(不过,其允许通过拉上房间窗帘来加快开斋时间。)其祈祷时可以穿凉鞋,这一差别让其他穆斯林感到恼火。另外,他们的清真寺朝向麦加方向的墙上也未设有传统"圣龛"(即阿拉伯语中的"米哈拉布")②。萨拉菲组织在沙特阿拉伯的大部分主要城市建立了分会,在许多地方有自己的专用建筑,并迅速建立了国际声誉,吸引了来自伊斯兰世界,特别是来自埃及和巴基斯坦的信徒。令萨拉菲组织懊恼的是,沙特君主制逐渐选择了本·巴兹,而本·巴兹不断演变的现实主义政治在他和伊赫万之间制造了一个楔子;尽管失明的本·巴兹严厉批评王室的现代化和自由放荡倾向,但他并没有质疑该政权的合法性。最终,政府任命本·巴兹担任著名而又有影响力的机构"高级学者委员会"的主席,其职责是每周都以该委员会主席的身份与国王一起出现在电视上(尽管电视曾使国王同父异母的兄弟遇刺)。从 1993 年起,本·巴兹还担任沙特大穆夫提③,直到 1999 年去世。

本·巴兹已经去过沙特君主国的首都利雅得,而此时萨拉菲组织的神学怪癖,尤其是它对王室的敌意,使它与本·巴兹曾经友好的关系恶化。1977 年夏天,本·巴兹的副手在麦地那某个屋顶上召集萨拉菲组织开会,要求其放弃异端学说。萨拉菲的大多数成员都是 20 多岁的人,他们拒绝了这个要求,并在年长一点儿而又有魅力的朱海曼的领导下进行重组,他们以瓦哈比祖先的名字命名,成立了伊赫万组织。[28]

---

① 按伊斯兰教法规定,伊斯兰教历每年九月为斋月,每日自日出到日落禁止饮食、房事和其他无礼行为,这是"封斋"。通常,人们在日落时以食物或饮料开斋。——译者注
② 伊斯兰教要求穆斯林礼拜时集体朝向麦加方向,因此圣龛必须背向麦加。——译者注
③ 大穆夫提或总穆夫提:相当于国家的最高精神领袖,可参与国家重大决策活动。——译者注

1977年12月，也许是屋顶会议几个月后，政府逮捕了朱海曼的24名追随者；他们逃跑后，向本·巴兹求助。这位盲人教士接见了他们，并要求政府释放他们。29

朱海曼则选择继续逃亡。几千年来，他的祖先一直靠进入沙漠来躲避拜占庭、奥斯曼、波斯和阿比西尼亚①的君主，他们依靠的是一种驯养的动物——骆驼，这种动物能够在险恶、几乎无水的环境中生存。自1977年逃脱后的两年里，朱海曼依靠贝都因人的遗传技能，成功地避免了在空旷的半岛内陆被抓。在这一过程中，他成为一个传奇人物，通常与3~5名追随者一起旅行，并安排与其他人的秘密会议；更多的时候，他只是从精神上参加这些秘密会议。有一次，他要去看望妈妈，最后一刻他收到警示，被告知警察正在监视他的家；另一次，他牙痛了很久，最后才找到一位不会向当局泄密的牙医。30

朱海曼对本·巴兹的妥协很不满，并断绝了与他的联系。游历期间，朱海曼将自己沉浸在圣训中，特别是那些涉及马赫迪和末日的圣训。他从先知最著名的末日类圣训中获得灵感：

> 末日不会到来，直到拜占庭人攻击阿马克或达比克。一支由地球上最优秀的人组成的穆斯林军队，将从麦地那前来阻止他们……然后战斗就会开始。1/3的（穆斯林）军队将认输；安拉之神永远不会原谅他们。1/3会战死；在安拉眼中，他们将是优秀的殉道者。还有1/3将战胜：他们将永远不会受到考验，他们将（继续）战胜君士坦丁堡。31

达比克是叙利亚的一个城镇，阿马克是土耳其的一个山谷；伊斯

---

① 阿比西尼亚，即埃塞俄比亚。——译者注

兰国组织以前者命名其杂志,以后者命名其通讯社。在朱海曼的末日论中,麦加和麦地那取代了达比克和阿马克。

为了触发末日,朱海曼需要一个马赫迪。令他高兴的是,他的沙特追随者之一被证明是马赫迪,这位追随者是一位浅肤色的超凡脱俗的诗人,有一双浅棕色的眼睛,名叫穆罕默德·阿卜杜拉·卡赫塔尼。诗人与朱海曼联手后,诗人的妹妹梦见自己的哥哥在大清真寺的院子里通过克尔白接受了拜伊尔(baya,即效忠的誓言)。在标准的伊斯兰教末日叙事中,这个梦是有意义的:和先知一样,卡赫塔尼是浅肤色的古莱西人,这是成为马赫迪所必须具备的条件。卡赫塔尼的左脸颊上也有一个胎记,这是一个意外收获,因为根据一条广为引用的圣训,马赫迪也有。这群人中的其他人,包括朱海曼本人,很快就做了同样的梦。

梦在伊斯兰教中有特殊的意义,尤其是当集体经历时,因为安拉通过梦向先知传达了他的许多启示。(正如朱海曼的一位追随者所说:"我们做梦,证明我们更虔诚。"[32])卡赫塔尼与朱海曼越来越亲近,朱海曼甚至与自己的妻子离婚,然后娶了卡赫塔尼那位做梦的妹妹。[33]

正如哈尔·林赛后来所说,这个巨大的拼图终于拼好了。现在,朱海曼不仅拥有了他的马赫迪,而且他对圣训的解读也确认了马赫迪接受拜伊尔(效忠)的精确地点,即在夏甲和以实玛利(分别是亚伯拉罕的妻子和儿子)的坟墓旁,在大清真寺院内的克尔白外面,这正是卡赫塔尼的妹妹所梦到的那样。朱海曼还揭示了接受拜伊尔的日期:根据逊尼派的传统,他预测,一位被称为"世纪更新者"的学者将出现在每个希吉来世纪的第一天:希吉来历1400年开始于1979年11月20日。因此,朱海曼及其追随者必须占领大清真寺,以便马赫迪在确定的日子、在上述克尔白旁边的地点接受拜伊尔。

在沙漠流亡期间,朱海曼录制了录音带,并创作了《朱海曼的信》。在这些信中,他阐述了自己的神学思想和末日论。(他只接受过四年级教育;虽然不是文盲,但写作能力很差,因此"信"很可能是口述的。³⁴)沙特没有出版商会碰这些信,但最终一家科威特左翼出版社印制了两本单独的简编,分别是《七封信》和《四封信》,它们在半岛上广为流传。

本·巴兹建议释放朱海曼的同伙,这是一个严重的错误;希吉来历 1400 年的第一天,朱海曼和大约 300 名追随者在大清真寺壮观地重新出现在公众视线中。① 在过去的几天里,他们已经用由裹尸布(用来承载对死者最后祝福的一种传统)覆盖的担架私运了武器和供给。占领行动几乎没有带来流血事件,只在最初有两名没有武器的警察和一名助理伊玛目被杀。当朱海曼的手下鸣枪庆祝时,朱海曼从伊玛目手中抓起麦克风并大声喊道:"看,马赫迪! 看,是正确的引导者!"[35]

随后,朱海曼在楼上和宣礼塔上部署了狙击手,并让卡赫塔尼的哥哥赛义德出场。赛义德会说流利的古典阿拉伯语,他向人群宣布了马赫迪的存在。赛义德的演技令人印象深刻,特别是他向卡赫塔尼献上了拜伊尔,使一些战俘也加入他的行列,并使至少一名清真寺保安指挥官相信,那位面色苍白的年轻诗人确实是马赫迪。

朱海曼释放了许多外国人,特别是那些不会说阿拉伯语的人。但是,由于叛军禁止数万名沙特及其他阿拉伯国家的朝圣者人质离开大清真寺,并指示他们拿起武器协助攻击,因此致命的混乱发生了。政府军和警察接近清真寺时,在距离不到半公里的地方,遭到火力攻击。

叛军占领初期,有两个原因造成了政府的反应迟钝:首先,尽管

---

① 固执的人会认为,和西方的公历一样,希吉来历的新世纪实际上是从 1401 年开始的。

全副武装的叛军向所有身穿制服的人开枪，但军队不愿还击，因为先知禁止携带武器进入麦加。其次，大量人质和政府军本身也担心卡赫塔尼可能真的是马赫迪。

只有一个管理机构能够解决这一僵局，即由本·巴兹领导的乌莱玛（意思是宗教学者）或高级学者委员会。由于对王室的不虔诚、道德败坏和挥霍行为感到愤怒，这一威严的机构故意讨价还价：直到叛军占领的第五天，它才宣布卡赫塔尼为骗子，并为反击战祈福。作为交换，沙特国王哈立德同意重塑社会风气，尤其是禁止酒精和女性出现在电视上，这也是朱海曼呼吁的核心内容。

在获得神学许可后，可怕的攻击开始了。政府军很快用反坦克导弹击退了尖塔狙击手，但主楼的叛军火力依然在，步兵无法进入清真寺。受伊赫万影响的国民警卫队，拒绝向自己的部落和神学兄弟开火，甚至在某些情况下还向对方提供武器，这使情况更糟。

正规军取代了国民警卫队，但其在城市游击战方面的训练很少。直到军队将轰鸣的装甲运兵车开进清真寺，事情才有了进展。除了双方的损失之外，数百名甚至数千名朝圣者人质在交火中丧生。由于多次被告知是马赫迪，卡赫塔尼认为自己是无坚不摧的，不知怎的竟然真的在暴露的炮火中幸存了下来；他由此更加确定自己是永生的，开始向军队回掷手榴弹，直到运气最终耗尽——对方的一枚手榴弹几乎把他炸成碎片。叛军慢慢撤退到清真寺地下室，装甲车也进入了地下室，但在狭窄的通道里动弹不得。

围攻陷入僵局。虽然确切数字从未公布，但袭击发生一周后，政府伤亡人数占全国三万军队和两万国民警卫队人员的很大一部分。哈立德国王需要寻求外国援助。约旦是唯一一个既与沙特关系友好又拥有可靠突击部队的阿拉伯国家，它主动提出援助。

从沙特的角度看，其不能接受约旦的援助。在1924—1925年的战役中，包括1924年对塔伊夫城的残忍袭击，当时仍与哈立德的父亲阿卜杜勒·阿齐兹结盟的伊赫万军队,将现任约旦君主侯赛因的曾祖父哈希姆驱逐出了汉志王国,该王国包含麦加和麦地那;接受他们曾经鄙视的哈希姆人的援助意味着丢脸,因此他们无法接受。[36]

因此,沙特王国被迫接受了一个不可思议的援助:在伊斯兰最神圣的地方,接受了来自基督教势力的援助。这将是圣训中提到的异教徒"北方军队";它最终来了,但只是以微小而短暂的形式出现。德黑兰大使馆人质事件[①]发生后,哈立德认为美国卡特总统和中央情报局无能,因此决定向法国情报局寻求帮助。允许非信徒(更不用说基督教军队)进入麦加,这是极其敏感的,因此法国只派出了3名精英特工,他们携带大量的先进武器,其中包括数百磅先进的麻醉气体。

20世纪60年代,大清真寺进行了大规模翻修和扩建,其建筑平面图在这次袭击计划中发挥了至关重要的作用。该平面图由负责这一庞大工程的建筑大亨穆罕默德·本·拉登绘制。1967年他去世后,他的儿子塞勒姆接管了公司。塞勒姆带着平面图赶往清真寺,和员工一起在清真寺地板上钻了几个洞,通过这些洞把法国毒气罐扔到了叛军所在的地下室里。但这一战术只是暂时有效,因此沙特人最终被迫对叛军所在的地下室发动了一场由法国人设计并协同的直接进攻,其残忍程度难以想象。[37]

14天后,也就是12月4日,围攻结束。几千名参战人员和人质死亡。至少有100名军人被俘,包括垂头丧气的朱海曼。医生们检查了这些囚犯;如果肩部疼痛或有瘀伤,这就表明其曾经主动开枪。医生们通过这种方式找出了69名囚犯,他们被公开斩首,名列榜首的是朱海曼。其他一部分人被沙特秘密处决,剩余的被判长期监禁。官

---

① 1979年11月4日,一群伊朗大学生占领了美国驻德黑兰大使馆,并扣押了馆内的美国外交人员,该事件被称为伊朗人质事件,或德黑兰大使馆人质事件。这场人质危机一直持续到1981年的1月20日才解决,长达444天。——译者注

方公布的叛军、军队和人质的死亡人数是270，但没人相信这一数字。[38]

朱海曼的行为，主要是由他的末日幻想驱动的。但是，随后对幸存追随者的采访清楚地表明，许多人并不相信他的末日神学，而只是出于对他的尊重、在口头上表示相信；还有一部分人是因为参加该行动可以推动他们的政治目标。无论如何，在围攻的第三天，当他们认为的无坚不摧的卡赫塔尼被手榴弹炸死时，即使是那些相信朱海曼的末日预言的人也丧失了信心。[39] 事实仍然是，如果末日信念不存在，大清真寺围攻事件就不会发生。

和1927—1930年的伊赫万叛乱被镇压一样，沙特人成功镇压了1979年的这场伊赫万叛乱。但事情并没有结束。在未来几十年中，全球冲突之风将把大清真寺围攻事件的余烬带到王国边界之外。这一次，新技术将使朱海曼的继承人有能力将火焰扇得比1979年更强烈、更明亮。

甚至在清除清真寺的血迹和碎片之前，这些余烬就开始燃烧得更亮。在沙特军队处理了朱海曼的最后一批叛军3周后，苏联军队入侵了阿富汗。这不是巧合；从美国对1979年德黑兰大使馆人质事件的反应，以及沙特大清真寺围攻事件和半岛东部的一场什叶派叛乱中，苏联人感觉到了美国和沙特君主国的衰落。

苏联入侵阿富汗被证明是一个灾难性的错误；阿富汗成为吸引新一代圣战者的磁石。其中许多人是朱海曼的支持者和拥护者，朱海曼在阿富汗圣战者营地中具有传奇性地位。美国放弃了对中东的不干预政策，积极支持伊斯兰世界的武装分子涌入阿富汗。其中一名战士是翻修和扩建大清真寺的建筑大亨的儿子，他就是年轻的奥萨马·本·拉登。他的哥哥提供的建筑图，在夺回大清真寺的过程中发挥了重要作用。

大清真寺围攻事件后，一名居住在科威特的巴勒斯坦人伊萨姆·巴卡维（后来改名为穆罕默德·迈格迪西）发现了朱海曼的信，并找到了该国的萨拉菲组织分支，该分支为该教派的逃犯提供了避难所。随后，迈格迪西去麦地那进行宗教研究，并在随后的几年里周游了沙特阿拉伯和约旦，然后抵达了巴基斯坦的白沙瓦——这里是进入阿富汗（当时已被苏联占领）的主要门户。在每一站，他都寻找朱海曼的追随者。迈格迪西对朱海曼的传说如此着迷，他模仿朱海曼的外貌，留起了长发和乱胡子，并宣称与这位伊赫万英雄没有血缘关系。[40]

最终，迈格迪西在约旦定居，并在1995—2014年频繁进出监狱。他为今天的圣战奠定了思想基础。在这方面，任何其他的穆斯林思想家都比不上他。圣战学者们最近的一项研究表明，穆斯林末日文学中引用最多的激进伊斯兰主义者就是迈格迪西，他自成年后就将自己沉浸在《古兰经》和圣训中。[41]

在1995—1999年第一次进入约旦监狱服刑期间，迈格迪西指导了一个名叫阿布·穆萨布·扎卡维的约旦小罪犯。两人都在1999年被释放，之后在空间和神学上都分开了。迈格迪西留在了约旦，虽然他有时批评极端的同伴，但他确信一件事：虔诚的穆斯林有义务前往叙利亚参加即将来临的与达加尔之间的末日之战，如果不去叙利亚，就去也门。他的学生扎卡维则逃往了阿富汗，并发展出一种偏执而凶残的思想意识，尽管后来扎卡维死了，但这种意识形态一直持续到今天。

扎卡维有一种诡异的本领，他总是能在美国的军事行动发生之前到达该地区，首先是阿富汗，在他从阿富汗逃出后又是伊拉克。在伊拉克，他几乎独自写下了暴力圣战剧本，包括自杀式袭击、绑架和斩首西方人，他还擅长通过网络招募新兵。

2004年，扎卡维参加了位于法鲁贾①的两次战役，并宣布效忠于奥萨马·本·拉登。到此时，迈格迪西已经拒绝了朱海曼的末日论，

---

① 法鲁贾（Falluja）：伊拉克城市，战略重地。——译者注

但扎卡维没有,而且随着萨达姆·侯赛因军队的迅速战败,扎卡维的宣传越来越采用末日论的基调。在早些时候,他已经认识到末日式的宣传能够吸引新兵。这一经验后来被伊斯兰国采用,从而引发了一个恶性循环:战场形势越糟糕,基调就越末日式,就会吸引更多的新兵,从而产生更多的战场伤亡。

扎卡维从未忘记他的首要目标,即推翻约旦君主国。约旦君主国于1994年与以色列签订了和平条约。扎卡维将约旦人描述为"犹太复国主义者的奴隶",经常用预言性术语"腐败的统治者"来形容约旦国王阿卜杜拉二世。扎卡维还鄙视什叶派及其伊朗[①]权力中心,他经常引用一些诋毁什叶派的古老预言,特别是与636年阿拉伯军队在卡迪西亚击败波斯萨珊帝国有关的预言,以及将后来的波斯伊斯兰[②]与可恨的蒙古人联系在一起的预言。很明显,扎卡维并没有把犹太人看作达加尔,对他来说,什叶派是达加尔,美国侵略者也是达加尔;谋杀什叶派和美国侵略者,不仅在神学上是必要的,而且还有额外的收获,即可以引发一场教派战争,加速末日的到来。

末日类文学中有很多关于早期穆斯林与拜占庭人斗争的内容,扎卡维充分利用了这些文学。扎卡维提到美国军队时,使用了古代表示拜占庭人和西罗马人的一个缩写:rum。(相比之下,基地组织对以美国为首的部队使用了同样指责性的标签:"十字军"。)只要有可能,扎卡维就会把先知的战斗比作自己的战斗。他特别喜欢著名的《苏瓦班圣训》,在这部圣训中,先知告诉他的追随者,"各国将从各个方向蜂拥而至,就像饥饿的人们涌向水壶一样"。他认为伊拉克2005年的民主宪法是一场灾难,为了安慰自己,他引用了布哈里圣训,即使正

[①] 伊朗是唯一的什叶派伊斯兰国家,在地理位置上被逊尼派伊斯兰国家包围。——译者注
[②] 由于伊朗是波斯古国的继承者,因此此处主要是指伊朗的什叶派。——译者注

义被击败,"通过这种方式,信使们也受到了考验,然后他们最终会胜利"[42]。

扎卡维的自杀式爆炸、斩首和对无辜生命的漠视,最终甚至使他的组织成员也疏远了他。组织成员可能泄露了扎卡维的"精神导师"谢赫·阿卜杜勒-拉赫曼的所在地,这使满载炸弹的美国F-16战机在2006年6月7日找到了扎卡维。[43]

扎卡维还谈到了重建哈里发政权的问题。最后一个哈里发政权已经在1924年被土耳其废除。但扎卡维最终放弃了重建哈里发政权这一目标,因为一个合法的哈里发政权需要领土,以及人民的支持。重建哈里发必须要等待;因此扎卡维和奥萨马分别在伊拉克和阿富汗宣布了一个地位稍逊的实体——"酋长国"。

酋长国和哈里发之间有很重要的差异;酋长国统治有限的领土,而哈里发不仅统治所有穆斯林,还意味着末日的来临。扎卡维认为世界末日即将到来,但他认为世界末日还没有到来。尽管如此,末日的确切日期和哈里发问题,还是使奥萨马在阿富汗的"基地组织中心"的行动与扎卡维在伊拉克的行动分道扬镳。2006年,扎卡维在空袭中丧生之前,命令追随者宣布成立伊拉克伊斯兰国。他的组织在4个月后的2006年10月15日这样做了,这令基地组织目瞪口呆,基地组织认为没有控制领土而宣布成立一个新国家是愚蠢的。

基地组织和伊拉克伊斯兰国之间的分裂,在某种程度上类似于主流基督教徒和福音派新教徒之间的分裂。高雅而受过良好教育的圣公会教徒和长老会教徒,看不起他们的同宗——时代论教徒,他们认为时代论的末日猜测是未经洗礼的人的胡言乱语;同样,享有特权的奥萨马也蔑视扎卡维愚昧的末日论,认为他是一个几乎不识字的小流氓。尽管奥萨马是个恐怖分子,但他是个贵族。他的父亲穆罕默德·本·拉登是那个地区特有的族长,来自也门,成年后最初在麦加的港口城市吉达做搬运工,最终成为沙特王室的建筑总承揽商;今天,沙特本拉登集团是世界上最大的建筑承包公司之一。老拉登娶了不少于 22 个女人,有 54 个孩子,其中第 17 个是奥萨马,奥萨马的母亲 15 岁时生下了他。

奥萨马出生后不久,他的父母就离婚了。老拉登让奥萨马的母亲嫁给了一位公司高管,这位高管成为奥萨马的继父。尽管奥萨马已不在父亲的屋檐下,但他和父亲保持着松散的联系;更重要的是,这个年轻人享受着父亲的庇护,包括在多个私立机构接受精英式教育,最重要的是吉达著名的塔格学校,该学校当时是阿拉伯民族主义和伊斯兰教意识形态的温床,其中的伊斯兰教意识形态正是年轻的奥萨马所接受的。1967 年,奥萨马 10 岁时,他的父亲死于飞机失事;1979 年,他从阿卜杜勒阿齐兹国王大学毕业,之后开始参与家族的建筑生意。同年,苏联入侵阿富汗,去阿富汗从事人道主义工作或与圣战者一起作战,成为沙特年轻人中的一种时尚。最初,奥萨马是被公司派往那里的,后来,他把事业从建筑转到圣战。[44]

对出身高贵、有工程头脑的奥萨马·本·拉登来说,圣战是一件有条不紊、需要冷静头脑的事情,而不是一件救世主式的事情。仅举一个例子,他后来向持有末日思想的索马里青年党发出警告:气候变化对伊斯兰教干旱家园的威胁不亚于外国军队,并建议他们种植耐热树。阿拉伯学者威廉·麦坎茨说:"如果你不知道他管理着世界上最臭名昭著的恐怖组织,那么你会认为他是美国国际开发署的一名官员。"[45]

奥萨马还有另一个不相信扎卡维的末日论的理由。1979 年他毕业那年,他哥哥塞勒姆凭借大清真寺修缮平面图,参与了夺回大清真寺的行动。[46]奥萨马一家目睹了当考虑不周的末日计划与现实世界的地缘政治力量相碰撞时会发生什么,尤其是当末日计划者对地域既没有政治控制也没有军事控制时。

基地组织的首要任务是打击"远敌"美国,并将其军队赶出沙特阿拉伯和中东。"9·11"袭击导致了恰恰相反的结果。奥萨马·本·拉登对中东"近敌"的战略是推翻其腐朽的领导，这需要一种"心灵与智慧"的方法，需要避免自杀式炸弹袭击、斩首，以及避免对什叶派的大规模屠杀。而他的更狂热的伊拉克追随者们正在犯这些错误。

近敌和远敌的概念是由埃及伊斯兰教徒穆罕默德·阿卜杜勒·萨拉姆·法拉杰创造的，他认为"近敌"是埃及政府，"远敌"是以色列。埃及外科医生艾曼·扎瓦希里又引用了这两个术语，他后来成为本·拉登的副手。1982年，法拉杰因参与暗杀萨达特被埃及人处决，而2011年奥萨马·本·拉登被杀后，脾气暴躁、缺乏激情的扎瓦希里继承了基地组织的领导权，并和奥萨马·本·拉登一样，蔑视世界末日论。

伊拉克伊斯兰国没有建立哈里发政权，但在2006年，其名义上的执政机构"圣战者协商委员会"任命了一位没有名气的人担任"忠诚信徒的指挥官"，他就是阿布·奥马尔·巴格达迪。巴格达迪自称是先知的后裔，因此在技术上有资格成为哈里发，但他所谓的先知血统很可能是假的。他的真名是哈米德·扎维，曾是一名警察、电子修理工，是一个没有什么学识或声望的伊玛目。事实上，扎卡维的埃及弟子阿布·阿尤布·马斯里负责运营伊拉克伊斯兰国的机构。

同年早些时候，伊拉克伊斯兰国选择了黑色旗帜作为其象征，上面有先知的印章和"除了造物主之外，世上没有别的神灵，穆罕默德是造物主的使者"的铭文。由于末日圣训预言中提到了"来自呼罗珊的黑色旗帜"，伊拉克伊斯兰国旗帜的末日征兆再清楚不过了。[47]

在因冲突和贫困而四分五裂的伊斯兰世界，伊拉克伊斯兰国出现了一条丰富的矿脉。调查数据显示，世界上期望末日来临的穆斯林甚至比基督教徒还要多。皮尤中心的一项研究发现，51%的中东穆斯林相信马赫迪即将回归，这一比例在被入侵后的伊拉克可能更大。[48]（与其他宗教信仰的社会学数据一样，国家越贫困，信仰越强烈；南亚穆斯林的这一比例为60%，而巴尔干穆斯林的这一比例仅为18%。）[49] 不管是有意还是无意，伊拉克伊斯兰国采用的末日叙事远比奥萨马·本·拉登陈旧的萨拉菲神学以及奥萨马·本·拉登的继承人、缺乏激情的扎瓦希里的神学更有说服力。

如果还有人相信马赫迪即将到来，这个人就是伊拉克伊斯兰国的实际领导人马斯里。为了加快马赫迪到来的进程，他让部队修建讲坛，供马赫迪在麦地那、耶路撒冷和大马士革的3座著名清真寺之间穿梭。马斯里还需要征服并控制领土，以加速马赫迪的到来。对于怀疑者，他给出了这样一个简单的回答："马赫迪随时都会来。"[50]

马斯里用热情和坚定的宗教信仰，为一系列比扎卡维犯下的暴行更严重的暴行辩解。伊拉克伊斯兰国不仅屠杀什叶派教徒，还屠杀任何拒绝效忠的逊尼派教徒；用妇女和儿童做人盾；炸毁房屋和医院。它广泛实行"哈杜德"①：用石头砸死通奸者，给偷窃者截肢，对饮酒者施行鞭刑。有一次，伊拉克伊斯兰国斩首了一名8岁的女孩。

随着伊拉克伊斯兰国杀戮升级的报道传到阿富汗的基地组织，奥萨马·本·拉登和扎瓦希里试图收回他们在伊拉克的控制权，但对方一直拖延。[51] 美国官员惊奇地发现了马斯里严重的战略战术错误，并将取他性命的奖金从500万美元降至10万美元；一些分析人士猜测，他只是一名戏剧演员。或许，他的妻子对丈夫的固执、笨拙的暴行所做出的描述最为简洁："你说的伊拉克伊斯兰国在哪里？我们生活在沙漠中！" 2010年4月18日，伊拉克和美国联军在提克里特（萨达姆·侯赛因的家乡）附近联合袭击了马斯里和巴格达迪，将他们逼到

---

① 哈杜德（Hudud）：伊斯兰教对于严重犯罪所规定的传统刑罚制度。——译者注

了绝境，最后他们引爆了自己。[52]

尽管失败了很多次，伊拉克伊斯兰国还是再次发现了一个林赛、莱希和詹金斯所熟知的真理：末日叙事很叫座，而且越血腥越好。到了 21 世纪，通过网站和社交媒体，伊拉克伊斯兰国可以向全世界宣传世界末日。其中最常见的宣传品是简单的新闻稿：

> 一个勇敢无畏的兄弟，伊拉克伊斯兰国的英雄之一，殉难者旅的成员……在迪亚拉省马弗里克区的耶路撒冷十字路口，驾驶一辆装满炸药的汽车冲进了美国十字军的指挥场所。我们这个英勇的兄弟高呼"最伟大的真主"并引爆了汽车……杀死 11 名士兵，摧毁两辆布拉德利装甲战车。[53]

互联网不仅可以广泛传播文字材料，还可以传播更引人注目的视频。"十字军"部队遭受袭击的视频片段，在中东和西方的伊拉克伊斯兰国的支持者中受到欢迎，这些视频通常从多个角度拍摄；其中的一段美国卡车被简易爆炸装置炸毁的视频，其标题是"他们的最后时刻"。网上还有一些较长的视频，包括"精选"的袭击汇编、殉道者传略、计划-执行纪录片和充满煽动性的剪辑组合。美国和伊拉克军队也不是唯一的对象，事实表明，以处决什叶派囚犯为主题的视频尤其受到欢迎。[54]

早在 2008 年，经奥萨马·本·拉登授权的基地组织也门分支——阿拉伯半岛基地组织就已经通过两个杂志《战争的回声》和《激励》推进伊斯兰教的末日宣传。其中《激励》是一本英语杂志，其经营者是萨米尔·汗，是一个在美国北卡罗来纳州长大的巴基斯坦人，他擅长使用一些吸引人的文章标题，如《在你妈妈的厨房里制作炸弹》；2010 年左右，他开始为《激励》写一些末日类的文章。

汗是一位伊玛目的门徒。这位伊玛目极具魅力和影响力，是一位在美国长大的也门裔美国公民，名叫安瓦尔·奥拉基，他在一篇文章中庄重地写道：

> 穆贾姆·卡比尔和其他人从伊本·阿拔斯①的传述中得知先知的话："一支 12 000 人的军队将从亚丁-阿比杨（也门）出现。他们将给安拉和他的使者带来胜利。他们是我们中最好的！"
>
> 关于上面那条圣训，可敬的谢赫·苏莱曼·伊本·纳西尔·乌尔万——愿安拉保佑他早日被释放——说，圣训传述链条很好，传述者是可以被认同的。[55]

奥拉基没有对上述第一段话进行分析，而是在第二段中引用了一位更权威的学者的观点。他是一位享有盛名的、被监禁的沙特伊斯兰神学家，名叫苏莱曼·伊本·纳西尔·乌尔万，他为圣训传述链条的可信度提供了担保。[56]

奥拉基充满启示性的末日文章、讲座和视频激励了一系列恐怖袭击。其中一些袭击是由与他有过私人接触的门徒，甚至可能是他亲自指导的门徒发动的，比如"内裤炸弹手"奥马尔·法鲁克·阿卜杜勒穆塔拉布。而其他袭击则是远方的人受到他的鼓舞，比如胡德堡枪击案的罪犯纳达尔·马利克·哈桑，哈桑曾是一位与他发过电子邮件的美国陆军精神科医生；还有时代广场的炸弹手费萨尔·沙赫扎德，其自称只是奥拉基的"粉丝和追随者"[57]。

最终，阿拉伯半岛基地组织走上了一条与伊拉克伊斯兰国相同

---

① 卡比尔和阿拔斯都是下文所提圣训的各级传述者。——译者注

的、毫无意义的暴力之路；这是阿富汗上级基地组织所反对的。此时奥萨马·本·拉登已经被杀，基地组织的指挥权已经移交给扎瓦希里。最终，阿拉伯半岛基地组织未能保护好辖域内的人民。2011年9月30日，美国在也门发动了一次引发争议的无人机袭击，杀害了萨米尔·汗和奥拉基——两个都是美国公民。可悲的是，另一次无人机袭击造成了奥拉基16岁的儿子阿卜杜拉赫曼的死亡，这可能是个意外；2017年1月29日，一次灾难性的海豹突击队袭击又导致一名突击队员和奥拉基8岁的女儿死亡。[58]

到2010年，伊拉克伊斯兰国似乎已经岌岌可危。但是，当奥巴马政府初期美国从伊拉克撤军、只留下了小部分骨干训练师和顾问时，情况又有所改变。美国支持的伊拉克总理努里·马利基，是一位高度党派化的什叶派政治家，其镇压性策略甚至将温和的逊尼派也推向了伊拉克伊斯兰国的阵营。

2010年5月，即马斯里和阿布·奥马尔·巴格达迪死后一个月，一位名叫阿布·巴克尔·巴格达迪的机会主义者和伊斯兰学者，担任了伊拉克伊斯兰国的领导人。① 关于他，几乎没有什么确切的信息，据说他的直系亲属是先知的后裔，但都已经失踪。他似乎是一个富有书卷气的年轻人，由于视力差而无法加入萨达姆的军队，很早就有"信徒"的绰号。他全身心投入《古兰经》和圣训中，目前尚不确定他有没有在巴格达获得萨达姆大学伊斯兰研究专业的博士学位。该大学由独裁者建立，用于拉拢宗教权势。

除了伊斯兰教经文，"新巴格达迪"还有另外两个爱好：他擅长

---

① 名字相似并不重要："巴格达迪"只是表示某人来自巴格达（这也说明了巴格达作为前阿拔斯首都的历史声誉）。阿布·巴克尔和奥马尔是常见的阿拉伯语名字，因为它们分别是穆罕默德之后的第一代和第二代哈里发的名字；因此，在伊拉克，阿布·巴克尔·巴格达迪这个名字相当于"来自纽约的大卫"。

的足球和公共道德准则的执行。据说他脾气暴躁，可能是因为射门失败或看到不同信仰的夫妻在婚礼上跳舞。

2003年美国入侵后不久，巴格达迪由于组织了一个不知名的抵抗性组织，于2004年2月在费卢杰被捕，被关进"布卡营"监狱。那里关押着2.4万名囚犯，被一位观察者称为"事实上的恐怖分子大学"，巴格达迪在狱友中很受欢迎。圣战分子们在布卡营交换思想，建立关系，并在拳击短裤的松紧带上写下彼此的联系方式。被释放后，他们会立即脱掉衣服，从短裤上剪下关键信息，并用其来重整和建立组织。

巴格达迪迷惑了美国人，使自己提前获释，之后他几乎立即与扎卡维的部队取得了联系。作为一名宗教学者，他对伊拉克伊斯兰国来说很有价值。对于伊拉克伊斯兰国的石头砸死通奸者，窃贼截肢，屠杀什叶派和其他叛徒等残暴运动，他可以为其提供神学掩护。2007年，他不再做这些，前往巴格达参加博士论文答辩。

2010年4月马斯里和阿布·奥马尔·巴格达迪的死亡，为布卡营的校友们空出了领导人的位置，而阿布·巴克尔·巴格达迪凭借其个人魅力、学术声誉、在布卡营的人脉以及所谓的古莱西血统位居榜首。[59]

在接下来的几年里，美国在伊拉克的影响力不断减弱，巴格达迪得以在全国扩大影响力，其影响力甚至进入了叙利亚。2013年4月，他宣称拥有基地组织在叙利亚的统治权，这让此时由扎瓦希里控制的基地组织中心大吃一惊，扎瓦希里将伊拉克伊斯兰国踢出了组织。在叙利亚内战如火如荼之际，总统巴沙尔·阿萨德实际上站在伊拉克伊斯兰国一边，有选择地轰炸其对手，让伊拉克伊斯兰国几乎不受影响。

到6月中旬，伊拉克伊斯兰国已经占领了伊拉克第三大城市摩苏尔。巴格达迪发现，自己现在掌控了一个辖域，这一辖域覆盖了叙利亚和伊拉克之间的边界,这一边界是由臭名昭著的 1916 年《赛克斯-皮科协定》划分的。[60] 伊拉克伊斯兰国命运的转变震惊了西方联盟;就在 6 个月前,奥巴马总统告诉记者戴维·雷姆尼克,"如果业余队的队员穿上湖人队的队服,那么这并不意味着他们就是科比·布莱恩特"。尽管奥巴马特别提到了基地组织袭击美国领土的能力,但他的时机再糟糕不过了。[61]

正如哈尔·林赛和朱海曼一样,对伊拉克伊斯兰国来说,"大拼图"几乎已经就位:世界处于道德和政治混乱之中,一个由先知后裔统治的无国界王国——哈里发政权,无疑就在眼前。唯一需要的是哈里发的神学基础。

一位名叫图尔基·比纳利的圣战学者完成了这项任务。这位来自巴林的神学家如此令人敬畏,足以被看作迈格迪西的继承人。和他的老师一样,他频繁进出监狱。2014 年初,当伊拉克伊斯兰国在叙利亚集结力量时,他到达叙利亚,见证了哈里发政权的诞生:"已经到达了一个有着史诗般战役和战争的地点——叙利亚,难道我们还会回去吗?……这里是伊斯兰,这里就是我的家;这里是我的住所,我属于这里。"[62]

但他的导师迈格迪西肯定不相信哈里发政权即将到来。令迈格迪西懊恼的是,比纳利很快就写了一篇题为《伸出你的手,把拜伊尔交给巴格达迪》的文章。[63]

2014 年 6 月 29 日,斋月的第一天,巴格达迪宣布重建哈里发政权,他本人就是哈里发易卜拉欣。5 天后,这位从未在公众集会上出现过的哈里发,登上了新占领的摩苏尔努里大清真寺的讲坛,戴黑色头巾,身穿黑色长袍,谦卑地接受了领导权,然后要求全世界穆斯林服从他的领导。除了经典的神职装束外,他还戴着一块高级圣战分子钟爱的、显眼而昂贵的手表,该手表除其他功能外,还每天 5 次提醒祈祷。[64]

此后，伊拉克伊斯兰国领导层决定将组织简称为伊斯兰国。几周后，伊斯兰国宣传人员出版了第一期《达比克》，文章标题为《哈里发制度的回归》：哈里发重生。《达比克》最初只在暗网①上发布，2014—2016年，一共发布了15期，这些内容现在可以从互联网上免费获得。65

到2015年底，约有3万名来自至少86个国家的外国战士前往伊拉克，加入了伊斯兰国，其中约1/6来自西方国家。66 与奥萨马·本·拉登冗长、晦涩难懂的阿拉伯语公报形成鲜明对比的是，《达比克》初期的英语、法语和德语版本（目标为潜在的西方新兵，特别是那些对伊斯兰教末日论缺乏深刻理解的新兵）。

其中充满了与西方之间的即将来临的末日大决战预言性典故，从最著名的末日圣训开始（见图15-2）。其中提到，"直到罗马人在阿马克或达比克登陆，末日才会确定"，并且耶稣将回归，在他面前，敌人"会像盐一样在水中融化"。对于那些仍然不理解预言含义的人，杂志提供了一个缩略版本：

> 根据圣训，在征服君士坦丁堡和罗马之前的战斗中，达比克及其周围地区会扮演重要角色。目前，达比克由十字军支持的萨赫瓦（逊尼派傀儡）控制，靠近其与哈里发之间的战争前线。67

很快，伊斯兰国将通过占领象征性意义重大、战略上次要的达比克城来实现这一预言。按照伊斯兰国的说法，由来自全球各地的战士

---

① 暗网：必须依靠使用覆盖网络才能访问，需要特定访问权限、代理配置、专用软件或特殊网络协议；属于网络上的黑市，充斥着信息泄露、欺诈和非法交易。此外，暗网也用于传递政治、经济等敏感信息和实施网络攻击。——译者注

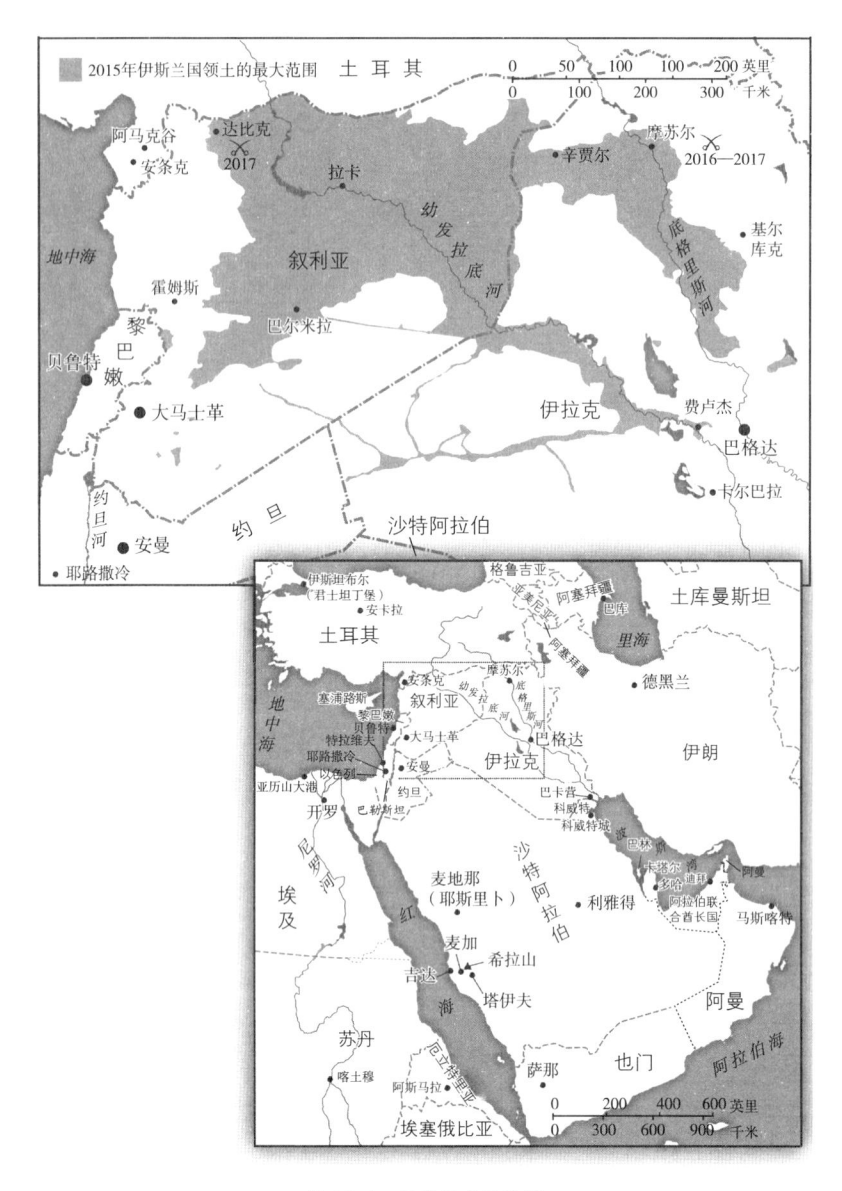

图 15-2 伊斯兰末日地标

组成的伊斯兰国军队将重建哈里发政权,并恢复伊斯兰教在世界上的正确地位:"很快,在真主的允许下,穆斯林将以主人的身份自由行走，享有荣誉，受到尊敬，昂首挺胸，保有尊严。"[68]

虽然英雄和反派的身份不同，但该杂志的摩尼教式世界观与林赛和莱希几乎相同：

> 事实上，今天的世界被分为两大阵营和两条战壕：伊斯兰和信仰者的阵营，库夫尔（不信仰者）和伪善者的阵营。目前没有第三阵营。或者说，穆斯林和圣战者的阵营，犹太人、十字军及其盟友，以及库夫尔的其他国家和宗教阵营。其中第二个阵营由美国和俄罗斯领导，并被犹太人鼓动。[69]

这个预言之后是逊尼派遭受到暴行和处决什叶派肇事者的残忍画面，前一种画面是为了引起支持者的同情，后一种画面是为了在反对者中制造恐惧。随后是人们对哈里发易卜拉欣的热情洋溢的描述。奇怪的是，杂志中还出现了美国国家安全委员会相貌出众的官员道格拉斯·奥利万特的照片，照片中他站在卡托研究所①的讲台后面，旁边还有他对伊斯兰国可怕能力的描述性文字。[70]该杂志随后列出了伊斯兰国通往胜利的五步路线图，从"迁移"（即移民到伊斯兰国领土）到"哈里发政权"。

奇怪的是，马赫迪在大清真寺围攻事件中扮演了如此重要的角色，现在却基本上不被提及。原因并不确定；也许马赫迪的出现需要一个日期，因此很容易让人失望；也许他在1979年围攻中的灾难性结局使他贬值了。因此，伊斯兰国叙事更多地聚焦于先知耶稣②战胜达加尔。[71]

---

① 卡托研究所（Cato Institute）是美国的一个自由意志主义智库。——译者注
② 先知耶稣：在伊斯兰教中，耶稣是仅次于穆罕默德的伟大先知，也具有极其崇高的地位。——译者注

"迁移"到伊斯兰国领土的西方人,通常不会说阿拉伯语,也没有受过军事训练,因此几乎没有什么用处。但有一种例外:那些有媒体经验的人。伊斯兰国制作的一段13分钟的视频中,有多名来自欧洲和澳大利亚的圣战分子赞美哈里发的辖地:"我们没有边界,我们参加了在叙利亚的战争,一段时间后我们将前往伊拉克,在那里战斗,然后回来。我们甚至将前往约旦和黎巴嫩,这都没问题。"另一段视频显示了一名伊斯兰国战士吹嘘攻击以色列,痛惜"我们在费卢杰的姐妹们"所生的畸形婴儿。还有一段视频则传达了一句妙语——放弃你在西方的"肥差事","问问自己,是什么阻止了你?是什么让你落后?是你的财富"[72]。

圣战主义媒体专家巧妙地使用了通往大脑边缘系统的捷径——音乐,就像莱尼·里芬斯塔尔的《意志的胜利》或者美国总统竞选广告中那样。由于虔诚的穆斯林回避乐器,因此伊斯兰曲调以催眠般的无伴奏合唱歌曲《纳希德》,来赞颂即将到来的哈里发政权,并规劝信徒殉道。

《纳希德》在多起伊斯兰恐怖袭击中扮演了重要角色。例如,2013年,察尔纳耶夫兄弟制造了致命的波士顿马拉松爆炸案后,由于他们的苹果手机无法连接所劫持车辆的立体音箱,无法收听激进纳希德的声音,于是他们冒着风险开车返回丢弃的汽车里,取回他们的CD。安瓦尔·奥拉基对于圣战音乐的魅力印象特别深刻:"一个好的纳希德可以传播得如此之广,可以吸引那些你无法通过演讲或书籍接触到的听众。"[73]

许多年轻人在西方过着与周围格格不入的、没有目标、似乎毫无意义的生活,他们被这场建立在有着1 400年历史的末日叙事基础上的大冒险吸引。最近的圣战新兵中有高比例的欧洲新皈依者,这就是明证。[74]正如一名叙利亚逊尼派叛军对路透社记者所说的那样,"如果你认为所有这些圣战者都是从世界各地来攻打阿萨德的,那你就错了。他们都是按照先知的承诺来到这里的。这是先知承诺的战争,一场伟大的战争①"75。

正如心理学家蒂莫西·布罗克和梅拉妮·格林指出的那样，叙事越有力，就越能腐蚀人类的批判性思维。对已经厌倦了西方主导的世界、与西方生活格格不入的新兵来说，伊斯兰国的叙事足够强大，足以在种族大屠杀、强奸和奴役等方面为他们提供神学掩护。

2014年8月，伊斯兰国占领伊拉克北部后，辛贾尔省的很多伊斯兰教雅兹迪派成员发现自己处于伊斯兰国的统治之下。2014年10月11日出版的第四期《达比克》不仅使迫害该教派合理化，还将此迫害美化为鼓励信徒参与种族驱动的大规模奴役、强奸和谋杀的手段。

雅兹迪人相信安拉把世界托付给了7位天使，其中最重要的是他们特别尊敬的孔雀王。《达比克》中提到，这样的异端邪说使雅兹迪人成为多神教徒或异教徒："他们的信条如此离经叛道，连基督教徒都认为他们是魔鬼的崇拜者和撒旦教徒。"《达比克》中提到，关于多神论者，《古兰经》中讲得很清楚：

> 那么当禁月过去，无论你们在哪里发现多神教徒，都要杀掉他们，俘获他们，包围他们并在各处埋伏等待着他们。但是如果他们悔悟并立行礼拜和完纳天课（穆斯林缴纳的税款），你们就任他们自由。的确，安拉是宽恕的、仁慈的。

与基督教徒和犹太人不同，伊斯兰教义认为"有经者"②可以通

---

① 在阿拉伯语中，"伟大的战争"也译为"屠杀"。
② 在伊斯兰教中，"有经者"指的是受启示者，常指亚伯拉罕诸教的信徒，尤其是一神论者。但不同宗教对"有经者"的理解不同，例如犹太教的"有经者"只限犹太人自身。——译者注

过上缴"人头税"（非穆斯林缴纳的税款）而受到保护。伊斯兰国将雅兹迪人视为异教徒。但伊斯兰国的神学家们争论雅兹迪人究竟一直是异教徒，还是最初是穆斯林，后来成为叛徒。这一区别至关重要，因为叛教的妇女必须得到与叛教男子相同的选择——皈依或死亡，而一直是异教徒的妇女可以被奴役。

《达比克》中提到，伊斯兰国认定雅兹迪人一直是异教徒，因此他们的妇女应该做奴隶。但安拉是仁慈的，不允许他们的性奴与其孩子分离。更妙的是，根据一条圣训，当"奴隶女孩生下她的主人"，这就是末日的标志。对这句话的解释模棱两可，也许是指主人的孩子成了主人，或者奴隶数量的增加本身就是末日的标志，或者是指末日时男人会放弃婚姻、与姜相处。但无论如何，根据《达比克》的说法，带走非信徒的女性"是由伊斯兰教法所确立的，如果有人拒绝或嘲笑，那么他就相当于否认或嘲笑《古兰经》的经文和先知的叙述，背离伊斯兰教"[76]。

因此，伊斯兰国让雅兹迪人皈依；伊斯兰国的士兵经常在拒绝皈依者的家人面前割断他们的喉咙或砍掉他们的头。4/5 的妇女和儿童被分配给伊斯兰国的士兵，其余 1/5 被送到基地，被关押的妇女经常遭受轮奸。许多雅兹迪人设法逃走了，但结果是被饿死。截至 2017 年，根据联合国估计，伊斯兰国组织已经杀害了 3 000 名雅兹迪人，劫持了 7 000 人。[77]

从 2014 年中开始，伊斯兰国在全世界范围内直接或煽动制造了多场袭击。最引人注目的是，2015 年 11 月 13 日，巴黎巴塔克兰音乐厅和其他地点的屠杀造成 130 人死亡，530 人受伤；2016 年 7 月 14 日，法国尼斯地区的国庆日卡车袭击事件造成 84 人死亡，458 人受伤。据估计，截至 2019 年 8 月，伊斯兰国在叙利亚和伊拉克境外直接或煽动制造的袭击夺走了 3 800 多人的生命。[78]

2014 年中，巴格达迪升级为哈里发易卜拉欣时，基本是伊斯兰国的巅峰时刻。当时的伊斯兰国有约 800 万人口、大量武器储备以及油田和炼油厂的收入。之后，它在伊拉克和叙利亚的胜利以及在世界范围内开展恐怖活动的能力，引起了西方的军事反应，再加上伊斯兰国的极端残暴以及伊拉克总理马利基被更具调和倾向的海德尔·阿巴迪①取代，伊斯兰国对逊尼派的影响有所减弱。从 2016 年 10 月起，越来越强大的伊拉克政府军队，在美国领导的空袭和库尔德武装的协助下，逐渐收复了摩苏尔地区，并在 2017 年 1 月下旬以灾难性的方式夺回了摩苏尔城市东段。可能有超过 10 000 名平民和大约 1 000 名联军部队成员在袭击中丧生；仅这一次行动中就有多达 16 000 名伊斯兰国战士被杀，至此，伊斯兰国已经大不如从前了；2019 年 10 月 26 日，美国特种部队在叙利亚西北部突袭，巴格达迪被逼入绝境，他引爆了一件爆炸背心，将自己和他的两个孩子炸死。[79]

在与伊拉克伊斯兰国/伊斯兰国的整场冲突中，伊拉克政府军和以美国为首的外国军队可能杀害了多达 6 万名伊斯兰国战士。伊斯兰国在战场上的形势逆转，削弱了它在欧美地区策划和煽动恐怖袭击的能力，尽管它仍然能够在中东和亚洲地区发起一些骇人行动。《达比克》于 2016 年停止出版，到 2018 年初，它的宣传流量已经下降了约 2/3。

正如许多伊斯兰末日论的观察家预测的那样，早在 2014 年中，伊斯兰国就停止了继续扩张；它已经控制了伊拉克和叙利亚的逊尼派腹地，基本不打算进一步征服土耳其、库尔德人控制的领土以及什叶派地区。由于没有任何持续的征服，哈里发政权失去了正统性和征兵能力。[80]

此外，伊斯兰国最初的胜利引起了伊拉克什叶派民兵组织的强烈

---

① 马利基是什叶派，而海德尔·阿巴迪是逊尼派。——译者注

抵制，特别是伊玛目穆克塔达·萨德尔领导的部队。2014年底，通常支持和平的伊拉克什叶派最高神职人员大阿亚图拉·阿里·西斯塔尼呼吁战斗人员"保卫国家和人民，保卫公民荣誉和圣地"，这引发了热情的新兵征募潮。这些什叶派民兵组织得到了由传奇指挥官卡西姆·索莱马尼领导的伊朗精英"圣城部队"的资金、人员和物资的大力支持（索莱马尼于2020年死于美国的无人机袭击）。在残酷的后续报复行动中，数千名无辜的逊尼派教徒被杀害。[81]

由于不再获取更多的领土以及军事形势的迅速逆转，伊斯兰国的末日叙事前景及物质回报和异教徒性奴都在减少；到2016年中，那些没有被炸成废墟的训练营因缺少新兵而关闭。2017年10月17日，伊斯兰国设在叙利亚拉卡市的"首都"，落入由美国特种部队支持的叙利亚反政府军手中。2019年3月下旬，联军占领了最后一块被伊斯兰国占领的土地。[82]

目前，伊斯兰国在中东地区仍然是一个重要角色，它在欧美地区的追随者仍然能够发动"孤狼袭击"①，但那个曾经引导了胜利的、不断扩大的哈里发政权的末日叙事已经消失，伊斯兰国也不像以前那样能够吸引来自发达国家的数万名天真的年轻追随者。

但是，只要整个社会中存在屈辱和失望，启示性末日论就能也必然将蓬勃发展。今天的伊斯兰世界就是这样，尤其是在它从西方那里收到了真实或想象中的失败的情况下。

此外，基督教末日论在20世纪末的兴起表明，即使在成功、繁荣的社会中，末日类叙事也可以蓬勃发展，而所有三种亚伯拉罕信仰都可以为末日叙事提供肥沃的土壤。人类对引人入胜的故事的渴望（其中末日类故事最具诱惑力）加剧了另一种不幸的倾向，即我们的

---

① 一名袭击者在没有充足外部协助的情况下单独行动，致数人死亡。——译者注

"群体内/群体外行为"倾向。相当一部分人总会持有一种极具诱惑性的观点,认为自己是被选中的少数人中的一员,将参与建立一个良性新秩序,而这一新秩序要求焚烧非信徒。这种幻想已经驱动了几个世纪的宗教性群体狂热,从明斯特的扬·博克尔松和他的追随者,到美国的威廉·米勒和杰瑞·法威尔,再到被吸引至伊斯兰国地狱的数万人。

后记

> 我们都是生存机器——作为运载工具的机器人,其程序是盲目编制的,为的是永久保存所谓基因这种禀性自私的分子。
>
> ——理查德·道金斯[1]

如果查尔斯·麦基能够穿越时空来到今天,那么1844年的大失望、20世纪20年代和20世纪90年代的股市泡沫,以及最近兴起的三种亚伯拉罕宗教的末日幻想都丝毫不会让他惊讶。同时,他会被达尔文关于人类进化的论述吸引(这一论述描述了1841年出版《非同寻常的大众幻想》之后的一代人),并思考如何将进化论用于所写的情节。同样,他也会被20世纪的心理学和社会心理学研究吸引。

首先,也是最重要的一点,麦基会知道我们石器时代的祖先受本能的驱使,依靠相互合作、交流以及最重要的模仿,在缺乏食物,面对各种有毒浆果、毒蛇以及跑得更快、牙齿更大的食肉动物的环境中生存。

从石器时代末期到现在,我们只是大概第300代人,仍然被这些古老的生存本能驱使。这300代人不仅没有足够长的时间进化出更多的分析性认知，而且在相对更人性化的工业或后工业世界中，这种心智能力的提高会给人类带来生存性优势是值得怀疑的。换句话说，人类可能注定要带着石器时代的思维，在太空时代的星球上蹒跚而行。

事实上，我们的许多行为都有更古老的根源。我们的许多和蚯蚓相同的基因已经存在了数亿年之久，例如调节食欲的基因。[2] 我们对富含能量的甜食和高脂肪食物的偏好可能起源于我们的脊椎动物祖先，这远在人类物种进化之前。但在一个充斥着廉价糖和脂类的现代世界，这一基因已经变得极度不适应。

从《非同寻常的大众幻想》角度看，模仿可能是我们最重要的进化特征。除了我们先进的认知和语言能力外，模仿制造新工具的能力——北极的皮艇、北美大平原上猎杀野牛的工具和亚马孙盆地的喷枪——让我们能够在地球上的大多数地方生存。但可悲的是，我们也将模仿倾向运用于一些适应性不良、有时令人憎恶的行为。

证明适应性不良现象的最著名的实验，可能是斯坦利·米尔格拉姆的"服从"实验和菲利普·津巴多的"斯坦福监狱"实验。在米尔格拉姆的实验中，"实验者"经常说服受试者（"教师"）对回答错误的"学生"进行"致命"电击。[3] 同样，斯坦福监狱实验将受试者分为"囚犯"和"看守"。几天之内，两组人都模仿并内化了自己的角色，以至于两组人之间爆发了暴力冲突。[4]

这两项实验都受到了严肃的批评，但道德和知识腐败的传染性问题基本上不是一个理论或实验问题，因为现实世界中的很多更好的例子能够说明异常性行为如何在显然正常、适应良好的人中传播。[5] 例如，20世纪90年代的安然丑闻就表明了非理性和道德腐败的传染性。主人公肯尼斯·莱、杰弗里·斯基林和安德鲁·法斯托都不认为自己不道德；毕竟，周围的每个人都认为他们是很好的、非常聪明的人，且他们正给美国经济带来革命性的变化。此外，与心理学家所罗门·阿希的线条长度实验中实验对象受到同桌的误导一样,安然员工接受了周围同事和记者们几乎一致的意见,但这些意见是不正确的。

也许最极端的道德失范传染的例子表现在强权社会中,比如波尔布特统治下的红色高棉,"文革"时期的中国,当然还有纳粹时期的德国。历史学家劳伦斯·里斯采访了那些在纳粹集中营里担任过警卫和管理人员的人,他发现,当他们的寿命已经所剩无几的时候,他们已经不像几十年前那样对自己曾经的工作闭口不言。里斯惊讶地发现,这些德国人的男女比例大概是1:1,并不是盲目服从命令的邪恶机器,而是外表正常、聪明的个体,他们都认为自己参与了一项有价值而又合乎道德的事业,即消灭世界上的犹太害虫。就像一家精英公司的初级管理人员一样,他们通过竞争和创新,以最高的效率完成可怕的任务。[6]

即便如此,这些德国人的这种同行驱动的不人道行为还是有局限性的,尤其在机枪一次性射杀数千名犹太人时,即使在强硬的党卫军中,这种行为也会带来心理困扰。因此,索比堡、贝乌热茨、特雷布林卡和比克瑙(奥斯维辛集中营)等最"高效"的纳粹集中营,都依靠非德国俘虏来完成最肮脏的工作,且只需要相对较少的德国人员,例如,贝乌热茨集中营大约只有20个德国人员,却屠杀了60万人。[①]

由此得出这样一个黑暗结论:如果我们的同行中有足够多的人认为种族灭绝是可取的,那么我们中的许多人(如果不是大多数的话)都会有这样的想法。如果你仍然认为德国例外主义是大屠杀的主要因

---

① 国社党很早就发现,将父母和孩子分离将造成骚乱,从而延缓屠杀进程。里斯可能是唯一一位采访过德国、日本和苏联这3个二战时期极权国家的监狱警卫的研究人员。他指出,与德国监狱的工作人员相比,苏联和日本警卫主要是出于恐惧而工作,并非意识形态认同。

素，那么你应该考虑英国官员在德占海峡群岛泽西岛和根西岛①上的行为，他们愿意配合德国人，将犹太人居民送到纳粹营地。用一位前纳粹官员的话说："当今世界的问题是，从未受过考验的人总是对受过考验的人做出评价。"⁷或者，更简洁地说，我们永远不要低估人类模仿的倾向，尤其是平常那些有益的、帮助经济和整个社会顺利运转的群体幻想，可能会迅速变异为欺诈性或种族灭绝性的群体幻想。

麦基也同意这样的观点，即人类是会讲故事的猿猴——麦基本人就是个叙事能手。当我们的远古祖先需要彼此交流才能生存时，他们并没有使用三段论、数字数据或数学公式来交流。他们交流的主要方式过去是、现在仍然是——叙述："你从右边，我从左边，我们从两边刺杀这头乳齿象。"人类是叙事性动物，无论叙事多么具有误导性，如果它足够令人信服，那么至少在这些事实造成巨大痛苦或伤害之前，它几乎总是会战胜事实。就像中东的伊斯兰国军队和明斯特的再洗礼派一样，这些事实会毁灭信徒们自己。

此外，我们听故事不仅因为我们喜欢故事本身，而且因为我们想知道故事的结局；任何故事都不如关于世界最终命运的故事更吸引我们，并让我们身临其境。越能让人们感到身临其境的叙事，越能腐蚀人们的分析能力；一个设计巧妙的末日叙事，可以说服男人们放弃所有的世俗财产，或者愉快地把他们的妻子和女儿都送到故事讲述者的床上。

我们将塑造事实，使之符合我们先前存在的观点，而不是让后者符合前者；对于这一点，麦基是认同的。无论何时何地，我们都会成

---

① 泽西岛和根西岛是英属海峡群岛里两个主要的大岛。第二次世界大战时，这两个岛曾被德军占领，是二战期间唯一被德国掌控过的英国领土，但不属于英国本土。——译者注

为确认偏见的牺牲品,坚持那些与我们的信仰最一致的事实,故意忽略那些与我们的信仰不一致的事实。

从技术角度讲,如果我们真的理性,就应该按照"贝叶斯推理"这种分析方法来阐述我们对世界的看法。"贝叶斯推理"是由18世纪的英国哲学家托马斯·贝叶斯发明的,是一种面对新数据时会改变预测的数学规则。如果一个人不喜欢某个政客,他认为该政客有50%的概率发生犯罪行为,那么根据贝叶斯推理,当一个新的、强有力的开脱罪责的证据出现时,他应该把对该政客犯罪概率的估计下调到50%以下。

但人们并不是这样做的;当我们对某个话题持有强烈观点时,我们会有意避开与观点相悖的数据;当这些数据和信息不能再被忽略时,这会引发幻想性信仰的改变,就像多萝西·马丁的飞碟教派那样。人类远非理性的"贝叶斯人",实际上常常是"反贝叶斯人",这一事实推动了幻想性信仰的传播。

毫无疑问,麦基知道,一个引人入胜的叙事可以像传染性病原体那样,在一个特定的群体内以指数级增长的方式迅速传播,其速度和一个新冠肺炎病毒超级传播者传染大批接触者的速度一样。此外,正如阿希博士的实验所表明的那样,如果一个错误的信念足够普遍,它就会获得一个临界质量[①]。

当我们周围越来越多的人持有相同的幻想时,我们就更有可能相信这个幻想,所以我们周围的人也更有可能相信它,这是一个缺乏刹车系统的恶性循环。在存在幻想传染、又没有有效防御措施的情况下,失控的狂热越来越有动力,直到最终撞上现实的砖墙。

最后,麦基一次又一次地描述了人类倾向于以摩尼教式思想看待

---

① 临界质量:指由量变到质变的拐点,或者达到质变的最小数量。——译者注

生活——一场善与恶之间的赤裸裸的泾渭分明之战。如果达尔文的《物种起源》早一代出版的话，麦基就会理解，这是人类石器时代进化的又一个包袱。麦基会进一步意识到，人类近乎普遍的过度自信倾向既有利于我们的生存，也会让我们认为自己站在道德制高点上：这本书和麦基的书都会被宗教群体排斥，因为他们认为那些不认同他们世界观的人来自地狱（在极端的情况下，应该死）。

伊斯兰国只是这场摩尼教式幻想展览会上的一辆最新花车；在一段时间里，伊斯兰国掌握着一种叙事，这种叙事使那些遭受贫困、战争和压迫的人信服和满足：受苦难者作为正义之士参与了这场正义和邪恶之战，安拉迟早会让他们战胜邪恶的压迫者，从而获得最终和永久的胜利。因此，这种21世纪伊斯兰教末日叙事与16世纪扬·博克尔松的叙事或20世纪哈尔·林赛的叙事几乎没有什么不同。（尽管林赛的后期对手——社会主义者、撒旦主义者和占星家，与哈布斯堡帝国或以色列和西方军队的实力相比确实是弱者。）

这本书和麦基的书对幻想性金融狂热的描述，与末日描述只是在类别上不同而已。两种叙事都非常令人愉快：当选者都将免去生命的苦难，在末日描述中，是通过神奇的精神手段，而在金融描述中，是通过神奇的经济手段。在这两种情况下，确认偏见和人类模仿都扮演主角。

金融幻想和宗教幻想的主要区别在于，前者在很大程度上缺乏摩尼教式元素，而后者的前沿和中心就是摩尼教式思想。此外还有其他区别。回想一下，泡沫的诊断性特征之一是对怀疑论者的强烈反应。在我写这段话的时候，围绕着加密货币（比特币就是其中的一个例子）的兴奋，似乎展现出了早期金融狂热的所有迹象和症状。也许最著名的比特币代言人是"杀毒软件之父"约翰·麦卡菲，他认为比特币的价格在3年内能达到50万美元，任何怀疑比特币价值的人，如果不是恶魔，那么至少是个白痴。[8]（比特币在2017年底达到20 000

美元的价格后,到2020年中,其交易价格为11 800美元。)

麦基除了会被现代心理学和进化论关于群体幻想行为的见解吸引之外,也会从海曼·明斯基和查尔斯·金德尔伯格等经济学家针对金融狂热的最新研究中学到很多东西。这些研究清楚地表明,金融狂热事件总是与激动人心的新技术、放松的信贷、健忘症和放弃久经考验的金融分析方法等有关。同样,比特币等加密货币也很有启发性;虽然似乎很少有人通过直接投资这些工具而致富,但它们背后的所谓区块链技术很可能通过彻底改革银行业和政府金融而使整个社会受益。

麦基是一个完美的故事讲述者,但由于他的时代缺乏关于人类行为、遗传学和自然选择学说的科学知识,他受到一定的阻碍。他对集体幻想的精彩描述虽然极具启发性,但也仅限于此。尽管麦基不知道这些科学知识(现在我们知道了),但他一定想过,人类注定要反复经历金融和宗教领域的这种摧残。

致谢

这本书结合了神经心理学、社会心理学、进化心理学、金融经济学和金融历史学、宏观经济学、三种亚伯拉罕宗教的末日论，以及从古代到现代的广泛的历史性分析。很少有人能同时掌握这些学科中的几个，更不用说全部了。因此，我感谢以下领域中的众多专家。

迈克尔·巴肯阐述了千禧年主义和暴力之间的关系；戴维·布利策和金伯利·博伊尔提供了道琼斯指数回报率的数据；斯科特·伯恩斯和劳拉·雅各布斯提供了报纸档案材料；已故的约翰·博格尔，伯顿·马尔基尔和理查德·西拉提供了对20世纪60年代科技投资热潮的观点；D. 坎贝尔·米克尔约翰提供了偏见失验的功能磁共振成像数据；爱德华·钱塞勒提供了股市泡沫方面的观点；亨利·克莱门茨帮我翻译阿拉伯语资料；感谢克里斯·丹尼斯顿让我注意到麦基的前人——理查德·达文波特；雅各布·戈尔茨坦帮我寻找美国国家公共电台的档案；恩里克·戈梅斯帮我访问基督复临安息日会数字图书馆并提供其他帮助；格尔肖姆·戈伦伯格提供了小奶牛梅洛迪的历史资料；乔尔·格林布拉特提供了高尔顿实验的拓展实验及其评论；托马斯·赫格哈默阐述了围攻麦加城的末日论；罗恩·英格哈特提供了宗教信仰的定量数据；菲利普·詹金斯阐述了20世纪80年代撒旦主义道德恐慌；菲利普·约翰逊－莱尔德和巴里·波皮克阐述了现代确认偏见概念的起源；托比·琼斯阐述了沙特东部的什叶派叛乱；布伦丹·卡奇阐述了希特勒的说服力；奥菲尔和哈伊姆·凯达尔阐述了犹太复国主义历史；丹尼尔·列维京阐述了音乐在幻想传播过程中的作用；彼得·洛根阐述了麦基的文学写作历史；迈克·派珀阐述了退休金计划的历史；苏珊·普利亚姆和彭妮·王阐述了20世纪90年代互联网泡沫的基本历史；彼得·里彻森提供了关于群体进化争论的观点；让－保罗·罗德里格阐述了互联网流量的爆炸性增长；特里·安·罗杰斯提供了一般性评论；格雷格·施拉姆阐述了互联网历史；罗伯特·席勒阐述了流行病学模型与金融的相关性；马修·埃弗里·萨顿提供了关于现代时代论的观点；罗伯特·特里弗斯提供了在进化心理学方面的精妙观点；布雷特·惠伦阐述了约阿希姆和闵采尔的再洗礼派之间的联系；巴里·威格莫尔阐述了富兰克林·罗斯福在总统就职前关于金本位制的立场；贾森·茨威格提供了对早期金融泡沫的评论和建议。

　　我特别感谢戴维·库克和让－皮埃尔·菲利于在伊斯兰教末日思想和文学方面给我的帮助。克劳福德·格里本慷慨地引导我了解时代论的历史起源。理查德·格里格向我详细描述了引人入胜的叙事对分析能力的侵蚀。罗纳德·纳伯斯和安德鲁·奥德里兹科分别向我介绍了他们在米勒派和早期金融泡沫方面的丰富的知识。

　　最后，克里斯托弗·麦基（与查尔斯·麦基没有任何关系）非常慷慨地向我介绍了再洗礼者疯狂方面的知识。

　　正是由于所有这些人，我才没有更严重地暴露出自己在这些领域的知识空白。

　　这本书从初稿完成到正式出版，乔治·吉布森指导我一路走来，不仅帮我将一大堆无法辨认、相互脱节的章节变成了一个连贯的整体，而且还向我传授了一些我所急需的编辑规则和他几十年来在出版领域积累的大量智慧。

埃米莉·伯恩斯负责图像授权,格蕾琴·默根特勒负责书的护封,朱莉娅·伯纳-托宾负责精确性,约翰·马克·博林负责宣传,马丁·卢比考斯基负责地图,刘易斯·奥布赖恩负责权限建议和支持。

同往常一样,从最初阶段开始,我的妻子兼首位读者简·吉格莱尔就提供了宝贵的评论,付出了大量的精力。

没有她,我会迷失方向。

注释

前言

1. Charles Mackay, *Memoirs of Extraordinary Popular Delusions* (London: Richard Bentley, 1841), Volumes I–III. 除非另有说明，本书下文中提到的均为此版本。
2. 麦基使用的"郁金香投机"的单词是"tulipomania"，后来这个单词省略了字母 o，即"tulipmania"。
3. Herodotus, *The Histories* (Baltimore: Penguin Books, 1954), 190–191.
4. Hans C. Breiter and Bruce R. Rosen, "Functional Magnetic Resonance Imaging of the Brain Reward Circuitry in the Human," *Annals of the New York Academy of Sciences* Vol. 877, No. 1 (February 6, 2006): 523–547; John P. O'Doherty et al., "Neural Responses during Anticipation of Primary Taste Reward," *Neuron* Vol. 33, No. 5 (February 28, 2002): 815–826; Gregory S. Berns et al., "Predictability Modulates Human Brain Response to Reward," *The Journal of Neuroscience* Vol. 21, No. 8 (April 15, 2001): 2793–2798; 以及 Wolfram Schultz et al., "A Neural Substrate of Prediction and Reward," Science Vol. 275, No. 5307 (March 14, 1997): 1593–1599。
5. Charles P. Kindleberger, *Manias, Panics, and Crashes* (New York: John Wiley & Sons, 2000), 15.
6. David Halberstam, *The Best and the Brightest* (New York: Random House, 1972).
7. Craig R. Whitney, "Cult Horror Maims Prominent French Family," *The New York Times*, December 27, 1995. 也可见 Alan Riding, "Chalets Burn—2 Others Dead in Canada: 48 in Sect Are Killed in Grisly Rituals," *The New York Times*, and Gustav Niebuhr, "Victims in Mass Deaths Linked to Magical Sects," *New York Times*, both October 6, 1994; Alan Riding, "Swiss Examine Conflicting Signs in Cult Deaths," *The New York Times*, October 7, 1994; "18 Sought in 3 Nations; Linked to Doomsday Sect," *The New York Times*, December 22, 1995; Craig R. Whitney, "16 Burned Bodies Found in France;

Cult Tie Suspected," *The New York Times*, December 24, 1995；以及 "French Say 2 Cult Members Shot Others," *The New York Times*, December 28, 1995。

8. David Gelertner, "A Religion of Special Effects," *The New York Times*, March 30, 1997.

9. Todd Bersaglieri et al., "Genetic Signatures of Strong Recent Positive Selection at the Lactase Gene," *American Journal of Human Genetics* Vol. 74, No. 6 (April 2004): 1111–1120; Tatum S. Simonson et al., "Genetic Evidence for High-Altitude Adaptation in Tibet," *Science* Vol. 329, No. 5987 (July 2, 2010): 72–75; 以及 Xin Yi et al., "Sequencing of 50 Human Exomes Reveals Adaptation to High Altitude," 同上, 75–78。

10. Robert Boyd and Peter J. Richerson, "Culture and the evolution of human cooperation," *Philosophical Transactions of the Royal Society* Vol. 364, No. 1533 (November 12, 2009): 3281–3288.

11. Melanie C. Green and Timothy C. Brock, "The Role of Transportation in the Persuasiveness of Public Narratives," *Journal of Personality and Social Psychology* Vol. 79, No. 5 (2000): 701–721.

12. Robert Trivers, *The Folly of Fools* (New York: Basic Books, 2011), 9–11.

13. Matthew Haag, "Robert Jeffress, Pastor Who Said Jews Are Going to Hell, Led Prayer at Jerusalem Embassy," *The New York Times*, May 14, 2018.

14. Pew Research Center, "Jesus Christ's Return to Earth," July 14, 2010, https:// www. pewresearch. org/fact-tank/2010/07/14/jesus-christs-return-to-earth/, accessed August 29, 2019.

15. Jeff Sharlet, "Jesus Killed Mohammed: The Crusade for a Christian Military," *Harpers*, May 2009, 31–43. 也可见 Laurie Goodstein, "Air Force Chaplain Tells of Academy Proselytizing," *The New York Times*, May 12, 2005, 以及 Neela Banerjee, "Religion and Its Role Are in Dispute at the Service Academies, *The New York Times*, June 25, 2008。

16. Daniel Ellsberg, *The Doomsday Machine* (New York: Bloomsbury, 2017), 64–89.

17. Francis Galton, "Vox Populi" *Nature* Vol. 75, No. 1949 (March 7, 1907): 450–451; 以及 Galton, Letters to the Editor, *Nature* Vol. 75, No. 1952 (March 28, 1907): 509–510。

18. 集体决策准确性的现代经典案例包括1966年在地中海丢失的热核弹头和1968年在大西洋沉没的"蝎子"号航母残骸。在这两个案例中，根据统计，对其位置的群体平均估计值仅偏差了200米，这个数值比最好的个体估计值还准确。参考 Sherry Sontag and Christopher Drew, *Blind Man's Bluff* (New York: HarperPaperbacks, 1999), 63–65, 96–117。

19. Galton, op. cit., and Galton, "The Ballot-Box," *Nature* Vol. 75, No. 1952 (March 28, 1907): 509; Friedrich von Hayek, "The Use of Knowledge in Society," *American Economic Review* Vol. 35, No. 4 (September 1945): 519–530; 以及 James Surowiecki, *The Wisdom of Crowds* (New York: Anchor, 2005)。

20. Joel Greenblatt and Barry Ritholtz, *Masters in Business*, April 20, 2018, https://assets. bwbx. io/av/users/iqjWHBFdfxIU/vcNFFMk_gBGg/v2. mp3.

21. Frederich Nietzsche, *Beyond Good and Evil* (Cambridge, UK: Cambridge University Press, 2001), 70.

22. Charles Mackay, *Memoirs of Extraordinary Popular Delusions*, I:3.
23. F. Scott Fitzgerald, "The Crack-Up," *Esquire* (February 1936), http://www.pbs.org/wnet/americanmasters/f-scott-fitzgerald-essay-the-crack-up/1028/, accessed March 5, 2016.
24. Philip Tetlock, *Expert Political Judgment* (Princeton, NJ: Princeton University Press, 2005).
25. Richard Alfred Davenport, *Sketches of Imposture, Deception, and Credulity* (London: Thomas Tegg and Son, 1837).
26. Ann Goldgar, *Tulipmania* (Chicago: University of Chicago Press, 2007), 5–6.
27. 例如，见 Peter Melville Logan, "The Popularity of Popular Delusions: Charles Mackay and Victorian Popular Culture," *Cultural Critique* Vol. 54 (Spring 2003): 213–241。

第1章 末日论的起源：约阿希姆的子民们

1. Kurt Vonnegut, *Cat's Cradle* (New York: Dial Press Trade Paperback, 2010), 182.
2. Marjorie Reeves, *Joachim of Fiore & the Prophetic Future* (Stroud, UK: Sutton Publishing, 1999), 8–23.
3. Hesiod, "Works and Days," 640, http://www.theoi.com/Text/HesiodWorksDays.html, accessed March 16, 2016.
4. 同上，109–121。
5. 同上，170–202。
6. I. E. S. Edwards, Ed., *The Cambridge Ancient History* 3rd Ed. (Cambridge, UK: University Press, 1975), Vol. II, Part 2, 558–605. 也可见 Paul Johnson, *A History of the Jews* (New York: HarperPerennial, 1987), 50–70。
7. A. T. Olmstead, "The Text of Sargon's Annals," *The American Journal of Semitic Languages* Vol. 47, No. 4 (July 1931): 263.
8. II Kings 24:12–14.
9. II Kings 25:7
10. Zedekiah, 1–48, 以及 Paul Boyer, *When Time Shall Be No More*, (Cambridge: Harvard/Belknap Press, 1992), 24–26.
11. Daniel 1:20.
12. Daniel 2:1–35.
13. Mircea Eliade, *Cosmos and History*, trans. Willard R. Trask (New York: Harper Torchbooks, 1959), 124–125.
14. Daniel 2:44.
15. Daniel 2:12. 关于墨涅拉俄斯和安条克在犹太宗教习俗变化中所起的作用是存在争议的。尤其存在争议的是，这些措施究竟是安条克单方的压制性强加政策，还是开明的犹太教徒所赞同的急需的改革，参见 Johnson 104–107; Norman Cohn, *Cosmos, Chaos, and the World to Come* (New Haven, CT: Yale University Press, 1995), 166–175；也可见 John J. Collins, *The Apocalyptic Imagination* (Grand Rapids, MI: William B. Erdmans

Publishing Company, 1988), 85–144。

16. R. H. Charles, *Lectures on the Apocalypse* (London: Humphrey Milford, Oxford University Press, 1922), 1, 63.《启示录》晦涩难懂的另一种解释是,《启示录》的作者试图编造一种叙事,将《以西结书》和《但以理书》更新,主要供 1 世纪和 2 世纪的犹太人阅读,见 Christopher S. Mackay. P422。

17. 关于《启示录》的叙事结构问题,见 Robert H. Mounce, *The Book of Revelation* (Cambridge, UK: William B. Eerdmans Publishing Company, 1984), 31–32；也可参见 Charles, 39–51。

18. Cohn, *Cosmos, Chaos, and the World to Come*, 215; Revelation 1:22. 参考一篇《启示录》的学术解读综述,见 Charles, *Lectures on the Apocalypse*；以及 John M. Court, *Myth and History in the Book of Revelation* (Atlanta, GA: John Knox Press, 1979), 16–19, 43–159。

19. Eliade, 123–124.

20. Robert Wright, *The Evolution of God* (New York: Little, Brown and Company, 2009), 193.

21. *Spirit and Power*: *A 10 Country Survey of Pentecostals* (Washington, DC: The Pew Forum on Religion & Public Life, 2006), 6, 155；也可见 Pew Research Center, "Jesus Christ's Return to Earth," July 14, 2010, accessed August 29, 2019。奇怪的是,这项研究没有关注美国以外的其他发达国家,只关注了一些发展中国家；例如,88% 的尼日利亚人相信《圣经》代表了上帝的字面意思。

22. 对于奥古斯丁对千年和耶稣复临的观点的一个详细讨论,见 http://persweb.wabash.edu/facstaff/royaltyr/augustine.htm。

23. Saint Augustine, *The City Against the Pagans* XVII:53, http://www.loebclassics.com/view/augustine-city_god_pagans/1957/pb_LCL416. 79. xml, accessed March 12, 2016, 以及 *City of God* XVIII:30；以及 Alison McQueen, *Political Realism in Apocalyptic Times* (Cambridge, UK: Cambridge University Press, 2018), 50。

24. Keith E. Stanovich and Richard F. West, "Individual differences in reasoning: Implications for the rationality debate?" *Behavioral and Brain Sciences* Vol. 23 (2000): 645–726.

25. Richard J. Gerrig, *Experiencing Narrative Worlds* (New Haven, CT: Yale University Press, 1993), 10–11. 在格里格的精确措辞中,某个人(指被运送者)由于特定的行为而通过某种运送工具被运送。被运送者离开原来的世界一段距离,这使他无法再访问原来的世界的某些方面。被运送者返回时,原来的世界会因为运送而有所改变。

26. Emily Dickinson (Mabel Loomis Todd and T. W. Higginson, Eds.), *The Poems of Emily Dickinson* (Raleigh, NC: Hayes Barton Press, 2007), 1390.

27. Paul Rozin et al., ("Operation of the Laws of Sympathetic Magic in Disgust and Other Domains," *Journal of Personality and Social Psychology* Vol. 50, No. 4 (1986): 703–711.

28. "A Nation Jawed," *Time* Vol. 106, Issue 4 (July 28, 1975): 51.

29. 同上。

30. Clayton H. Lewis and John R. Anderson, "Interference with Real World Knowledge," *Cognitive Psychology* Vol. 8 (1976): 311–335.
31. Gerrig, 223–224.
32. Gerrig, 17.
33. Green and Brock, 701–721.
34. 同上，711。
35. 同上，719。
36. 详细的辩论见 https://www.youtube.com/watch?v﹦H1JFGWBAC5c。也可见 Julie Beck, "Vaccine Skepticism and 'Big Government,'" *The Atlantic*, September 17, 2015。
37. J. E. LeDoux, "The lateral amygdaloid nucleus: sensory interface of the amygdala in fear conditioning," *The Journal of Neuroscience* Vol. 10, No. 4 (April 1990): 1062–1069.
38. George Orwell, *Animal Farm*, 5–6, https://archive.org/details/AnimalFarm-English-GeorgeOrwell, accessed July 20, 2019.
39. Paul Christiansen, *Orchestrating Public Opinion* (Amsterdam: Amsterdam University Press, 2018), 10–30, quote 11. 关于系统 1 和系统 2 听觉路径的详细讨论，参见 Jenefer Robinson, *Deeper Than Reason* (Oxford: Clarendon Press, 2005), 47–52。
40. Leo Tolstoy, *Anna Karenina*, trans. Constance Garnett (Project Gutenberg, 1998), ii.
41. Thomas Gilovich, "Biased Evaluation and Persistence in Gambling," *Journal of Personality and Social Psychology* Vol. 44, No. 6 (June, 1983): 1110–1126.
42. 对这个概念的一个极好的回顾，可见 Roy F. Baumeister et al., "Bad Is Stronger Than Good," *Review of General Psychology* Vol. 5, No. 4 (2001): 323–370。用实验证实人类对负面事件的新闻故事比对正面事件的新闻故事更偏好，见 Marc Trussler and Stuart Soroka, "Consumer Demand for Cynical and Negative News Frames," *The International Journal of Press/Politics* Vol. 19, No. 3 (July 2014): 360–379。
43. Soroush Vosoughi et al., "The spread of true and false news online," *Science* Vol. 359, No. 6380 (March 9, 2018): 1146–1151; 以及 Zeynep Tufekci, "How social media took us from Tahrir Square to Donald Trump," *MIT Technology Review* August 14, 2018, https://www.technologyreview.com/s/611806/how-social-media-took-us-from-tahrir-square-to-donald-trump/, accessed May 22, 2019.
44. Bernard McGinn, *Apocalyptic Spirituality* (New York: Paulist Press, 1977), 97–98.
45. McGinn, 104–110.
46. Eric Temple Bell, *The Magic of Numbers* (New York: Dover Publications, Inc., 1991), 11, 77.
47. Francis Bacon, *The New Organon* (New York: The Bobbs-Merrill Company, Inc., 1960), 50.
48. Michael Shermer, "Patternicity," *Scientific American* Vol. 209, No. 6 (December 2008): 48.
49. 对这种现象的量化研究，见 Kevin R. Foster and Hanna Kokko, "The Evolution of Superstitions and Superstition-like Behaviour," *Proceedings of the Biological Sciences* Vol. 276, No. 1654 (January 7, 2009): 31–37。
50. McGinn, 1979.

51. 引自 Ruth Kestenberg-Gladstein "The 'Third Reich': A fifteenth century polemic against Joachim, and its background," *Journal of the Warburg and Courtauld Institutes* Vol. 18, No. 3–4 (July–December, 1955): 246.
52. 同上，118–122。
53. 1 Peter 2:13.
54. Elizabeth Eisenstein, *The Printing Press as an Agent of Change* (Cambridge, UK: Cambridge University Press, 1979), 373.
55. George Hunston Williams, *The Radical Reformation* (Philadelphia: The Westminster Press, 1962), 64.
56. 关于德意志农民战争的详细描述，见 Peter Blickle, *The Revolution of 1525*, trans. Thomas A. Brady, Jr. and H. C. Erik Midelfort (Baltimore: The Johns Hopkins University Press, 1981)。
57. Hans Jürgen-Goertz, *Thomas Müntzer*, trans. Jocelyn Jaquiery (Edinburgh: T&T Clark, 1993), 31–61, quotes 59.
58. Abraham Friesen, *Thomas Muentzer, a Destroyer of the Godless* (Berkeley: University of California Press, 1990), 217–261, quote 261.
59. Jürgen-Goertz, 186.
60. Thomas Müntzer, *The Collected Works of Thomas Müntzer* (Edinburgh: T&T Clark, 1988), 71–72, and Jürgen-Goertz, 61–191.

第 2 章　滥用末日叙事的悲剧：信徒与无赖

1. Hermann von Kerssenbrock, *Narrative of the Anabaptist Madness*, trans. Christopher S. Mackay (Leiden: Brill, Hotei Publishing, 2007), I:182.
2. 同上，II:493。
3. Von Kerssenbrock, I:87–91, 104–138; 以及 Anthony Arthur, *The Tailor-King* (New York: Thomas Dunne Books, 1999), 12.
4. Allan Chibi, *The Wheat and the Tares* (Eugene, OR: Pickwick Publications, 2015).
5. 这种计算方法也可以归因于贝尔纳德·罗特曼，见 Ralf Klötzer, "The Melchoirites and Münster," in John D. Roth and James M. Stayer, Eds., *A Companion to Anabaptism and Spiritualism*, 1521–1700 (Leiden: Brill, 2007), 211–212；以及 von Kerssenbrock, I:12–18。有些人认为霍夫曼的天启末日时间定在 1534 年，见 Anthony Arthur, *The Tailor-King* (New York: Thomas Dunne Books, 1999), 12。
6. Klötzer, 219–220.
7. 同上，220–221；Christopher S. Mackay *False Prophets and Preachers* (Kirksville, MO: Truman State University Press, 2016), 11。这本优秀的著作中包含大量对海因里希·格雷斯贝克的记述。下面的参考文献中将这本书简称为 Mackay/Gresbeck。
8. Arthur, 12.
9. Arthur, 60–63.
10. Klötzer, 222–224.

11. 关于该市在走向疯狂之前的详细的政治和社会结构，见 Mackay/Gresbeck, 22–25。
12. Von Kerssenbrock, I:213–214.
13. 对赫尔曼·冯·克森布罗克和格雷斯贝克的书的进一步批判性讨论，见 Mackay/Gresbeck, 1–63。
14. Von Kerssenbrock, I:214.
15. 同上，I:217。
16. 同上，I:361。
17. 同上，I:121, 215, quote 215; Arthur, 15。
18. Christopher S. Mackay, personal communication.
19. Arthur, 16.
20. Klötzer, 225–226; Mackay/Gresbeck, 23.
21. Arthur, 23–24.
22. Cohn, *The Pursuit of the Millennium* (New York: Oxford University Press, 1970), 267–268.
23. Von Kerssenbrock, II:477n23.
24. Klötzer, 226–230, quote 230.
25. Von Kerssenbrock, II:479.
26. Von Kerssenbrock, II:480.
27. Klötzer, 234.
28. Mackay/Gresbeck, 51, 67–68, 77.
29. Christopher S. Mackay, personal communication.
30. Mckay/Gresbeck, 73–77.
31. Mackay/Gresbeck, 208–215.
32. Arthur, 54–58.
33. Mackay/Gresbeck, 89–90.
34. 对这个日期有争议，见 Mackay/Gresbeck, 90, n138。
35. Arthur, 69–72.
36. 同上，50–51，107–108；以及 Mackay/Gresbeck, 102–110。
37. Mackay/Gresbeck, 114–119, quote 115.
38. 同上，120–130。博克尔松发布的《婚姻公告》，以及暴动的确切日期，见 124n242。
39. 关于5月和8月击退亲王主教袭击的政治影响，见 Christopher S. Mackay 的私人通信。
40. Mackay/Gresbeck, 140.
41. 同上，139。
42. 同上，163。
43. Klötzer, 230–246; Arthur, 118–124; 以及 Mackay/Gresbeck, 166–167.
44. Mackay/Gresbeck, 168–169, 205n527.
45. Arthur, 138–142; Mackay/Gresbeck, 285.
46. Klötzer, 246–247.
47. Arthur, 144–146.

48. Mackay/Gresbeck, 237.
49. 同上，256。
50. Arthur, 147–149.
51. 同上，151–153。
52. 同上，156–178; Mackay/Gresbeck, 33–34, 259–265。
53. Mackay/Gresbeck, 281. As to the uncertainty over the queen's death, 见 282n895。
54. Von Kerssenbrock, 715.
55. Klötzer, 246–250; Arthur 177–178, 184; von Kerssenbrock, 715–716, 716n9.
56. B. S. Capp, *The Fifth Monarchy Men* (London: Faber and Faber, 1972), 14.
57. Robert Vaughn, Ed., *The Protectorate of Oliver Cromwell and the State of Europe During the Early Part of the Reign of Louis XIV* (London: Henry Colburn, Publisher, 1838), I:156–157.
58. Isaac Newton, *Observations upon the Prophecies of Daniel and the Apocalypse of St. John* (London: J. Darby and P. Browne, 1733).
59. P. G. Rogers, *The Fifth Monarchy Men* (London: Oxford University Press, 1966), 11–13, 136–137; Capp, 23–24; and Henry Archer, *The Personall Reign of Christ Vpon Earth*, Early English Books Online, http://eebo. chadwyck. com, accessed June 16, 2017.
60. 对第五君主国派的神学和政治类型的详细描述，见 Capp, 131–157。
61. Capp, 105–106.
62. Rogers, 69.
63. C. H. Simpkinson, *Thomas Harrison, Regicide and Major-General* (London: J. M. Dent & Co., 1905), 223–251, quote 251.
64. Samuel Pepys, *The Diary of Samuel Pepys* (London: Macmillan and Co., Ltd., 1905), 51.
65. 同上，对"吊起来，剖腹，身体被肢解成4块"做法的解释，见 Brian P. Block and John Hostettler, *Hanging in the Balance* (Sherfield Gables, UK: Waterside Press, 1997), 19–20；以及 Ian Mortimer, "Why do we say 'hanged, drawn, and quartered'?," http:// www. ianmortimer. com/essays/drawing. pdf, accessed June 19, 2017。
66. Pepys, 64.
67. Rogers, 84–87, 112–122; Capp, 117–118, 199–200.

第3章 短暂的致富：密西西比泡沫与南海泡沫

1. William Harrison Ainsworth, *The South Sea Bubble* (Leipzig: Bernhard Tauchnitz, 1868), 48–49.
2. 中世纪晚期，汇票也扩大了信贷。对这一新体系运作的详细描述，见 Frederick Lewis Allen, *The Lords of Creation* (Chicago: Quadrangle Paperbacks, 1966), 305–306；以及 Antoin Murphy, *John Law* (Oxford: Clarendon Press, 1997), 14–16。
3. Montgomery Hyde, *John Law* (London, W. H. Allen: 1969), 9.
4. Hyde, 10–14; 也见于 Malcolm Balen, *The Secret History of the South Sea Bubble* (New York: HarperCollins, 2003), 14。关于他与威尔逊的决斗以及最后逃脱的细节，参见

Antoin Murphy, *John Law* (Oxford: Clarendon Press, 1997), 24–34。

5. Murphy, 38.
6. Murphy 中引用的段落，38。
7. Murphy, 37–40.
8. 同上，37。
9. Walter Bagehot, *Lombard Street* (New York: Scribner, Armstrong & Co., 1873), 2–5.
10. Joan Sweeney and Richard James Sweeney, "Monetary Theory and the Great Capitol Hill Baby Sitting Co-op Crisis," *Journal of Money, Credit, and Banking* Vol. 9, No. 1 (February 1977): 86–89. 也可见 Paul Krugman, "Baby Sitting the Economy," http://www.pkarchive. org/theory/baby. html, accessed April 28, 2017。
11. William Potter, *The Key of Wealth* (London: "Printed by R. A.," 1650), 56. 关于"野蛮遗迹"，参见 John Maynard Keynes, *A Tract on Monetary Reform* (London: Macmillan and Co., Limited, 1924), 172。
12. John Law, *Money and Trade Considered* (London: R. & A. Foulis, 1750), 8–14.
13. John Law, *Essay on a Land Bank*, Antoin E. Murphy, Ed. (Dublin: Aeon Publishing, 1994), 67–69.
14. Law, *Money and Trade Considered*, 188.
15. Murphy 中的引用，93。关于易货和互相赠送的详细讨论，见 David Graeber, *Debt* (New York: Melville House, 2012)。
16. Murphy 中的引用，93。
17. Murphy 中的引用，92。
18. Law, 182–190, quote 190.
19. Hyde, 52–63, Murphy 45–75.
20. Murphy 中的引用，125。
21. Hyde, 89–90.
22. Murphy, 157–162.
23. 1717 年，劳得到授权，将公司改名为"西部公司"，1719 年，该公司与中国公司合并，并更名为"印度群岛公司"，但本书后文中将一直使用它最初的名字"密西西比公司"，这也是历史上众所周知的名字。
24. 同上，162–183。
25. Hyde, 115; 以及 Murphy, 189–191。该公司的股票结构令人眼花缭乱，1720 年发行了好几次。公司有三种主要类型的股票，且各类股票的所有权相互关联，见 Murphy 165–166。
26. Mackay, *Memoirs of Extraordinary Popular Delusions*, I:25–26.
27. 同上，I:30。
28. *Letters of Madame Charlotte Elizabeth de Baviére, Duchess of Orleans*, ii:274, https://archive. org/stream/lettersofmadamec02orluoft/lettersofmadamec02orluoft_djvu. txt, accessed October 31, 2015.
29. Murphy, 205.
30. 1700 年，巴黎的人口为 600 000；见 http://www. demographia. com/ dm-par90. htm。

奥尔良公爵夫人估计,其中有约一半人口是经济繁荣时期迁移来的;见 Mackay, *Memoirs of Extraordinary Delusions*, I:40; 以及 Murphy, 213。

31. Murphy, 207.
32. 关于该体系调整的确切机制以及背后复杂的政治因素,参见 Murphy, 244–311;该体系中一系列经通胀调整后的(白银)价值,见表格 19. 2, 306。
33. Larry Neal, *I Am Not the Master of Events* (New Haven, CT: Yale University Press, 2012), 55–93.
34. Mackay, *Memoirs of Extraordinary Popular Delusions*, I:40; Hyde, 139–210; Murphy, 219–223, 312–333.
35. John Cuevas, *Cat Island* (Jefferson, NC: McFarland & Company, Inc., 2011), 11.
36. 同上,10–12。
37. William Lee, *Daniel Defoe: His Life, and Recently Discovered Writings* (London: John Camden Hotten, Piccadilly, 1869), II:189.
38. Barry Eichengreen, *Golden Fetters* (Oxford: Oxford University Press, 1995).
39. Stefano Condorelli, "The 1719 stock euphoria: a pan-European perspective," working paper, 2016, https://mpra. ub. uni-muenchen. de/68652/, accessed April 27, 2016.
40. John Carswell, *The South Sea Bubble* (Gloucestershire, UK: Sutton Publishing, Ltd., 2001), 19.
41. Balen, 23–32. 布朗特在那年春天将公司申请提交给议会,当年秋天,申请经议会审批通过,随后安妮女王颁发特许证 (personal communication, Andrew Odlyzko)。
42. Lee/Defoe, II:180.
43. 对这一现象的清晰解释,见 Antti Ilmanen, "Do Financial Markets Reward Buying or Selling Insurance and Lottery Tickets?," *Financial Analysts Journal* Vol. 68, No. 5 (September/October 2012): 26–36. 堪萨斯州彩票是正偏态 / 低回报现象的一个很好的例子;见下述网址中的一个表格 http://www. kslottery. com/games/PWBLOddsDescription. aspx. 对于一个想从"强力球"彩票中获得1亿美元奖金的人,每张 2 美元彩票的预期回报是 66 美分,或者每 1 美元的预期回报是 33 美分,也就是说,损失率为 67%。
44. Mackay, *Memoirs of Extraordinary Popular Delusions*, I:82.
45. 对劳和布朗特体系的详细机制感兴趣的读者,可以参阅 Carswell, 82–143;以及 Edward Chancellor, *Devil Take the Hindmost* (New York: Plume, 2000)。关于股票购买和转换,见 Andrew Odlyzko, personal communication。
46. Mackay, *Memoirs of Extraordinary Popular Delusions*, I:92–100. 根据安德鲁·奥德里兹科的观点,有一个公司的证明文件是"为了一项大有神益的事业;但没人知道这项事业是什么"(Odlyzko, personal communication)。
47. Mackay, *Memoirs of Extraordinary Popular Delusions*, I:112; A. Andréadès, *History of the Bank of England* (London: P. S. King & Son, 1909), n250.
48. Dale, 111–112; Carswell, 128; Balen, 94; quote Kindleberger, 122.
49. Carswell, 131.
50. 同上,116。

51. 作者不详，*The South Sea Bubble* (London, Thomas Boys, 1825), 113。
52. Carswell, 131–132, 189, 222.
53. 作者不详，"The Secret History of the South Sea Scheme," in *A Collection of Several Pieces of Mr. John Toland* (London: J. Peele, 1726), 431。
54. 同上，442–443。
55. Chancellor, 74.
56. Mackay, *Memoirs of Extraordinary Popular Delusions*, I:112–113.
57. 同上，I:112。
58. Larry Neal, *The Rise of Financial Capitalism* (Cambridge, UK: Cambridge University Press, 1990), 234. 实际的最低价格是 100 英镑，但由于还包括 33.3 英镑的股票分红，因此 150 英镑更接近事实价格 (personal communication, Andrew Odlyzko)。
59. Carswell, 120; Kindleberger, 208–209.
60. 见 Helen Paul, *The South Sea Bubble* (Abingdon, UK: Routledge, 2011), 1, 39–42, 59–65. 保罗女士属于现代修正主义经济历史学家中的"理性泡沫"阵营，其假设市场繁荣期间存在理性的成分。除了奴隶出售的数据，以及提及一些与该公司有关联的经验丰富的奴隶交易员，似乎没有任何财务数据能够证明阿西恩托的奴隶贸易垄断权是该公司大量现金流的来源，因此无法证明南海公司 1720 年中期的股价是合理的；见 Carswell, 55–57, 240。对南海公司内在价值进行的一项更为细致的现代评估所得出的结论是，考虑到巨额利润的可能性（尽管尚未实现），无法做出合理的评估；Paul Harrison, "Rational Equity Valuation at the Time of the South Sea Bubble," *History of Political Economy* Vol. 33, No. 2 (Summer 2001): 269–281。
61. 南海公司的债务转换和股票发行机制非常复杂，远远超出了本书的研究范围。其权威性描述可参考 Richard Dale, *The First Crash* (Princeton: Princeton University Press, 2014), 102–122。其中关于哈奇森的计算，见 113–117, quote 114。
62. Ian Cowie, "Oriental risks and rewards for optimistic occidentals," *The Daily Telegraph*, August 7, 2004.
63. Carswell, 221–259. On the brief imprisonments, Andrew Odlyzko, personal communication.

第 4 章　资本主义的英雄：英国铁路泡沫

1. Solomon E. Asch, "Studies of Independence and Conformity: A Minority of One Against a Unanimous Majority," *Psychological Monographs* Vol. 70, No. 9 (1956): 1–70. 也可见 Asch, *Social Psychology* (New York: Prentice-Hall, 1952), 450–501。
2. Asch (1956), 28.
3. 例如，见 Ronald Friend et al., "A puzzling misinterpretation of the Asch 'conformity' study," *European Journal of Social Psychology* Vol. 20 (1990): 29–44。
4. Robert R. Provine, "Yawning," *American Scientist* Vol. 93, No. 6 (November/ December 2005): 532–539.
5. Boyd and Richerson,: 3282.
6. Robert Boyd and Peter J. Richerson, *The Origin and Evolution of Cultures* (Oxford:

Oxford University Press, 2005), 8–9.

7. Fritz Heider, "Attitudes and Cognitive Organization," *The Journal of Psychology* Vol. 21 (1946): 107–112. 有一个类似的、更正式的模型，见 Charles E. Osgood and Percy H. Tannenbaum, "The Principle of Congruity and the Prediction of Attitude Change," *Psychological Review* Vol. 62, No. 1 (1955), 42–55。
8. Keise Izuma and Ralph Adolphs, "Social Manipulation of Preference in the Human Brain," *Neuron Interpersonal Dynamics* Vol. 78 (May 8, 2013): 563–573.
9. Daniel K. Campbell-Meiklejohn et al., "How the Opinion of Others Affects Our Valuation of Objects," *Current Biology* Vol. 20, No. 13 (July 13, 2010): 1165–1170.
10. Mackay, I:137.
11. Stephen E. Ambrose, *Undaunted Courage* (New York: Simon and Shuster, 1996), 52. 严格来说，这种说法并不正确，因为信鸽和法国信号塔系统可以比马更快地传递一些内容有限的信息。
12. John Francis, *A History of the English Railway* (London: Longman, Brown, Green, & Longmans, 1851), I:4–5.
13. William Walker, Jr., *Memoirs of the Distinguished Men of Science* (London: W. Walker & Son, 1862), 20.
14. Paul Johnson, *The Birth of the Modern* (New York: HarperCollins, 1991), 581.
15. 同上。
16. Christian Wolmar, *The Iron Road* (New York: DK, 2014), 22–29; 以及 Francis I:140–141。
17. Francis, I:94–102.
18. Francis, I:292.
19. 同上。
20. 同上，288。
21. Sidney Homer and Richard Sylla, *A History of Interest Rates*, 4th Ed. (Hoboken, NJ: John Wiley & Sons, 2005), 188–193.
22. Bagehot, 138–139. 利率下降的另一个因素可能与 19 世纪 30 年代奴隶解放运动中富裕农奴主获得了大量货币补偿有关（personal communication, Andrew Odlyzko）。
23. Francis, I:290.
24. 同上，I:293。
25. 同上，I:289, 293–294。
26. John Herapath, *The Railway Magazine* (London: Wyld and Son, 1836), 33.
27. John Lloyd and John Mitchinson, *If Ignorance Is Bliss, Why Aren't There More Happy People?* (New York: Crown Publishing, 2008), 207.
28. Francis, I:300.
29. Andrew Odlyzko, "This Time Is Different: An Example of a Giant, Wildly Speculative, and Successful Investment Manias," *The B. E. Journal of Economic Analysis & Policy* Vol. 10, No. 1 (2010), 1–26.
30. J. H. Clapham, *An Economic History of Modern Britain: The Early Railway Age 1820–1850* (Cambridge, UK: Cambridge University Press, 1939), 387, 389–390, 391.

31. Richard S. Lambert, *The Railway King* (London: George Allen & Unwin Ltd., 1964), 30–31.
32. Andrew Odlyzko, personal communication.
33. Lambert, 99–107.
34. 同上，150–154。
35. 同上，156–157。
36. 同上，188–189。
37. Frazar Kirkland, *Cyclopedia of Commercial and Business Anecdotes* (New York: D. Appleton and Company, 1868), 379.
38. Lambert, 173–174; Francis II:237.
39. Lambert, 237. 也可见 Clapham, 391。
40. Francis II:175.
41. Lambert, 165.
42. Francis, II:168–169.
43. 同上，144–145。
44. Francis, II:174.
45. Lambert, 168–169.
46. Francis, II:183.
47. Alfred Crowquill, "Railway Mania," *The Illustrated London News*, November 1, 1845.
48. Lambert, 207.
49. Lambert, 200–207, 221–240; 铁路股票价格指数来自：W. W. Rostow and Anna Jacobsen Schwartz, *The Growth and Fluctuation of the British Economy 1790–1850* (Oxford: Clarendon Press, 1953), I:437。
50. Francis, II:195–196.
51. 同上，275–295，以及 Andrew Odlyzko, personal communication。
52. John Forster, *The Life of Charles Dickens* (London: Clapman and Hall, 1890), II:176.
53. William Bernstein, *The Birth of Plenty* (New York: McGraw-Hill Inc., 2004), 40–41.
54. Charles Mackay, *Memoirs of Extraordinary Popular Delusions* (London: Office of the National Illustrated Library, 1852), I:84.
55. Andrew Odlyzko, "Charles Mackay's own extraordinary popular delusions and the Railway Mania," http://www. dtc. umn. edu/~odlyzko/doc/mania04. pdf, accessed March 30, 2016.
56. 引自 *Glasgow Argus*, October 2, 1845, from Odlyzko, 同上。
57. Andrew Odlyzko, "Newton's financial misadventures during the South Sea Bubble," working paper November 7, 2017. 这句名言是听别人说的，没有确切的来源。

第5章 米勒运动的"大失望"：数秘主义与确认偏见

1. Stanley Schacter, "Leon Festinger," *Biographical Memoirs* Vol. 94 (1994): 98–111, 以及 "Doctor Claims World Will Upheave, Not End," *Pittsburgh Post-Gazette*, December 17,

1954。

2. Leon Festinger et al., *When Prophecy Fails* (New York: Harper Torchbooks, 1956), 234.
3. 同上，33。
4. 同上，33–51。
5. "劳赫德宣扬世界将隆起，而不是末日。"
6. Festinger et al., 同上；以及 Whet Moser, "Apocalypse Oak Park: Dorothy Martin, the Chicagoan Who Predicted the End of the World and Inspired the Theory of Cognitive Dissonance," *Chicago Magazine*, May 20, 2011。
7. Festinger et al., 28.
8. https://www. mtholyoke. edu/acad/intrel/winthrop. htm, accessed August 14, 2017.
9. Frederick Marryat, *A Diary in America* (New York: D. Appleton & Co., 1839), 16.
10. Walter Mann, *The Follies and Frauds of Spiritualism* (London: Watts & Co., 1919), 9–24.
11. Sylvester Bliss, *Memoirs of William Miller* (Boston: Joshua V. Himes, 1853), 8; 以及 David L. Rowe, *Thunder and Trumpets* (Chico, CA: Scholars Press, 1985), 9.
12. Joshua V. Himes, Ed., *Miller's Works* I:8, http://centrowhite. org. br/files/ ebooks/apl/ all/Miller/Miller%27s%20Works.%20Volume%201.%20Views%20of%20the%20 Prophecies%20and%20Prophetic%20Chronology. pdf, accessed August 15, 2017.
13. Joshua V. Himes, *Views of the Prophecies and Prophetic Chronologies, Selected from Manuscripts of William Miller* (Boston: Josuhua V. Himes, 1842), 10.
14. Rowe, *Thunder and Trumpets*, 3–6.
15. Bliss, 47–48, 50.
16. 同上，52–53。更多的解释参见 Wayne R. Judd, "William Miller: Disappointed Prophet," in Ronald L. Numbers and Jonathan M. Butler, Eds., *The Disappointed* (Bloomington and Indianapolis: Indiana University Press, 1987), 7–19。
17. Martin Gardner, *Fads and Fallacies in the Name of Science* (New York; Dover Publications, 1957), 173–185.
18. Erich von Däniken, *Chariots of the Gods,* trans. Michael Heron (New York: Berkley Books, 1999).
19. T. Rees Shapiro, "Harold Camping, radio evangelist who predicted 2011 doomsday, dies at 92," *The Washington Post*, December 18, 2013.
20. Gardner, 176.
21. Ronald L. Numbers, personal communication.
22. Christopher Hitchens, *God Is Not Great* (New York: Hachette Group, 2007), 60.
23. Leroy Edwin Froom, *The Prophetic Faith of Our Fathers* (Washington, DC: Review and Herald, 1946); 集中于 1843 年末日时间的计算，参见 III:401–413。想要详细了解末日的计算时间，应该查阅该作者一系列的书（共四部），获取网址如下 http:// documents. adventistarchives. org。
24. 由于缺少沃森的实验室记录，目前不能确定这些实验的进行时间。但是他开创性的研究成果发表于 1960 年，因此将实验时间推测为 20 世纪 50 年代末是合理的；见 P. C. Wason, "On the Failure to Eliminate Hypotheses in a Conceptual Task," *The*

Quarterly Journal of Experimental Psychology Vol. 12, Part 3 (1960): 129–140。

25. Wason，同上。各种心理学文献以及其他地方都有广泛的报道，认为沃森在这篇文献中提出了"确认偏见"一词，而事实上，这一术语并未出现在这篇文献中。沃森后来的一位合著者说："沃森似乎没有使用'确认偏见'这个短语，他谈到了'验证策略'。"Philip Johnson-Laird, personal communication. 作者发现这个术语在 1977 年之前并没有出现过。

26. 关于确认偏见的心理学研究、历史及其对人类的意义，可参阅以下精彩综述 Raymond S. Nickerson, "Confirmation Bias: A Ubiquitous Phenomenon in Many Guises," *Review of General Psychology* Vol. 2, No. 2 (1998): 175–220。

27. Charles G. Lord et al., "Biased Assimilation and Attitude Polarization: The Effects of Prior Theories on Subsequently Considered Evidence," *Journal of Personality and Social Psychology* Vol. 37, No. 11 (June 1, 1979): 2098–2109. 对立数据对信仰的加强，被称为"逆火效应"。关于这一效应有很多争议，更详细的观点参见 Thomas Wood and Ethan Porter, "The Elusive Backfire Effect: Mass Attitudes' Steadfast Factual Adherence," *Political Behavior* Vol. 41, No. 1 (March 2019): 135–163。

28. Rowe, *Thunder and Trumpets*, 11–12; Everett N. Dick, *William Miller and the Advent Crisis 1831–1844* (Berrien Springs, MI: Andrews University Press, 1994), 7–9. 罗说，米勒将波斯帝国灭亡的时间定在公元前 457 年，实际上，一个多世纪之后它还没有灭亡。

29. Rowe, *Thunder and Trumpets*, 12–15.

30. 同上，14。

31. David L. Rowe, *God's Strange Work* (Grand Rapids, MI: William B. Eerdmans Publishing Company, 2008), 1–2.

32. Thomas Armitage, *A History of Baptists* (New York: Bryan, Taylor & Co., 1887), 769.

33. G. Frederick Wright, *Charles Grandison Finney* (Boston: Houghton, Mifflin and Company, 1893), 61.

34. Rowe, *Thunder and Trumpets*, 17–18, 24.

35. Rowe, *Thunder and Trumpets*, 17, 24, 91–92, quote 92.

36. Bliss, 143.

37. Dick, *William Miller and the Advent Crisis 1831–1844*, 19–20.

38. Rowe, *Thunder and Trumpets*, 17.

39. 同上，59–82。

40. Everett N. Dick, "Advent Camp Meetings of the 1840s," *Adventist Heritage* Vol. 4, No. 2 (Winter 1977): 5.

41. 同上，3–10。

42. 同上，10。

43. 同上。

44. Whitney R. Cross, *The Burned-over District* (New York: Harper Torchbooks, 1950), 296.

45. Rowe, *Thunder and Trumpets*, 31–40.

46. Dick, *William Miller and the Advent Crisis 1831–1844*, 44–45. 关于海姆斯的副手斯塔

克韦瑟，参见 George R. Knight, *Millennial Fever* (Boise, ID: Pacific Press Publishing Association, 1993), 174–175。

47. William Miller, "A New Year's Address," *The Signs of the Times* Vol. IV, No. 19 (January 25, 1843): 150 (courtesy of Adventist Digital Library).
48. Dick, *Miller and the Advent Crisis 1831–1844*, 121.
49. 同上，83–99。关于 19 世纪中期犹太历法中月和年的一个精确汇编，参见 Isaac Landman, Ed., *The Universal Jewish Encyclopedia* (New York: Universal Jewish Encyclopedia, Inc., 1940), II:636。
50. William Miller, letter, *The Advent Herald* Vol. 7, No. 5 (March 6, 1844): 39.
51. Joshua V. Himes, *The Midnight Cry!* Vol. 6, No. 13 (April 11, 1844), 305 (courtesy of Adventist Digital Library).
52. *The Signs of the Times* Vol. V, No. 16 (June 23, 1843): 123 (courtesy of Adventist Digital Library).
53. Knight, 159–165, quote 163.
54. *The Midnight Cry!* Vol. 7, No. 17 (October 19): 132 (courtesy of Adventist Digital Library).
55. Joseph Bates, *The Biography of Elder Joseph Bates* (Battle Creek, MI: The Steam Press, 1868), 298.
56. 同上，167–205。关于埃克塞特市集会的详细描述，参见 *The Advent Herald* Vol. 8, No. 3 (August 21, 1844): 20；关于斯诺的预言内容，参见 S. S. Snow, *The True Midnight Cry* Vol. 1, No. 1 (August 22, 1844): 3–4 (courtesy of Adventist Digital Library)。
57. William Miller, letter to Joshua Himes, *The Midnight Cry!* Vol. 7, No. 16 (October 12): 121 (courtesy of Adventist Digital Library). 复临派领导层是如何接受 1844 年 10 月 22 日这个日期的，对这个问题的一个简明的总结，参见 David L. Rowe, *God's Strange Work*, 186–190.
58. Josiah Litch, letter to Nathaniel Southard, *The Midnight Cry!* Vol. 7, No. 16 (October 12): 125 (courtesy of Adventist Digital Library).
59. William Nicholas, *The Midnight Cry!* Vol. 7, No. 17 (October 19): 133 (courtesy of Adventist Digital Library).
60. Froom, IV:686.
61. Knight, 204–210.
62. Dick, *William Miller and the Advent Crisis 1831–1844*, 149–152.
63. J. Thomas Scharf and Thompson Westcott, *History of Philadelphia* (Philadelphia: L. H. Everts & Co., 1884), II:1448.
64. Rowe, *Thunder and Trumpets*, 137.
65. 同上，138。
66. Clara Endicott Sears, *Days of Delusion* (Boston: Houghton Mifflin Company, 1924), 181, 190–191, 195, 203.
67. Francis D. Nichol, *The Midnight Cry!* (Takoma Park, Washington, DC: Review and Herald Publishing Association), 337–426; 以及 Ruth Alden Doan, *The Miller Heresy,*

Millerism, and American Culture (Philadelphia: Temple University Press, 1987), 60–61, 158–174；以及 Dick, *William Miller and the Advent Crisis 1831–1844*, 123–130。对米勒派的过分行为，尤其是对"升天长袍"最简洁有力的现代历史性讨论，参见 Cross, 305–306。

68. *The Signs of the Times* Vol. VI, No. 17 (December 13, 1843): 144 (courtesy of Adventist Digital Library); 以及 Dick, *William Miller and the Advent Crisis 1831–1844*, 121.
69. Knight, 218–219.
70. Louis Boutelle, *Sketch of the Life and Religious Experience of Eld. Louis Boutelle* (Boston: Advent Christian Publication Society, 1891), 67–68.
71. William Lloyd Garrison, *The Letters of William Lloyd Garrison*, Walter M. Merrill, Ed. (Cambridge: Belknap Press of Harvard University Press, 1973), III:137; 以及 Ira V. Brown, "The Millerites and the Boston Press," *The New England Quarterly* Vol. 16, No. 4 (December 1943): 599.
72. Dick, *William Miller and the Advent Crisis 1831–1844*, 161.
73. Rowe, *Thunder and Trumpets*, 141–147.
74. Knight, 219–241.
75. Jonathan M. Butler and Ronald L. Numbers, Introduction, in Ronald L. Numbers and Jonathan M. Butler, Eds., *The Disappointed* (Bloomington and Indianapolis: Indiana University Press, 1987), xv; and Doan, 203–204.
76. 关于费斯汀格对米勒事件的讨论，参见 Festinger et al., *When Prophecy Fails*, 11–23。
77. Ernest Sandeen, *The Roots of Fundamentalism* (Grand Rapids, MI: Baker Book House, 1970), 54–55.

第 6 章　弹性货币政策的灾难：泡沫与崩溃的四个前提

1. Bagehot, 158.
2. Martin Gilbert, *Winston S. Churchill* (Boston: Houghton Mifflin Company, 1977), V:333–351, quote 350.
3. Liaquat Ahamed, *Lords of Finance* (New York: Penguin, 2009), 231.
4. H. Clark Johnson, *Gold, France, and the Great Depression, 1919-1932* (New Haven, CT: Yale University Press, 1997), 141; 4.86 美元/英镑的兑换率，可参见 Federal Reserve Bulletin, April 1926, 270–271。
5. Benjamin M. Blau et al., "Gambling Preferences, Options Markets, and Volatility," *Journal of Quantitative and Financial Analysis* Vol. 51, No. 2 (April 2016): 515–540.
6. Hyman Minsky, "The financial-instability hypothesis: capitalist processes and the behavior of the economy," in Charles P. Kindleberger and Jean-Pierre Laffargue, Eds., *Financial crises* (Cambridge, UK: Cambridge University Press, 1982), 13–39.
7. William J. Bernstein, *The Birth of Plenty*, 101–106.
8. 对于这一体系的清晰描述，参见 Frederick Lewis Allen, *The Lords of Creation* (Chicago: Quadrangle Paperbacks, 1966), 305–306。

9. https://fraser. stlouisfed. org/theme/?_escaped_fragment_=32#!32, accessed March 30, 2016.
10. Minsky, 13–39.
11. Floris Heukelom, "Measurement and Decision Making at the University of Michigan in the 1950s and 1960s," Nijmegen Center for Economics, Institute for Management Research, Radboud University, Nijmegen, 2009, http://www.ru.nl/publish/pages/516298/nice_09102. pdf, accessed July 18, 2016.
12. Malcolm Gladwell, *David and Goliath* (New York: Little, Brown and Company, 2013), 103.
13. Daniel Kahneman, *Thinking, Fast and Slow* (New York: Farrar, Straus and Giroux, 2013), 4–7.
14. Amos Tversky and Daniel Kahneman, "Judgment under Uncertainty: Heuristics and Biases," *Science* Vol. 185, No. 4157 (September 27, 1974), 1124.
15. 同上，1130。
16.《不确定状况下的判断》是卡尼曼和特沃斯基的被引用最多的作品。也可参见他们的其他作品，"Availability: A Heuristic for Judging Frequency and Probability," *Cognitive Psychology* Vol. 5 (1973): 207–232; "Belief in the Law of Small Numbers," *Psychological Bulletin* Vol. 76, No. 2 (1971): 105–110; "Subjective Probability: A Judgment of Representativeness," *Cognitive Psychology* Vol. 3 (1972): 430–454; "On the Psychology of Prediction," *Psychological Review* Vol. 80, No. 4 (July 1973): 237–251; "On the study of statistical intuitions," *Cognition* Vol. 11 (1982): 123–141；以及 "Intuitive Prediction: Biases and Corrective Procedures," *Advances in Decision Technology*, Defense Advanced Research Projects Agency, 1977。
17. 关于枪支死亡，见 https://www. cdc. gov/nchs/fastats/injury. htm；关于车祸死亡，见 https://www. cdc. gov/vitalsigns/motor-vehicle-safety/；关于类鸦片死亡，见 https://www. cdc. gov/drugoverdose/。
18. 2005—2019 年，恐怖分子杀害了 250 名以色列人，每年约 15 人；而仅 2018 年，就有 315 人死于道路事故。见 https://www.jewishvirtuallibrary.org/comprehensive-listing-of-terrorism-victims-in-israel 以及 https://www. timesofisrael. com/cautious-optimism-as-annual-road-deaths-drop-for -the-first-time-in-5-years/。
19. 1925 年，美国 1.16 亿人口中有 2 000 万辆汽车；参见 http://www. allcountries. org/uscensus/1027_motor_ vehicle_registrations. html, accessed July 18, 2016。
20. Allen, *The Lords of Creation*, 235–236.
21. John Kenneth Galbraith, *A Short History of Financial Euphoria* (Knoxville, TN: Whittle Direct Books, 1990), 16.
22. Galbraith, *The Great Crash 1929* (Boston: Houghton Mifflin Company, 1988), 22.
23. K. Geert Rouwenhorst, "The Origins of Mutual Funds," in *The Origins of Value*, William N. Goetzmann and K. Geert Rouwenhorst, Eds. (Oxford: Oxford University Press, 2005), 249.
24. Galbraith, *The Great Crash 1929*, 47.

25. Amalgamated from Galbraith, *The Great Crash 1929*, 60–63; 以及 J. Bradford De Long and Andrei Schleifer, "The Stock Market Bubble of 1929: Evidence from Closed-end Mutual Funds," *The Journal of Economic History* Vol. 51, No. 3 (September 1991): 678.
26. Galbraith, *The Great Crash 1929*, 58–62; and Barrie Wigmore, *The Crash and Its Aftermath* (Westport, CT: Greenwood Press, 1985), 40, 45, 248–250.
27. 罗伯特·席勒的数据，参见 http://www. econ. yale. edu/~shiller/data/ ie_data. xls, accessed July 17, 2016。
28. 来源于罗伯特·席勒的数据，同上。
29. Neal, *The Rise of Financial Capitalism*, 232–257. 即使是这些数字也可能夸大了股票价格上涨的程度，因为1709年是对经济造成重大影响的西班牙王位继承战争接近尾声的时候，代表价格的低起点。
30. "Radio Declares Dividend," *Ellensburg Daily Record*, November 5, 1937.
31. 这种计算方法的简洁形式，参见 John Burr Williams, *The Theory of Investment Value* (Cambridge: Harvard University Press, 1938)。也可参见 Irving Fisher, *The Theory of Interest* (New York: The Macmillan Company, 1930)；以及 Benjamin Graham and David Dodd, *Security Analysis* (New York: Whittlesey House, 1934)。
32. Graham and Dodd, 310.
33. Frederick Lewis Allen, *Only Yesterday* (New York: Perennial Classics, 2000), 265. 我没有找到这句话的主要出处。

第7章　致富空想的破灭：1929年大萧条

1. Bernstein, *The Birth of Plenty*, 127–128.
2. *The Bend [OR] Bulletin*, July 16, 1938, 1, 5.
3. Allen, *The Lords of Creation*, 267–269.
4. 引自 Allen, *The Lords of Creation*, 281–282。
5. 同上，266–286。
6. Virginia State Corporation Commission, "Staff Investigation on the Restructuring of the Electric Industry," https://www.scc.virginia.gov/comm/reports/restrct3.pdf, accessed April 17, 2019.
7. Allen, *The Lords of Creation*, 279.
8. 同上。
9. Adolph A. Berle, Jr., and Gardiner C. Means, *The Modern Corporation and Private Property* (New York: The Macmillan Company, 1948), 205n18.
10. Allen, *The Lords of Creation*, 281.
11. 同上，286。
12. Arthur R. Taylor, "Losses to the Public in the Insull Collapse: 1932–1946," *The Business History Review* Vol. 36, No. 2 (Summer 1962): 188.
13. "Former Ruler of Utilities Dies in France," *Berkeley Daily Gazette*, July 16, 1938.
14. "Insull Drops Dead in a Paris Station," *The Montreal Gazette* Vol. 167, No. 170 (July 18,

1938): 9.
15. Allen, *The Lords of Creation*, 353–354.
16. Evans Clark, Ed., *The Internal Debts of the United States* (New York: The Macmillan Company, 1933), 14.
17. 例如，参见 "Reveal Stock Pool Clears 5 Million in Week," *Chicago Tribune* Vol. 91, No. 121 (May 20, 1932): 1。
18. Samuel Crowther, "Everybody Ought to Be Rich: An Interview with John J. Raskob," *Ladies' Home Journal*, August 19, 1929, reprinted in David M. P. Freund, *The Modern American Metropolis* (New York: Wiley-Blackwell, 2015), 157–159. Circulation estimate from Douglas B. Ward, "The Geography of the Ladies' Home Journal: An Analysis of a Magazine's Audience, 1911–55," *Journalism History* Vol. 34, No. 1 (Spring, 2008): 2.
19. Yanek Mieczkowski, *The Routledge Historical Atlas of Presidential Elections* (New York: Routledge, 2001), 94.
20. Galbraith, *The Great Crash 1929*, 139.
21. David Kestenbaum, "What's a Bubble?," http://www.npr.org/sections/money/2013/11/15/245251539/whats-a-bubble, accessed August 1, 2016. 关于基金经理绩效非持久性的学术文献样本，参见 Michael C. Jensen, "The Performance of Mutual Funds in the Period 1945–64," *Journal of Finance* Vol. 23, No. 2 (May 1968): 389–416; John R. Graham and Campbell R. Harvey, "Grading the Performance of Market Timing Newsletters," *Financial Analysts Journal* Vol. 53, No. 6 (November/December 1997): 54–66；以及 Mark M. Carhart, "On Persistence in Mutual Fund Performance," *Journal of Finance* Vol. 52, No. 1 (March 1997): 57–82。
22. Robert Shiller, *Market Volatility* (Cambridge: MIT Press, 1992), 56.
23. Anonymous, "Jacobellis v. Ohio," https://www.law.cornell.edu/supremecourt/text/378/184#ZC1-378_US_184fn2/2, accessed August 1, 2016.
24. Allen, *Only Yesterday*, 288.
25. 同上，273–274。
26. Chancellor, 210.
27. Alexander Dana Noyes, *The Market Place* (Boston: Little, Brown and Company, 1938), 323–324.
28. Galbraith, *The Great Crash 1929*, 84–85；以及 *The Wall Street Journal* September 6, 1929。
29. "Fisher Sees Stocks Permanently High," *New York Times*, October 16, 1929, 8.
30. Michael Perino, *The Hellhound of Wall Street* (New York: The Penguin Press, 2010), 197.
31. Bruce Barton, "Is There Anything Here that Other Men Couldn't Do?" *American Magazine* 95 (February 1923): 128, 引自 Susan Estabrook Kennedy, *The Banking Crisis of 1933* (Lexington: The University Press of Kentucky, 1973), 113–114。
32. 引自 Allen, *The Lords of Creation*, 313；也可见 Edmund Wilson, *The American Earthquake* (Garden City, NY: Anchor Doubleday Books, 1958), 485.
33. Allen, *The Lords of Creation*, 313–319.
34. Edmund Wilson, 485.

35. 这是以道琼斯工业指数衡量的。
36. For longitudinal U. S. stock ownership, see https://www. fdic. gov/about/ history/timeline/1920s. html.
37. Benjamin Roth, *The Great Depression: A Diary* (New York: Public Affairs, 2009), 44.
38. Fred Schwed, *Where Are the Customers' Yachts?* (Hoboken, NJ: John Wiley & Sons Inc., 2006), 155.
39. Thomas F. Huertas and Joan L. Silverman, "Charles E. Mitchell: Scapegoat of the Crash?" *The Business History Review* Vol. 60, No. 1 (Spring 1986): 86.
40. Perino, 40–59.
41. 同上，135–155。
42. 同上，202。
43. "Hearings before a Subcommittee of the Committee on Banking and Currency of the United States Senate, Seventy-Second Congress on S. Res. 84 and S. Res. 239," 2170, http://www. senate. gov/artandhistory/history/common/investigations/pdf/ Pecora_EBrown_testimony. pdf, accessed August 17, 2016.
44. 同上，2176。
45. 同上，2168–2182。
46. Wigmore, *The Crash and Its Aftermath*, 446–447; Barrie A. Wigmore, "Was the Bank Holiday of 1933 Caused by a Run on the Dollar?," *Journal of Economic History* Vol. 47, No. 3 (September 1987): 739–755.
47. William J. Bernstein, *The Four Pillars of Investing* (New York: McGrawHill Inc., 2002), 147.
48. Schwed, 54.
49. Allen, *The Lords of Creation*, 225.

第 8 章　天启之牛：时代论如何兴起

1. Gershom Gorenberg, *The End of Days* (New York: The Free Press, 2000), 7–8; and "Apocalypse Cow," *The New York Times* (March 30, 1997).
2. Mendy Kaminker, "Meet the Red Heifer," http://www. chabad. org/ parshah/article_cdo/aid/2620682/jewish/Meet-the-Red-Heifer. htm, accessed March 11, 2016.
3. Mishneh Torah, Laws of Mikvaot, 11:12.
4. Mishneh Torah, Laws of Parah Adumah 3:4.
5. Gorenberg, 9–10.
6. David Gates, "The Pop Prophets," *Newsweek*, May 24, 2004, 48; and https:// news. gallup. com/poll/193271/americans-believe-god. aspx; https://news. gallup. com/ poll/210704/record-few-americans-believe-bible-literal-word-god. aspx; 以及 https:// www. pewresearch. org/fact-tank/2010/07/14/jesus-christs-return-to-earth/, accessed April 19, 2019。
7. Crawford Gribben, personal communication.
8. 1 Thessalonians 4:16–17.

9. Donald Harman Akenson, *Discovering the End of Time* (Montreal: McGillQueen's University Press, 2016), 88–90; 以及 J. Gordon Melton, *Encyclopedia of American Religions* (Detroit: Gale Press, 1999), 107–108。
10. David S. Yoon, *The Restored Jewish State and the Revived Roman Empire* (Ann Arbor MI: Proquest/UMI Dissertation Publishing, 2011), 107–113; 以及 Richard Hastings Graves, *The Whole Works of Richard Graves*, D. D. (Dublin: William Curry, Jun. and Company, 1840), II:416–438。
11. Crawford Gribben, personal communication.
12. Isaac Newton, 同上。
13. Joseph Priestly, *Letters to a Philosophical Unbeliever, Part I, Second Ed.*, (Birmingham: Pearson and Rollason, 1787), 192.
14. Yoon, 150, 274; Melton, 109.
15. Stephen Larsen, *The Fundamentalist Mind* (Wheaton IL: Quest Books, 2014), 145–146.
16. David W. Bebbington, *Evangelicalism in Modern Britain* (London: Routledge, 1989), 2–5.
17. C. I. Scofield, *The Holy Bible* (New York: Oxford University Press, American Branch, 1909); 以及 *The New Scofield Reference Bible* (New York: Oxford University Press, 1967); sales estimates, Boyer, 97–98; 以及 Crawford Gribben, personal communication。
18. Sandeen, 273–277, 引自 276–277；关于采纳的 1890 年，见 Julie Scott Jones, *Being the Chosen: Exploring a Christian Fundamentalist Worldview* (London: Routledge, 2010), 38.
19. Arthur Posonby Moore-Anderson, *Sir Robert Anderson and Lady Agnes Anderson*, http:// www. casebook. org/ripper_media/rps. apmoore. html, accessed December 19, 2017; 以及 Alexander Reese, *The Approaching Advent of Christ*, https:// theologue. wordpress. com/2014/10/23/updated-the-approaching-advent-of-christ-byalexander-reese/, 237 accessed December 19, 2017。
20. B. W. Newton, *Prospects of the Ten Kingdoms Considered* (London: Houlston & Wright, 1863), 42.
21. 同上。
22. William Kelly, Ed., *The Collected Writings of John Nelson Darby Vol. 11* (London: G. Morrish, 1867–1900), 595–596.
23. Crawford Gribben, personal communication.
24. Daniel 8:14.
25. Robert Anderson, *The Coming Prince* (London: Hodder and Stoughton, 1881), 46–50; 以及 Anderson, *Unfulfilled Prophecy and "The Hope of the Church* (London: Pickering & Inglis, 1923), 7–9, quote 9。
26. Anderson, *The Coming Prince*, 186–187.
27. 同上，150。
28. 关于"东方之王"，同上，Vol. 2, 359, 以及 Revelation 16:12；关于"南方之王"，同上，Vol. 2, 519。

29. 同上,Vol. 2, 517。
30. 同上,Vol. 2, 518；参见 also Yoon, 202。
31. Paul Charles Merkley, *The Politics of Christian Zionism 1891–1948* (London: Frank Cass, 1998), 59, 63.
32. D. H. Willmington, *Willmington's Guide to the Bible* (Wheaton, IL: Tyndale House Publishers, Inc., 1984), 563; William E. Blackstone, *Jesus Is Coming* (Chicago: The Moody Bible Institute, 1916); 以及 Matthew Avery Sutton, *American Apocalypse* (Cambridge: Belknap Press, 2014), 210。
33. Merkley, *The Politics of Christian Zionism 1891–1948*, 69.
34. 同上,73。
35. Melvin I. Urofsky and David W. Levy, Eds., *Letters of Louis D. Brandeis* (Albany: State University of New York Press, 1975), IV:278; 也可见 Sutton, 73。
36. E. T. Raymond, *A Life of Arthur James Balfour* (Boston: Little, Brown, and Company, 1920), 1.
37. 同上,110，184–197。
38. Jonathan Schneer, *The Balfour Declaration* (London: Bloomsbury, 2010), 134–135.
39. 这封信的照片版见 http://i-cias. com/e. o/ slides/balfour_declaration01. jpg。

第 9 章 圣殿山的争夺：末日叙事如何影响犹太人建国

1. Tom Segev, *One Palestine, Complete*, trans. Hiam Watzman (New York: Holt Paperbacks, 1999), 430.
2. Moshe Dayan, *Story of My Life* (New York: William Morrow and Company, Inc., 1976), 45.
3. Yoon, 233.
4. André Gerolymatos, *Castles Made of Sand* (New York: Thomas Dunne Books, 2010), 71–77.
5. Ralph Sanders, "Orde Wingate: Famed Teacher of the Israeli Military," *Israel: Yishuv History* (Midstream—Summer 2010): 12–14.
6. Anonymous, "Recent Views of the Palestine Conflict," *Journal of Palestine Studies* Vol. 10, No. 3 (Spring, 1981): 175.
7. Lester Velie, *Countdown in the Holy Land* (New York: Funk & Wagnalls, 1969), 105.
8. Simon Anglim, *Orde Wingate and the British Army, 1922–1944* (London: Routledge, 2010), 58.
9. Yoel Cohen, "The Political Role of the Israeli Chief Rabbinate in the Temple Mount Question," *Jewish Political Studies Review* Vol. 11, No. 1 (Spring 1999): 101–105.
10. 有关这方面的神学讨论，支持重建圣殿的，参见 Jerry M. Hullinger, "The Problem of Animal Sacrifices in Ezekiel 40–48," *Bibliotheca Sacra* Vol. 152 (July–September, 1995): 279–289; 反对重建圣殿的，参见 Philip A. F. Church, "Dispensational Christian Zionism: A Strange but Acceptable Aberration of Deviant Heresy?," *Westminster*

Theological Journal Vol. 71 (2009): 375–398。

11. Chaim Herzog, *The Arab-Israeli Wars* (New York: Random House, 1982), 54–55.
12. Paul Charles Merkley, *Christian Attitudes Towards the State of Israel* (Montreal: McGill-Queen's University Press, 2001), 140.
13. Hertzel Fishman, *American Protestantism and a Jewish State* (Detroit: Wayne State University Press, 1973), 23–24, 83. 关于石油公司反对圣殿重建，见 Zohar Segev, "Struggle for Cooperation and Integration: American Zionists and Arab Oil, 1940s," *Middle Eastern Studies* Vol. 42, No. 5 (September 2006): 819–830。
14. 同上，29。
15. 同上，34。
16. 同上，53–54。
17. Reinhold Niebuhr, *Love and Justice* (Louisville, KY: Westminster John Knox Press, 1992), 139–141. (Note: the section quoted is reprinted from "Jews After the War," published in 1942.)
18. 同上，141。
19. Yoon, 354–365, quote 362.
20. Samuel W. Rushay, Jr., "Harry Truman's History Lessons," *Prologue Magazine* Vol. 41, No. 1 (Spring 2009): https://www. archives. gov/publications/ prologue/2009/spring/ truman-history. html, accessed January 8, 2018.
21. Merkley, *The Politics of Christian Zionism* (London: Frank Cass, 1998), 187–189, quotes 188.
22. Paul Charles Merkley, *American Presidents, Religion, and Israel* (Westport, CT: Praeger, 2004), 4–5.
23. Merkley, *The Politics of Christian Zionism*, 191.
24. Yoon, 391, 395; 以及 Thomas W. Ennis, "E. Schuyler English, Biblical Scholar, 81" *The New York Times*, March 18, 1981。
25. Shabtai Teveth, *Moshe Dayan, The Soldier, the Man, and the Legend*, trans. Leah and David Zinder (Boston: Houghton Mifflin Company, 1973), 335–336.
26. Dayan, 31, 128–131.
27. Herzog, 156–206; Dayan, 366; 以及 Ron E. Hassner, *War on Sacred Grounds* (Ithaca, NY: Cornell University Press, 2009), 117。
28. Cohen, 120 n3.
29. Dayan, 386.
30. 同上，387。
31. 同上，388。
32. Gorenberg, 98.
33. 同上，387–390；以及 Rivka Gonen, *Contested Holiness* (Jersey City, KTAV Publishing House, 2003), 153。
34. Gonen, 157; Gorenberg, 107–110; 以及 Abraham Rabinovich, "The Man Who Torched al-Aqsa Mosque," *Jerusalem Post*, September 4, 2014。

35. 例如，参见 Ronald Siddle et al., "Religious delusions in patients admitted to hospital with schizophrenia," *Social Psychiatry and Psychiatric Epidemiology* Vol. 37, No. 3 (2002): 130–138。
36. Gershom Scholem, *Sabbatai Sevi* (Princeton, NJ: Princeton University Press, 1973), 125–142, 461–602, 672–820.
37. 在独立之前和之后，以色列/犹太以暗杀作为政策工具，暗杀历史都很精彩，参见 Ronen Bergman, *Rise and Kill First* (New York: Random House, 2018)。尤其其中的第 18~30 页涉及伊尔贡和莱希党的暗杀，关于莱希的 18 条宣言，可参见 http://www.saveisrael.com/stern/saveisraelstern.htm。
38. Lawrence Wright, "Forcing the End," *The New Yorker*, July 20, 1998, 52.
39. Gonen, 158–159.
40. Jerold S. Auerbach, *Hebron Jews* (Plymouth, UK: Rowman & Littlefield Publishers, Inc., 2009), 114–116; 以及 Nur Mashala, *Imperial Israel* (London: Pluto Press, 2000), 123–126。
41. Gonen, 161–162.
42. Charles Warren, *The Land of Promise* (London: George Bell & Sons, 1875), 4–6.
43. Nadav Shragai, "Raiders of the Lost Ark," *Haaretz*, April 25, 2003.
44. Serge Schmemann, "50 Are Killed as Clashes Widen from West Bank to Gaza Strip," *The New York Times*, September 17, 1996

第 10 章 《启示录》的开创者：畅销书与美国核武政策

1. Bruce Lincoln, *Holy Terrors*, 2nd Ed. (Chicago: University of Chicago Press, 2006), 28–31, quote 30.
2. Ted Olson, "Bush's Code Cracked," *Christianity Today*, September 1, 2004, https://www.christianitytoday.com/ct/2004/septemberweb-only/9-20-42.0.html, accessed June 30, 2019.
3. 例如，见 Doug Wead, "The Spirituality of George W. Bush," https://www.pbs.org/wgbh/pages/frontline/shows/jesus/president/spirituality.html, accessed June 30, 2019。
4. "Bible Prophecy and the Mid-East Crisis," *Moody Monthly* Vol. 68, No. 1 (July–August 1967): 22.
5. John F. Walvoord, "The Amazing Rise of Israel!," *Moody Monthly* Vol. 68, No. 2 (October 1967): 24–25.
6. 参见 Yoon, 407。
7. Hal Lindsey, "The Pieces Fall Together," *Moody Monthly* Vol. 68, No. 2 (October 1967): 27. 关于"黄祸"，见 Hal Lindsey and C. C. Carlson, *The Late Great Planet Earth* (Grand Rapids, MI: Zondervan Publishing House, 1977), 70。
8. Hal Lindsey, "The Pieces Fall Together," 26–28, quote 27.
9. 同上，27。
10. Jonathan Kirsch, "Hal Lindsey," *Publishers Weekly*, March 14, 1977, 30.

11. Stephen R. Graham, "Hal Lindsey," in Charles H. Lippy, Ed., *Twentieth Century Shapers of American Popular Religion* (New York: Greenwood Press, 1989), 248.
12. Yoon, 411; 以及，同上，247–255。
13. Yoon, 31.
14. Paul Boyer, "America's Doom Industry," https://www. pbs. org/wgbh/pages/frontline/shows/apocalypse/explanation/doomindustry. html, accessed September 3, 2019.
15. 法威尔、贝克、罗伯逊、葛培理和林赛的引用是作者从1984年美国国家公共电台的一段90分钟的录音带中记录下来的，*Joe Cuomo, Joe Cuomo and the Prophecy of Armageddon*, 1984 WBAI-FM。关于里根和《消失的伟大地球》，见 Crawford Gribben, *Evangelical Millennialism in the Trans-Atlantic World, 1500-2000* (New York: Palgrave Macmillan, 2011), 115。
16. John McCollister, *So Help Me God* (Louisville: Winchester/John Knox Press, 1991), 199.
17. Daniel Schorr, "Reagan Recants: His Path from Armageddon to Détente," *Los Angeles Times*, January 3, 1988.
18. John Herbers, "Religious Leaders Tell of Worry on Armageddon View Ascribed to Reagan," *The New York Times*, October 21, 1984, 32; 以及 Schorr，同上。
19. *Joe Cuomo and the Prophecy of Armageddo*，作者的摘录。
20. Nancy Gibbs, "Apocalypse Now," *Time* Vol. 160, No. 1 (July 1, 2002): 47.
21. Gribben, *Evangelical Millennialism in the Trans-Atlantic World, 1500–2000*, 115.
22. Loveland, 223, 228.
23. Lou Cannon, *President Reagan: The Role of a Lifetime* (New York: Simon & Schuster, 1991), 156.
24. Ronald Reagan, *An American Life* (New York: Simon and Schuster, 1990), 585.
25. 同上。关于法威尔的威胁抵制，见 Carla Hall et al., "The Night of 'The Day After,'" *The Washington Post*, November 21, 1983；以及 Philip H. Dougherty, "Advertising: Who Bought Time on 'The Day After,'" *The New York Times*, November 22, 1983。
26. R. P. Turco et al., "Nuclear Winter: Global Consequences of Multiple Nuclear Explosions," *Science* Vol. 222, No. 4630 (December 23, 1983): 1283–1292.
27. 关于1984年竞选辩论的文字稿，见 http://www. debates. org/index. php?page=october-21-1984-debate-transcript. For Nancy Reagan's reaction, see Boyer, *When Time Shall Be No More*, 142。关于南希·里根的反应，见 Richard V. Pierard, "Religion and the 1984 Election Campaign," *Review of Religious Research* Vol. 27, No. 2 (December 1985): 98–114。
28. Paul Lettow, *Ronald Reagan and His Quest to Abolish Nuclear Weapons* (New York: Random House, 2005), 133.
29. 对林赛的这本文学作品的全面研究，见 Stephen R. Graham, 254。
30. Lindsey and Carlson, *The Late Great Planet Earth*, 72.
31. 同上，145。
32. 同上，x, 75, 89, 115, 163。
33. 同上，23–23, 78。

34. 同上，53。
35. 同上，43。
36. 同上，104。
37. 同上，140–157。
38. Daniel Wojcik, *The End of the World as We Know It* (New York: New York University Press, 1997), 43.
39. Mark A. Kellner, "John F. Walvoord, 92, longtime Dallas President, dies," *Christianity Today* Vol. 47, No. 2 (February 2003): 27.
40. John F. Walvoord, *Armageddon, Oil, and the Middle East Crisis* (Grand Rapids, MI: Zondervan Publishing House, 1990), 182. 关于这本书的重要细节，参见第 53～56 页，第 61～62 页，第 109～146 页，以及第 177～184 页。第 201～202 页提供了一个很好的《圣经》段落列表，这些段落是时代论者对当今事件进行解释的基础。
41. 对 20 世纪七八十年代林赛全部作品的一个综合论述，见 Stephen R. Graham。
42. Hal Lindsey, *The 1980's: Countdown to Armageddon* (New York: Bantam Books, 1981).
43. 同上，29。
44. Peter M. Shearer and Philip B. Stark, "Global risk of big earthquakes has not recently increased," *Proceedings of the National Academy of Sciences of the United States* Vol. 109, No. 3 (January 2012): 717–721.
45. Lindsey, *The 1980's: Countdown to Armageddon*, 44.
46. Hal Lindsey, *Planet Earth—2000 A. D.* (Palos Verdes, CA: Western Front, Ltd., 1996), 41, 107–124, 175–192, subheading title 114.
47. 关于窒息，https://www. statista. com/statistics/527321/deaths-due-to-choking-in-the-us/；关于雷击，https://www. cdc. gov/disasters/lightning/ victimdata. html；以及关于恐怖袭击，https://www. cato. org/blog/terrorism-deaths-ideology -charlottesville-anomaly。
48. 例如，参见 http://www. who. int/hiv/data/mortality_targets_2016. png?ua=1, accessed February 25, 2018。
49. https://www. hallindsey. com/, accessed February 25, 2018.
50. Peter Applebome, "Jerry Falwell, Moral Majority Founder, Dies at 73," *The New York Times*, May 16, 2007, A1.
51. Susan Friend Harding, *The Book of Falwell* (Princeton, NJ: Princeton University Press, 2000), 195.
52. https://www. upi. com/Archives/1984/08/23/Moral-Majority-founder-Jerry -Falwell-calling-President-Reagan-the/6961462081600/, accessed April 19, 2018.
53. Applebome, 同上。
54. Miles A. Pomper, "Church, Not State, Guides Some Lawmakers on Middle East," *Congressional Quarterly* Vol. 58 (March 23, 2002): 829. 对美国－以色列游说团的一个有争议但比较彻底的批判，见 John Mearsheimer and Stephen M. Walt, *The Israel Lobby and U. S. Foreign Policy* (New York: Farrar, Straus and Giroux, 2007)。
55. Pomper, 同上。
56. 同上，830。

57. 同上，831。
58. Michael Lind, *Up from Conservatism* (New York: Free Press Paperbacks, 1999), 99.
59. Myra MacPherson, "The Pulpit and the Power," *The Washington Post*, October 18, 1985, Friday Style D1.
60. Gregory Palast, "I don't have to be nice to the spirit of the Antichrist," *The Guardian* (May 23, 1999), available at https://www. theguardian. com/business/1999/ may/23/ columnists. observerbusiness1.
61. David Edwin Harrell Jr., *Pat Robertson* (Grand Rapids, MI: William B. Eerdmans Publishing Company, 2010), 86–124; 以及 Wayne King, "Robertson, Displaying Mail, Says He Will Join '88 Race," *The New York Times*, September 16, 1987, D30。
62. Harrell, 108.
63. Yoon, 551–552.
64. Yoon, 514–515.
65. Harrell, 324.
66. 可见 https://www. youtube. com/watch?v=uDT3krve9iE; Richard Kyle, Apocalyptic Fever (Eugene, OR: Cascade Books, 2012); https://www. youtube. com/watch?v=W0hWAxJ3_Js；以及 https://www. youtube. com/watch?v=P6xBo9EijIQ。
67. Bruce Evensen, "Robertson's Credibility Problem," *Chicago Tribune*, February 23, 1988; 以及 Michael Oreskes, "Robertson Comes Under Fire for Asserting That Cuba Holds Soviet Missiles," *The New York Times*, February 16, 1988, 28。
68. Harrell, 326–328; and Gorenberg, 139, 157, 169.
69. Harrell, 103.
70. Tom W. Smith, "Beliefs about God Across Time and Countries," NORC/ University of Chicago working paper (2012). 例如，一位随笔作家指出，尽管澳大利亚的文化与美国相似，但澳大利亚几乎完全没有世界末日信仰；参见 Keith Gordon, "The End of (the Other Side of) the World: Apocalyptic Belief in the Australian Political Structure," *Intersections* Vol. 10, No. 1 (2009): 609–645；路透社委托进行的一项民意调查，与21个国家对2012年"玛雅历法"末日的信仰有关；见 Ipsos Global Advisor, "Mayan Prophecy: The End of the World?," https://www. ipsos. com/sites/default/files/ news_and_polls/2012-05/5610-ppt. pdf, accessed February 17, 2018。
71. https://news. gallup. com/poll/1690/religion. aspx, accessed September 3, 2019.
72. Pippa Norris and Ronald Inglehart, *Sacred and Secular* (Cambridge, UK: Cambridge University Press, 2004), 尤其参见第 3~32 页。
73. 同上。
74. Pew Research Center, "In America, Does More Education Equal Less Religion?," April 26, 2017, http://www. pewforum. org/2017/04/26/in-america-does-moreeducation-equal-less-religion/, accessed December 3, 2018.
75. Edward J. Larson and Larry Witham, "Leading scientists still reject God," Nature Vol. 344, No. 6691 (July 23, 1998): 313.
76. James H. Leuba, *The Belief in God and Immortality* (Chicago: The Open Court Publishing

Company, 1921), 255; and Michael Stirrat and R. Elisabeth Cornwell, "Eminent Scientists Reject the Supernatural: A Survey of Fellows of the Royal Society," *Evolution Education and Outreach* Vol. 6, No. 33 (December 2013): 1–5.

77. 例如，参见 Marie Cornwall, "The Determinants of Religious Behavior: A Theoretical Model and Empirical Test," *Social Forces* Vol. 66, No. 2 (December 1989): 572–592.

78. 可通过以下网址访问经合组织国际学生评估项目互动数据库：http://www.oecd.org/pisa/ ；例如，2015 年的评估结果链接：http://www.keepeek.com/Digital-Asset-Management/oecd/education/pisa-2015-results -volume-i_9789264266490-en#page323 ；评估概述可见 https:// en. wikipedia. org/wiki/Programme_for_International_Student_Assessment。

79. Michael A. Dimock and Samuel L. Popkin, "Political Knowledge in Comparative Perspective," in Shanto Iyengar and Richard Reeves, Eds., *Do The Media Govern?* (Thousand Oaks, CA: Sage Publications, 1997), 217–224. 对五个问题的调查，参考 Andrew Kohut et al., *Eight Nation, People & The Press Survey* (Washington, DC: Times Mirror Center for People & The Press, 1994), 17, 23。

80. Dimock and Popkin, quote 218.

81. James Curran et al., "Media System, Public Knowledge and Democracy: A Comparative Study," *European Journal of Communications* Vol. 14, No. 1 (2009): 5–26.

82. 同上。

83. Hal Lindsey and Cliff Ford, *Facing Millennial Midnight* (Beverly Hills, CA: Western Front, Ltd., 1998).

84. Gorenberg, 222.

85. J. Eric Oliver and Thomas J. Wood, "Conspiracy Theories and the Paranoid Style(s) of Mass Opinion," *American Journal of Political Science* Vol. 58, No. 4 (October 2014): 952–966.

86. Hermann Rauschning, *Hitler Speaks* (London: Eyer & Spottiswoode, 1939), 134.

87. 这一重要研究的最简单的样本，见 Robert L. Trivers, "The Evolution of Reciprocal Altruism," *The Quarterly Review of Biology* Vol. 46, No. 1 (March 1971): 35–57, quote 49; W. D. Hamilton, "The Genetical Evolution of Social Behaviour I," *Journal of Theoretical Biology* Vol. 7, No. 1 (July 1964): 1–16, 以及 Part II, 17–52; Leda Cosmides and John Tooby, "Cognitive Adaptations for Social Exchange," in Jerome H. Barkow et al., *The Adapted Mind* (New York: Oxford University Press, 1992), 180–206 ；以及 Luciano Arcuri and Gün Semin, "Language Use in Intergroup Contexts: The Linguistic Intergroup Bias," *Journal of Personality and Social Psychology* Vol. 57, No. 6 (1989): 981–993。关于人类道德起源和摩尼教思想主题的一般性处理，见 Robert Wright, *The Moral Animal* (New York: Vintage Books, 1994)。

88. 例如，见 Rebecca S. Bigler et al., "When Groups Are Not Created Equal: Effects of Group Status on the Formation of Intergroup Attitudes in Children," *Child Development* Vol. 72, No. 4 (July/August 2001): 1151–1162.

89. 关于这些实验以及实验理论意义的讨论，见 Muzafir Sherif et al., *Intergroup Conflict and Cooperation: The Robbers Cave Experiment* (Norman, OK: Institute of Group

Relations, 1961），尤其参见第 59~84 页、第 97~113 页。好像这本书描述的是 1954 年的实验；1949 年的实验不太详细，好像 1953 年也进行过一次失败的实验。

90. 同上，118，153–183，187。
91. Paul Boyer, *When Time Shall Be No More*, 265.
92. Lindsey, *The Late Great Planet Earth*, 51–52, 63–64, 71–75, 101–102, 232.
93. Susan Solomon et al., "Emergence of healing in the Antarctic ozone layer," *Science* Vol. 253, No. 6296 (July 16, 2016): 269–274.
94. Lindsey, *The 1980's: Countdown to Armageddon*, 5–6.
95. 同上，4–7。
96. Sharlet, "Jesus Killed Mohammed," 38.
97. Anne C. Loveland, *American Evangelicals and the U. S. Military 1942–1993* (Baton Rouge, LA: Lousiana State University Press, 1996), 1–66, 118–164, quote 164.
98. 同上，7。
99. Sharlet, 38.
100. Loveland, xi–xii.
101. Goodstein; 还可参见 Banerjee。

第 11 章　时代论的灾难：大卫教派的悲剧

1. Ellsberg, 64–65 and 67–89; 以及 Eric Schlosser, *Command and Control* (New York: Penguin Press, 2013), 300. 对意外性核战争风险的一个极好概述，可参见 Bruce Blair, *The Logic of Accidental Nuclear War* (Washington, DC: The Brookings Institution, 1993); 对于核袭击权力的一个重要概念"预委托"。尤其参见第 46~51 页。
2. Schlosser, 245–247
3. William Burr and Thomas S. Blanton, "The Submarines of October," National Security Archive, October 31, 2002, https://www. webcitation. org/ 67Zh0rqhC?url=http://www. gwu. edu/%7Ensarchiv/NSAEBB/NSAEBB75/, accessed May 8, 2018; 以及 Marion Lloyd, "Soviets Close to Using A-Bomb in 1962 Crisis, Forum is Told," *The Boston Globe*, October 13, 2002.
4. Bruce Blair, *Frontline interview*, https://www. pbs. org/wgbh/pages/frontline/ shows/russia/ interviews/blair. html, accessed May 9, 2018. See also Blair, 59–167.
5. Peter Schweizer, *Victory* (New York: Atlantic Monthly Press, 1994), 8–9.
6. Robert M. Gates, *From the Shadows* (New York: Simon & Schuster Paperbacks, 1996), 114.
7. Schlosser, 367–368, 371.
8. Charles Perrow, *Normal Accidents* (Princeton, NJ: Princeton University Press), 11.
9. https://jimbakkershow. com/watch/?guid=3465, accessed June 17, 2018, *Dr. Strangelove* (movie).
10. Lindsey, *The 1980's: Countdown to Armageddon*, 77, 85, 107, 122, 134, 138, 153, 212.
11. 同上，154。

12. Lindsey, *Planet Earth—2000 A. D.*, 61.
13. Boyer, 146.
14. A. G. Mojtabai, *Blessed Assurance* (Syracuse, NY: Syracuse University Press, 1997), 180–183; 以及 Robert Reinhold, "Author of 'At Home with the Bomb' Settles in City Where Bomb Is Made," *The New York Times*, September 15, 1986, A12。
15. Mojtabai, 164.
16. Gordon D. Kaufman, "Nuclear Eschatology and the Study of Religion," *Journal of the American Academy of Religion* Vol. 51, No. 1 (March 1983): 8.
17. Stuart A. Wright, "Davidians and Branch Davidians," in Stuart A. Wright, *Armageddon at Waco* (Chicago: University of Chicago Press, 1995), 24.
18. James D. Tabor and Eugene V. Gallagher, *Why Waco?* (Berkeley: University of California Press, 1995), 33–35.
19. 1959年4月22日耶稣复临,实际上是在1955年11月5日之后1 264天,但很明显,公告是在11月9日发出的;参考 https://www.gadsda.com/1959-executive-council-minutes/。
20. Stuart A. Wright, "Davidians and Branch Davidians," 30–32.
21. Edward D. Bromley and Edward G. Silver, "The Davidian Tradition," in Stuart A. Wright, *Armageddon at Waco*, 50.
22. 同上,52–53。
23. Tabor and Gallagher, 35–41, quote 41.
24. Charles, 1, 63. 克里斯托弗·麦基认为,《启示录》对现代观众来说晦涩难懂的另一种解释是,《启示录》的作者试图从《以西结书》和《但以理书》中提取出一种最新叙述,主要向1世纪和2世纪的犹太人传播。
25. Yair Bar-El et al., "Jerusalem syndrome," *British Journal of Psychiatry* Vol. 176 (2000): 86–90.
26. 同上。
27. Tabor and Gallagher, 29–30, 61; Jeffrey Goldberg, "Israel's Y2K Problem," *The New York Times*, October 3, 1999; "A date with death," *The Guardian*, October 26, 1999; 以及 Nettanel Slyomovics, "Waco Started With a Divine Revelation in Jerusalem。It Ended With 76 Dying in a Fire on Live TV," *Haaretz*, February 24, 2018.
28. Bromley and Silver, 60.
29. Tabor and Gallagher, 41–43, 52–76, 79, direct quotes 72 and 73, 他为强烈的欲望而向伙伴们道歉,见第74页;以及 Bromley and Silver, 43–72。
30. Bromley and Silver, 52–58, 以及 James Trimm, "David Koresh's Seven Seals Teaching," *Watchman Expositor* Vol. 11 (1994): 7–8, 可见 https://www.watchman.org/articles/cults-alternative-religions/david-koreshs-seven-seals-teaching/。
31. James D. Tabor, "The Waco Tragedy: An Autobiographical Account of One Attempt to Avert Disaster," in James R. Lewis, Ed., *From the Ashes* (Lanham, MD: Rowman & Littlefield Publishers, Inc., 1994), 14.
32. Tony Ortega, "Hush, Hush, Sweet Charlatans," *Phoenix New Times*, November 30, 1995. 在本书中,我有意避免使用大多数神学家所用的"邪教"一词。

33. Associated Press, "Davidian Compound Had Huge Weapon Cache, Ranger Says," *Los Angeles Times*, July 7, 2000; 关于枪支展的法律漏洞，见 "Gun Show Background Checks State Laws," https://www. governing. com/gov-data/safety-justice/ gun-show-firearms-bankground-checks-state-laws-map. html。
34. Tabor and Gallagher, 64–65, 95. 此法律现在依然有效；见 https:// codes. findlaw. com/ tx/penal-code/penal-sect-9-31. html。
35. Mark England and Darlene McCormick, "The Sinful Messiah: Part One," *Waco Tribune-Herald*, February 27, 1993. 完整系列可见于 http:// www. wacotrib. com/news/branch_davidians/sinful-messiah/the-sinful-messiah-part -one/article_eb1b96e9-413c-5bab-ba9f-425b373c5667. html.
36. 对他虐待儿童和与未成年人发生性关系的指控的一个详细讨论，见 Christopher G. Ellison and John P. Bartkowski, "Babies Were Being Beaten," in Stuart A. Wright, *Armageddon in Waco* (Chicago: University of Chicago Press, 1995); 111–149；以及 Lawrence Lilliston, "Who Committed Child Abuse at Waco," in James R. Lewis, Ed., *From the Ashes* (Lanham, MD: Rowman & Littlefield Publishers, Inc., 1994), 169–173。
37. Moorman Oliver, Jr., "Killed by Semantics: Or Was It a Keystone Kop Kaleidoscope Kaper?" in James R. Lewis, Ed., *From the Ashes*, 75–77.
38. Department of the Treasury, "Report of the Department of the Treasury on the Bureau of Tobacco, Alcohol, and Firearms investigation of Vernon Wayne Howell, also known as David Koresh," September 1993, 95–100, 可见 https://archive. org/stream/reportofdepartme00unit/reportofdepartme00unit_djvu. txt, accessed June 23, 2018。
39. Federal Bureau of Investigation, "The Megiddo Project," October 20, 1999, 28–29, 可见 http://www. cesnur. org/testi/FBI_004. htm。
40. Mark England, "9-1-1 records panic, horror," *Waco Tribune-Herald*, June 10, 1993.
41. James R. Lewis, "Showdown at the Waco Corral: ATF Cowboys Shoot Themselves in the Foot"；以及 Stuart A. Wright, "Misguided Tactics Contributed to Apocalypse in Waco," in *Armageddon in Waco*, 87–98。
42. Tabor, "The Waco Tragedy: An Autobiographical Account of One Attempt to Avert Disaster," 12–21, quote 16. CNN 的文字版可见 http://edition. cnn.com/TRANSCRIPTS/ 1308/25/cotc. 01. html。
43. Dean M. Kelly, "The Implosion of Mt. Carmel and Its Aftermath," in Stuart A. Wright, *Armageddon in Waco*, 360–361.
44. 详细讨论考雷什如何根据封印解释 BATF 的突袭和随后的围攻，见 Phillip Arnold, "The Davidian Dilemma—To Obey God or Man?," in James R. Lewis, Ed., *From the Ashes*, 23–31。
45. 同上，5–17, 100–103，quote 15–16。
46. R. W. Bradford, "Who Started the Fires? Mass Murder, American Style," 以及 "Fanning the Flames of Suspicion: The Case Against Mass Suicide at Waco," in *Armageddon in Waco*, 111–120。
47. 关于未完成的手稿，见 https://digital. library. txstate. edu/ bitstream/handle/10877/1839/

375. pdf。
48. James D. Tabor, "Religious Discourse and Failed Negotiations," in Stuart A. Wright, *Armageddon in Waco*, 265.
49. United States Department of Justice, *Report to the Deputy Attorney General on the Events at Waco, Texas February 28 to April 19, 1993* (October 8, 1993), 158–190, 可见 https://www. justice. gov/archives/publications/waco/ report-deputy-attorney-general-events-waco-texas。
50. Opinion, "History and Timothy McVeigh," *The New York Times*, June 11, 2011; 以及 Lou Michel and Dan Herbeck, *American Terrorist* (New York: ReganBooks, 2001), 166–168。

第 12 章 "被提"类小说：末日文学为何畅销

1. Joseph Birkbeck Burroughs, *Titan, Son of Saturn* (Oberlin, OH: The Emeth Publishers, 1905), 4, 5. 克劳福德·格里本已经发现一本更早的被提类小说，这是一本可追溯到 1879 年左右的简短小册子，作者被称为"H. R. K."，*Life in the Future*。Crawford Gribben, "Rethinking the Rise of Prophecy Fiction,"未出版、未流通的手稿，感谢作者的慷慨提供。
2. Crawford Gribben, *Writing the Rapture* (Oxford: Oxford University Press, 2009), 33.
3. Burroughs, 211, 223, 244–252, 289–324, 尤其参见第 304 页、第 319 页。
4. 关于一个权威作品的概要，见 Gribben 的上述手稿。
5. Frank Peretti, *This Present Darkness* (Wheaton, IL: Crossway, 2003).
6. Hal Lindsey and C. C. Carlson, *Satan Is Alive and Well on Planet Earth* (Grand Rapids, MI: Zondervan Publishing House, 1972), 18–19.
7. Philip Jenkins and Daniel Maier-Katkin, "Satanism: Myth and reality in a contemporary moral panic," *Crime, Law and Social Change* Vol. 17 (1992): 53–75. 关于时代论的起因作用，尤其见第 63~64 页的引用。Dr. Alan H. Peterson, *The American Focus on Satanic Crime, Volume I* (Milburn, NJ: The American Focus Publishing Company, 1988), foreword, 也可见 i–iii。
8. Ted L. Gunderson, in *American Focus on Satanic Crime, Volume I*, 2–4.
9. Jenkins and Maier-Katkin, 57. 关于 1985 年 5 月 16 日的《20/20》节目片段，"The Devil Worshippers," 可见 https://www. youtube. com/watch?v=vG_w-uElGbM, https://www. youtube. com/watch?v=gG0ncaf-jhI, 以及 https://www. youtube. com/ watch?v=HwSP3j7RJlU。*NPR Weekend Edition Saturday*, March 12, 1988, courtesy of Jacob J. Goldstein. 对 20 世纪 80 年代"撒旦虐待"道德恐慌的一个极好概述，见 Philip Jenkins, *Moral Panic* (New Haven, CT: Yale University Press, 1998), 145–188 and 275–277n1–10。
10. Margaret Talbot, "The devil in the nursery," *The New York Times Magazine*, January 7, 2001.
11. 同上。
12. Daniel L. Turner, *Standing Without Apology* (Greenville, SC: Bob Jones University Press,

1997), 19.
13. Randall Balmer, *Encyclopedia of Evangelism* (Waco, TX: Baylor University Press, 2004), 391–392.
14. Tim LaHaye, Jerry B. Jenkins, and Sandi L. Swanson, *The Authorized Left Behind Handbook* (Wheaton, IL: Tyndale House Publishers, 2005), 7.
15. Gribben, 136 and 210n55. See Salem Kirban, *666* (Wheaton, IL: Tyndale House Publishers, 1970); 詹姆斯的文章可见 http://www.raptureready1.com/terry/james22.html。
16. Gribben, 8. From Amy Johnson Fryckholm, *Rapture Culture* (Oxford: Oxford University Press, 2004), 175: "尽管莱希被列为该系列的作者,但他本人并没有写过一个字。" 也可见 Bruce David Forbes "How Popular Are the Left Behind Books . . . and Why?," in Jeanne Halgren Kilde and Bruce David Forbes, Eds., *Rapture, Revelation, and the End Times* (New York: Palgrave Macmillan, 2004), 6。
17. Tim LaHaye and Jerry B. Jenkins, *Left Behind* (Wheaton, IL: Tyndale House Publishers, 1995), 1.
18. 同上,19。
19. 同上,book summation。
20. Gribben, 129.
21. Forbes, 6–10.
22. David D. Kirkpatrick, "A Best-Selling Formula in Religious Thrillers," *The New York Times*, February 11, 2002, C2.
23. Nicholas D. Kristof, "Apocalypse (Almost) Now," *The New York Times*, November 24, 2004, A23.
24. Mike Madden, "Mike Huckabee hearts Israel," https://www.salon.com/2008/01/18/huckabee2_4/, accessed March 25, 2018.
25. David Gates.
26. Mark Ward, *Authorized* (Bellingham, WA: Lexham Press, 2018), 61.
27. David Gates.
28. 同上。
29. Stuart A. Wright, 42–43; 以及 Anonymous, "Christian evangelicals from the US flock to Holy Land in Israeli tourism boom," *Independent*, April 6, 2018。
30. Lawrence Wright, *Forcing the End*, https://www.pbs.org/wgbh/pages/frontline/shows/apocalypse/readings/forcing.html, accessed September 4, 2019.
31. 同上。
32. Louis Sahagun, "The End of the world is near to their hearts," *Seattle Times*, June 27, 2006.
33. Gorenberg, 173.

第 13 章 资本主义的慈善家:从环球电讯、安然公司到互联网泡沫

1. Jason Zweig, Introduction to Schwed, xiii; and Zweig, personal communication.

2. Maggie Mahar, *Bull!* (New York: HarperBusiness, 2003), 333–334. 先锋集团的一项研究表明，截至 2002 年，该公司 70% 的 401（k）账户至少损失了 20% 的价值；总体而言，先锋的投资者比其他投资者更为保守，该公司没有提供互联网基金；想更好地了解互联网泡沫是如何摧毁小投资者的，请参阅第 14 章"弗林理发店"的相关内容。
3. 严格来说，这句话是不对的："互联网"一词指的是连接高性能计算机和服务器的光纤主干网。现代话语中无处不在的"www"是通过数字地址系统——统一资源定位系统——通过 Chrome、Safari 和 Internet Explorer 等浏览器访问文档或网站的网关。从技术上讲，"http"和"https"是访问网页的方式或协议。统一资源定位系统是将流量指定到网络服务器的计算机位置即"IP 地址"上某一文档的快捷方式。
4. William J. Bernstein, *Masters of the Word* (New York: Grove/Atlantic, 2013), 309–310; 以及 Tim Berners-Lee, *Weaving the Web* (San Francisco: Harper San Francisco, 1999), 7–51。
5. Jim Clark, *Netscape Time* (New York: St. Martin's Press, 1999), 20–32, quote 32.
6. *The Economist*, "William Martin," August 6, 1998.
7. Robert L. Hetzel, *The Monetary Policy of the Federal Reserve* (New York: Cambridge University Press, 2008), 208–224, 尤其可参考第 221 页格林斯潘主席的评论；以及 Sebastian Mallaby, *The Man Who Knew* (New York: Penguin Press, 2016), 514–521, 536–542。
8. https://www. fdic. gov/about/history/timeline/1920s. html, accessed June 24, 2017.
9. Burton G. Malkiel, *A Random Walk down Wall Street* (New York: W. W. Norton & Company, Inc., 1999), 57–61.
10. Personal communication, Burton Malkiel, Richard Sylla, and John Bogle.
11. 关于 1929 年的市盈率和股息收益率，见 Wigmore, 35–85。
12. John Cassidy, *dot-con* (New York: Penguin Press, 2002), 348–363; 以及 Roger Lowenstein, *Origins of the Crash* (New York: The Penguin Press, 2004), 101。
13. Thomas Easton and Scott Wooley, "The $20 Billion Crumb," *Forbes*, April 19, 1999.
14. 同上。
15. Personal communication, Alan Mauldin, TeleGeography, Inc.
16. Simon Romero, "In Another Big Bankruptcy, a Fiber Optic Venture Fails," *The New York Times*, January 29, 2002.
17. Timothy L. O'Brien, "A New Legal Chapter for a 90's Flameout," *The New York Times*, August 15, 2004.
18. Steven Lipin et al., "Deals & Deal Makers: Bids & Offers," *The Wall Street Journal*, December 10, 1999.
19. Randall E. Stross, *eBoys* (New York: Crown Business, 2000), 30, 36.
20. Linda Himmelstein, "Can You Sell Groceries Like Books?," Bloomberg News, July 25, 1999, http://www. bloomberg. com/news/articles/1999-07-25/can-yousell-groceries-like-books, accessed October 26, 2016.
21. Mary Dejevsky, "Totally Bananas," *The Independent*, November 9, 1999.
22. William Aspray et al., *Food in the Internet Age* (New York: Springer Science & Business Media, 2013), 25–35; 以及 Mylene Mangalindan, "Webvan Shuts Down Operations, Will

Seek Chapter 11 Protection," *The Wall Street Journal*, July 10, 2001。

23. Mangalindan, 同上；以及 John Cook and Marni Leff, "Webvan is gone, but HomeGrocer.com may return," *Seattle Post-Intelligencer*, July 9, 2001。
24. Bethany McLean and Peter Eklind, *The Smartest Guys in the Room* (New York: Penguin Group, 2003).
25. 同上，4–13。
26. Alexi Barrionuevo, "Did Ken Lay Demonstrate Credibility?" *The New York Times*, May 3, 2006. For Ken Lay's salary, see Thomas S. Mulligan and Nancy Rivera Brooks, "Enron Paid Senior Execs Millions," *Los Angeles Times*, June 28, 2002.
27. David Yermack, "Flights of fancy: Corporate jets, CEO perquisites, and inferior shareholder returns," *Journal of Financial Economics* Vol. 80, No. 1 (April 2006): 211–242.
28. McLean and Elkind, 89–90, 97–98, 338; 以及 Robert Bryce, "Flying High," *Boston Globe Magazine*, September 29, 2002。
29. 同上，89–90，97–98；以及 Bryce。
30. Elkind and McLean, 225.
31. 同上，28–33。
32. 同上，183，184–185，254。
33. John R. Emshwiller and Rebecca Smith, "Murky Waters: A Primer On the Enron Partnerships," *The Wall Street Journal*, January 21, 2001.
34. Cassel Bryan-Low and Suzanne McGee, "Enron Short Seller Detected Red Flags in Regulatory Filings," *The Wall Street Journal*, November 5, 2001. 35. Elkind and McLean, 405.
36. Chris Axtman, "How Enron awards do, or don't, trickle down," *Christian Science Monitor*, June 20, 2005.
37. Rebecca Smith, "New SEC Filing Aids Case Against Enron," *The Wall Street Journal*, May 15, 2003; Ellen E. Schultz, "Enron Employees' Massive Losses Suddenly Highlight 'Lockdowns,'" *The Wall Street Journal*, January 16, 2002; 以及 Elkind and McLean, 297–398。
38. Lowenstein, 58–60.
39. Clark, 12–15, 19; Joshua Quittner and Michelle Slatalla, *Speeding the Net* (New York: Atlantic Monthly Press, 1998), 242–248.
40. Richard Karlgaard, "The Ghost of Netscape," *The Wall Street Journal*, August 9, 2005, A10.

第14章 数字时代暴富梦的推手：投资分析师、大众、媒体与政治家

1. Edward Wyatt, "Fox to Begin a 'More Business Friendly' News Channel," *The New York Times*, February 9, 2007.
2. Peter Elkind et al., "The Trouble With Frank Quattrone was the top investment

banker in Silicon Valley. Now his firm is exhibit A in a probe of shady IPO deals," *Fortune*, September 3, 2001, http://archive. fortune. com/magazines/fortune/ fortune_archive/2001/09/03/309270/index. htm, accessed November 17, 2016.

3. McLean and Elkind, 234.
4. John Schwartz, "Enron's Collapse: The Analyst: Man Who Doubted Enron Enjoys New Recognition," *The New York Times*, January 21, 2002.
5. 同上。
6. Richard A. Oppel, Jr., "Merrill Replaced Research Analyst Who Upset Enron," *The New York Times*, July 30, 2002.
7. Howard Kurtz, *The Fortune Tellers* (New York: The Free Press, 2000), 32.
8. Scott Tong, "Father of modern 401(k) says it fails many Americans," http:// www. marketplace. org/2013/06/13/sustainability/consumed/father-modern-401k-says -it-fails-many-americans, accessed November 1, 2016.
9. Jeremy Olsham, "The inventor of the 401(k) says he created a 'monster,'" http://www. marketwatch. com/story/the-inventor-of-the-401k-says-he-created-a-monster-2016-05-16; 以及 Nick Thornton, "Total retirement assets near \$25 trillion mark," http://www. benefitspro. com/2015/06/30/total-retirement-assets-near-25-trillion-mark accessed November 11, 2016。
10. 关于内部收益率和基金回报率之间差距的最新报告，可参考 Morningstar's annual "Mind the Gap" report, available at https://www.morningstar. com/lp/ mind-the-gap?cid=CON_RES0022；平均而言，投资者每年因时机不当而损失约 1% 的回报率；这不包括基金费用，基金费用支出平均也在 1% 左右。
11. Aaron Heresco, *Shaping the Market: CNBC and the Discourses of Financialization* (Ph. D. thesis, Pennsylvania State University, 2014), 81.
12. Gabriel Sherman, *The Loudest Voice in the Room* (New York: Random House, 2014), 5–9.
13. Joe McGinnis, *The Selling of the President, 1968* (New York: Trident Press, 1969), 64–65.
14. Cassidy, 166.
15. Sherman, 146–147.
16. Heresco, 88–115; 以及 Mahar, 156–157。
17. Heresco, 151–152.
18. Ekaterina V. Karniouchina et al., "Impact of *Mad Money* Stock Recommendations: Merging Financial and Marketing Perspectives," *Journal of Marketing* Vol. 73 (November 2009): 244–266; 以及 J. Felix Meshcke, "CEO Appearances on CNBC," working paper, http://citeseerx.ist.psu.edu/viewdoc/ download?doi=10.1.1.203. 566&rep=rep1&type=pdf, accessed November 12, 2016; and for Cramer /Bartiromo, 见 Kurtz, 207。
19. Kurtz, 117–118.
20. Heresco, 232.

21. James K. Glassman, "Is Government Strangling the New Economy?," *The Wall Street Journal*, April 6, 2000. 为了充分披露，《华尔街日报》针对格拉斯曼先生的这篇社论发表了一封作者致编辑的恶评信，"The Market Villain: It's Not Your Uncle," April 19, 2000。
22. George Gilder, "The Faith of a Futurist," *The Wall Street Journal*, January 1, 2000.
23. Shane Frederick, "Cognitive Reflection and Decision Making," *Journal of Economic Perspectives* Vol. 19, No. 4 (Fall 2005): 25–42. 关于四张卡片任务，见 P. C. Wason, "Reasoning," in B. M. Foss, Ed., *New Horizons in Psychology* (New York: Penguin, 1966), 145–146。
24. David L. Hull, *Science and Selection* (Cambridge, UK: Cambridge University Press, 2001), 37.
25. Keith E. Stanovich et al., *The Rationality Quotient* (Cambridge: MIT Press, 2016), 25–27. 关于 CART 问题和评分的一个更广泛的案例，同上，第 331~368 页。出自 Keith E. Stanovich, "The Comprehensive Assessment of Rational Thinking," *Educational Psychologist* Vol. 51, No. 1 (February 2016): 30–31。
26. R. B. Zajonc, "Feeling and Thinking," *American Psychologist* Vol. 35, No. 2 (February 1980): 155, 169–170.
27. Daniel Kahneman, slide show for *Thinking Fast and Slow*, thinking-fastand-slow-oscar-trial. ppt.
28. Isaiah Berlin, *The Proper Study of Mankind* (New York: Farrar, Straus and Giroux, 1998), 436–498, quote 436.
29. Tetlock, 15, quote 56.
30. Dan Gardner and Philip Tetlock, "What's Wrong with Expert Predictions," https://www.cato-unbound. org/2011/07/11/dan-gardner-philip-tetlock/ overcoming-our-aversion-acknowledging-our-ignorance.
31. Tetlock, 138.
32. Tetlock, 42–88, 98, 125–141, quote 63.
33. Susan Pulliam, "At Bill's Barber Shop, 'In Like Flynn' Is A Cut Above the Rest— Owner's Tech-Stock Chit-Chat Enriches Cape Cod Locals; The Maytag Dealer Is Wary," *The Wall Street Journal*, March 13, 2000, A1.
34. Personal communication, Susan Pulliam.
35. Pulliam, "At Bill's Barber Shop, 'In Like Flynn' Is A Cut Above the Rest— Owner's Tech-Stock Chit-Chat Enriches Cape Cod Locals; The Maytag Dealer Is Wary. "
36. Susan Pulliam and Ruth Simon, "Nasdaq Believers Keep the Faith To Recoup Losses in Rebound," *The Wall Street Journal*, June 21, 2000, C1.
37. Susan Pulliam, "Hair Today, Gone Tomorrow: Tech Ills Shave Barber," *The Wall Street Journal*, March 7, 2001, C1.
38. Jonathan Cheng, "A Barber Misses Market's New Buzz," *The Wall Street Journal*, March 8, 2013, and Pulliam, "Hair Today, Gone Tomorrow: Tech Ills Shave Barber. "
39. 关于美国股票共同基金的数据，参见 Investment Company Institute 2016 Fact Book

from ici. org；关于总市值，参见 http://data. worldbank. org/indicator/ CM. MKT. LCAP. CD?end=2000&start=1990, both accessed December 17, 2017。

40. 关于范·瓦格纳的视频片段，见 https://www. youtube. com/watch?v=i9uR6WQNDn4。
41. From transcript of "Betting on the Market," aired January 27, 1997, http:// www. pbs. org/wgbh/pages/frontline/shows/betting/etal/script. html, accessed December 17, 2016.
42. Diya Gullapalli, "Van Wagoner to Step Down As Manager of Growth Fund," *The Wall Street Journal*, August 4, 2008; 总收益率是根据年化收益率计算出来的。也可参见 Jonathan Burton, "From Fame, Fortune to Flamed-Out Star," *The Wall Street Journal*, March 10, 2010。
43. Clifford Asness, "Bubble Logic: Or, How to Learn to Stop Worrying and Love the Bull," working paper, 45–46, https://ssrn. com/abstract=240371, accessed on November 12, 2016.
44. Mike Snow, "Day-Trade Believers Teach High-Risk Investing," *The Washington Post*, July 6, 1998.
45. Arthur Levitt, testimony before Senate Permanent Subcommittee on Investigations, Committee on Governmental Affairs, September 16, 1999, https://www. sec. gov/news/testimony/testarchive/1999/tsty2199. htm, accessed December 29, 2019.
46. Mark Gongloff, "Where Are They Now: The Beardstown Ladies," *The Wall Street Journal*, May 1, 2006.
47. Calmetta Y. Coleman, "Beardstown Ladies Add Disclaimer That Makes Returns Look 'Hooey,'" *The Wall Street Journal*, February 27, 1998.
48. Cassidy, 119.
49. Mahar, 262–263, 306–309, quote 307; 关于邦德的判刑，见 "Ex-Money Manager Gets 12 Years in Scheme," *Los Angeles Times*, February 12, 2003。
50. Gregory Zuckerman and Paul Beckett, "Tiger Makes It Official: Funds Will Shut Down," *The Wall Street Journal*, March 31, 2000. 20 世纪 90 年代末，该作者曾亲身经历过一些温和的衰退，但损失不大，他很快就学会不再评价科技股。读者可能会怀疑，即使是麦基本人，在《非同寻常的大众幻想》出版后也没有意识到不久后就会发生的铁路狂热，该作者又如何能依靠这本书而做出警告，并在互联网泡沫发生时就对此进行这么好的解释呢？巧合的是，他在 2000 年泡沫最严重的时候出版了一本个人理财书，其中第 124~132 页对当时尚未破裂的泡沫进行了详细讨论，见 *The Intelligent Asset Allocator* (New York: McGraw-Hill, Inc., 2000)。这本书在第 178 页尤其简短地提到了《非同寻常的大众幻想》。这些节选可见 McGraw-Hill, Inc., at http://www. efficientfrontier. com/files/TIAA-extract. pdf。
51. Charles W. Kadlec, *Dow 100,000* (Upper Saddle River, NJ: Prentice Hall Press, 1999).
52. James K. Glassman and Kevin A. Hassett, *Dow 36,000* (New York: Times Business, 1999); 以及 Charles W. Kadlec, *Dow 100,000 Fact or Fiction* (New York: Prentice Hall Press, 1999)。
53. Schwed, 54.

第15章 伊斯兰国的兴衰：马赫迪与哈里发

1. "Dabiq: Why is Syrian town so important for IS?" *BBC News* (October 4, 2016), http://www.bbc.com/news/world-middle-east-30083303, accessed May 30, 2018.
2. David Cook, *Studies in Muslim Apocalyptic* (Princeton, NJ: The Darwin Press, Inc., 2002), 8.
3. David Cook, *Contemporary Muslim Apocalyptic Literature* (Syracuse, NY: Syracuse University Press, 2005), 84.
4. Samuel P. Huntington, *The Clash of Civilizations and the Remaking of the World Order* (New York: Simon & Shuster, 1996), 257–258.
5. 'Arif, Muhammad 'Izzat, *Hal al-Dajjal yahkum al-'alam al-an?* (Cairo: Dar al-I'tisam, 1997), 85, quoted in Cook, *Contemporary Muslim Apocalyptic Literature*, 220.
6. Jean-Pierre Filiu, *Apocalypse in Islam*, trans. M. B. Devoise (Berkeley: University of California Press, 2011), 14; 以及 Cook, *Contemporary Muslim Apocalyptic Literature*, 16。
7. Cook, *Studies in Muslim Apocalyptic*, 6–13.
8. William McCants, *The ISIS Apocalypse* (New York: St Martin's Press, 2015), 23.
9. 同上，26。
10. Cook, *Contemporary Muslim Apocalyptic Literature*, 7.
11. Cook, *Studies in Muslim Apocalyptic*, 95–97.
12. Thomas Lippman, *Inside the Mirage* (Boulder, CO: Westview Press, 2004), 220; Bruce Riedel, *Kings and Presidents* (Washington, DC: Brookings Institution Press, 2018), 50; 以及 Cook, *Contemporary Muslim Apocalyptic Literature*, 23, 33。
13. Cook, *Contemporary Muslim Apocalyptic Literature*, 117.
14. Filiu, 14; 以及 Cook, *Contemporary Muslim Apocalyptic Literature*, 8, 50–52。
15. Cook, *Contemporary Muslim Apocalyptic Literature*, 8–11; Filiu, xi, 11–18.
16. Cook, *Contemporary Muslim Apocalyptic Literature*, 232–233.
17. Quoted in Gorenberg, 188.
18. 同上，191。
19. Filiu, 83–94, quote 86; 以及 Cook, *Contemporary Muslim Apocalyptic Literature*, 64, 68。
20. Personal communication, Jean-Pierre Filiu.
21. Filiu, 140.
22. Filiu, 62–63.
23. Edward Mortimer, *Faith and Power* (New York: Vintage Books, 1982), 76–79.
24. Hilaire Belloc, *The Modern Traveler* (London: Edward Arnold, 1898), 41.
25. Robert Lacey, *Inside the Kingdom* (New York: Viking Press, 2009), 15–16.
26. 同上，3。
27. Thomas Hegghammer and Stéphane Lacroix, "Rejectionist Islamism in Saudi Arabia: The Story of Juyahman al-'Utaybi Revisited," *International Journal of Middle East Studies* Vol. 39 (2007): 104–106; 以及 Yaroslav Trofimov, *The Siege of Mecca* (New York: Doubleday, 2007), 11–28。

28. Hegghammer and Lacroix, 106–109.
29. Trofimov, 20–49.
30. Hegghammer and Lacroix, 108–110.
31. Filiu, 16.
32. Lacey, 21.
33. Trofimov, 51.
34. 关于这些信件的详细描述，参见 Joseph A. Kechichian, "Islamic Revivalism and Change in Saudi Arabia: Juhaymān Al'Utaybī's 'Letters' to the Saudi People," *The Muslim World* Vol. 80, No. 1 (January 1990): 9–15。但作者淡化了这些信中重要的末日论内容，并认为信的主要目的是描述沙特政权和乌莱玛（或高级学者委员会），特别是本·巴兹的腐败。作者还认为，在大清真寺叛乱中，卡赫塔尼并没有被宣布为马赫迪，这与大多数其他观察家的观点相矛盾。
35. Lacey, 22–23.
36. Trofimov, 170–172.
37. Trofimov, 68–255; 以及 Kechichian, 1–8。
38. Hegghammer and Lacroix, 109–112.
39. 同上，114。
40. 同上，29, 248–249。
41. McCants, *The ISIS Apocalypse*, 50–51, 196n12.
42. David Cook, "Abu Musa'b al-Suri and Abu Musa'b al-Zarqawi: The Apocalyptic Theorist and the Apocalyptic Practitioner," 私人工作论文，引用已获得作者许可。引自 hadith of Thawban from Cook, "Fighting to Create a Just State: Apocalypticism in Radical Muslim Discourse," in Sohail H. Hashimi, Ed., *Just Wars, Holy Wars, and Jihads* (Oxford: Oxford University Press, 2012), 374。
43. Dexter Filkins et al., "How Surveillance and Betrayal Led to a Hunt's End," *The New York Times*, June 9, 2006.
44. Steve Coll, *The Bin Ladens* (New York: The Penguin Press, 2008), 12–15, 137–152, 252–256.
45. McCants, *The ISIS Apocalypse*, 66.
46. Trofimov, 161.
47. McCants, *The ISIS Apocalypse*, 10–22.
48. Pew Research Center, "The World's Muslims: Unity and Diversity," 57, http://assets.pewresearch. org/wp-content/uploads/sites/11/2012/08/the-worlds-muslims-full-report.pdf.
49. 同上。
50. McCants, *The ISIS Apocalypse*, 32.
51. 同上，32–42。
52. Cole Bunzel, *From Paper State to Caliphate: The Ideology of the Islamic State* (Washington, DC: Center for Middle East Policy at Brookings, 2015), 22–23.
53. Daniel Kimmage and Kathleen Ridolfo, *Iraqi Insurgent Media* (Washington, DC: Radio

Free Europe/Radio Liberty, 2007), 4–5.
54. 同上，27–29，70–71。
55. Anwar al-Awlaki, Full text of "Anwar Nasser Aulaqi" from FBI files, available at https://archive. org/stream/AnwarNasserAulaqi/Anwar%20Nasser%20 Aulaqi%2010 _djvu. txt, accessed June 6, 2018.
56. FBI 对乌尔万名字的音译与他更常用的名字有所不同。
57. Hugh Macleod, "YouTube Islamist: how Anwar al-Awlaki became alQaeda's link to local terror," *The Guardian*, May 7, 2010.
58. Eric Schmitt, "U. S. Commando Killed in Yemen in Trump's First Counterterrorism Operation," *The New York Times*, January 29, 2017; Charlie Savage, "Court Releases Large Parts of Memo Approving Killing of American in Yemen," *The New York Times*, June 23, 2014; Mark Mazetti et al., "Two-Year Manhunt Led to Killing of Awlaki in Yemen, *The New York Times*, September 30, 2011; 以及 McCants, *The ISIS Apocalypse*, 60。
59. Martin Chulov, "ISIS: the inside story," *The Guardian*, December 11, 2014; Janine di Giovanni, "Who Is ISIS Leader Abu Bakr Baghdadi?," *Newsweek*, December 8, 2014; 以及 William McCants, "The Believer," *Brookings Essay* (September 1, 2015), http://csweb. brookings. edu/content/research/essays/2015/thebeliever. html, accessed June 8, 2018.
60. McCants, *The ISIS Apocalypse*, 85–98.
61. David Remnick, "Going the Distance: On and off the road with Barack Obama," *The New Yorker*, January 27, 2014.
62. http://www. jihadica. com/the-caliphate%E2%80%99s-scholar-in-arms/, accessed September 6, 2019.
63. Cole Bunzel, "The Caliphate's Scholar-in-Arms," http://www.jihadica.com/the-caliphate%E2%80%99s-scholar-in-arms/, accessed June 10, 2018.
64. Amar Benaziz and Nick Thompson, "Is ISIS leader Abu Bakr Baghdadi's bling timepiece a Rolex or an 'Islamic watch'?," *CNN*, July 10, 2014, http://www.cnn.com/2014/07/10/world/meast/iraq-baghdadi-watch/index. html, accessed June 12, 2018.
65. 《达比克》的英语版本可以从各种渠道获得，从伊斯兰教徒的网站到仇视伊斯兰教徒的网站，再到公共政策网站。以最后一期为例，见"The Return of the Khilafah," https://jihadology. net/2016/07/31/newissue-of-the-islamic-states-magazine-dabiq-15/，然后从"上一期"链接返回第一期。该杂志还有阿拉伯语、法语和德语版本。
66. The Soufan Group, "Foreign Fighters: An Updated Assessment of the Flow of Foreign Fighters into Syria and Iraq," December 2015.
67. *Dabiq*, "The Return of the Khilafah," 4–5, 26.
68. 同上，8。
69. 同上，10。
70. 同上，32–33。
71. McCants, *The ISIS Apocalypse*, 142–143.
72. Robert Mackey, "The Case for ISIS, Made in a British Accent," *The New York Times*,

June 20, 2014.

73. Nelly Lahoud and Jonathan Pieslak, "Music of the Islamic State," *Survival* Vol. 61, No. 1 (2018): 153–168, quote 155.
74. Richard Barrett, "Foreign Fighters in Syria," *The Soufan Group*, June 2014.
75. Mariam Karouny, "Apocalyptic prophecies drive both sides to Syrian battle for end of time," Reuters, April 1, 2014, https://www. reuters. com/article/us-syriaCrisis-prophecy-insight/apocalyptic-prophecies-drive-both-sides-to-syrian-battle-for-end-of-time-idUSBREA3013420140401, accessed June 12, 2018.
76. 作者不详, "The Revival of Slavery before the Hour," *Dabiq* No. 4 (September 2014), 17。
77. Nick Cumming-Bruce, "ISIS Committed Genocide Against Yazidis in Syria and Iraq, U. N. Panel Says," *The New York Times*, June 16, 2018; and Valeria Cetorelli, "Mortality and kidnapping estimates for the Yazidi population in the area of Mount Sinjar, Iraq, in August 2014: A retrospective household survey," *PLOS Medicine* May 9, 2017, https:// doi. org/10.1371/journal. pmed. 1002297, accessed June 12, 2018.
78. 截至 2018 年初，伊斯兰国直接和间接发动的攻击列表见 Tim Lister et al., "ISIS goes global: 143 attacks in 29 countries have killed 2,043," CNN, February 12, 2018, https:// www. cnn. com/2015/12/17/world/mapping-ISIS-attacks -around-the-world/index. html, accessed June 12, 2018。此处 3 800 人的死亡估计，见 Karen Yourish et al., "How Many People Have Been Killed in ISIS Attacks Around the World," *The New York Times*, July 16, 2016； 以及 https://en. wikipedia. org/wiki/List_of_terrorist_incidents_linked_to_ISIL, accessed September 6, 2019。
79. Ben Watson, "What the Largest Battle of the Decade Says about the Future of War," *Defense One* (2017), https://www. defenseone. com/feature/mosul-largest -battle-decade-future-of-war/, accessed July 19, 2019; 以及 Rukmini Callimachi and Eric Schmitt, "ISIS Names New Leader and Confirms al-Baghdadi's Death," *The New York Times*, October 31, 2019。
80. 例如，参见 Graeme Wood, "What ISIS Really Wants," *The Atlantic*, March 2015。
81. Janine di Giovanni, "The Militias of Baghdad," *Newsweek*, November 26, 2014.
82. Jason Burke, "Rise and fall of ISIS: its dream of a caliphate is over, so what now?," *The Guardian*, October 21, 2018, https://www. theguardian. com/world/2017/ oct/21/ISIS-caliphate-islamic-state-raqqa-iraq-islamist, accessed June 12, 2018; and Aaron Y. Zelin, "Interpreting the Fall of Islamic State Governance," Washington Institute, October 16, 2017, http://www. washingtoninstitute. org/policy-analysis/view/interpreting-the-fall-of-islamic-state-governance, accessed June 12, 2018; 以及 Sune Engel Rasmussen, "U. S. -Led Coalition Captures Last ISIS Bastion in Syria, Ending Caliphate," *The Wall Street Journal*, March 23, 2019。

后记

1. Richard Dawkins, *The Selfish Gene* (New York: Oxford University Press, 2009), vii.
2. David Sloan Wilson, *Evolution for Everyone* (New York: Delta Trade Paperbacks, 2007), 70.
3. Stanley Milgram, "Behavioral Study of Obedience," *Journal of Abnormal and Social Psychology* Vol. 67, No. 4 (1963): 371–378; 以及 Milgram, "Some Conditions of Obedience and Disobedience to Authority," *Human Relations* Vol. 18, No. 1 (February, 1965): 57–76。
4. C. Haney et al., "Interpersonal Dynamics in a Simulated Prison," *International Journal of Criminology and Penology* Vol. 1 (1973): 69–97.
5. 关于斯坦福监狱实验的详细而具有抨击性的分析，见 Ben Blum, "The Lifespan of a Lie," https://medium.com/s/trustissues/ the-lifespan-of-a-lie-d869212b1f62。
6. Laurence Rees, *Auschwitz: A New History* (New York: Public Affairs, 2005)。
7. 同上，关于海峡群岛的驱逐出境，见第 135~139 页；关于贝乌热茨集中营的杀戮，见第 149~150 页，第 203 页。
8. Lionel Laurent, "What Bitcoin Is Really Worth May No Longer Be Such a Mystery," https://www. bloomberg. com/news/features/2018-04-19/what-bitcoin-is-really-worth-may-no-longer-be-such-a-mystery, accessed July 25, 2018.

群体的
疯狂

导读锦囊

中信出版集团

目 录

科学、宗教与西方现代化的双重性质 …………… 1
黄淳 / 中国人民大学经济学院副教授

疯狂之下,理性奈何 ……………………………… 8
方钦 / 复旦大学经济学院讲师

为什么我们如此热爱泡沫? …………………… 18
严飞 / 清华大学社会学系副教授

21 世纪的《大癫狂》…………………………… 24
李黎力 / 中国人民大学经济学院副教授

群体非理性行为如何产生并发展? …………… 30
庄梅茜 / 复旦大学政治学系助理教授

科学、宗教与西方现代化的双重性质

中国人民大学经济学院　副教授
黄　淳

该书的内容、目的与意义

这是一本在科学与宗教的关系上，在经济、政治与文化的关系上，分析西方历史现代化性质的书。西方对其历史现代化性质的主流叙述是，这是一个科学战胜宗教的历史，这是一个资本替代上帝，将过去、现在与未来连接，推动社会开放、和谐发展的历史。不同于这一主流叙述，该书依次通过西方现代化历史进程中的 15 个关于宗教狂热与金融泡沫的议题，分析了宗教疯狂与金融疯狂类同的机制。该书广泛运用了生理学、心理学、社会学、经济学、政治学的学术成果，为这一机制的类同分析提供了依据。该书的主要目的是揭示西方现代社会结构与社会行动模式理性与非理性的双重性质，及其文化根源中的宗教属性。

西方现代社会结构与社会行动模式，是在漫长的历史中演变而来的，迄今为止，仍支配着世界的现代化进程。这一演变的历史过程体现在 3 个方面。在文化方面，在古希腊、古罗马、希伯来文化交融嬗变基础上形成的现代世俗文化，例如：文艺复兴、宗教改革、科学革命、启蒙运动等，以及不同的宗教派别，例如：

犹太教、基督教、伊斯兰教等。在经济方面,欧洲由封建社会向资本主义社会转变形成的市场经济,例如:地理发现与世界贸易,市民社会与城市兴起,资产阶级革命与市场经济发展。在政治方面,不同部落、民族之间的战争,以及在这种战争中形成的现代国家与世界秩序。当今世界的经济、政治、文化存在深刻的矛盾与冲突,威胁人类的生存与发展。然而,西方主流经济学不分析宗教、战争对现代化的影响。该书的一个重要意义是有助于我们在经济、政治、文化的关系上,较为全面地认识现代化进程的性质。

合理化、理性与西方社会行动模式的双重性质

我们把合理化与合理性(理性)作为理解该书分析群体疯狂的核心概念。人要为自己的行动提供理由,有个说法,社会需要构建话语体系为人们的行动提供合理化的支撑。然而,话语体系表达的知识内容、思想观念未必是合理的与理性的,非理性的思想观念支配的极端行动是疯狂的。疯狂也会为疯狂构建知识体系,使其合理化。

科学是一种不同于宗教的话语体系和知识体系。正如爱因斯坦指出的,科学的两个重要来源体现其理性的特征,一是人们通过实验对可观测现象因果关系的经验发现,二是通过数学、逻辑将经验系统化(模式化、合理化)为知识体系。但这种知识体系可被质疑与批判,可被新的现实经验否定,科学就是实事求是。人的行动受到知识体系的支配,知识体系是系统化、模式化的经验,我们可以说人的行动具有模式的性质。科学知识体系支配

下的社会行动模式是理性的、合理的。宗教也是一种不同于科学的话语体系和知识体系。该书指出，宗教学者也会使用数学和逻辑方法将宗教知识系统化、模式化、合理化，为宗教生活提供说法。但其构建的知识体系是不允许被质疑与批判的，不接受现实经验检验的，宗教塑造的社会行动模式不仅非理性，而且具有对抗性。

西方的现代化不仅是一个科学与宗教斗争的过程，还是世俗生活与宗教生活斗争的过程。人们需要通过科学的知识体系将世俗生活合理化，这就产生了功利主义哲学：理性的人应该按照科学方法生活，在从外部世界到人自身感受的因果链条的经验认识的基础上，人的感受（效用）成为人通过行动控制与改造外部世界的目的。满足人效用的控制与改造外部世界的行动就是生产，其成果就是创造的财富，财富的功效就是增进效用。以功利主义哲学为基础，萨伊、约翰·穆勒等古典经济学学者（区别于斯密、李嘉图等古典政治经济学学者），边际革命的众多学者，构建了自由主义的新古典经济学。新古典经济学描述的社会行动是由家庭与企业在产品市场与要素市场中的交换关系集合而成的。新古典经济学论证，在完全竞争条件下供求均衡的市场经济是理性的，使得稀缺资源配置达到帕累托最优。20世纪，市场经济是理性的观点受到挑战，该书运用了这些挑战的学术成果，在如下3个方面分析了资本疯狂与宗教疯狂类同的非理性机制。

第一，市场经济要以货币为工具，才能以交易方式将个体行动集合为社会行动。凯恩斯指出货币的名义性质，通过分析实体经济与货币（名义）经济的关系，说明市场的供求均衡未必能够使得资源配置是帕累托最优的，例如失业。明斯基则在这一关系上分析了金融的不稳定性。该书不仅运用这些研究成果分析金融泡沫，也在话语与现实的关系上分析宗教疯狂非理性的原因。

第二，博弈论已经成为经济学分析人处理人际关系的思维方式的基本方法。囚徒困境表明由个体理性的行动构成的集体行动非理性。期望效用理论是冯·诺依曼在博弈论上的重要贡献。资本主义与宗教都是连接过去、现在与未来的历史观。人们对未来的预期是不确定的，期望效用理论研究不确定条件下选择的思维方式。对期望效用理论的经验实证发现，人们的决策并不总是符合逻辑规则，进而引发行为经济学深入到心理学与生理学上，用逻辑思维与情感思维的矛盾解释人行为理性与非理性的矛盾。该书也运用这些成果分析两类群体疯狂非理性的原因，例如具有情感内容的故事更容易导致非理性思维，引发群体的疯狂。

第三，人际关系构成社会结构，不同的社会结构有着不同的社会行动模式。市场经济现实的社会结构不是完全竞争的，新古典经济学论证完全竞争的市场经济是理性的，其意义何在？实际上，其意义是体现自由主义的信念：任何家庭与企业都不能具有控制市场的势力，在市场与政府的关系上，政府也不能具有控制市场的势力，个体自由选择的权利不仅值得追求，也是社会进步理性的原因。该书通过社会心理学的学术成果说明，在个体决策充分分散的基础上构建的社会行动模式是理性的，反之，人对人的影响与控制，容易导致非理性。该书通过4P（发起人、公众、政客、媒体）的社会结构及其社会行动模式，分析两类群体疯狂中的影响与控制机制，以及上述两个非理性原因在这一机制中的作用。

西方现代化的历史是什么？西方中世纪主流的社会结构是由打仗的人（贵族），念经的人（教会），干活儿的人（农民）组成，他们行动的相互关系也就构成了传统的社会行动，宗教的知识体系为这种行动提供合理化的支撑。贵族的政治势力、教会的文化势力都是垄断势力。西方的现代化是中世纪非主流的市民阶层反抗贵族的政治垄断与教会的文化垄断的结果，形成了西方现代的社会结构：政客、学者（媒体）、资本家、工人（公众）。他们行动的关系也就构成了西方现代的社会行动。社会的现代发展需要科学与生产结合，劳动与资本结合，经济学不仅要为这种结合所形成的社会行动提供合理化的知识体系，还要提供理性批判，社会才能正常发展。然而，新古典经济学描述的完全竞争的市场经济没有发起人，因为没有人有影响社会的势力，也就没有人物故事。历史总是有人物故事的，不同人的故事叙述着不同的命运。资本与上帝的发起人，都要通过叙述连接过去、现在、未来的知识体系或历史观，为其推动的人们命运的变化提供合理化的信念。该书对资本疯狂与宗教疯狂机制的类比分析表明，新古典经济学对现代化的合理化构建与理性批判，面对人物故事的历史结局，是失败与无能的。

首先，资本家是西方现代社会推动社会变革的发起人。资本家作为发起人的正当性，是他们通过资本将社会资源集中起来从事推动社会变革的事业，例如：铁路的建设、互联网的建设等。资本这种推动社会变革的势力，不仅需要知识上的支撑，也需要政治上的支撑，从而将发起人对社会变革的预期卖给民众，调动社会资源参与他们的事业。然而，资本推动的社会变革，可以是理性的社会发展，也可以是非理性的疯狂。该书指出了理性批判在金融泡沫上的失败：学者不是运用逻辑思维对社会行动进行理性批判，而是利用其生产知识的势力与大众的情感思维，经由媒体以理性的名义将资本发起的疯狂合理化，政客的腐败则是无顾大众的命运，在这一合理化而非理性化的游戏中随波逐流。

其次，发端于希伯来文化的宗教，叙述的是通过信念解决社会矛盾对抗性的生活模式，其思维方式不同于世俗生活的功利主义。我们可以在如上现代经济学分析市场经济非理性的3个方面，认识宗教行动模式的对抗性。第一，在话语与现实的关系上，上帝与人的约定成为教徒未来的期望与生活的目的，这一约定不容置疑，并塑造了教徒被选的优越感与使命感。遵守约定将被祝福，违背约定将被惩罚。这一奖惩机制支配所有人的命运，但不接受普通人生活经验的检验。第二，在人际关系上，人性使得人会违背与上帝的约定，先知们作为历史发起人，将复兴人与上帝的约定，更新历史，例如：摩西、耶稣、穆罕默德等。宗教的这种关于过去、现在与未来的知识体系，使得人们期待出现新的历史发起人，或自觉成为新的历史发起人更新历史，改变人们的命运。发起人还可运用这一知识体系动员大众，参与他们更新历史、改变命运的事业中。第三，在社会结构与社会行动模式上，虽然耶稣号召所有人要相爱宽容，路德否认教会垄断人与上帝沟通的权利，加尔文力图使得宗教成为普通人自我引导日常生活的方法，但宗教未必真能发起惠及全人类的慈善事业，却可发起对抗事业。该书指出，诸如只有少数人能被上帝提到天堂的末日叙述，不仅会导致宗教狂热事件，也会导致社会分化。再例如，犹太复国，伊斯兰国崛起的信念，导致当今世界出现地缘政治冲突。世俗生活与宗教生活不同的思维方式，使得新古典经济学失去批判宗教对抗性的能力。然而，宗教的对抗性未必不能以资本的形式复活。

讨论

该书实际上将自由主义的新古典经济学作为判定社会生活科学性与理性的标准。新古典经济学的科学性与理性，是以将价值观排除在经济学研究对象之外为代价的，正如罗宾斯所述。然而，人是目的的，人目的的价值观构建不能脱离情感思维。休谟正是在知性与情感的关系上分析人性的。斯密也是从这一关系出发，在内心道德世界的构建与外部财富世界的创造两个方面，分析市场经济的正当性。斯密认为，上帝与资本共同推动社会的和谐发展。斯密的上帝（看不见的手）是人道德生活的旁观者，这个旁观者是个体认知能力理性发展的社会意识的产物，是社会生产知识体系将社会行动合理化的一个必要观念，这一观念引导人们的社会生活经验在规则上积累为正义的法律制度。

在可预见的未来，市场经济应该是人类基本的生活方式，社会需要通过资本连接过去、现在与未来，资本也需要合理化与理性化。该书给我们的启示是，以新古典经济学为理性标准，社会能够探索到矫正资本疯狂、推动社会和谐发展的方法吗？西方的资本主义制度，真的是通过斯密看不见的手的非对抗性机制发展出来的，并在情感与知性、道德与财富的关系上，使得全人类和谐发展吗？

疯狂之下,理性奈何

复旦大学经济学院讲师

方 钦

> 凡是合乎理性的东西都是现实的;凡是现实的东西都是合乎理性的。
>
> ——黑格尔

1841 年,一位名叫查尔斯·麦基的青年苏格兰记者,出版了一部著作,名为《异常流行幻象与群众疯狂》(*Memoirs of Extraordinary Popular Delusions*),后改名为《大癫狂:非同寻常的大众幻想与群体性疯狂》(*Extraordinary Popular Delusions and the Madness of Crowds*)。该书共三卷,麦基分别称之为《民族幻想》《离奇的愚行》《哲学幻想》。其中要数第一卷最为有名,麦基记录了人类进入现代世界之初最为著名的 3 次经济泡沫:1637 年的"郁金香狂热"、1720 年的"南海事件"和"密西西比计划"。也正因如此,这部书长久以来在经济学和金融学圈子里享有盛誉,许多经济学家在其著作中援引了此书中的史料。

不过,麦基的兴趣不限于记录金融危机。在他看来,金融危机和圣物崇拜、《圣经》预言、算命、猎杀女巫、十字军东征以及炼金术等现象在本质上是一样的,即贯穿人类社会历史进程的一种群体性疯狂；他要述说的，是一部关于人类群体性疯狂的历史。

从麦基记录的种种看似不可思议但倘若自己置身其间又会觉得再平常不过的离奇事件中，以及从麦基记录这些事件的行为本身之中，我们能感受到一种深深的悲观，对启蒙时代已降人类所处的时代境况之深深的悲观。

1500年，世界迈入现代的门槛；17世纪，欧洲迎来了她的启蒙时代。那是一个告别过去、憧憬未来，认为随着理性的发展能够让人类获得最终解放的时代。最伟大的哲学家伊曼努尔·康德，吹响了启蒙运动最响亮的号角：

> 启蒙运动就是人类脱离自己所加之于自己的不成熟状态。不成熟状态就是不经别人的引导，就对运用自己的理智无能为力。当其原因不在于缺乏理智，而在于不经别人的引导就缺乏勇气与决心去加以运用时，那么这种不成熟状态就是自己所加之于自己的了。Sapere aude！（要敢于认识！）要有勇气运用你自己的理智！这就是启蒙运动的口号。

然而现实却并没有如哲学家们想象的那般美好。到了19世纪，就像麦基与无数同时代的人所观察到的那样，那些伴随着人类千万年的蒙昧和癫狂，完全没有因为经过启蒙时代的洗礼而消退。相反，伴随着经济繁荣和技术进步的加持，现代社会中群体性的疯狂反而愈演愈烈。

带着疑虑、讽刺、冷静、不安甚至还有一丝恐惧，麦基以一名记者的视角,搜集并记录下了人类历史上十余个有关群体性疯狂的事件。

现在,距离麦基写作的时代过去了将近两个世纪,摆在面前的这本书,威廉·伯恩斯坦所著的《群体的疯狂》,不禁让我有了一种昨日重现的感觉。同样是末日幻想,同样是金融狂热,同样是俗世痴愚……不过,却又存在着些微差别:

> 一个穷困潦倒的冒险家突然想到,从 A 镇到 B 镇的一条铁路线是一项巨大的公共事业,他从中可以获取巨大的利益。因此,他购买了一份军用地图,布鲁克县的或者是哪个地方的地名词典,以及一份名录。首先,他在两个城镇之间画了一条线,在阴暗的山丘之间的这里或那里画了一些漂亮的曲线,目的是使它有一种真实的感觉,他称此为调查报告,尽管他和他的人根本没有去过这个地方。地名词典、名录以及支付给一个无赖或马车夫的一罐啤酒,构成了他收入来源的所有原材料。幸运的是,年收入从未低于 15%、20% 或 30%。收入经常如此之多,他都不好意思去欺骗更多的人了。

书中的这段话,出自一位与麦基同时代的评论家。他对英国铁路泡沫表达的嘲讽,与麦基有关密西西比计划和南海泡沫的评论有异曲同工之妙。区别仅仅在于,作为那个时代对群体性疯狂敏锐的记录者,麦基对于发生在自己身边的铁路泡沫(1825—1845 年,英格兰至少经历了 3 次铁路泡沫)却无动于衷。他甚至认为,铁路投资和南海泡沫事件不可比,因为南海泡沫完全建立在虚假的事实之上，而"铁路是这个时代的必需品。其本身就是一种不动产和有形资产……沉默的哲学家和活跃的商界人士都能看出，没有什么能比英国资本用于这些项目更高尚、更有利的了"。

这一反差似乎充分说明，有时候即便是机智如麦基这般的人，也难逃群体性疯狂的魔咒。

因此，时隔180年之后，作为一名神经科学专家、金融理论家以及历史学者的威廉·伯恩斯坦再一次叙述群体性疯狂的历史，也就不足为奇了。对跨越了麦基的时代、经历了工业革命之后科学技术迅猛发展的当代人来说，种种狂热的运动仍然在一次又一次地"昨日重现"：它们不是古旧的历史，而是我们正在经验的真实。

但是与《大癫狂：非同寻常的大众幻想与群体性疯狂》一书有些不同的是，伯恩斯坦收缩了一下主题，放弃了诸如猎杀女巫、炼金术士之类的话题，将焦点集中于两类群体性疯狂：金融幻想和宗教幻想。因为他认为，"从表面上看，宗教和金融事件似乎属于不同现象，但它们是由相同的社会和心理机制驱动的：叙事的诱人力量；人类倾向于幻想本不存在的'模式'；领袖和追随者的过于自负和过度自信；而且最重要的是，人类有一种压倒性的倾向，即模仿周围人的行为，尽管这种行为毫无根据或是一种自我毁灭"。

这一取舍也部分反映出本书的特色。与麦基那种单纯描述性的文字相比，伯恩斯坦尝试用一套完整的分析逻辑去梳理那些金融和宗教方面群体性疯狂的事例。

客观地讲,伯恩斯坦的分析逻辑是一个"缝合怪",融合了生物学、心理学和金融学等不同学科与不同研究领域的内容,其大致由如下的观点和推论构成。

首先,人类具有一种最为基本的"生物本能":以尽可能少的代价(成本),获得尽可能多的享受。

其次,在漫长的生物进化史上,人类发展出一系列"节约成本"的能力来加速自身的进化过程。这诸多能力中的一个,便是模仿能力——我们会通过模仿他人的创新使得自己更适应外部环境的变化;另一个,则是用模式化的方式来解释世界——"我们天生就想寻找各种往往不存在的关联"。

最后,我们在生物构造上也朝着"节约成本"的方向进化。比如,神经科学家发现人类有两种不同类型的认知过程:一种是快速的情绪反应,从进化角度而言,极为古老的大脑边缘系统控制着这类认知;另一种则是有意识的推理,从进化角度而言,较为晚近的大脑皮质控制着这类认知。在进化过程中,情绪反应占支配地位,因为它能帮助我们对危险信号做出快速的行为反应。

上述这些因素相加,可以得到一个已被心理学家的实验论证过的结论:人是非理性的;或者说,我们自以为理性,其实只是为了一种合理化解释而已。人类是"认知吝啬鬼",不愿进行耗费成本的分析推理,偏爱一种快速得出结论的心理捷径。所以,"人类并没有运用强大的智力冷静分析世界,而是对事实进行合理化,使其符合情感上的预期"。

由此,"叙事"成为我们理解外在世界的主要方式。一个好故事,胜于任何事实和数据;不仅如此,为了让故事更令人信服,我们还会刻意避开事实和数据,远离现实世界,陷入自欺欺人的幻想之中。此时,就像社会心理学家所罗门·阿希那个著名的线条长度实验所揭示的那样:我们会极度依赖他人的判断,受他人行为的影响。

因此,那类喜剧式的一夜暴富的叙事和那类悲剧式的世界末日叙事,对我们而言同样引人入胜。前者告诉我们如何快速积累现世的财富;后者让我们关注周遭环境的风险:从进化论角度而言,二者都能为我们带来生存和遗传优势。

我们不会去探究这两种叙事的真实性,因为只要相信这些叙事的人数众多,就会对我们产生一种不可抗拒的吸引力。信的人越多,叙事越正确;当社会中大多数人都相信的时候,它们一定是正确的——这就是"仙子效应"。"仙子效应"是集体决策的基础,同时也会迅速产生投资上的集体性欺诈或者宗教上的种族灭绝的倾向。

以上便是金融和宗教方面群体性疯狂的分析逻辑。

伯恩斯坦运用了这样一套分析逻辑,梳理了从18世纪到20世纪发生的4次重大的金融幻想——1720年的密西西比计划与南海泡沫、19世纪的英国铁路泡沫、1929年的经济危机和20世纪90年代的互联网泡沫,以及从16世纪到21世纪由时代论的宗教幻想导致的美国乃至整个世界在文化和政治上的撕裂。

例如,有关1929年的世界经济危机,伯恩斯坦的叙述结合了经济学家海曼·明斯基、心理学家丹尼尔·卡尼曼等人的研究,与传统经济学迥然有异。首先,构成这一金融幻想的叙事需要4个现实条件:利率下降带来的信贷宽松、激动人心的新技术的出现、对以往繁荣和萧条的遗忘，以及对传统和审慎的投资方法的放弃。其次，需要有4类叙事者：发起人、公众、政客和媒体。最终，人类广泛存在的系统性分析错误，现代银行系统信贷供应的不稳定性，再加上由4类叙事者共同促成的有关社会财富神话的传染性叙事，共同引发了社会整体经济结构的大崩盘。

从这一方面来看，《群体的疯狂》一书深化了其主题，不再局限于对那些群体性疯狂的现象做简单描述，而是进行了一种类似社会病理学的考察，试图找出是什么样的因素导致人类社会不断产生金融狂热和宗教极端思想。

不过作者在事件描述及理论分析方面都有所欠缺，在事件描述上，我们很明显可以看出，伯恩斯坦既想从微观视角切入，四两拨千斤，用一些关键人物的行为反映出整个时代的变迁，也想采取一些宏大叙事，向读者展现人类千万年来发展进化的图景。然而两者想做到衔接流畅颇有难度，微观与宏观视角相互穿插反而导致阅读时有些混乱，而且涉及多个学科研究结果，很难说这些理论研究是否揭示了群体性疯狂的根源。但有一点是可以肯定的，行为经济学和心理学实验表明：专家常常不靠谱，他们提出的旨在世界和平的宏大目标总是会朝着不幸的方向发展，陷入群体性疯狂是现代社会无法避免的宿命……

我相信，一定会有许多读者在阅读本书之后觉得这不过就是老生常谈，与书中所述相似的金融幻想和宗教幻想现象，在人类历史上不断重演，早已丧失了新鲜感。

实际上这就是此类著作时常会遭遇到的一种无力感。作者就像是堂·吉诃德，要和人类群体性疯狂这座风车，大战一场。

因为正如书中援引的那些研究所揭示的，人类具有一种基因层面的倾向性，趋于一种群体性疯狂的行为：我们是社会性动物，我们依赖集体决策，这是我们作为生物在亿万年的进化时间里优胜劣汰的结果，"人类可能注定要带着石器时代的思维，在太空时代的星球上蹒跚而行"。

那么，这是不是说，面对群体性疯狂，我们无能为力，毫无作为呢？

不。就像弗朗西斯·高尔顿的群体理性实验所展现的，集体决策可以具有很高的准确性，但前提是我们需要符合詹姆斯·索罗维基提出的群体智慧三要求：个体分析的独立性，个体经验和技能的多样性，以及收集个体意见的有效方式。简言之，我们要保证个体独立思考的能力——理性，才能保证集体决策的准确性，避免陷入群体性疯狂。

归根结底，仍然是理性。

有许多学者将现代世界的种种疯狂现象归结为理性主义的谬误，归结为启蒙时代的哲学家们对于人类理性过于乐观。然而事实恰恰相反。就像他们将大哲人休谟的名言——人的理性是情感的奴隶——挂在嘴边，却往往忘记了休谟同时也是那个时代最理性的观察者，他运用最理智、最严谨的方式去剖析复杂的人性。

韦伯曾对现代世界做出了预言："理性化的铁笼"。然而，"理性化的铁笼"形成的原因不是理性主义的泛滥，而是"专家已没有精神"，缺失理性灵魂的"空心的躯壳"幻想着自己达到了一个前所未有的文明水准。

对这个时代来说，问题不在于我们过于理性，而在于即便是在最新科技的裹挟之下,我们仍然缺少正确运用理性的能力。

没错,我们的理性仍然很脆弱;同样没错,我们时常会听凭情感的支配,陷入非理性的状态。但是别忘了,我们还有一种将万事万物合理化的本能冲动。合理化解释的目的之一或许只是为了让我们获得一份心理上的满足感——心安理得;但是另一方面也表明,我们想要去理解,理解那些发生在我们周围的不合常理之事。

"凡是合乎理性的东西都是现实的;凡是现实的东西都是合乎理性的。"这种理解行为本身就代表着我们那不甚成熟的理性所引导的永无止境的尝试。

而这正是本书的真正价值,尝试去描述、分析和解释人类历史上一次又一次重现的金融幻想和宗教幻想。

这样的尝试注定会是一种西绪福斯式的举动,因为无论我们对这类群体性疯狂有多么了解,在可见的未来,相似的疯狂一定会再现。但这又不是徒劳无功的行为,因为不管怎样,我们至少做出努力去试图理解人类行为中的非理性,向世人警示未来可能遭遇的风险。

并且更重要的是,或许只有经验过西绪福斯式的荒诞之后,我们才有可能培育出那种个体的独立性,人类才有可能发展出促进社会发展的群体幻想。就像作者指出的,人类社会需要一些"好的骗局","无论美国社会存在什么缺陷,我们最大的力量在于我们信仰法治和法律面前的平等;同样,我们的经济运行良好,是因为几乎所有人都相信,纸币和更为缥缈的电子交易货币代表着真实的资产和债务"。这些就是有益的群体性幻想。

无论何时，我们都应当谨记：当我们放弃个体的独立思考，对发生在周遭的种种匪夷所思之事习以为常时，群体性幻想将会导致最糟糕的结果，"在存在幻想传染、又没有有效防御措施的情况下，失控的狂热越来越有动力，直到最终撞上现实的砖墙"。

为什么我们如此热爱泡沫？

清华大学社会学系副教授

严 飞

咖啡和牛奶是绝佳的组合，当牛奶被打成绵密、细腻、丰厚的泡沫，再配上咖啡的醇香，入齿留芳，回味无穷。为什么人们如此喜欢泡沫？是因为在需要咖啡提神的同时，还需要能够产生快乐的幻觉。就好像在理智上，我们需要知晓、理解客观的事实来保持对于未知世界的清醒，然而当遇到一时无法解决的困难时，大脑又情不自禁地喜欢抄捷径，偏爱着一段引人入胜的好故事，让自己和周边人一起相信各种所谓的"美好愿景"，并为之疯狂不已。

我们为之痴迷疯狂的，不仅仅是咖啡的奶泡。在这本书中，美国著名的金融理论家威廉·伯恩斯坦带领我们回顾了过去几个世纪里人类社会所发生的各种宗教狂热和金融泡沫事件，并结合神经学、心理学等知识，进一步剖析了这些历史现象背后的共同点和根源所在。

在抽丝剥茧的分析中，伯恩斯坦注意到了两种最为普遍的群体疯狂——金融狂热与宗教狂热。乍看之下，两者之间似乎并没有什么联系，但背后有着一致的动因——"改善这一辈子或来生的福利"。比如，人们都希望一夜暴富，所以会去购买彩票，幻想下一个中奖的人就是自己；比起彩票，更多人则沉迷于各种投资的美梦之中，在股市高位时，因相信每一个明天都会继续上涨而迟迟不肯放手，当股价泡沫破裂后则迫不得已地选择惨烈离场……这样的故事我们听过很多，伯恩斯坦在书中首先借助神经系统科学家的发现，来试图解释为什么人类会本能地追求回报非常高但发生概率非常小的结果。原来我们大脑左右半球中间的垂直面附近，有一块具有对称分布的结构，即伏隔核。据说当人们听到自己周围的人毫不费力地变得富有时，大脑里的伏隔核就会受到极大的刺激，从而导致人们陷入不可遏制的疯狂之中。就好像购买彩票大概率来说是赔钱的，但卖家还是可以用巨额财富的幻觉，吸引人们趋之若鹜。再想象一下，如果你的朋友，或是你听到朋友的朋友中了彩票，那么你是不是会更加丧失判断力，迫不及待地也想尝试一下属于自己的致富机会？

伯恩斯坦在书中列举了一个牛顿的例子。作为股市"韭菜"的牛顿，他在1712年购买的南海公司股票，在1720年上半年以一个很高的价位全数卖出，从而获得了丰厚的投资回报，但在那一年的晚些时候，他竟然以更高的价格回购了这些股票，最后导致亏了一大笔钱。对此，牛顿不禁发出感叹："我能计算天体的运动，但不能计算人类的疯狂。"

为什么像牛顿这样伟大的科学家，也会掉入美梦的陷阱中？为什么再聪明、理性、善于分析的人，也会在事实和数据面前做出错误的评估？

伯恩斯坦在书里援引了心理学家的理论，人性的一个弱点是喜欢听故事，偏爱通过叙事来理解世界，不仅对叙事的反应比对事实和数据的反应更加强烈，而且越是引人入胜的故事，越能侵蚀人们的批判性思维能力，使人们在情感上产生出一种群体的共鸣，其不断萦绕在脑海中，久久挥之不去。比如，理智上，我们知道想要胜任投资工作，就必须具备一系列组合能力，包括数学能力、技术专长，以及关键的经济历史等应用类知识。但事实证明，比起数据和事实，人们更喜欢故事。牛顿之所以会做出这样不合逻辑的非理性决定，就和当时的群体性疯狂息息相关。1720年的春天，英国一家完全没有经营利润的空壳公司南海公司，通过认购数额庞大的政府债券获得了在南美和太平洋诸岛的贸易经营特权。其向公众勾勒出一幅在新世界开采金矿、银矿的暴利蓝图，在短期内掀起了股票价格的暴涨。股价的疯狂又带动起更多的人，上至国王、议员、军人，下至普通家庭主妇，纷纷卷入到这场一浪高过一浪的投机狂潮中。当时的人们完全丧失了理智，根本不在乎一些基本的理性指标，比如公司的经营状况等，一味地沉迷于能够短期发一笔横财的巨大泡沫中，任由人性的贪婪如同一匹野马发足狂奔。于是，在群体的疯狂之下，物理学家牛顿也无法用理性来思考了。然而当非理性的旋涡退去，股票价格一落千丈，很多有大额贷款的投机者一夜之间破产，并连带出一系列的金融大混乱。

人性的另一个弱点是习惯自欺欺人，不但无法冷静地观察分析，甚至还会想办法说服自己，让一切行为"合理化"，让自己继续相信。一方面，我们总是害怕和别人不一样，于是继续跟随大众沉溺在虚假疯狂中，不愿在谎言中醒来；另一方面呢，我们又想自己和别人不一样，总觉得自己比周围人更优秀、更聪明，当盲目的自信被质疑或否定时,人们会这样说服自己:"他们都没有我看得透,等我成功了,他们就后悔了。"于是,人们就更加把眼睛闭紧,耳朵掩上,不愿意改变自己的想法。

除了南海泡沫,伯恩斯坦在书中还列举了法国密西西比公司股市泡沫、英国铁路大疯狂泡沫、1929 年美国股票崩盘、21 世纪的互联网泡沫等历史事件,并且指出,每次只有当泡沫破裂的时候,人们才会在痛苦中如梦初醒。为什么人类无法从这些接连发生的历史事件中吸取经验教训呢?面对这个疑问,伯恩斯坦的答案是,如果一个错误的信念足够普遍,它就会从量变到质变,像传染性的病原体那样,在一个特定的群体内以指数级的倍数迅速传播。

正可谓,我们相信什么,便会遇见什么。

作为一名社会学者,我也喜欢探究群体疯狂背后的社会结构性原因。尽管历史上每次集体狂热的事件表现各异,但背后的驱动因素无外乎来自金钱的鞭策。德国社会学家齐美尔在他的代表作《货币哲学》(*The Philosophy of Money*)中曾一针见血地指出,"金钱是我们时代的上帝"。在这一信仰的号召下,人们将一切事物和感情明码标价,人际交往成为获得金钱货币的工具,财富成为衡量成功的唯一标准。一方面,金钱使现代社会变得更加理性,因为一切事物,包括知识、美貌甚至是爱情都可以通过货币来衡量甚至交换。另一方面,金钱成为人们赞美歌颂的对象。在这个物化的世界,金钱超越了所有其他的具体事物,显得可以调解一切生活矛盾,人们只要有钱,就可以买到全世界的"商品"。金钱将光芒照射到现代生活的许多具体特征中,使个体完全满足自己愿望的机会近在咫尺，更加在诱惑中，情不自禁地产生出这样的幻想——好像我们比以往更容易获取所有这些东西。

在齐美尔看来，在金钱的异化功能之下，"货币给现代生活装上了一个无法停转的轮子，它使生活这架机器成为一部永动机，由此就产生了现代生活常见的骚动不安和狂热不休"。正是金钱在现代社会里扮演的这种核心角色，使得货币这一纯粹手段和前提条件最终变成目的本身，由此导致社会群体对一夜暴富的趋之若鹜和追逐金钱的疯狂。

经济学中有一个"理性人假设"：人类的行为都是理性和利己的，都在追求个人利益的最大化，整个经济学的大厦就建立在这样的假设基础之上。不可否认，金钱，是我们这个理性世界的产物；经济理性依然是我们社会赖以生存和发展的基础，是人类进步的必然要求。然而，伴随着经济理性的肆意增长，人们在追逐欲望的过程中又逐渐陷入迷茫和挣扎，害怕和别人做出不一样的选择，于是就出现了伯恩斯坦提出的金融狂热的一个重要因素——放弃头脑冷静的金融计算，转而相信那些引人入胜的叙事，比如股市中充斥的各种难辨真假的消息。

我曾经基于某网络平台做过一项关于网络舆情是否影响股市行情的研究。这项研究发现，和美国的资本市场相比较，中国股市是一个新兴的资本市场，中小散户投资者的力量相对较大，他们由于自身知识的局限性，以及投资者之间的信息不对称现象较为严重，难以有渠道洞悉上市公司真实的经营状况，非理性的投资行为会更为明显，也因此对舆情波动的反应更加敏感，容易出现投资策略上的认知失误。另外，中国的资本市场充斥着大量非理性和非专业的投资噪声，诸多投资机构和专家单纯地以"名义价格"作为依据进行荐股，庄家和机构的非官方消息也在网络平台上传播。因此，在股市波动期，当网络平台的信心指数转向利好面时，部分清醒的投资者即便察觉到市场泡沫的存在，但在强大的多数意见、乐观情绪的带动下，他们也因为害怕被孤立而选择了沉默。其结果就是，优势意见得到加强，劣势意见被压制，从而形成了一个强大的舆论环境，进一步推动了市场非理性的乐观情绪，甚至形成了"网络平台舆情—资金流入—股市行情"的因果链。

我们仔细回想一下，这样的群体疯狂在当代也并不罕见，与伯恩斯坦在书中提出的观点不谋而合——"当我们周围越来越多的人持有相同的幻想时，我们就更有可能相信这个幻想，所以我们周围的人也更有可能相信它，这是一个缺乏刹车系统的恶性循环。在存在幻想传染、又没有有效防御措施的情况下，失控的狂热越来越有动力，直到最终撞上现实的砖墙"。

回到开头的问题，为什么人们如此热爱泡沫？因为泡沫就是人们的欲望，那是无法停止的期待，更是人们终其一生会追逐的幻觉。如果我们都想在司空见惯的群体疯狂中保持清醒，不如跟着伯恩斯坦的脚步发掘其中隐藏的复杂心理，理解背后的规律。正如伯恩斯坦在书中所言，永远不要从单一理论视角看待世界。

21 世纪的《大癫狂》

中国人民大学经济学院副教授

李黎力

1841 年，一位年轻的苏格兰记者、作家和诗人查尔斯·麦基出版了一本长达 50 余万字的奇书《大癫狂：非同寻常的大众幻想与群体性疯狂》（以下简称《非同寻常的大众幻想》），以幽默但又不失沉重的笔调叙述了发生在欧洲的多个金融泡沫、骗局，及惊世骇俗的群体性疯狂事件。其中不仅涉及历史上著名的密西西比泡沫、南海泡沫和郁金香狂热三大金融狂热事件，还涉及《圣经》预言、圣物崇拜、十字军东征和猎杀女巫等宗教狂热，以及侠盗赞歌、决斗风潮、城市疯狂和炼金术士等流行热潮。该书出版之后，引起了巨大轰动，多次再版加印，近 200 年来一直畅销不衰，被奉为金融投资领域乃至经济学领域的经典之作；近 20 年来被引入我国，市面上出现多个译本。自该书面世之后，人类群体性疯狂事件反复发生，对社会造成的影响不断加剧。

2021 年，美国知名历史学家和金融理论家威廉·伯恩斯坦出版了《群体的疯狂》，向 180 年前的麦基致敬。在这本堪称 21 世纪的《非同寻常的大众幻想》一书中，作者以与麦基一样的好奇心和热情，续写了自《非同寻常的大众幻想》出版至今人类不断上演的金融和宗教狂热及其群体性疯狂：从 19 世纪的英国铁路泡沫、美国的末日狂热，到20世纪20年代的股市泡沫和大崩盘、20世纪的基督教和犹太教的末日幻想，再到21世纪初的互联网泡沫和房地产市场泡沫，以及近期上演的伊斯兰教末日狂热。同时，该书更新和补充了发生在《非同寻常的大众幻想》出版之前的宗教和金融狂热，既包括麦基未予提及的欧洲中世纪一直延续到十六七世纪的宗教末日狂热，也包括麦基浓墨重彩叙述的18世纪的密西西比泡沫和南海泡沫。可见，伯恩斯坦按照年代顺序，向读者生动叙述了过去几个世纪里人类所发生的各种金融和宗教狂热事件。

而作为21世纪的《非同寻常的大众幻想》，伯恩斯坦的《群体的疯狂》绝不仅仅是对麦基《非同寻常的大众幻想》的简单续写和更新，而是对该经典的传承和发展。麦基是一个完美的故事讲述者，但由于时代和知识局限，他对人类非理性和流行性狂热背后的原因和机制缺乏充分的解释和分析。而伯恩斯坦则结合了神经心理学、社会心理学、演化心理学、金融经济学、宏观经济学等众多学科的知识，对群体性疯狂的产生和传播背后的机制做了全新的阐释和剖析。特别是，在叙述和分析历史上的金融泡沫和狂热时，伯恩斯坦援引和吸收了大量该领域的经典和前沿研究成果，如劳、金德尔伯格、加尔布雷思、海曼·明斯基、白芝浩、席勒、特沃斯基、卡尼曼、罗格夫、莱因哈特和埃森格林等经济学家的经典著作。这是与作者的跨学科背景分不开的：除了深耕金融经济史，伯恩斯坦还是知名的公司财务理论家、医学博士，以及神经科学专家。

《群体的疯狂》旨在描述群体决策是如何失败的，以及当群体决策失败时会发生什么。在最极端的情况下，不仅群体会疯狂，而且整个国家都会疯狂。换言之，作者将注意力集中在那些变坏的群体幻想上，即"极其有害的大众幻想和群体疯狂"。其中的"群体"，指代的是彼此之间相互作用、有所互动的一群人。一群人的互动越多，其行为就越像一个真正的群体，其成员就越会丧失个体分析的独立性，从而导致疯狂在群体中变为一种司空见惯的现象。

针对群体性疯狂，伯恩斯坦提出的核心观点在于，人类是一种叙事性动物，是会讲故事的猿猴。人类是通过叙事来理解世界的，也是通过叙事来社交的。无论我们如何吹捧自己的个人理性，一个好的故事即使分析起来很有欠缺，也会萦绕在我们的脑海中，使我们在情感上产生共鸣，并且比最具决定性的事实或数据更有说服力。人类不仅对叙事的反应比对事实和数据的反应更加强烈，而且越引人入胜的故事越能侵蚀人们的批判性思维能力和分析能力。按照这种叙事的逻辑，金融狂热被理解和描述为一场不断上演的悲剧，这场悲剧有着界定清晰的人物、熟悉老套的情节和精心排练的台词。

其中，4个戏剧人物控制了故事的叙述和展开：有才华但不择手段的项目发起人、轻信并购买股票的公众、把手伸进钱柜并无视腐败之火的政客，以及大肆渲染的媒体。在这4个主角的引领之下，各种金融狂热故事都呈现出相似的情节，通常都包含4个重要因素：预示共同富裕的激动人心的新技术、利率下降带来的宽松的信贷环境、对以往繁荣和萧条的遗忘，以及对传统和审慎的投资方法的摒弃。而穿插金融泡沫剧本的台词同样具有四大典型特征：金融投机成为日常对话和社会互动的主要话题；相当一部分通常情况下能力强、头脑清醒的人，现在却放弃了安全、高薪的职业，全职从事金融投机；对投机持怀疑态度的人往往会遭到激烈的反对；平时稳重的观察家们也开始做出荒诞的金融预测。

在伯恩斯坦看来，宗教狂热与金融狂热表面看来是不同的现象，但它们背后的潜在力量是相同的，即人们都希望改善自己今生或来世的福祉。更重要的是，作为一种群体性疯狂，二者还是由相同的社会心理因素和机制驱动的：引人入胜的叙事的诱人力量，人类倾向于幻想本不存在的模式，领袖和追随者的过于自负和过度自信，以及模仿周围人的行为的倾向。

在描述历史上出现的金融狂热和泡沫时，伯恩斯坦大量引用了"经济学家在讨论金融泡沫时最常提到的"美国经济学家明斯基的洞见，认为明斯基"是一个现代的、更理智的卡尔·马克思"，"比任何一个20世纪的观察家都更好地理解和描述了泡沫及其破灭的病理生理学"，并用明斯基提出的金融泡沫产生的4个必要条件（在作者看来）作为理论框架，分析了这些泡沫事件，即上述金融狂热悲剧情节当中的4个重要因素——技术替代、信贷宽松、对上一次泡沫的健忘以及放弃旧的估值方法。

然而，值得指出的是，与伯恩斯坦、金德尔伯格、加尔布雷思、席勒等其他因循明斯基进路的研究者不同，明斯基本人事实上毕生致力于解释的是人类的理性行为内在产生金融不稳定乃至泡沫的内生过程，而不是着眼于他们所注重和凸显的各种人类非理性因素和反应，如伯恩斯坦所论及和强调的人类所具有的对

"理性化或合理化"胜于"理性或合理性"的偏好、自欺欺人的倾向，以至于人类的"理性"构成了一个脆弱的盖子，在自欺欺人的沸腾的大锅上危险地保持平衡。明斯基为用"庞氏"（Ponzi）这位金融诈骗犯的名字来命名"庞氏融资"（Ponzi finance）这一著名的融资分类法而懊悔不已。该名称让人们误以为明斯基注重像欺诈这种非理性行为在产生金融不稳定和泡沫中的作用，以至于受到伯南克等一些主流经济学家的诟病。这并不是说，这些非理性因素在明斯基眼中不重要，只是因为明斯基认为，没有这些因素发挥作用，在市场这只"看不见的手"的作用下，稳定依然会孕育着不稳定。

更重要的是，在明斯基看来，一些被传统视作"非理性"的行为事实上是理性的。在现实世界中，经济主体是在充满着不确定性的环境中进行决策的，因而不可能遵循主流经济学所界定的约束条件下的最优化这种"无限理性"或"模型一致性理性"的行为模式，而只能遵循"有限理性"或"环境一致性理性"模式。这并不意味着这种非最优化的行为模式就是非理性的，就是一种认知错觉或判断错误；相反，这种模式才真正反映了有理智的经济主体的理性，它要比标准主流经济学模型拥有更加坚实可靠的微观基础。为了应对不确定性和决策过程的复杂性，经济主体会采取一些理性的程序或经验法则，其中包括：将现在和最近的过去视为未来的指南，假定现在对未来的评价是正确的，以及遵循大多数人的观点。这些法则与金融泡沫的产生密切相关，尤其是最后的群体模仿性行为。这种行为在不确定性的情况下、在一定程度上是理性的，并会在社会层面发展出一种常规或惯例

（convention），反过来又会改变社会和经济的运行，从而使一个本不确定的世界变得更加不确定和复杂。

只有同时把握人类面对不确定性的复杂世界理性行事的方式和人性当中不可避免的非理性要素，我们才能真正理解人类历史上反复出现的各种群体性疯狂。在这方面，伯恩斯坦这本颇具可读性和趣味性的《群体的疯狂》将成为一本不可多得的经典。它不仅有助于了解历史上的金融和宗教狂热，而且有助于理解当今西方的地缘政治和社会分化。在世界地缘政治格局恶化、人类在新冠肺炎病毒的肆虐中正在远离和平并走向21世纪群体疯狂，以及百年未有之大变局正在加速演进的当下，本书的内容尤其具有重要警示和借鉴意义。

群体非理性行为如何产生并发展？

复旦大学政治学系助理教授
庄梅茜

群体心理学是西方社会心理学研究中一个非常重要的研究领域。在过去的一个世纪，该领域积累了大量关于解释群体非理性行为的理论与实证知识。由于该领域的研究议题主要沿着西方社会的历史文化脉络展开，与中国社会的相关性不高，再加上译介工作往往滞后于前沿研究，种种原因使得西方群体心理学研究成果尚未全面系统地进入国内读者的视野。除了古斯塔夫·勒庞的《乌合之众》等寥寥无几的译作外，国内读者对于该领域的作品往往相对陌生。

中信出版集团出版的《群体的疯狂》一书正是在群体心理学译介工作的进展方面迈出了重要一步。该书结合了神经心理学、社会心理学、进化心理学、金融经济学和经济史学、宏观经济学等多个学科视角，通过使用广泛的历史性分析，致力于揭示群体非理性行为是如何产生并发展起来的。本书作者威廉·伯恩斯坦的个人背景异常丰富。他同时拥有神经病学临床医学博士学位，后来成为一位专业的投资咨询顾问，并在金融投资与经济史领域著述颇丰。伯恩斯坦较为独特的经历和专长，使得他对群体非理性行为的研究呈现出一定的比较优势。

《群体的疯狂》的创作灵感源自19世纪由苏格兰人查尔斯·麦基著述的《大癫狂：非同寻常的大众幻想与群体性疯狂》（以下简称《非同寻常的大众幻想》）。该书首次将"群体狂热"（popular delusions）作为一个研究主题，悉数了数百年间一系列历史性群体狂热事件，从十字军东征到郁金香狂潮，从炼金术士的谎言到末日预言家引起的恐慌。自问世以来，《非同寻常的大众幻想》重印多次，至今仍是研究股票市场行为的必读经典之一。然而，由于该书写作的时代缺乏关于人类行为、遗传学和自然选择学说的科学知识，麦基的分析大致停留在直觉观察的层面，具有一定的历史局限性。伯恩斯坦的《群体的疯狂》更像是《非同寻常的大众幻想》的升级版本。首先，伯恩斯坦承袭麦基的基本观点，认为宗教狂热和投机狂热等貌似毫不相干的社会现象其实都可归于群体狂热的大门类。基于此，他试图进一步探寻群体狂热背后的心理学基础。其次，伯恩斯坦在写作风格上也对麦基进行了效仿，即将史上文明的投机狂热和宗教狂热事件按照年代顺序编织叙事。

伯恩斯坦指出，人类的群体非理性行为尽管在表象上变化万千，但它们都依赖于共同的社会与心理机制。首先，它们之所以会出现并长期存在，源于人类普遍怀有希望改善今生或来世福祉的愿望。更为重要的是，这些非理性行为能够在社会中传播并扩大化，离不开人类长期进化生成的4个基本行为倾向：（1）相信叙事胜于事实和数据的倾向；（2）幻想本不存在的某种"模式"的倾向；（3）确认偏见，即将事物合理化，使其符合个人价值或情感取向的倾向；（4）模仿他人的倾向。由于以上的行为倾向早已在几万年的进化进程中深深地镌刻在我们的基因中,无论社会如何发展和进步,各种各样的群体狂热行为总会不断上演。

伯恩斯坦透过对历史上一系列宗教和投机狂热事件的详细过程记述,浓墨重彩地演绎了以上提出的社会与心理驱动机制是如何发挥作用的。作者并没有系统性地将该分析框架分别应用于解释宗教和投机狂热这两大现象的起源和传播,而是根据不同章节所涉内容的需要,侧重性地演绎了该分析框架的某个或某几个方面。本书一共分为15章,其中第1、2、5、8、9、10、11、12、15章详细介绍了末日论的由来和历史发展,从中世纪的约阿希姆预言,16—17世纪的闵采尔起义、再洗礼主义、第五君主国派,一路记述至20世纪的梅洛迪事件、米勒主义、千禧年主义,以及近期中东伊斯兰国的崛起等宗教史实。剩余6章则关注历史上的投机狂热事件,包括近代的密西西比公司事件、南海公司事件、英国铁路泡沫,直至近二三十年来兴起的互联网泡沫和加密货币热。

伯恩斯坦指出,贯穿人类历史的一个最强大也是最危险的群体狂热的主题就是末日论。末日论主题最早起源于新月沃地的多神教中,但将它发扬光大的则是亚伯拉罕宗教①,即基督教、犹太教和伊斯兰教这三大一神论天启宗教。这三大宗教的末日剧本均

---

① 亚伯拉罕宗教,又称亚伯拉罕诸教、亚伯拉罕一神诸教、天启宗教、闪米特一神诸教等,主要包含了基督教(包括天主教、基督新教与东正教)、伊斯兰教与犹太教。这3个宗教均源自古老的一神教,即崇拜宇宙唯一的造物主(信奉者对造物主有多个尊名,基督教与犹太教名其曰上帝、耶和华或雅威,伊斯兰教名其曰真主、安拉),且均发源于西亚沙漠地区,来源于闪米特人的原始宗教。亚伯拉罕宗教这一名称的由来则是因为这3个宗教都给予《圣经·旧约》中的亚伯拉罕(阿拉伯语译作易卜拉欣)崇高的地位。

有着古老的起源和深远的影响，其内容亦大同小异，即认为世界将以特定的方式、在特定的日期终结。叙事中的角色认知则是二元论式的：救世主将回归地球与邪恶势力做斗争。届时，善良虔诚的教徒将被拯救；其他人则将面临最终的审判。为什么末日论这样一个在旁人看来匪夷所思乃至荒唐的说法，会在某些人群中拥有市场并且几百年来生生不息？

首先，伯恩斯坦在书中指出，人类是一种"认知吝啬鬼"。比起严格的逻辑和数据分析，人类的大脑更愿意通过有趣的叙事来理解世界，而越是让人身临其境的叙事，对大脑分析能力的侵蚀作用越强。末日论就是一种非常引人入胜的叙事。它使人沉浸在有关世界最终命运的奇妙叙事中，从而远离事实和真相。

其次，幻想本不存在的某种"模式"的倾向则增强了末日论在信仰者心中的可信度。书中通过引用进化论知识，指出发现模式和规律是人类为了生存而进化出的一种天赋。这种在远古时期帮助人类识别危险的天赋同时创造了神学中的"数秘主义"。由于《圣经》中包含大量数字、叙事和各种不甚清晰的历法汇编，有心的末日论者得以发挥这种天赋，通过将算术和历史事件相结合以寻找各种模式和关联，从而计算出世界末日到来的日期。

再次，数秘主义的影响还被"确认偏见"的心理现象放大。简言之，"确认偏见"即自欺欺人的倾向：人们一旦确信了某假说或信仰体系，就会想方设法将其合理化，坚持那些与自己想法最一致的事实，并故意忽略或回避与之相悖的事实和数据。

最后，末日论的传播离不开人与生俱来的模仿能力或从众性。伯恩斯坦通过引用两组集体决策准确性的实验，说明了非理性与理性群体之间的区别在于其成员之间的互动程度：群体互动越紧密频繁，个体的理性越容易屈服于从众心理，故决策准确性越低，行为也越趋向非理性。作者指出，尽管几万年来形成的模仿能力在远古时期有利于人们适应多种环境，在现代社会能促进技术传播和经济发展，但它同时也给现代社会带来了群体疯狂的灾难。末日论就是凭借人们的从众心理得以在人群中广泛传播。伯恩斯坦在书中也花了相当篇幅解释了类似的驱动机制如何导致了投机狂热。笔者不在此赘述。

书中指出，投机狂热和末日论狂热只有门类上的区别而没有本质上的不同：它们都依靠巧妙的叙事，利用人类自欺欺人的倾向和从众模仿心理吸引众人的追逐。此外，作者还列举了末日论狂热和投机狂热各自独有的特点。末日论狂热往往具有一种摩尼教式的思维方式，即泾渭分明地将世界分为善恶对立的倾向："自己和认同自己的人是善良与光明的典范，而那些不认同自己的人则与魔鬼结盟。"心理学家将这种涉及群际关系的二分法称为"结群性"。投机狂热则常常伴随着"媒体－预测"的死亡螺旋，即媒体偏爱极端激进的预测者，而媒体的曝光又会使该预测者过度自信，从而导致其预测更加不准确。

《群体的疯狂》并不是一本严格意义上的学术著作。它的案例选取较为随意，论证分析方法也存在诸多不足。然而瑕不掩瑜，本书值得推荐给对以下议题感兴趣的读者。首先，本书非常有助于读者了解美国社会与政治。透过对末日论狂热的精彩描写，本书栩栩如生地介绍了美国右翼保守群体，尤其是福音派基督教徒的世界图景。对许多没有宗教信仰的中国读者来说，基督复临和末日之战是非常荒诞不经的说法，然而末日论却实实在在地形塑了这些人群的世界观，使得善恶斗争的二元论思维方式深刻全面地指导他们如何看待世界及其命运，并渗透进美国的政治体系之中。如果不了解以上的宗教背景，我们就无法充分理解当代美国社会的两极分化，一系列社会争议问题与思潮（如堕胎和同性恋权利），以及包括中东冲突在内的外交政策问题。其次，本书也有助于我们整体地理解群体非理性行为。一方面，相较于其他一些高度专业和技术性的社会心理学实证研究，伯恩斯坦的视角涵盖了多个学科和领域，具备少见的宽度和广度。另一方面，相较于市面上随处可见的针对投资行为的大众读物，伯恩斯坦不满足于简单的、流于表面的"就事论事"，而是退后一步，从神经心理学的角度出发，为如何理解群体非理性行为提供了一般性的解释框架。

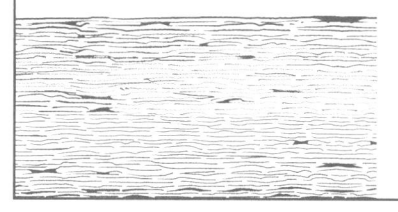

ISBN 978-7-5217-4316-6

扫码免费领取
中信知识好礼

定价：98.00元